KP272023

권위

권위

정체성 정치 이후, 정치와 욕망에 관해 비평하기

초판 1쇄 펴낸날　2026년 4월 30일

지은이 안드레아 롱 추	**편집** 김현정 김혜윤 이심지 이정신 이지원 홍주은
옮긴이 허원	**디자인** 김태호
펴낸이 이건복	**마케팅** 신연경 임세현
펴낸곳 도서출판 동녘	**관리** 서숙희 이주원

만든 사람들

편집 김혜윤　**디자인** 김태호

인쇄·제본 영신사　**라미네이팅** 북웨어　**종이** 한서지업사

등록 제311-1980-01호 1980년 3월 25일

주소 (10881) 경기도 파주시 회동길 77-26

전화 영업 031-955-3000　편집 031-955-3005　**팩스** 031-955-3009

홈페이지 www.dongnyok.com　**전자우편** editor@dongnyok.com

페이스북·인스타그램 @dongnyokpub

ISBN 978-89-7297-208-2 (03330)

· 잘못 만들어진 책은 구입처에서 바꿔 드립니다.

· 책값은 뒤표지에 쓰여 있습니다.

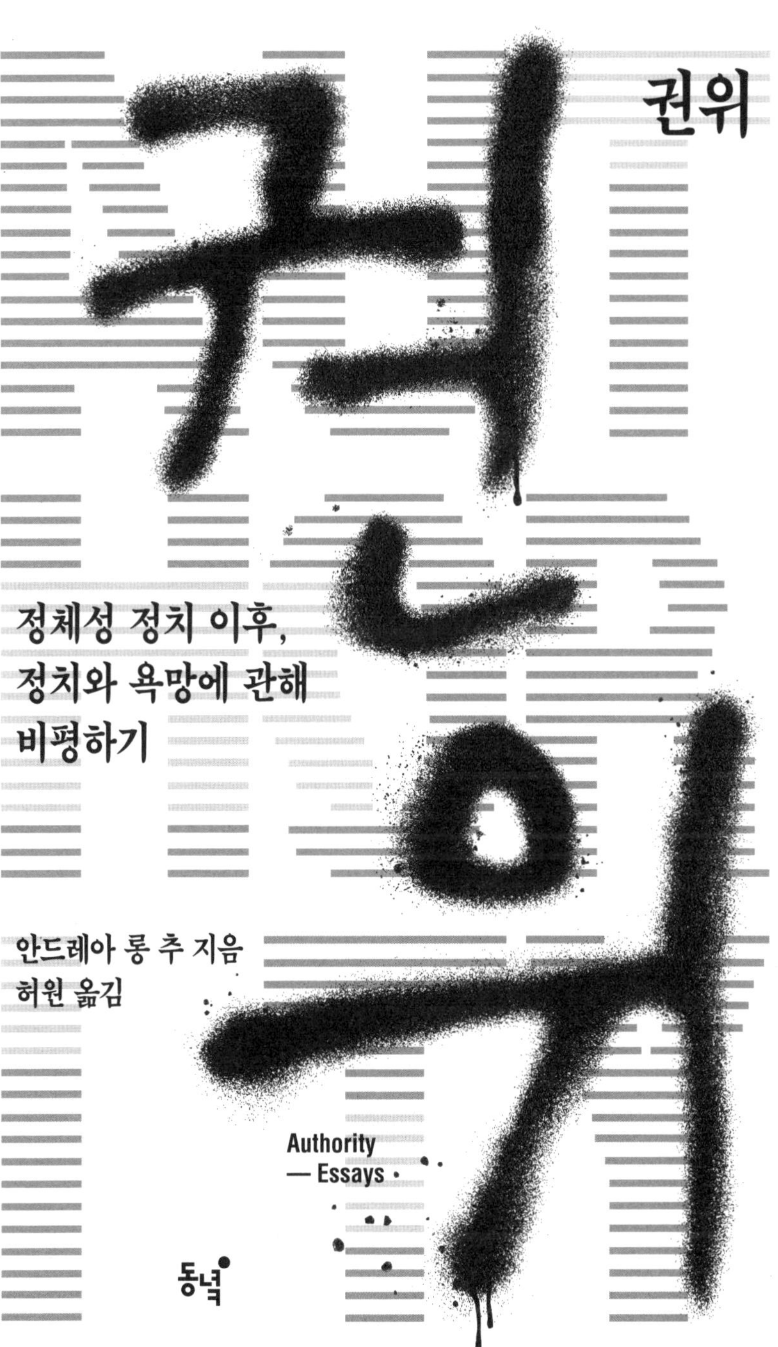

권위

권위

정체성 정치 이후,
정치와 욕망에 관해
비평하기

안드레아 롱 추 지음
허원 옮김

Authority
— Essays

동녘

언제나 나를 이끌어주는
J에게

차례

일러두기

- 본문의 주석은 모두 옮긴이의 것이다.

프롤로그

이 책의 제목은 한때 연극 평론가였지만 이제 그 세계에서
거의 발을 뺀 프랭크 리치(Frank Rich)의 말에서 착안했다. 그는
개인적으로 〈오페라의 유령〉에 관해 다시는 생각하고 싶지
않았지만, 내가 뮤지컬극이라는 알쏭달쏭한 장르에 권위를
부여한 데 대해선 감탄을 금할 수 없었다고 작년에 내게
편지를 써서 보내왔다. 몇 주 뒤 내 기고를 담당했던 《뉴욕
매거진》의 편집자가 내게 전화로 퓰리처상 수상 소식을*
알려왔는데, 나는 너무 놀라 전화를
끊고서 그 소식이 정말인지
의심하기까지 했다. 편집자의 말은
사실로 밝혀졌다.

> * 저자는 2023년 퓰리처상 비평 부문에서 수상했다.

이 책에는 2018년부터 2023년까지 발표한 글들이 모여
있다. 절반 정도는 자유기고한 서평이고, 내가 마음 깊이
아끼는 잡지 《n+1》에 실은 문학 에세이들도 있다. 이 중 많은
글이 당시 나를 사로잡고 있던 욕망과 실망이라는 주제를
중심으로 한다. 나머지 절반은 2021년부터 내가 평론가로
일했던 《뉴욕 매거진》에 기고한 글들이다. 거기서 나는 주제에
관해 즉시 폭넓게 조사해 글을 쓸 수 있도록 시간과 비용을

보장받고, 또 훌륭한 편집자와 긴밀한 관계를 다지면서 1년에 대여섯 편의 긴 글을 쓰는 특권을 누렸다. 얼른 결론을 알고 싶은 독자들을 위해 거두절미하고 말하자면, 모든 진정한 권위의 비밀은 돈에 있다.

〈위기의 시대의 비평〉과 〈권위〉는 이번에 새로 쓴 글이다. 〈위기의 시대의 비평〉은 비판적 논설이자 내 목표를 밝히는 글이고, 〈권위〉는 지성사이자 (내 생각엔) 정치철학 에세이다. 각 글은 그 나름대로 동시대를 포함해 어느 시대건 비평이 처한 상태에 대해 절치부심하는 비평가 사회의 특이한 경향을 역사화하고자 하는 시도를 담았다. 이런 경향을 지적한 게 내가 처음은 전혀 아니지만, 그에 관한 진지한 분석은 보지 못했던 것 같다.

기발표한 글들은 문법적 오류와 몇 가지 어색한 표현(지난 한 해 동안 '이카로스적인 낙관주의'라는 표현을 두 번 쓴 것 같다)을 제외하고는 수정 없이 그대로 실었다. 지면 관계상 삭제했던 문장들을 되살린 부분은 몇 있다. 꼭 필요하다 싶은 곳에는 후기를 덧붙였다. 지금 와서 다시 보니 치기 어린 작업으로 여겨지는 글을 깔끔하게 정돈하고자 하는 충동을 억누르기란 어렵다. "나도 공개적으로 배워나가는 비평가들 중 하나라는 사실을 부인하진 않겠으나, 내 독학에 수반된 조급함과 낭비가 책에 보존되어야 할 이유는 없는 것 같다"고 미술평론가 클레멘트 그린버그는 썼다. 하지만 안타깝게도, 결국 남는 것은 조급함과 낭비뿐이다. 이 글들을 지금 다시 들여다보는 데 어떠한 의미가 있다면, 내가 그 당시 개척해나가던 구불구불한 길이 이제 부드러운 황혼빛 아래에서 온전한 직선으로 모습을 드러내게 되었기

때문이기를 바란다. 어쨌거나 그때 나는 무언가를 해내고
있었는지 모른다.

2024년 4월
뉴욕 브루클린에서

위기의 시대의 비평

2023년 여름, 나는 어퍼이스트사이드의 아트센터인 92번가 Y에서 오늘날 비평의 현실을 주제로 강연을 해달라는 요청을 받았다. 흡사 수전 손택이 했을 법한 강연 주제라고 생각하니 약간 우쭐한 기분도 들었고, 강연일이 다가오자 근래 자주 회자되는 '비평의 위기'를 비평가가 해결하는 방법에 관해 내가 정말로 대단하고 진지하게 뭔가 말할 수 있겠다는 생각을 품기 시작했다. 여기서 '비평가'란 나 자신을 말한다.

그러다 바다 건너에서는 불도저가 장벽을 파괴했고, 몇 시간도 안 되어 하마스 전투원들이 이스라엘 남부에서 1000명 넘는 사람들을 학살했다. 2023년 10월 7일의 이 사건에 대한 보복으로 이스라엘의 극우 정부는 가자지구를 무자비하게 공격해 지금 이 글을 쓰는 시점까지 3만 3000여 명이 사망했다. (모르긴 몰라도 이 피해 규모는 분명 실제보다 적게 잡은 것이리라.) 이것은 분명 이스라엘이 팔레스타인에서 오랫동안 이어온 점령과 학살의 피비린내 나는 새로운 국면이었다. 라시드 칼리디는 이를 두고 "팔레스타인 사람들에 대한 100년 전쟁"이라고 했다. 그 뒤 몇 주 동안, 압도적으로 친이스라엘적인 여론에 반대하는 미국의 수많은 작가와 예술가들이 탄압의 대상이 되었다. 이 책에 실린 글 중 두 편을 게재했던 지면인 《아트포럼》의 한 편집자는 팔레스타인 사람들에게 연대를 표하는 편지를 실었다가 해고당했고, 수상 경력이 있는 한 작가는 점령에 반대하는 목소리를 내는 공개서한에 서명한 뒤 《뉴욕 타임스》에서 퇴출되었으며, 미국 전역의 용감한 학생 시위자들은 신상 정보가 유출되고 물리적 위협을 당했다. 수주 동안 이스라엘의 선전을 되풀이하고 가자지구의 '실제' 사망자 수에 의문을 제기하는 데 골몰하던 언론은 시위대를 비난했다.

전쟁에 찬성하는 입장을 강경하게 취한 기관 중에는 1874년 '히브리계 청년회'로 시작된 92번가 Y도 포함되어 있었다. 하마스의 공격이 있고 하루 뒤인 10월 8일, Y는 불길하게도 "전쟁의 시간이자 평화의 시간"이라고 말하며 이스라엘에 대한 무조건적 지지를 선언했다. 2주 후 Y의 경영진은 소설가 비엣 타인 응우옌이 휴전을 요구하는 또 다른 공개서한에 서명했다는 이유로 그와의 북토크 행사를 갑자기 취소했다. (나는 행사 바로 전날 밤 우연히 응우옌을 만났다.) 그 공개서한은 《런던 리뷰 오브 북스》에 실렸고, 나를 포함해 수백 명의 작가들이 연명했다. 응우옌과의 행사 취소 결정은 전국적으로 뉴스 거리가 되었고, Y와 오랫동안 우호적 관계를 맺고 있던 이들은 Y를 비난하기 시작했다. 그중 일부는 향후 계획되어 있던 행사에 불참 선언을 하기도 했다. Y에 속한 운터버그 시문학 센터의 (18년간 총애받으며 일한 디렉터를 포함한) 직원 일동은 저항의 의미로 용기 있게 사직했고, 이에 경영진은 센터의 가을 일정을 전부 취소할 수밖에 없었다.

따라서 내가 비평의 위기에 관해 생각해보려 노력할

— 위기의 시대의 비평

무렵에는 현실 세계에서 벌어지는—국가의 권리와 영혼의
요구와 관련한—일련의 위기들을 무시할 수 없는 지경이 되어
있었다. 나는 우리 세대의 작가들에게 가자지구에서의 전쟁이
이전 세대 작가들에게 베트남 전쟁이 그랬던 것과 같은 역할을
하기를, 다시 말해 안일한 지식인 사회에 도덕적 명료성을
회복하게 해줄 한 줄기 빛을 쏘아올리기를 바란다. 왜냐하면
이번 같은 전쟁은 좌파 비평가에게 분명한 행위자와 물질적
이해관계가 있는 정치적 위기와, 비평이 언제나 겪고 있는
자의식에 찬 존재론적 위기를 구별할 것을 요구하기 때문이다.

정치적 위기는 차고 넘친다. 지난 10여 년만 봐도
지속적으로 군사화하는 경찰, 국경 지역에서의 가족 분리,
낙태 및 성별 재지정 의료행위의 범죄화, 참혹한 팬데믹, 수백
마일 떨어진 곳의 산불이 말 그대로 뉴욕의 태양을 집어삼킨
일 등 많은 위기가 있었다. 그런데도 어째서 우리는 이곳
'문화의 알프스'에서 요들송이나 부르고 있었는가? 자기만의
정체성 범주에 몰두하며 공연한 피해의식에 빠진 젊은
사람들이 문화산업을 꽉 잡고 나쁜
영화를 만들도록 협박한다는
생각이나 하면서 말이다. 좌파
쪽에서도 종종 '워크니스'*에 대해
불평하지 않고는 못 배긴다는(이
책에 실린 몇몇 글 역시 마찬가지다)
사실은 점점 더 심각한 지성사적
실패로 여겨진다. 소셜미디어의
시대에 정치의식이 쉽게
상품화된다는 것은 의심의 여지 없이 사실이다. 많은 사람이

* 인종차별과 성차별, 젠더에 기반한 혐오 등 사회적 불평등에 대한 인식과 저항의 자세를 뜻한다. 아프리카계 미국인들이 많이 쓰던 "Stay woke(깨어 있으라)"라는 표현에서 비롯되어, 2010년대 이후 소셜미디어를 중심으로 널리 쓰이기 시작했다. PC(Political Correctness)와 비슷하지만 좀 더 적극적인 행동과 사회정의 운동을 뜻한다.

이 점에 대해서는 큰 이견이 없을 것이다. 하지만 도덕적
우월감을 과시하거나 피해자 행세를 하느라 바쁜 대중에게
독서라는 진지한 일에까지 관심을 갖도록 경종을 울리는 것은
신성한 예술의 대성당 주위를 맴도는 바보들의 행렬에
가담하는 일이다. 그리하여 워크니스에 반대하는 좌파가
동료들에게 '정치를 미학화하려는 시도가 바로 파시즘'이라고
암담하게 말하는 것을 우리는 보게 된다. 그가 발터 벤야민의
인용구의 뒷부분을 기억해주기를 간절히 소망한다.
"공산주의는 예술을 정치화함으로써 대응한다."

그 말대로 한번 해보자. 우선 이 비평의 위기란 건 역사적인
것인가? 분명 그렇다고들 한다. 나는 92번가 Y 강연을
오늘날 비평가들이 "자기중심주의의 지옥"에 굴복하고
있다는 지적으로 시작할 수도 있었을 것이다. 그들은 예술을
"예술작품의 형태로 행해진 하나의 주장"으로 축소해버렸고,
모든 것을 "종교적, 정치적 색안경"을 끼고 바라보며, "다른
비평가들에게 얼마나 폭력적이고 극단적으로 반대하는지"를
가지고 자신의 평판을 쌓는다. 또 그들은 "문학이라는
살아 있는 세포조직"을 경화시키고, 비평을 "설교법의 한
갈래 정도"로 실천하며, "예술가가 다룰 수 있는 소재를
제한"하려 하고, "뉘앙스와 미묘한 차이를 단호히 거부"하며,
"무책임하고 독단적인 훈계조로" 용케 명맥을 유지해나간다.
그리고 대부분은 "아무런 대가도 치르지 않고서 중요하고
만만찮은 사람이 되려" 애쓰는 "아마추어 문학인"일 뿐이다.

요즘은 이 중 어느 것도 이론의 여지가 없을 것이다. 전부
내가 한 말도 아니다. 모두 신시아 오지크, 수전 손택, 노스럽
프라이, T. S. 엘리엇, 버지니아 울프, H. L. 멩켄, 오스카

Matthew Arnold   William Hazlitt   Samuel Taylor Coleridge
와일드, 매슈 아널드, 윌리엄 해즐릿, 새뮤얼 테일러 콜리지,
Samuel Johnson
새뮤얼 존슨이 각각 2007년, 1966년, 1957년, 1932년,
1923년, 1919년, 1891년, 1864년, 1822년, 1817년,
1759년에 쓴 구절이다. 이 걸출한 인물들이 서로 의견을
같이하는 것들이 많았다고는 할 수 없다. 그러나 그들이 자기
시대 예술이 처한 현실에 대해 글을 쓸 때는 모두 비평이
당대의 고유한 시대적 특징을 뚜렷하게 보여주며 끔찍한
위기를 겪고 있다고 결론지었다. 비평의 위기가 어느 곳에서는
영국 신문의 부상이 낳은 독특한 산물로 여겨지고, 어디선가는
제1차 세계대전에 이은 사회적 소외 현상의 특이한 효과로
간주되고, 누군가에게는 전후 미국 자본주의 부패의 불가피한
특징으로 꼽혔다. 여기서 문제는, 이 중 하나가 참이라면 다른
주장은 모두 거짓이 된다는 점이다.

시대를 진단하는 비평가들이 비평의 위기라는 질병의
만성적인 성격에 대해 알지 못한다는 뜻이 아니다. 1822년에
윌리엄 해즐릿은 이렇게 말했다. "얼마 전에 나는 이 매춘과도
같은 문학비평이 우리 시대의 특징이라고 불평했는데, 곧
포프와 드라이든의 시대에도 동일했거나 심지어 더 나빴다는
사실을 알게 되었다." 그러나 대부분의 비평가들, 적어도
오늘날까지도 읽히는 비평가들은 이 패턴을 *인지*하는 데
만족했고, 이를 비평가라는 직업의 우스꽝스러운 아이러니로
치부하거나 호들갑스럽게 경보를 울리려는 충동을
A. O. Scott
정당화하는 식으로 받아들였다. 2016년 A. O. 스콧이 "모든
세대, 대부분의 비평가는 제 역할을 못 하기 마련"이라고
인정하면서도 "큰소리치는 걸로 논증을 대체하는 일이 빈번한,
이념 전쟁으로 양극화된 풍토"를 (마치 그런 주장을 하는

게 자기가 처음이라는 듯) 비난한 것을 기억해보자. 비평이 언제나 위기에 놓여 있었다고 지적하기는 쉽다. 하지만 이 망각과 깨달음의 영원한 반복 속에서 어떤 비평가도 그 위기가 실제인지, 다른 무언가를 은폐하는 허울은 아닌지 의심한 적이 거의 없다. 스스로에게 그토록 몰두하는 사람들치고 그들이 의심하는 데 실패했다는 것은 놀랍다. 아니, 그것이 실패이기는 한 걸까?

우리는 현재주의^{presentism}의 허영에 저항할 필요가 있다. 인터넷 덕분에 역사적으로 전례가 없을 만큼 비평이 민주화되었다는 요즘의 주장(대부분의 비평가가 민주주의를 어떻게 생각하는지 고려하면 우려스러운 전개이다)은 분명히 사실처럼 *느껴지긴* 한다. 활판 인쇄기를 발명한 구텐베르크가 모든 사람을 독자로 만들었다면, 페이스북을 개발한 저커버그는 모든 사람을 작가로 만들었다. 폭발적으로 증가한 온라인상의 견해들에 대한 식자층의 분노는 문해력 자체에 대한 오래된 불평을 상기시킨다. "모든 사람이 읽을 줄 알고 모든 독자가 판단할 줄 안다는 요즘, 추상화의 마법에 의해 하나의 인격체로 형상화된 대중은 이름뿐인 폭군처럼 비평의 왕좌에 앉아 있다." 이 문장은 1817년에 콜리지가 쓴 것이지만, 지난주 《애틀랜틱》에 실린 글이라 해도 이상하지 않을 것 같다. 비평 분야에서 더 실질적인 변화는 인쇄물의 쇠퇴, 출판사의 합병, 집필 직군 일자리의 증발, 광고 지원을 받는 콘텐츠의 대량 생산 압박 등 물질적인 것들이다. 이런 변화는 생각보다 새로운 것이 아니다. 헨리 제임스^{Henry James}는 당대의 정기간행물들을 "먹이를 기다리며 벌린 거대한 입"이라고 묘사한 바 있다.

우리는 이 디지털 시대에 레거시 미디어의 쇠퇴에 대한

정당한 두려움을 비평사에서 아마도 가장 오래되었을 생각—
비평가들이 너무 많다는 생각—과 분리해야 한다. 어떤 직업도
그 직업 자체를 고귀하게 여기면서 그 일을 하는 사람들을
낮춰보지는 않는다. 1759년에 새뮤얼 존슨은 "비평이라는
여신은 나서기를 좋아하며 아무나 기웃거릴 수 있다"라고
썼다. 예술은 천재성을, 과학은 노력을 요하지만 "모든 사람이
남의 작품에 대해 자신이 가진 만큼의 판단력을 행사할 수
있다"고 지적했다. 책임감 있는 비평가의 주요 임무 중 하나는
언제나 '비평가들'—전형적으로 늘 우글댄다는 듯 복수로
언급되는—으로부터 비평을 보호하는 것이었다. (알렉산더
포프는 비평가들을 "나일강 둔덕의 덜 자란 곤충들"이라
칭했다.) 그 임무에는 예술의 일종인 비평과 직업에 불과한
'서평' 사이의 불안정한 구별도 포함된다. 신시아 오지크는
노동과 관련되는 것보다 더 모욕적인 건 없다는 듯, 비평가는
건축가고 서평가는 석공이라고 주장했다. 18세기 이래로
하찮은 서평가가 엄청나게 조롱받아왔다는 점은 비평이
천박한 대중과 절연한 적이 없다는 증거로서 충분하다. 돌이켜
생각해보면, 수없이 많은 올바른 비평에 관한 논문의 존재는
도처에 널린 침입자를 막으려 조악하게 색칠된 출입 금지
표지판을 연달아 세워놓은 것과 마찬가지다.

  비평의 위기는 나쁜 비평가라는 신화적 인물에 의존한다.
그의 나쁨이 끊임없이 신경질적으로 재확인되어야 좋은
비평가의 좋음이 돋보이는 것이다. 비평의 위기를 언급하는
것은 진지한 사람들로 구성된 비밀스러운 집단이 자신들의
죄를 돈과 영향력을 덜 가진 작가들에게 덮어씌우는, 일종의
희생제의와 같다. 어떤 비평가도 훈계의 함정을 피할 수도,

예술작품의 순수성에 자신을 가둘 수도, 온갖 지적 밀수품을
끌어들이려는 유혹에 저항할 수도 없기 때문이다. 어떤
비평가도 심장을 도려내 혈흔을 남기지 않고 마룻바닥 아래
숨길 수 없다.* 평범한 서평자와 진지한 비평가를 구분해주는
것은 피를 닦아낼 좋은 걸레뿐이다.
일례로 2000년에 출간한 오지크의
책《논쟁과 갈등》은 단지 토머스
버트럼 경이 서인도제도의
별볼일없는 사탕수수 농장 하나를 소유하게 되었다는
이유만으로 제인 오스틴이 탈식민주의적 비평의 대상이
되어야 한다는 "극단주의적" 견해에 대해 비판한다. 그런데
같은 책에서 우리는 안네 프랑크의 일기를 연극으로 각색해
홀로코스트의 기억을 자그마치 "전유"(바로 이 단어를
썼다!)하려 한 수치스러운 시도에 관한 유명한 글을 볼 수
있다. 왜 갑자기 태도가 바뀌었을까? 후자는 오지크 자신의
정치적 입장과 맞아떨어지는데 반해, 전자는 그렇지 않기
때문이다.

　비평 안으로 들어오는 정치를 막을 수는 없다. 그저
교통량을 규제할 뿐이다. 오늘날 지식인들 사이에서도 대단한
신망을 얻고 있는 '예술을 위한 예술'이라는 개념은 고요한
고립주의처럼 보일지 몰라도, 사실은 광적인 추방 전략이다.
그다지 알려지지는 않은 20세기 중반의 문학비평가인 도널드
스토퍼가 1941년 엮은《비평가의 의도》의 서론에서 탁월한
표현을 찾아볼 수 있다. "설교자, 정치인, 사회학자, 심리학자,
철학자, 수사학자, 영업자, 후원자, 혈연, 학연이 주요하거나
유일한 정체성인 작가를 만나게 된다면, 그를 작가가 아니라

Quarrel & quandary

Donald Stauffer

The Intent of the Critic

19

　　　　　　　　　　　　　— *위기의 시대의 비평*

그런 존재로 여기면 된다.” 이것은 분명 편집증으로의 초대다.
만약 어느 비평가가 《햄릿》이 셰익스피어가 쓴 아버지를 여읜
자식의 슬픔에 대한 기록이라고 한다면, 그 비평가는
무의식적으로 프로이트가 되는 셈이다. 또 다른 비평가가
오토픽션이 후기자본주의적 소외를 극화한다고 말한다면,
그는 그라우초 안경**을 쓴 마르크스일 뿐이다. 끝없이
경계해야만 우리는 나쁜 비평가를 막아낼 수 있다. 만약 나쁜
비평가가 서평을 쓰는 것을 물리적으로 막을 수 없다면, 적어도

**　미국 코미디언 그라우초 마크스(Groucho Marx)가 즐겨 사용했던 무대 분장을 본뜬 코주부 안경을 뜻한다.

그는 정의상 비평가의 범주에서 배제되어야 한다. “나쁜
비평가의 주된 관심사는 존재하는 그대로의 문학이 아니기
때문에 그는 문학비평가가 되는 데 실패한다. 그의 마음은
바다 건너에 있다”라고 스토퍼는 썼다. 마지막 문장의 은유는
시사적이다. 향수병을 앓는 병사가 적군이 후방을 슬며시
침투하게 내버려두듯, 나쁜 비평가는 문학뿐 아니라 조국에
대한 의무마저 저버릴지도 모른다는 것이다.

　최신 영화나 소설에 대한 개인의 평이 한 나라의 건강을
좌우한다는 주장은 터무니없게 들릴 수도 있다. 이러한 생각의
터무니없음은 자연적인 게 아니라 이데올로기의 산물이다.
중세 기독교 사회에서라면 그리 부조리하게 여겨지지 않을
것이다. 예컨대 성당의 아름다움에 대한 개인의 반응은,
신에게 권한을 부여받은 정치적 질서는 말할 것도 없고
영적 위계질서 속 자신의 위치와 직결되어 있다. 심지어
오늘날에도 종교적 우파는 할리우드를 미국의 영혼을 두고
싸우는 전장으로 여긴다. 이는 자유주의에 어긋나는 것처럼

보이는데, 그게 바로 내가 하고 싶은 말이다. 비평의 위기에
조금이라도 역사적 타당성이 있다면, 그건 자유주의에 대한
불신이 그대로 드러난 것으로 이해되어야 한다. 정치 조직
체계로서의 자유주의와 일반적인 시민적 자세로서의 자유주의
모두 말이다. 애덤 고프닉(Adam Gopnik)은 자유주의가 이데올로기이기
이전에 기질이라고 방어적으로 주장한 바 있다. 더 솔직하게
말하자면, 자유주의는 좋은 기질을 가진 이데올로기라는
주장이다. 오늘날 우리는 비평가를 평가할 때 그가 내린
판단에 담긴 이념적 내용보다는 균형감각, 포용성, 세심함
같은 정신적 태도를 바탕으로 판단하는 것이 당연하다고
여긴다. *비평을 위한 비평*, 이것은 예술을 위한 예술에 따른
당연한 귀결이다. 따라서 제임스 우드(James Wood), 제이디 스미스(Zadie Smith), 애덤
커시(Adam Kirsch) 같은 평판 좋은 비평가들에게 역설이 생겨난다. 그들의
비평은 도덕적 *열망*은 강하지만 도덕적 *명료성*은 부족하다.
우리는 좋은 비평가가 자신의 가치관은 문밖에 두고 가치를
평가하는 안목은 가지고 들어오기를 기대한다. 그러고는
그가 얼마나 많은 다른 가치를 발굴해내면서도 그것들을
삼켜버리지는 않는지를 두고 박수를 보낸다.

그쯤 해두자. 우리는 모든 나쁜 비평가를 희생양 삼는 일에
반대해야 한다. 기준을 모두 버려야 한다는 뜻이 아니다.
기준은 우리 일의 전부나 마찬가지다. 오늘날 출판되는 비평
중 탁월한 것은 소수이고, 적당한 것은 그보다 조금 더 많으며,
대개는 엉망진창이라는 말은 사실이다. 그러나 나쁜 비평이
나쁜 이유는 정치적 이념으로 망쳐져서가 아니라, 나쁜 글이
나올 수밖에 없는 온갖 전형적인 이유 때문이다. 즉 고료가
형편없거나, 성급하게 편집되었거나, 재정적 안정이나 발전의

— 위기의 시대의 비평

기회나 양질의 의료 서비스에 대한 접근성이 떨어져서 자신이
정말로 재능이 있는지 없는지도 알아보지 못한 채로 일해온
프리랜서들이 쓴 글이기 때문이다. 한편 비평가는 재치 있어야
하고 전통에 대한 감각을 가져야 하며 진실을 추구하면서도
틀릴 것에 대비해야 한다는, 그들에게 던져진 조언은 대부분
기본적으로 모든 작가들에게 부여되는 판에 박힌 조언이다.
거기에 대해 뭐라고 생각하든 간에 그런 말을 반복하는 것은
아무 쓸모가 없다. 차라리 이런 조언을 한다면 몰라도. *비용을
제대로 지급하라.* 오지크가 요구했듯 "딱 필요한 만큼의
비평가"를 원한다면, 이 나라에서 비평가로 살아가는 삶의
경제적 현실을 개선해야만 할 것이다. 이 점을 힘주어 말해야
한다는 사실은 그런 변화가 가까운 시일 내 일어나지는 않을
거라는 뜻이다. W. H. 오든이 자신의 책에 대한 서평에 대해
말했듯 "돈이 필요해서 썼다"는 점보다 더 고상한 진실은 없다.

　우리는 지금 비평가가 되는 데 필요한 물질적 조건에 관해
이야기하고 있다. 비평의 대상에 대해 말할 때도 같은 방식을
적용해야 할 것이다. 어느 시대고 서평이 너무 긍정적인지
혹은 너무 부정적인지에 관한 논쟁은 피곤한 에너지 낭비일
뿐 아니라 일부러 옆길로 새는 일이다. 그것은 본질적으로
*모든 예술은 세계에서 비롯된다*는 단순한 사실에 반대하는
것과 같다. 클레멘트 그린버그가 말했듯 예술작품을 그것의
"금탯줄"로부터 분리해내기란 불가능하며, 기업이 예술가의
작업을 출판하고 생산하고 전시하게 해주기 때문에 예술 역시
그로부터 특별히 예외일 수 없다. 단지 예술이라는 이유만으로
'그 자체로' 여겨져야 한다고 주장하는 비평가들은 정확히
예술의 *사회적* 성격, 즉 사회 내에서 보호받는 범주로 추정되는

예술의 지위에 호소하고 있는 것이다. 나는 특정 작가들을 '저격하는' 비평을 쓴다고 여겨져왔는데, 그다지 불쾌한 평가는 아니다. 어째서 서평이 개인적이어서는 안 되는가? 나는 책이 개인에게서 나온다고 생각하는 사람이다.《뉴욕 매거진》의 인내심 많은 내 교열 담당자는 내가 문학에 대해 말할 때 과거 시제를 쓰는 경향이 있다는 사실을 알아차렸다. '디킨스는 이렇게 적는다'가 좀 더 일반적인 문장이라면 나는 '디킨스는 이렇게 적었다'라고 쓴다는 거다. 그 이유는 내가 문학의 항구적 현재성보다는 물질적 활동으로서의 글쓰기에 더욱 관심을 두기 때문인 것 같다. 작가가 제아무리 세계를 상상해낸다고 해도 역사의 바깥으로 걸어나갈 수 있는 건 아니다. 자신의 구체적 실존이라는 성가신 문제를 해결한 작가는 아무도 없다. 수많은 소설이 사실은, 스크루지가 말리의 유령에게 말했듯 "소화되지 않은 고기 한 점, 겨자 한 방울, 치즈 한 덩이"에 불과하다는 걸 인정한다면 우리는 얼마나 많은 서평을 피할 수 있었을까?

1981년에 프레드릭 제임슨Fredric Jameson이 "외부적인 것의 스캔들scandal of the extrinsic"이라고 부른 것, 즉 물질적 "우연성accident"이 예술작품의 형식에 흔적을 남기는 방식에 관해 이야기하고자 한다. 제임슨은 19세기 후반에 도서관에서 대출해 읽는 세 권짜리 소설에서 더 저렴한 한 권짜리 책으로의 전환이 일어나면서 영국 소설이라는 장르 자체의 "내적 형식"도 함께 변화한 것을 예로 든다. (또 구식 광고 모형의 잔재임에도 스트리밍 플랫폼에서 여전히 중요한 서사적 힘을 발휘하고 있는 미국 시트콤의 3막 구조에 관해서도 생각해볼 수 있다.) "항상 역사화하라!"라는 제임슨의 명언은, 물론 중요한

부칙이 추가되어야 하긴 하지만, 오늘날의 비평가들에게도
적용되는 훌륭한 조언이다. 비평가가 *가짜* 역사주의, 다시^{historicism}
말해 오늘날의 시대는 우리의 시대이기 때문에 특별히
재앙적이라는 믿음에 빠지기란 얼마나 쉬운지는 비평의
역사가 증명해준다. 그야말로 진화된 형태의 현재주의다.
그것은 반짝거리는 나르시시즘을 위한 캄캄한 배경으로서의
역사 말고는 역사에 아무 관심도 없다. 제임슨의 명언을
이렇게 수정해볼 수 있겠다. *항상 역사화하라, 단 그럴 수밖에
없을 때만!* 참새 한 마리의 추락에도 신의 섭리가 있을지
모르지만, 역사는 더 분별력이 있다. 사회 파국론자들이
퍼뜨리는 값싼 신기함과 진정 새로운 발전을 구분하기
위해서는 진짜 역사적 지식과 진짜 정치적 가치(과연
가능할지?)가 필요하다.

　　비평가는 가치관을 가지고 있어야 한다고 말할 때,
나는 다음의 두 가지 의미를 모두 염두에 둔다. 비평가는
도덕적·정치적 신념을 갖고 있을 수밖에 없으며, 따라서
자신이 실제로 믿는 것에 대해 진지하게 생각해야 한다는
것이다. 미국 정치라는 거대한 경마장에서 자신이 응원하는
말이 없다고 주장하는 사람은 거짓말을 하고 있거나 자기
자신에 대해 잘못 알고 있거나 둘 중 하나일 것이다. 그중 어느
쪽이든, 사람들은 비평가가 어느 말을 응원하고 있는지 알
권리가 있다. 1941년 오든은 이렇게 썼다. "비평가는 자신의
미학적 가치관과 삶의 다른 영역에서의 가치관이 서로 조화를
이루게 해야 한다는 점을 깨달아야 할 뿐 아니라, 민주주의
사회에서 그 가치관이 무엇인지 사람들에게 이야기해야 할
의무 또한 있다. 예를 들어 어떤 비평가가 역사는 저절로

진보한다는 믿음을 가지고 있다면, 나는 브람스를 좋아한다는
철학자를 못 믿는 것과 마찬가지로 그를 더는 신뢰하지
않을 것이다." 많은 비평가들이 이를 심각한 모욕으로
받아들였지만, 이것은 작은 요구다. 모든 비평가들에게 도덕
세금 신고서를 공개하라고 요구할 필요는 없지만, 최소한
대중은 그가 자신의 가치관을 낯선 이들 앞에서 얼마나
공손하게 적용하는지를 떠나서 실제로 그가 가진 가치관을
근거로 그를 판단할 권리를 가진다.

　　비평가로서 인정받으려면 좌파적 가치관을 가져야 한다는
말이 아니다. 비평의 도구는 좌파에게든 우파에게든 동등하게
주어져 있고, 사실상 미국에서 적어도 공적·저널리즘적 형태의
비평은 중도파가 지배하고 있다. 이 사실을 부정하고자 비평
내의 일부 급진적인 씨앗을 골라보려는 시도는 무용하다고
본다. 나는 문학계에 허세 섞인 정치적 주장들이 난무하던
시기에 성인이 되었다. 당시는 독일 영화감독이나 퀴어
공연예술가의 작업에서 시험관 혁명을 추출해냈다고 주장하는
연구자들이 발에 채이도록 널려 있던 때였다. 이는 무엇보다
공적 영역에 대한 무지를 동반했는데, 오늘날 가장 공공의식이
강한 연구자들조차도 여전히 유럽의 수도승이 한때 코끼리를
상상했던 것처럼 공적 영역을 상상하는 경향이 있다. 사실
비평에는 그 자체로 해방적인 것도, 권력을 부여하는 것도
없으며, 심지어 특별히 계몽적인 것도 없다. '비판적 사고'라는
상투적인 급진주의를 주장함으로써 학계의 비평가는 자신의
실제 정치적 신념을 변호하는 수고를 아끼고 싶어 한다. 그게
가능할 리가! 나 역시도 학계 안팎에서 좌파 비평이라는
건실한 문화를 꿈꾸며 수년간 그것에 기여하고자 노력해왔다.

— 위기의 시대의 비평

그러나 내가 그 일을 한 이유는 모든 비평가는 좌파여야
한다고 믿어서가 아니라, 교도소 폐지론이나 성별 정정의
권리 같은 좌파적 가치가 실제로 다른 가치들보다 중요하다고
생각하기 때문이다. 그리고 나는 이런 내 생각에 비평가든
아니든 모두가 동의해야 한다고 생각한다.

　가끔 사람들은, 심지어 나와 정치적 견해를 같이하는
이들마저도 내가 예술작품을 사상의 물품명세서쯤으로
축소한다고 비난한다. 굳이 이 비난에 반박해야 할까?
내가 소설을 하나의 주장처럼 취급하는 경향이 있다는 건
사실인이다. 그리고 사람들은 그럴 경우 소설의 허구성이 갖는
섬세한 뉘앙스를 짓밟게 된다고들 한다. 한 등장인물이 병원을
폭격하기로 결심한 것과 한 언론인이 병원 폭격을 옹호하는
것은 당연히 서로 별개이며, 둘 중 어느 경우도 실제 폭탄은
아니다. 그러나 나는 사상은 명목상 평이한 서술적 산문으로
표현될 수 있다는 점에서 소설이 사상보다 *더* 복잡하다는
주장에는 강하게 반대한다. 이것은 유해한 상품물신주의로,
최고의 비평가조차 작가들이 쉽게 식별되는, 꽤 일관된
이데올로기를 가지고 있다는 사실을 보지 못하게 한다.
소설가들이 끊임없이 자신들의 영역이라 주장하는 그 모호한
정동의 물길을 따라 흐르는 *사상이 가진 살아 움직이는 성격을*
우리가 얼마나 자주 억압하려 애쓰는지 생각하면 놀라울
따름이다. (소설가들에게 이렇게 말하고 싶다. 사상을 소설로
축소하지 말라!)
　내가 이데올로그로 여겨진다고 해도 어쩔 수 없다. 나는
지금 정치 논쟁을 하려고 글을 쓰고 있는 게 아니다. 독자와
작가 사이에 가짜 상호성을 강요할 이유는 없다. 승객에게

'당신이 비행기를 조종하고 있다'고 우기는 것은 분명
이상하고 별로 윤리적이지도 않은 일 아닌가. 비평가가 자기
글을 읽는 독자들에 대해 언제나 확실하게 아는 것은, 그들이
바로 그 순간에는 논의 중인 책이 아니라 그 책에 대한 자신의
서평을 읽고 있다는 사실이다. 비평가는 이런 사람들, 즉
자기 독자들을 위해서만 글을 쓸 가치가 있다. 나는 독자를
설득하기 위해 글을 쓰지 않는다. 나는 독자 자신의 머릿속에
이미 적혀 있는 문장을 소리 내어 읽어주듯 독자가 사고의
주체로서 스스로 경험할 기회를 주고자 글을 쓴다. 비평가의
역할은 특정한 "고양된 정신 상태"를 전달해주는 데 있다고
한 고 피터 셸달의 의견에 동의한다. 오늘날의 디지털 시대가
우리에게 보여준 것은 모든 사람이 비평가라는 사실이 아니라,
비평가가 *된다는* 것은 대부분의 사람들에게 그리고 대부분의
비평가에게 불안하고 분하고 괴로운 실패의 경험이라는
사실이다. 만약 내가 그 경험을 조금이나마 더 견딜 만하게
만들었다면, 내 할 일을 다 한 것일 테다.

  그렇다 해도, 나는 비평가가 자기 나름대로 예술가이며
그저 예술의 시녀일 뿐은 아니라고 말하던 19세기로 돌아가
비평의 기나긴 전통을 지지하고 싶지는 않다. 1891년에
오스카 와일드는 "비평은 실로 가장 고차원적인 의미에서
창의적인 일이다"라고 적었다. "예술가가 형태와 색채를 지닌
가시적 세계와 관계 맺는 것과 동일한 방식으로 비평가는
자신이 다루는 예술작품과 관계 맺는다." 오늘날에도
이 개념은 비평가들 사이에서—특히 예술작품에 빈대
붙는 기생충이라는 지속적인 비난에 분개하는 직업적
서평가들에게는 더더욱—유명하다. 산문은 문체가

필수불가결하며, 문체는 언제나 미학적 평가를 가능케 한다는 점에서 나는 이 관점이 이론적으로는 맞는 말이라고 생각한다. 그러나 이러한 주장은 대중 앞에서 비평의 위신을 높이려는 뻔한 시도이며, 비평가의 가치를 그가 내리는 판단보다 그가 쓴 산문의 형식적 특징 면에서 찾는다는 점에서 모순적이다. 다시 말해, 이는 실질적인 내용을 명확하게 전달하며 주장을 드러내는 것이 주 목적인 산문 장르로서의 비평이 기본적으로 자신감을 결여하고 있음을 드러낸다. 젊은 시절의 수전 손택은 모더니즘 회화에서 드러난 추상으로의 도약에 너무나도 매혹된 나머지 때때로 비평이 그 자체로 모더니즘에 참여할 수 있다고 생각했다. 하지만 그럴 수는 없었다. 비평가는 언제나 의미의 가능성을 염두에 두어야 한다. 모더니즘 화가들이 그럴 필요 *없음*을 깨달았다 하더라도 말이다. (그래서 모더니스트다!)

만약 비평이 정말로 하나의 예술이라면, 모든 예술 가운데 가장 저급하고 가장 구체적인 예술일 것이다. 하지만 개인적으로 나는 비평이 고상한 기술이라고 생각하는 경향이 있다. 어쩌면 사전 편찬이나 번역처럼 매슈 아널드가 "잡역부가 하는 문학 관련 일"이라고 부른 것의 좀 더 고상한 예시가 아닐까. 아름다울 수는 있지만 *반드시* 기능적이어야 하는 것. 탁월한 비유의 달인인 노스럽 프라이는 이렇게 썼다. "비평은 말을 할 수 있고, 모든 예술은 벙어리다. 비평의 공리는, 시인은 자신이 무슨 말을 하는지 모르는 게 아니라 자신이 아는 것을 말할 수 없다는 것이어야 한다." 그러므로 좌파 예술과 좌파 비평 사이에서 하나를 선택해야 한다면 나는 언제나 후자를 고를 것이다. 저항 소설에 관해 볼드윈이 한

말이 떠오른다. 우리는 "그러한 책을 읽는다는 사실만으로도
몹시 확실한 전율"을 얻는다. (전부는 아니더라도) 많은
"정치적" 예술이 지닌 문제는 꽤 빈번하게 예술가가 스스로
자기 작업의 비평가가 되려고 무던 애를 쓰며 작품을 미리
씹어 떠먹여주어 우리는 그저 삼키기만 하면 되도록 만든다는
것이다. 우리의 모토를 다음과 같이 바꾸어보자. *예술을 위한
예술, 그리고 그밖의 모든 것을 위한 비평*. 전혀 불공평하지
않다. 예술가의 거대한 천부적 자유를 존중하기 위해 비평을
주변부로 밀어내야 한다고 주장하는 게 아니다. 사회적
관습으로서의 예술의 자율성은 필연적으로 외부 세계에
대한 비평가의 책임에 의존한다는 말이다. 예술이 그 자체로
무언가를 의미해야 할 필요는 없다. 비평가가 예술이 *우리*에게
의미를 갖도록 해주기 때문이다.

　예술작품을 본래의 세속성으로 되돌리는 것, 이것이 바로
비평가의 최대 과제이다. 예술가는 세계에서 무언가를 *떼어내*
작품을 만들어낸다. 그리고 그것을 다시 *되돌려놓는* 것이
비평가의 일이다. 나는 영원과 역사, 여가와 노동, 교환가치와
사용가치의 차이에 관해 말하는 것이다. 예술가는 원하는 만큼
찬란한 창조의 천국으로 올라가도 좋다. 그를 땅으로 다시
끌어내리는 일은 비평가에게 달려 있다. 이 말인즉, 손톱만
봐서는 좋은 비평가와 나쁜 비평가를 구별해낼 수 없다는
뜻이다. 그들은 모두, 모조리 진흙탕 속에 있기 때문이다.
진정으로 훌륭한 비평가는 요소들을 마음껏 교체해도 전체에
별다른 영향을 주지 않는 존재론적 위기와, 부분들의 투박한
특수성에서 의미가 발생하는 실제 역사적 사건을 구별할 줄
알아야 한다고 생각한다. 이것은 오로지 실천에서만 가능하며,

이론만으로는 결코 불가능하다.

　비평가가 옳은지 판단할 수 있는 사람은 누구일까? 당연히 우리 모두다. *더 많은 판단*이야말로 유일한 판단 기준이다. 다른 사람들과 함께 살아간다는 것은 바로 그런 것이다. 비평가가 책무를 갖는 대상은 예술이나 국가나 추상적인 전체로서의 사회가 아니라 그들, 즉 다른 모든 이들이다. 그리고 때로는, 비평가의 마음이 바다 건너에 있다.

2024

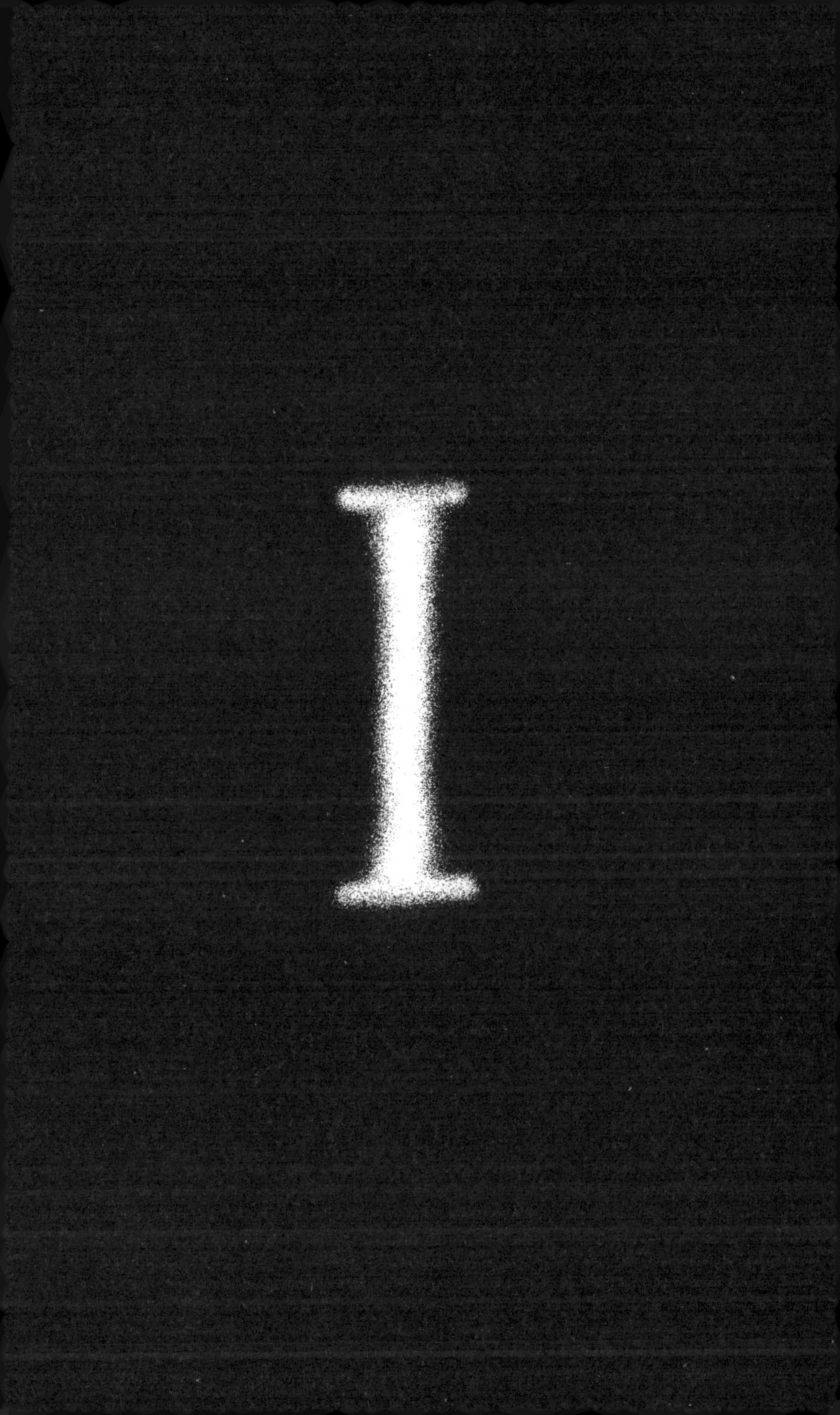

I

한야의 소년들

A Little Life

《리틀 라이프》의 마지막 페이지를 넘길 때면 우리는 책 한 권을 다 읽을 동안 한 남자가 스스로 생을 마감하기를 기다려왔음을 알게 된다. 한야 야나기하라의 두 번째 장편소설인 이 작품은 뉴욕시에 사는 대학 동창인 네 남자 사이의 우정을 다룬 가벼운 연대기로 시작해 기업의 소송변호사로 일하며 무참히도 고통스러웠던 유년시절의 기억을 억압하려 애쓰다 끝내 자살하고 마는 주드에게 초점을 맞추며 이야기를 전개해나간다. 유년시절 주드는 수도원에서 소아성애자들의 손에 양육되었고, 납치당해 모텔에서 성매매를 강요당했으며, 고아원 상담사들에게 추행을 당했고, 다시금 납치당하고, 고문당하고, 강간당하고, 굶주리고, 자동차에 깔리기까지 했다.

《리틀 라이프》는 휴가철 해변에서 읽을 만한 도서라곤 할 수 없는 고딕풍의 격랑을 품은 소설이지만, 2015년에 어마어마한 베스트셀러가 되었다. 많은 비평가들이 찬사를 보냈는데, 그중 한 명은 이 책이 가장 친한 동성 친구와 사랑에 빠지는 주드를 서슴없이 그려냈다는 점에서 오랫동안 기다려온 "위대한 게이 소설"이라고 했다. (예상치 못하게《뉴욕 리뷰 오브 북스》에 한 혹평이 실리자 야나기하라의 편집자는 격분해 편지를 보냈다.)
이어서 《리틀 라이프》는 커커스상을 받았고, 전미도서상과
맨부커상 최종후보에도 올랐다. 유명 연출가 이보 반 호버에
Ivo van Hove
의해 연극으로 각색되기도 했고, 《뉴욕 타임스》 독자들이 꼽은
지난 125년 동안 발표된 최고의 책 최종후보로 《빌러비드》,
Beloved
《1984》 같은 책과 함께 지목되기도 했다.

하지만 야나기하라의 동기는 여전히 불가사의했다. 그녀는
로스앤젤레스에서 하와이계 일본인 3세대 아버지와 서울
출생의 한국인 어머니 사이에서 태어났다. 혈액종양내과의인
그녀의 아버지는 일 때문에 가족을 데리고 미국 곳곳을
돌아다녔다. 야나기하라는 이십대 때부터 맨해튼에서 살고
있지만 도쿄와 하와이를 마음의 고향으로 생각하고 있다.
(그녀는 하와이를 "아시아계 미국인들에게 가장 할렘과 가까운
곳"이라고 칭한 바 있다.) 낙원의 섬에서 불멸을 발견한 한
박사에 관한 이야기인 야나기하라의 첫 번째 장편소설 《숲속의
The People in the Trees
사람들》은 2013년 잔잔하게 호평받았다. 그 책 역시 동성애와
소아성애를 다루긴 했지만, 《리틀 라이프》에 와서야 작가가
그러한 주제에 지속적인 관심을 갖고 있었음이 밝혀진다.
야나기하라는 《숲속의 사람들》을 집필하는 데 18년이
걸렸는데, 그동안 홍보담당자, 도서편집자, 잡지기자 일을
병행했다. 《리틀 라이프》는 그녀가 《콘데 나스트 트래블러》
선임기자로 일하는 동안 18개월 만에 집필한 소설이다.
이 소설의 성공은 어떻게 설명해야 할까? 평론가 파룰
Parul Sehgal
세갈은 최근 《리틀 라이프》를 "트라우마 플롯", 즉
트라우마적인 배경 이야기를 서사를 이끌어가는 손쉬운
장치로 이용하는 소설의 대표적인 예로 들 수 있다고

주장했다. 주드를 "피해자성에 심취해 있는 세계"의 입맛에 딱
알맞게 가공된 "DSM 등재 항목의 화신"*으로 보기는 쉽다.
그러나 주드는 '학대'라든가 '장애'
따위의 단어를 싫어하며, 소설 내내
심리상담사를 만나러 가기를
거부하고, 야나기하라는 회의적인
태도로 대화요법을 "뇌를 파내서
타인의 오목한 손바닥 위에 올려놓고 푹 찔러보는 것"에
비유한다. (주드를 가장 사악하게 괴롭힌 사람은 정신과 의사로
밝혀진다.)《리틀 라이프》에 관해 더욱 주목할 만한 (그리고
짜증나고 충격적이기도 한) 점은 작가가 소설 속에서 편재성(omnipresence)을
갖는다는 점이다. 다른 비평가의 말처럼 주드의 트라우마 뒤에
숨은 "비뚤어진 지성"으로서뿐 아니라 모든 상황에도
불구하고 그를 붙들고 살아 있게 만드는 존재로서 말이다.
《리틀 라이프》가 사랑 이야기라고 불리는 것은 옳은 일이다.
평자들이 놓친 것은 그 사랑을 하는 사람 중 하나는 바로 그
소설의 작가였다는 점이다.

  고통이 존재하는 곳에 진정한 사랑도 존재할 수 있다는
것, 이것이 야나기하라의 원칙이다. 잔혹하리만치 순진한
이 단순한 개념은 그녀의 다른 모든 소설에도 적용된다.
작가는 생명유지장치 바깥의 사랑을 상상하지 못하는, 혹은
상상하지 않으려는 것처럼 보인다. 고통 없이 사랑에 내재한
괴물성(탐욕과 파괴성)은 정당화될 수 없다는 듯 말이다.
이러한 생각은 죽음의 문턱에 놓인 인물들이 나오며 강간범의
사랑 고백으로 끝이 나는《숲속의 사람들》에서도 미완의
형태로 나타난다.《리틀 라이프》에서는 그것이 고통에 찬

*　DSM은 미국
정신의학협회가 편찬한
《정신질환 진단 및 통계
편람(Diagnostic and Statistical Manual
of Mental Disorders)》으로, 현재
5번째 개정판까지 나와 있다.

— 한야의 소년들

주드와 그를 추앙하는 성자 같은 친구들의 모습으로 피어난다. 망가진 유토피아에서 또 다른 유토피아로 도주하는 사람들의 이야기를 들려주는 야나기하라의 신작 《낙원으로》에서는 그런 고통의 원칙이 인물에서 인물로 에어로졸처럼 퍼져나가면서도 본연의 목적을 유지한다. 그 목적은 작가가 사악한 유형의 보호자로 개입해 인물들에게 먼저 병을 주고 사랑으로 돌봐 다시금 건강을 회복하게 하도록 허용하는 것이다.

《리틀 라이프》가 출간되고 2년 후, 야나기하라는 《뉴욕 타임스》의 월간 스타일 부록인 《T 매거진》의 편집자로 일하기 시작했다. 그녀는 이 출판물을 "패션 잡지로 가장한 문화 잡지"라고 칭했다. 물론 그 말에 동의하려면 럭셔리한 광고 페이지를 수없이 넘겨야 하지만 말이다. 《콘데 나스트 트래블러》는 2013년에 '아시아 그랜드 투어'라는 놀라운 제목의 잡지 발행을 위해 그녀에게 스리랑카부터 일본까지 무려 12개국 24개 도시로 45일간 6만 달러가 드는 출장 여행을 보내주었다. 그녀는 '약탈'이라는 제목의 특집 기사에 "전설의 '젬 팰리스'에 들러 몇몇 다이아몬드 기념품을 사지 않고서는 인도 여행을 마쳤다고 할 수 없다"고 적었다. 그녀가 언급한 네 개의 다이아몬드 팔찌는 각각 900달러에 육박한다. "맞춤 보석을 착용할 때 우리는 고대 로마, 그리스, 페르시아 그리고 그 이전의 유구한 역사에 우리 자신을 더하는 것이다."

놀라운 이야기일 수 있다. 그러나 《리틀 라이프》가 명실공히 라이프스타일 소설이라는 점을 망각하기는 쉽다. 주드의 끔찍한 시련들은 로어이스트사이드의 갤러리 개막식, 케이프 코드에서의 여름, 하노이에서의 휴가 사이에 샌드위치처럼 끼어 있다. 평론가들은 오렌지 소스를 곁들인 오리 요리부터

서양배와 하몽을 넣은 에스카롤 샐러드, 잣 타르트, 프랑스식
사과 파이, 그리고 야나기하라가 덴마크의 루그브뢰드와
도쿄의 빵집에서 주문한 적이 있는 일본의 우유식빵을 접목한
것이라고 설명한 10가지 견과를 넣은 수제 케이크까지 한
상 차려진 군침 도는 (혹은 눈살을 찌푸리게 하는) 음식들에
관해 언급했다. 유명 요리사 안토니 포로스키는 이 소설에서
영감을 받아 신년 파티(주드가 팔을 심하게 그어서 응급 처치가
필요했던 날이다) 때 주드가 만든 카나페를 토대로 "주드를
위한 구제르"라는 레시피를 발표했다. 해당 레시피는 프랑스
허브치즈 브랜드인 부르생의 웹사이트에서 찾아볼 수 있다.
　　야나기하라가 쏟아내듯 보여주는 참상은 독자들이
호사스러운 글을 읽고 있다는 사실을 마치 유년기의
트라우마처럼 효과적으로 차단할 수 있게 해주었다. 그녀의 첫
책은 문자 그대로 소아성애자를 화자로 내세운 여행기였다.
《낙원으로》에서도 야나기하라는 부의 기록자라는 익숙한
역할을 잃지 않는다. 동양풍의 장밋빛 카페트, 진녹색
두피오니 실크 커튼, 마카다미아 오일로 광을 낸 목재
바닥이 있고, 웍에서 구운 완두콩, 진저와인 크림 디저트,
잣 타르트(또 등장!)가 있다. 《리틀 라이프》에서처럼
야나기하라는 여행 가이드처럼 인물들을 뉴욕의 이곳저곳으로
데리고 다니며 해맑게 지시를 내리고야 만다. "크리스토퍼가를
가로질러 리틀 에이트를 지나 9번가 동쪽으로 가다가
5번가에서 남쪽으로 꺾을 거야"라고 위기 상황에서 한 조역
등장인물이 말한다.
　　어쩌면 내 평가가 좀 야박한지도 모르겠다. 소설가가
이러저러한 것들을 묘사하는 건 당연한 일이다! 나아가,

소설가라면 그것들—죽은 자라든가 동양 같은 것들—을
떠올릴 수 있게 만들어야 한다. 관광객의 눈으로 세부사항을
관찰한다는 면에서 야나기하라는 매력적인 화자라 할 수 있다.
《리틀 라이프》에서 그녀는 하노이에서의 휴가를 다음과 같이
묘사한다.

〔그는〕 작은 길거리 식당들이 즐비한 골목으로 내려갔다. 한
여인이 수프 혹은 기름으로 요동치는 주전자 뒤에 있었고, 너댓 개의
플라스틱 간이 의자가 있었다. (…) 한 남자가 자전거를 탄 채 그의
곁을 지나갔고, 짐받이에 동여맨 바구니에는 길쭉한 바게트가 몇 개
실려 있었다. (…) 그러고는 다른 골목으로 접어들었는데, 이번에는
약초 더미, 검은 망고스틴 더미, 헐떡거리는 소리가 들릴 만큼 신선한
은분홍빛 생선이 담긴 쟁반 위로 웅크린 행상인들로 붐볐다.

그리고 다음은 《콘데 나스트 트래블러》 시절 떠난 아시아
그랜드 투어의 23일차와 24일차의 기록이다.

거기서는 하노이를 하노이답게 만들어주는 온갖 장면들을 볼 수
있다. 커다란 솥에 국물이 보글보글 끓고 있는 수많은 쌀국수 노점, (…)
자전거 짐받이에 바구니 가득 갓 나온 빵을 싣고 가는 사람들, 그리고
특히 낮은 테이블과 도미노 모양의 간이의자를 구비한 자그마한 길거리
식당들이 있다. 〔다음 날에는〕 녹두국수부터 수제 피쉬소스, 카피르
라임 등 베트남의 식탁에 오르는 모든 것을 파는 수백 개의 가판대와
망고, 누에, 그리고 여전히 입을 뻐끔거리는 갓 잡은 물고기가 담긴
자동차 휠 캡만 한 바구니 위로 몸을 웅크린 행상인들을 만난다.

유급 휴가의 경험을 소설에 사용하는 게 잘못은 아니다.
핵심은 야나기하라가 본질적으로는 여전히 여행기 작가라는
점이다. 그녀는 부(富)라는 것이 마치 돌덩이처럼 약간만 들추면
그 아래 꿈틀거리는 불쾌한 무언가를 드러내보인다는
사실을 감지하고 있는 듯하다. 그녀는 하와이 식민지화에
관해 끈질기게 관심을 보이는 등 몇몇 곳에서 정치적 주장을
드러내기도 한다. 그러나 야나기하라의 소설들 대부분에서
부의 썩은 이면은 순전히 심리적 차원의 문제다.《리틀
라이프》에는 부당취득한 별장도, 부정하게 얻은 전채요리도
없기 때문이다. 호화로움은 주드의 끔찍한 고통의 배경일 뿐,
원인도 결과도 아니다. 오히려 고통이 그 호사에 애잔함을
더해줄 뿐이다. 이것이 야나기하라의 첫 번째 발견이다. 그
발견은 소호의 자갈길을 갈라 끔찍한 무언가가 스멀거리며
기어나오게 했다. 그것은 바로 불행이야말로 소설에서 얼마나
예리하게 표현되든 상관없이, 부와 여유가 결코 할 수 없는
방식으로 일종의 위엄을 부여한다는 생각이다.

신작《낙원으로》는 사실 소설이라고 할 수 없다. 세 개의 책,
즉 중편소설 하나, 두 편의 단편소설, 그리고 장편소설 하나가
한 권으로 묶인 책이다. 세 개의 이야기는 각각 1893년,
1993년, 2093년을 배경으로 워싱턴스퀘어의 타운하우스의
서로 다른 버전을 보여준다. 첫 번째는 헨리 제임스풍의
시대극 로맨스이다. 신경쇠약에 남몰래 시달려온 비밀스러운
과거를 지닌 부유한 집안의 자손 데이비드는 지루한 찰스의
청혼을 거절하고 사기꾼 같은 가난뱅이 에드워드와 함께
서부로 도망친다. 두 번째는 기이한 탈식민주의적 우화로,
하와이의 적법한 왕인 자신의 아버지가 정신병원에 누워

죽어가고 있는 동안, 게이 법률보조원 데이비드가 HIV 양성인 연상의 남자친구 찰스와 함께 말기 환자인 친구를 위해 정찬 파티를 연다. 장편소설 분량의 세 번째 이야기는 감시용 드론("파리떼"), 밋밋한 명칭들("8구역"), 센트럴파크에 설치된 바이오돔을 등장시키는 일관성 없는 SF다. 한 세기 가까이 이어져온 팬데믹으로 황폐화된 이 버전의 뉴욕에서 뇌손상을 입은 실험실 기술자 찰리는 남편 에드워드의 외도를 발견하고, 명석한 바이러스학자인 그녀의 할아버지는 전체주의 정부를 구성하는 데 모종의 역할을 담당하게 된다. (야나기하라는 세 파트를 한데 모으고자 두서없이 노력하면서 다수의 인물에게 같은 이름을 부여했는데, 서로 의미 있게 연결되지는 않는다.)

《낙원으로》의 세 번째 파트가 시의성을 띠는 것처럼 보일 수 있다. 하지만 야나기하라는 평생 질병에 매료되어왔다. 그녀는 자신이 "병치레 잦은 아이"여서 아버지가 자주 자신을 영안실에 데려가 병리학자의 도움을 받아 시신의 피부판을 꽃이파리처럼 젖혀 어린 딸이 그 내부를 그림으로 그려볼 수 있게 해주었다고 말했다. 몇 년 후《숲속의 사람들》에서는 인지 기능을 급격히 저하시키면서도 수명을 연장시키는 동물원성 감염병을 중심으로 이야기가 펼쳐진다.《리틀 라이프》에서도 마찬가지로, 고객들에게 얻은 성병, 패혈증을 유발하는 자해, 장애를 입어 혈관 궤양과 골수염으로 수십 년 고통받다가 마침내 절단한 다리에서 보듯, 주드가 당한 학대의 역사는 감염병이 자라기에 비옥한 토양이다. 뇌졸중, 심장마비, 다발성 경화증, 온갖 암, 그리고 작가가 지어낸 '니시하라 증후군'이라 불리는 신경퇴행성 희귀 질환으로 즉시 사망 처리된 소설 속 수많은 조역 인물들은 말할 것도 없다.

　전작과 마찬가지로 《낙원으로》에서도 역시 끔찍한 일이
사람들에게 이유 없이 닥친다. 이 소설에서 고통을 유발하는
행위자는 말 그대로 비인간, 즉 암, HIV, 간질, 기능성
신경 장애, 독성 항바이러스제, 다음 팬데믹에 불을 지필
원인불명의 유행성 출혈열 등이다. 세 권의 소설을 봤을 때
야나기하라의 마지막 아바타로 바이러스는 최적의 선택이다.
질병, 죽음, 사회 붕괴 등 바이러스가 인류에 가져오는 재앙은
바이러스의 공허한 재생산 과정이 낳는 무심한 부작용에
불과하다. 생물학자들도 바이러스를 살아 있는 유기체로
봐야 하는지에 관해 합의하지 못했다. 바이러스는 그 무엇도
원하지 않으며, 그 무엇도 느끼지 않고, 아무것도 알지 못한다.
기껏해야 작은 생물일 뿐이다.

　정치적으로도 심리학적으로도, 역사에 의해서도 언어에
의해서도, 성적으로도 희석되지 않은 순수한 고통은
야나기하라에게 이상적이다. 그것은 의미로부터 자유롭기
때문에 작가의 궁극적 목적에 더 완벽히 부합할지도 모른다.
《리틀 라이프》를 읽다 보면 야나기하라가 어디 높은 곳에서
돋보기를 들고 아름다운 소년들을 개미처럼 지져 태우고
있다는 인상을 받을 수 있다. 항상 거짓말을 하고 약속을
어기고 구제불능의 아이 같은 내적 독백을 하는 주드는 사실
지독히도 사랑하기 힘든 인물이다. 그가 처음으로 자해할 때
독자들은 경악하지만, 50번째로 자해할 때쯤에는 차라리
제대로 긋기를 바라게 된다. 하지만 야나기하라는 그를
끔찍이도, 넌더리 날 정도로 사랑한다. 이 소설의 전지적
화자는 주드를 보호하려 하는 듯하다. 칵테일 파티에서 나누는
잡담 같은 대화와 곁가지 이야기로 그를 감싸고 돌며 800쪽

내내 그가 살아 있게 만든다. 이것은 사디즘이 아니라 대리
Münchausen Syndrome By Proxy
뮌하우젠 증후군*이다.

* 실제로 병이 없는데도 신체적 혹은 심리적 증상을 만들어내 자신을 향한 관심을 이끌어내는 정신과적 질환이 '뮌하우젠 증후군'이라면, '대리 뮌하우젠 증후군'은 타인을 아픈 상태로 꾸미거나 아프게 만든 후 이를 극진히 돌보는 자신의 모습으로 타인의 관심을 얻으려 하는 것을 의미한다. 앓는 병이 없는데도 아이가 아프다며 병원을 계속해서 데리고 다니는 부모를 예로 들 수 있다.

야나기하라는 이런 종류의 사랑에 걸맞은 완벽한 이미지를 제공한다. 주드의 연인 윌럼은 주드가 자해하지 못하도록 숨도 못 쉴 정도로 그를 꽉 껴안는다. "우리가 추락하고 있고 무서워서 서로 꼭 껴안고 있다고 상상해봐." 윌럼은 주드에게 이렇게 말한다. 잠깐 동안 임박한 죽음에 대한 상상이 주드의 자기혐오를 가르고 스며들고, 그는 연인의 숨 막히는 포옹 속으로 속절없이 쓰러진다. 정신을 잃으며 주드는 그들이 지구의 내핵에 닿을 때까지 계속해서 아래로 떨어지는 상상을 한다. 마그마가 그들을 한 덩이가 되도록 녹여 죽음도 그들을 갈라놓을 수 없게 된다.

야나기하라에게 질병이 죽음의 사자라면, 남성 동성애자야말로 완벽한 환자다. 지금까지 그녀의 소설 속 주인공은 대부분 남성 동성애자이거나 적어도 남성을 사랑하는 남성이며, 그녀는 그들을 특유의 애지중지하는 태도로 대한다. 마침내 주드가 윌럼에게 참혹한 어린 시절 이야기를 할 때 두 사람은 문자 그대로 벽장 안에 누워 있다. 《리틀 라이프》에서는 이러한 경향이 야나기하라가 밝힌 대로 소설을 "오페라처럼" 만들고자 하는 그녀의 욕망에 부합하는 문학적 장치로 치부될 수 있었지만, 《낙원으로》에서는

감상주의가 마치 상처처럼 진물을 흘리기 시작했다.

"서부에서는 우리가 결코 함께할 수 없어, 에드워드. 정신 차려! 거기서 우리 같은 사람들은 *위험해*"라고 한 파트 속 데이비드가 말한다. "우리 모습 그대로 살 수 없다면 어떻게 자유롭다고 할 수 있겠어?"《낙원으로》의 첫 번째 파트 전체는 터무니없게도 사랑의 자유를 바탕으로 창건된 19세기의 가상의 뉴욕을 배경으로 한다. 이 역사적 시점에서 혼인 평등의 뭉클함에 별로 감흥이 없다고 나무라지는 말길 바란다.

에이즈 문제도 짚고 넘어갈 필요가 있다. 물론《낙원으로》가 에이즈 소설은 아니다. 현실에서와 별반 다르지 않게 벌어지는 소설 속 위기는 100쪽에 걸쳐 펼쳐지는 희미한 배경에 불과하다. 하지만 야나기하라는 모든 질병을 HIV의 알레고리로 여기는 듯하다. 찰스의 전 남자 친구 피터는 "유감스럽게도 그저 평범한 암" 때문에 죽어가고 있을 뿐일지 모르지만, 그 바이러스는 송별회에 그림자를 드리우고 잇따르는 팬데믹 속에서 계속 존재감을 드러낸다. 다음 파트에 등장하는 찰스는 전염병으로 무너진 사회를 재건하기 위해 극단적인 통제 시스템을 구축한 고위 관료로, 직접 설계한 파시스트 국가에서 환영받지 못하는 인물이다. 그는 탄압받는 정도가 그리 심하지는 않은 남성 동성애자들 무리에 속해 뉴욕 웨스트빌리지의 제인스트리트에 위치한 강변 연립주택에 거주하며 서로 애정과 지지를 주고받는데, 그곳은 실제로 허드슨 리버 파크에 있는 에이즈 기념관에서 세 블록 떨어진 곳이다. 이런 디테일은 매우 감상적이며, 사랑의 행위를 통해 전파되는 질병이 가진 애잔한 정서를 선망하며 상업적으로 이용하려는 뻔뻔한 시도라 할 수 있겠다.

《리틀 라이프》가 처음 출간되었을 때 소설가 가스 그린웰은 "지난 몇 년간 등장한 작품들 중 남성 동성애자의 사회적, 정서적 삶을 가장 야심차게 기록한 소설"이라고 평하며 야나기하라가 직접적으로 에이즈에 관한 소설은 아니지만 그 정신과는 밀접한 "퀴어의 고통"에 관한 소설을 썼다고 찬사를 보냈다. 몇 가지 이유에서 이 주장은 흥미롭다. 우선, 윌럼과 주드를 비롯해 소설에 등장하는 많은 인물들이 일반적인 의미에서 게이로 정체화하지 않는다. 둘째, 스미스대학 재학 시절 자신이 별다른 생각 없이 여자들과 자곤 했다고 말하긴 했지만, 야나기하라 자신도 동성애자가 아니다. (《리틀 라이프》가 오페라라면 〈라 보엠〉이 아니라 〈렌트〉다.) 이제 위대한 게이 소설이라면 정체성 정치의 구속에서 벗어나야 하는 것 같다. 야나기하라는 고집스레 자신이 "원하는 것을 집필할 권리"가 있다고 스스로를 변호한다. 물론 남성 동성애자 소설은 남성 동성애자만이 써야 한다는 건 어불성설이다. (게이 소설이여, 백화제방하라.) 그러나 백인 작가가 아시아계 미국인 주인공으로 소설을 썼는데, 그 주인공이 아시아계 미국인으로 정체화하길 거부하면서도 정확히 아시아계 미국인들의 환경에서 살아가고 있다면, 왜 그런지 묻고 싶어질 것이다.

그렇다면, 왜일까? "나도 모르겠다"라고 야나기하라는 한 기자에게 말한 적 있다. 또 다른 기자에게는 이렇게 말했다. "게이 남성의 정체성 자체에 나의 관심을 끄는 무언가가 있지는 않은 것 같다." 더 나은 대답을 생각해낼 만한 시간이 10년이나 있었다는 점을 생각하면 당혹스럽고 모욕적이기까지 한 답변이 아닐 수 없다. 하지만 나는 소설이

의식적 회피 행위라고 믿는 작가인 야나기하라가 정직하지
않다고 생각하지는 않는다. 그녀는 자신이 《리틀 라이프》를
헌정한 오랜 친구(그 친구의 사교 모임에서 영감을 받아 소설에
등장하는 친구 관계를 설정했다)가 권유했는데도 상담치료를
거부한 것에 대해 설명하며 이렇게 썼다. "소설가는 자기가
원하는 그 무엇이든 자신의 소설 속에 숨길 수 있는데, 그것은
해방적인 동시에 구속적인 능력이다. 그 능력이 숙련될수록
소설가는 자신에 관한 진실을 이야기하는 기술은 잃어가고
있음을 깨닫게 될 수도 있다."

아마 맞을 것이다. 야나기하라의 실생활과 관계없이 그녀의
작품은 게이 남성에 대한 관음증적인 사랑을 드러낸다.
그들이 굴욕과 물리적 공격에 취약하다는 점을 과장함으로써
그녀는 과잉보호하는 모성적 태도를 합리화한다. 그것은
비인간화하는 행위가 아니라 그 반대이다. '잃어버린 대의'의
수호성인의 이름을 딴 주드는 소름 끼칠 정도의 경건함을
가지고 있다. 그는 푸아그라용 거위처럼 감상주의를
강제로 주입당해왔다. 이 숨통을 죄는 듯한 사랑을 남성
인물들(예컨대 윌럼)을 통해 조금씩 발산하지 않을 때면
작가는 그것을 화자의 서술로 풀어낸다. 야나기하라의 소설에
여성 인물이 유독 드문 것은 작가로서 그녀가 여성 주체성을
자신만의 것으로 독점하려는 경향을 보여주는 것일 수도 있다.

이 시점에서 《낙원으로》의 화자이자 지금까지 야나기하라
소설의 유일한 여성 주인공인 찰리를 떠올려볼 수 있다.
찰리는 15구역의 인플루엔자 연구소에서 생쥐의 배아를
관리하는 기술자다. 어릴 때 그녀의 목숨을 구해준
항바이러스제 덕분에 그녀는 감정이 없고 순진하며,

가련하게도 자신이 얼마나 외로운지 이해할 능력이 없다.
찰리가 또래의 남자 두 명에게 강간당하자(믿기 어렵겠지만,
책 전체를 통틀어 유일한 강간이다) 할아버지인 찰스는 그녀를
자신처럼 동성애자인 남자에게 시집을 보내버림으로써
그렇게라도 손녀의 안전을 보장해주려 한다. 하지만 찰리는
결코 그럴 일이 없을 것을 알면서도 남편이 자신에게
다가오기를 바라는데, 낭만적 사랑의 승화가 결국 절망으로
가라앉는 것은 찰리가 감당해야 할 몫이다. 남편이 애인에게
받은 쪽지를 발견한 뒤 그를 뒤쫓았다가 웨스트빌리지에 있는
동성애자들의 안식처에 다다르자 그녀의 가슴은 무너진다.
"나는 누구에게도 사랑받지 못할 거야. 나 역시 아무도 사랑할
수 없을 거고." 찰리는 생각한다. 그러나 이것이 완전한 진실은
아니다. 찰리의 남편이 알 수 없는 병으로 죽자, 야나기하라가
독자에게 주목을 요청한 유일한 여성인 찰리는 그의 시신 곁에
누워 처음으로 그에게 입을 맞춘다. 죽음으로써 그들 사이의
거리가 마침내 좁혀진 것이다.

　찰리에게 낙원은 없다. '낙원으로'라는 이상하고 단조로운
문구는 목적지가 어딘지 알려주면서도 그곳에 도착할 거라는
약속은 보류한다. 어쩌면 그것이 야나기하라가 이 문구를 책의
세 파트 각각의 마지막 문장으로 대충 달아둔 이유일지도
모른다. 재벌이 지배하는 북동부에서 동성애혐오적인 서부로,
식민지화된 하와이에서 망상에 사로잡힌 해변 왕국으로,
전체주의 미국에서 미지의 뉴브리튼으로, 지상의 한 미심쩍은
천국을 뒤로하고 다른 천국을 찾아 떠나려 하는 모든 인물에게
운명은 그림자를 드리운다. 모든 낙원은 불결함, 질병, 고통,
광기, 폭정이라는 구덩이를 가리고 있는 얇은 커튼과 같다.

자유는 거짓이고, 안전도 거짓이고, 투쟁도 거짓이다. 심지어 야나기하라가 소설들에서 집요하게 기록해온 호화로움 역시도 결국에는 거짓이다. 낙원이 천국을 뜻하는 한, 그것은 죽음 또한 의미하기 때문이다.

사랑 역시 야나기하라의 인물들을 구원해줄 수 없다. 고통과 질병에 대한 그녀의 환상은 오직 특정한 종류의 사랑만을 만들어내도록 설계되었고, 그 사랑은 치유가 아닌 임시방편일 뿐이어서 얼마 안 가 대상의 죽음으로 귀결된다. 이것이 운명론이라 하더라도, 또 다른 낙원의 섬의 왕인 프로스페로의 낙관적인 운명론은 결코 아니다. "우리는 꿈과 같은 재료로 만들어져 있어서, 우리의 보잘것없는 삶은 잠으로 마무리된다."* 그 대신 윌럼이 그의 경직된 몸과 사랑을 나누려 하는 동안 남자친구를 향한 사랑의 마음으로 "약간의 생기"(주드가 포주에게서 배운 말이다)나마 보여주려고 하는 주드의 피 흘리는 운명론이다. 《숲속의 사람들》에서 질병으로 수명이 연장된 섬 사람들에게 닥친 암울한 식물인간 상태를 묘사할 때도 같은 구절이 등장한다. 《낙원으로》에서 찰스는 면역체계가 손상된 쌍둥이 한 쌍을 떠올리며 "생명—생명을 구하고, 연장하고, 되돌려주는 것—이 가장 좋은 결과라고 당연하게 확신하지 못했"기 때문에 임상의가 될 수 없었다고 설명한다. 그 쌍둥이는 추정컨대 자살로 죽고, 찰스는 죽음의 수용소를 설계하게 된다. 한번은 야나기하라가 주드에 관해 이렇게 말했다. "누군가를 돕기에는 너무 늦은 때가 있다."

> * 셰익스피어의 희곡 《템페스트》의 4막 1장에 나오는 프로스페로의 대사. 프로스페로가 딸 미란다와 그 연인 페르디난드에게 마법으로 신들의 공연을 보여준 뒤 환영이 사라질 때 하는 말이다.

자살사고에 시달리다가 거기서 빠져나온, 살아 있어
기쁘지는 않아도 죽지 않아 다행스러워하는 이들이 읽기에는
힘겨운 말이다. 호텔 방 창문에서 누추한 거리를 내려다보며
죽음이 낙원의 반대편이라고 결론 내리는 것은 그저 관광객식
상상일 뿐이다. 그곳에서 살아가는 사람들이 죽음과 낙원
사이의 광활한 중간지대에서 자신들의 작은 삶을 영위하고
있다는 걸 보지 못하는 듯하다. 야나기하라의 소설들은 죽음의
수용소가 아니라 호스피스 병동이다. 삶 그 자체와 마찬가지로
《리틀 라이프》는 계속해서 이어진다. 수백 쪽이 넘어가도록
주드는 외로운 하느님이 사랑하는 자신이 왜 아직 살아 있는
건지 진심으로 궁금해한다. 왜냐하면, 고통이 갖는 의미는
바로 사랑을 가능하게 한다는 데 있기 때문이다. 찰스는
데이비드를 사랑하고, 데이비드는 에드워드를 사랑하고,
데이비드는 찰스를 사랑하고, 찰리는 에드워드를 사랑하고,
주드는 윌럼을 사랑하고, 한야는 주드를 사랑한다. 불행은
동행을 반긴다.

2022

먹고 먹히는 소녀들

1996년, 전용기 한 대가 캐나다의 인적 없는 삼림지대에 추락하고, 거기에 타고 있던 고등학교 여자축구 대표팀 멤버들은 생존을 위해 극단으로 치닫게 된다. 한편 현재에 이르러 언론의 조명을 받아 유명해진 생존자들은 악몽에 시달리는 가운데 정상적인 교외의 삶을 살기 위해 고군분투하면서도, 그 숲속에서 벌어진 사건의 진실을 은폐하려 애쓴다. 비밀을 간단히 말하자면, 그들은 서로를 먹었다.

일요일에 첫 번째 시즌을 마무리하는 쇼타임 방송사의 새 야심작 〈옐로재킷〉 이야기다. 어쩔 수 없이 ABC방송사의 〈로스트〉와 비교하는 데 그치지 않고, 비평가들은 〈옐로재킷〉이 여성 청소년의 트라우마와 그 기나긴 여파를 적나라하게 다뤘다는 점에서 높이 평가한다. 현재까지 생존한 세 명의 인물을 연기하는 멜라니 린스키, 줄리엣 루이스, 크리스티나 리치는 모두 1990년대 아역 배우 출신으로 각자의 배역에 잘 어울린다. "우리는 모두 아주 어린 나이에 너무 유명해진 데 대한 트라우마로 서로 묶여 있다고 할 수도 있겠지"라고 리치는 말한다. 〈옐로재킷〉의 제작진은

트라우마가 이 드라마의 "큰 주제"라고 말하며, 임상적 관점이
아닌 "개인적" 관점에서 그것을 탐구하는 데 관심이 있다고
말한다. 몇몇 비평가들도 비슷한 평가를 내렸고, 그중 한 명은
트라우마에 관한 이야기라고 주장하는 드라마가 넘쳐나는
가운데 〈옐로재킷〉만은 진짜배기라고 단언했다.

이 드라마 시리즈는 트라우마 플롯이 다른 모든 것을
집어삼켰다는 파룰 세갈의 최근 주장을 깔끔하게 뒷받침하는
것처럼 보인다. "트라우마 플롯에서 논리가 전개되는 방식은
이렇다. 상처를 제시하기만 하면 우리는 어떤 몸, 어떤 사람이
그것을 겪어냈음을 믿게 된다"고 세갈은 쓴다. 그녀에게
트라우마 플롯은 장르를 초월한다. 그것은 디아스포라
서사, 풍속 소설, 희망적인 스포츠 코미디 등 장르를 가리지
않고 파고든다. 그것은 배경 서사의 뼈대만 남을 때까지
인물을 갉아먹는다. 〈테드 래소〉, 〈완다비전〉〈플리백〉 같은
텔레비전 드라마부터 한야 야나기하라, 제이슨 모트, 칼 오베
크나우스고르의 소설, 슈퍼히어로 영화까지 트라우마 플롯의
작동 영역은 광범위하다. 〈옐로재킷〉도 여기에 추가되어야
할까? 아니면 이 드라마는 트라우마 플롯에 대해 우리에게
무언가 새로운 것을 말해줄까?

일단 그 질문은 군침 도는 매달린 미드필더의 시체처럼
여기에 걸어두고, 드라마에 대해 좀 더 이야기해보겠다.
25년의 시간차를 두고 두 개의 타임라인이 〈옐로재킷〉을
끌어간다. 첫 번째 타임라인에서 조난당한 소녀들은 죽은 이를
매장하고, 사냥감을 잡고, 늑대 무리와 광기를 막아내면서도
어떻게든 호수에서 키스도 한다. 드라마는 뛰어난 연기를
보여주는 앙상블 캐스트로 이루어져 있다. 축제에서 여왕

자리쯤은 따놓은 당상인 재키, 인기는 별로 없지만 재키의
남자친구 제프의 아이를 임신한 쇼나, 우등생 타이사가
등장한다. 또한 정신적으로 소진된 나탈리, 종교적으로 다시
태어난 로라 리, 괴짜 로티, 일행 중 위생병으로서 자신의
중요성을 발견해 이 지위를 지키고자 비행기의 블랙박스를
몰래 망가뜨린 소시오패스 성향의 미스티도 있다.

두 번째 타임라인은 2021년을 배경으로 하며, 네 명의
생존자를 중심으로 돌아간다. 이제 쇼나는 제프와 결혼한
가정주부로, 남편의 외도를 의심하고 있다. 나탈리는 마약
중독자로 모텔을 전전하며 생활한다. 타이사는 부유한 주
상원의원 후보이다. ("당신은 퀴어계의 카말라예요!"라고
사진작가가 칭찬한다.) 한편 섬뜩한 표정의 크리스티나 리치가
연기하는 미스티는 호스피스 병동의 주간 간호사이며 밤에는
"시민 탐정"으로 활동한다. 이들 모두 지난날을 잊어버리려
애를 쓰지만, 과거 숲에서 발견했던 불길한 문양이 찍힌 협박
편지를 받자 스스로를 보호하기 위해 좌충우돌한다.

여기서 드라마가 하나가 아닌 둘이라는 점은 〈옐로재킷〉의
영리한 전략이다. 하나는 공포물과 성장 요소를 지닌 생존
드라마이며, 다른 하나는 연속극까지는 아니더라도 거의
비슷한 요소를 가미한 교외 스릴러이다. 형식 면에서 생존
드라마는 문명사회와 단절된 인물들이 광기와 본능으로
타락하기 전까지 얼마나 인간성을 오래 유지할 수 있는지
탐구하는 경향을 지닌다. 그러한 이야기에 거의 예외 없이
비행기 추락 사고, 다시 말해 인류가 지닌 자만심의 화신이
동물성의 대지에 내리꽂히는 사건이 등장하는 것은 우연이
아니다. 해당 장르의 고전인 1993년 영화 〈얼라이브(Alive)〉는

— 먹고 먹히는 소녀들

우루과이 럭비팀의 실화를 바탕으로 하는데, 영화에서 에단
호크를 비롯한 인물들이 비행기 추락으로 안데스 산맥에서
조난당하자 그들은 사랑하는 이들을 먹을 수밖에 없게 된다.

　반면 관찰적인 면에서 혁명적이지도 않고 그렇다고 틀린
것도 아니지만, 교외 스릴러는 대개 가족 시트콤으로 재현되는
미국 중산층의 겉모습 아래 어둡고 절망적인 무언가가
존재한다는 전제를 깔고 있다. (말기암 환자인 화학교사가
마약 제조자가 되는 이야기인 AMC의 대표작 〈브레이킹 배드〉가
전형적인 예다.) 드넓은 주방 혹은 목조 방갈로를 갖고도
성적 좌절감, 재정적 불안, 의료적 위기에 내몰린 인물들은
미니밴을 몰고 고기찜을 해 먹으면서도 외도, 협박, 마약 밀매,
살인에 손을 댄다. 그들은 돈세탁을 하고, 돌아서서 세탁물을
갠다. 이 장르의 리트머스 시험지는 막 범죄를 저지른 인물이
바로 다음 날 학부모 상담에 멀쩡히 참석하리라 합리적으로
예상할 수 있는지다.

　이런 장르의 구분을 강조하는 이유는 〈옐로재킷〉에 각각
고유의 관심사와 목적을 가진 두 개의 뚜렷한 형식이 존재하기
때문이다. 어디서나 볼 수 있는 장르의 혼종, 즉 여러 장르가
섞여 새로운 것을 만들어내는 방식을 말하는 게 아니다.
화학의 비유를 빌리자면, 내가 말하는 것은 *장르의*
*키랄성**으로, 한 손으로 머리를 두드리는 동시에 다른 손으로는
배를 문지르는 게 가능한 것처럼 TV에서 두 가지 장르가 양손처럼
서로를 반영하면서도 완전히 겹쳐지지는 않는 속성을 뜻한다.

* 화학에서 키랄성(chirality)은 거울을 사이에 둔 두 분자 구조가 서로 대칭을 이루면서도 완전히 동일한 배열로 포개질 수 없는 성질을 뜻한다.

    이러한 구조 덕분에 〈옐로재킷〉에서는 인물이 지닌
씨앗들이 서로 다른 방식으로 성장할 수 있게 된다. 먼저
정서를 생각해보자. 생존 드라마는 의외로 희망을 중심으로
구축된다. 십대의 쇼나는 (굶주림, 늑대들, 비행기 사고
등으로) 죽었어야 하나, 어떤 기적 덕분에 살아남았다.
소녀들은 대자연 때문에 혹은 사춘기 특유의 앙심 때문에
번번이 좌절하지만 문명사회로 돌아갈 가능성은 그들에게
항상 존재한다. 이것은 2021년의 이야기에서 빠져 있는
인물들에게도 마찬가지고, 과거 숲의 상징 문양이 다시
등장하면서 그 점이 강하게 암시된다. 반면 교외 스릴러에서
주된 정서는 불행이다. 중년의 쇼나는 (집, 가정, 아일랜드
조리대가 있는 주방을 가졌기에) 행복해야 마땅하나, 그보다
더 불행할 수가 없다. 그녀가 정원에서 토끼를 죽이고 그
가죽을 벗겨 솥에 넣어 끓일 때 우리는 그 토끼가 곧 쇼나의
남편이라고 생각하지 않을 수 없다.
    여기서 우리는 치명적인 실수와 나쁜 선택이라는, 드라마
차원의 또 다른 구분을 발견하게 된다. 과거에 소녀들은 곧
구조되리라는 생각에 식량 배급을 제대로 관리하지 못했다.
버려진 비행기를 몰아보려 시도하던 로라 리가 죽고, 실수로
스튜에 들어간 환각 성분이 든 버섯 때문에 소녀들은 피비린내
나는 잔치를 벌인다. 이런 일은 절망에 빠진 사람들이 올바른
결정을 하려고 노력하면서도 저지르는, 이해할 수 있지만
중대한 실책들이다. 그러나 현재 시점에 같은 인물들은
교외에 머물며 문제를 만들고 다닌다. 쇼나는 바람을 피우고
있고, 나탈리는 중독자 모임의 후원자를 협박하고, 미스티는
기자로 위장한 선거운동 조력자를 납치하고 협박한다. 이것이

— 먹고 먹히는 소녀들

바로 〈옐로재킷〉의 성인 인물들이 돈과 현대식 편의시설을
가지고 있으면서도 말 그대로 발이 묶였던 십대 시절보다
더 옴짝달싹할 수 없다고 느끼는 이유다. 과거에 우리의
주인공들은 숲속에 갇혀 있었지만, 현재는 자기 자신 안에
갇혀 있다.

어쩌면 이 드라마 속 두 개의 타임라인의 가장 흥미로운
점은 그것들이 시간과 맺는 관계다. 희한하게도 십대들의
서사가 성인들의 서사보다 '앞에' 있다는 것도 정확하지
않다. 오히려 두 개의 서사는 각 서사에서 영원히 현재
시제로 일어나며, 과거는 더 이상 직접적 원인이 아니고 미래
역시 필연적 귀결이 아니다. 때때로 한 인물과 그의 다른
자아 사이의 간극은 너무 커서 혼란스러울 수 있다. 줄리엣
루이스가 연기하는 현재의 나탈리는 신랄하고 불안정하며
신체적으로는 어디로 튈지 모르는 긴장감을 갖고 있는 반면,
소피 대처가 연기하는 어린 나탈리는 날카로운 관찰력을
가졌으며 용수철처럼 에너지를 응축하고 있다. 쇼나의 경우
숲은 그에게 어떤 흔적도 남기지 않은 것 같다. "우리가 언제
이렇게 거짓말하고 끔찍한 짓을 하는 사람들이 되었지?"
부엌칼로 내연남을 살해한 뒤 쇼나가 남편에게 묻는다.
"예전부터 우린 그런 사람들이었어"라고 남편이 조용히
대답한다.

각 타임라인은 숨겨진 메커니즘에 의해 다른 타임라인의
서사를 뒤흔들 수도 있다. 중년의 타이사가 자기 집 앞의
나무 위에서 자신의 손을 물어뜯을 때에야 우리는 그녀의
아들이 본 나무 위의 위협적인 여자가 타이사의 과거 그림자가
아니라 실제 타이사임을 알게 된다. 여기서는 미래가 과거를

설명한다. 우리는 1996년 로티가 멍한 얼굴로 입에 흙을
욱여넣고 있던 십대의 타이사를 본 것이 환각이 아니라는
사실을 깨닫고 공포를 느낀다. 그리고 우리는 최악의 상황을
두려워하게 된다. 아니나 다를까, 십대의 타이사는 몽유병을
겪으며 또 다른 나무로 향하고, 여자친구는 늑대에게
공격당하고 만다.

달리 표현하자면, 〈옐로재킷〉은 예컨대 〈로스트〉와는
달리 서사를 전개할 때 인물의 배경이 되는 사연에 의존하지
않는다. 어린 시절 로티가 겪은 환각이라든가 로라 리의 성경
캠프에서의 임사 체험 등 과거 회상 장면이 몇몇 있기는
하나, 항상 생존 드라마 내부로 국한된다. 전체를 놓고 볼 때
십대들의 이야기가 단순히 회상 장면의 연속이기만 한 것은
아니며, 성인들의 이야기 역시 길게 늘인 플래시포워드가
아니다. 그것은 다른 시간대에 동시에 벌어지는 두 개의
이야기이다. 한 가지 예외는 파일럿 에피소드에 나오는 끔찍한
장면으로, 거기서는 정체불명의 한 소녀가 사냥당하고 피를
빼낸 채 구워져, 1996년 주 챔피언팀의 살아남은 이들에게
먹힌다. 분명히 그 사냥은 소녀들이 숲에서 지낸 지 한참
되었을 때 일어난 일일 텐데, 십대 시절 타임라인에—적어도
아직은—포함되어 있지 않다. 그 장면은 끔찍한 환영이자
참혹한 기억이다. (아직까지) 다시 등장하지 않은 그 장면은
보이지 않는 척추가 되어 드라마의 두 이야기를 서로 닿지
않으면서도 둥글게 휘어진 갈빗대처럼 이어준다.

이것이 이 드라마의 가장 어두운 비밀이다. 소녀들은 어떻게
서로를 먹게 될까? 식인은 상상하기 어려운 생존 행위일까,
아니면 최악의 결정, 증오의 결과, 빛나면서도 흉측한 기쁨의

55

— 먹고 먹히는 소녀들

행위 같은 더 나쁜 무언가일까? 생존 드라마에서는 소녀들이 *그래야만 했기 때문에* 식인을 했다면, 교외 스릴러에서는 그들이 *원해서* 그렇게 했다고 볼 수 있다. 이것은 드라마의 두 장르를 필연적으로 충돌하게 만든다. 이 드라마의 가장 큰 재미는 안전한 거리를 유지한 채 한 장르가 다른 장르를 파괴하는 것을 예상하는 데 있다.

말이 나온 김에 언급하자면, 아까 매달아둔 질문에서 이제 피가 빠져나올 만큼 다 빠져나온 것 같다. 〈옐로재킷〉은 트라우마에 관한 이야기인가, 아닌가? 앞서 설명한 키랄성은 트라우마에 내재한 특성이라고 할 수 있을 것이다. 트라우마를 겪는다는 것은 정확히 이유도 방법도 모른 채 한 장르에서 다른 장르로 던져지는 일이다. 달리 말하면, 이 구조야말로 인과관계와 손상과 욕망을 뒤섞음으로써 드라마가 트라우마 담론을 넘어설 수 있게 해준다고도 할 수 있겠다. 내가 하고자 하는 말의 핵심은, 드라마는 비평적 평가, 팬들의 반응, 공표된 제작 의도 등 문화적 맥락의 차원에서 그 의미가 중층결정될 수 있는 동시에 텍스트 자체로는 놀랍도록 미결 상태일 수도 있다는 것이다. 이 두 가지 층위는 각각의 비평 장르를 요한다. 그 둘이 맞닿는 곳에 가장 큰 미스터리, 가장 붉은 살점이 있다. 그것을 찾는 비결은 두 층위가 동시에 살아 있게 하는 법을 찾아내는 것이다. 소녀들과 마찬가지로 장르 역시 서로를 잡아먹는다.

2022

오페라 유령

1988년에 《뉴욕 매거진》은 신작 브로드웨이 뮤지컬 소식을 표지 기사로 실었다. "감각을 압도하는 전통적이고 낭만적인 뮤지컬"인 〈오페라의 유령〉The Phantom of the Opera은 기형의 작곡가—마스크를 쓴 유령—가 아름다운 소프라노 가수와 비극적인 사랑에 빠지는 이야기다. 뮤지컬의 작곡가인 앤드루 로이드 웨버Andrew Lloyd Webber는 애인이었다가 아내가 된 세라 브라이트먼Sarah Brightman을 위해 이 작품을 썼다. 그 둘의 이야기는 당시 런던의 온갖 타블로이드지를 도배하다시피 했다. 그들이 사는 트럼프 타워의 550만 달러짜리 복층 아파트에서 진행한 한 인터뷰에서 로이드 웨버는 이전의 히트작 〈에비타〉Evita에는 미안하지만 〈오페라의 유령〉이 여태까지 자신이 쓴 뮤지컬 중에서 "가장 마음에 드는" 작품이라고 했다. 어쨌거나 사전 예매 수익 1800만 달러라는 기록을 올린 데 대해서는 논쟁의 여지가 없다. 〈오페라의 유령〉은 프랑스 소설을 원작으로 만든 영국 뮤지컬이지만, 이 작품의 세기말적 웅장함은 호화로운 건축물, 성적 향수, 현란한 로큰롤 등 레이건 시대의 퇴폐상과 완벽하게 맞물린다. (살아 있는 비둘기 떼를 날리려던 계획이 런던 초연 직전에 취소되기도 했다.) 혹평으로 악명 높은

비평가 프랭크 리치마저도 《뉴욕 타임스》에 게재한 다른 모든
면에서는 몹시 비판적인 리뷰에서 〈오페라의 유령〉을 보며
끔찍한 시간을 보내는 게 가능하긴 하겠지만, 그러려면 일부러
애를 써야 할 것"이라고 인정했다.

이제 〈오페라의 유령〉이 막을 내린다. 브로드웨이 역사상
최장수 작품으로 35년간 공연되면서 〈오페라의 유령〉은 13억
달러 넘게 수익을 올렸고 2000만 명 이상의 관객을
사로잡았다. 2주 전에는 마지막을 기리려는 관객들로 300만
달러어치의 티켓이 판매되는 기록을 세우기도 했다. 공식적인
공연 종료 사유는 팬데믹이지만, 이제는 〈오페라의 유령〉을
보며 끔찍한 시간을 보내는 데 아무런 노력이 들지 않기
때문일 것이다. 세월이 흐르며 템포는 활기를 잃고 연기도
형편없어져 공연은 그야말로 처참한 지경이다. 출연자들이
노래를 멈추지 않는 작품인데도 충격적일 만큼 자주 분위기가
정체된다. 브로드웨이에서 크리스틴을 연기하는 최초의 흑인
배우로 다소 과하게 홍보된 에밀리 쿠아추는 재능 있는
소프라노지만 남자들에게 자신을 "지도해달라"고 간청해야
하는 고맙지 않은 역할에 갇혀 있다. 〈오페라의 유령〉이 언제나
고전적인 강간 판타지였다는 사실을 무시하기는 어렵다. 이
작품의 매력은 스스로를 추한 동정남으로 묘사하며
지하실에서 대중에 대한 테러를 계획하는 로맨스물 주인공의
카리스마에 전적으로 달려 있다. 팬들은 화려한 타이틀곡이
나오며 유령이 크리스틴을 데리고 안개 자욱한 지하 호수를
건너가는 장면에 대역 배우와 사전 녹음된 목소리가
쓰였으리라 오랫동안 추측해왔다. 여전히 전율감을 주는 건
유명한 샹들리에뿐이다. 오르간 서곡(이 역시 사전 녹음되었을

—

것이다)이 연주되는 동안 샹들리에가 불길하게 솟아오르는
모습은 진정한 쿠 드 테아트르*라 할 법하다. 샹들리에는 마치
'체호프의 조명기구'**처럼
오케스트라석 위에 아슬아슬하게
매달려 있다. 그러나 막이 끝날
때쯤 그것은 마치 피터팬이 달링
가족을 찾아가듯 무대 위에 사뿐히
'떨어진다.' (브랜드의 연속성을
위해 로이드 웨버가 10년 만에
발표한 브로드웨이 신작 〈나쁜
신데렐라〉가 바로 옆 블록에서
개막했으나 역시 혹평받고 있다.)

　　사람들은 대체 왜 이 작품을
좋아한 걸까? 〈오페라의 유령〉을
볼거리를 좋아하는 시대가 낳은
그저 또 하나의 스펙터클(많은 사람들이 그랬듯 그 점을
짚으며 쉽게 찬사를 보낼 수도 있으리라)로 치부한다면 정작
유령이라는 인물을 간과하는 셈이다. 요란한 대작인 〈캣츠〉
같은 로이드 웨버의 이전 작품들은 그에게 영국 파운드
말고는 별다른 원칙을 갖고 있지 않은 기회주의자라는
평판을 가져다주었다. 그에 반해 〈오페라의 유령〉은 거의
지적이기까지 한 작품이며, 그다지 예술성이 기대되지 않던
한 남자의 예술가적 선언이다. 유령은 연예인이 아니며, 인간
정신의 최상의 표현인 음악에 대한 신념을 배반하기보다는
오페라 하우스 지하의 (말 그대로) 어둠 속에서 작곡하기를
선호했다. 그는 여흥이 아니라 헌신을 상징했다.

*　　연극에서 관객을 놀라게 하는 극적 전환이나 반전을 뜻하는 프랑스어 표현.

**　　'체호프의 총(Chekhov's gun)'을 패러디한 표현. 러시아 극작가 안톤 체호프는 이야기에서 불필요한 요소는 배제해야 한다고 하며 다음과 같은 서사 원칙을 강조했다. "만약 1막에 무대에 권총이 걸려 있다면, 그 총은 반드시 마지막 장에서는 발사되어야 한다. 그렇지 않으면 무대에 놓을 필요가 없다."

<오페라의 유령>을 통해 로이드 웨버는 뮤지컬이라는 장르의 운명에 대한 하나의 주장을 펼쳤다. 오페라의 전통은 항상 음악과 극의 관계를 두고 분열돼왔고, 이 논쟁은 로이드 웨버의 시대에도 다시 불거졌다. 로이드 웨버와 동시대인인 스티븐 손드하임^{Stephen Sondheim}은 의식적으로 모더니즘을 추구한 인물로서 1970년대 뮤지컬에 극적 깊이를 부여했다. 그러나 로이드 웨버는 극에 대한 감각이 없었다. 그의 인물들은 마치 경기장에서 관중에게 티셔츠를 대포로 쏘듯 자신의 감정을 관객에게 그대로 쏟아냈다. 그가 보여준 것은 다른 것, 즉 순수한 음악적 초월의 경험이었다. 뮤지컬에서 '음악'이라는 요소를 강조한 것은 그의 이전 작업들을 옹호하는 역할을 했고, 그에 따라 그의 작업은 진지한 예술작품으로 여겨지게 되었으며, 동시에 그것은 브로드웨이의 미래에 대한 비전이기도 했다. 유령은 밤마다 관객들에게 두 시간 반 동안은 그 *무엇도*—플롯도 등장인물도 사회문제도 심지어 고급 취향까지도—어두운 극장을 가로질러 그들의 영혼에 닿는 보이지 않는 음악의 광선보다 더 중요하지 않을 거라고 약속했다.

로이드 웨버는 전후 런던의 음악 애호가 집안에서 태어났다. 실력 있는 오르간 연주자이자 이름나지 않은 작곡가였던 아버지는 런던의 왕립음악대학에서 작곡을 가르쳤고, 성공한 피아노 교사였던 어머니는 남편의 직업적 안주를 불만스러워했다. 로이드 웨버는 십대 시절 라디오에서 푸치니의 1900년 오페라 <토스카>^{Tosca}를 듣고 감격의 눈물을 흘렸다. "결코 가능하리라 꿈꾸지 못했던 진정한 극음악이었다"고 그는 2018년 출간한 회고록

《마스크를 벗다》[Unmasked]에 썼다. 젊은 시절 그는 음악적으로 두각을 나타내야 한다는 상당한 압박 속에 있었다. 그의 어머니는 한 피아노 신동에게 병적으로 집착한 나머지 그 소년을 입양하기까지 했다. 그러는 동안 친아들은 마지못해 자살 시도를 계획하기까지 한다. 로이드 웨버는 아버지가 로저스와 해머스타인의 〈남태평양〉[South Pacific]에 나오는 연가 〈어느 황홀한 저녁〉[Some Enchanted Evening]을 들려준 것을 아직도 선명하게 기억한다. "앤드루, 난 네가 이 곡의 절반쯤만 되는 곡을 쓰더라도 아주, 아주 자랑스러울 거다"라고 아버지는 말했다.

그가 노력하지 않았다고는 아무도 말하지 못할 것이다. 로이드 웨버의 첫 번째 뮤지컬 〈요셉 어메이징〉[Joseph and the Amazing Technicolor Dreamcoat]은 십대 청소년이 쓴 주일학교 팬터마임 같은데, 실제로 십대 때 쓴 것이기 때문이다. 그러나 1982년 아버지가 돌아가신 후 그는 록 오페라인 〈지저스 크라이스트 슈퍼스타〉[Jesus Christ Superstar], 아르헨티나의 파시즘에 대한 동정적 시선을 보여주는 〈에비타〉, 고양이에 관한 뮤지컬인 〈캣츠〉 등 몇 개의 히트작을 갖게 되었다. 숨을 멎게 하는 시각적 요소, 시대를 초월하는 주제, 그리고 무엇보다 대중음악 색채가 강한, 전부 노래로만 이루어진 구조 등의 특징들로 사실상 그가 1980년대 영국의 메가뮤지컬을 정의했다고 할 수 있다.

로이드 웨버의 작업에 대해 비평가들의 평가는 갈렸지만, 라파엘전파* 미술품 소장을 점점 늘려가는 쾌활한 대중주의자인 그 자신은 예술적 진정성과 상업적 매력 사이에서 아무런

* 19세기 중엽 영국에서 일어난 예술 운동. 헌트(Hunt, W. H.), 로세티(Rossetti, D. G.) 등이 1848년에 그룹을 결성하여 라파엘로 이전의 르네상스 예술에서 겸허하게 배우는 사실적이고 소박한 화풍을 지향하였으나 10년이 못 되어 활동을 중지하였다.

모순을 느끼지 못했다. 일찍이 그는 콘셉트 앨범과 리드 싱글을 발표하며 자신의 음악을 홍보하는 법을 터득했다. (〈에비타〉의 〈아르헨티나여 나를 위해 울지 말아요Don't Cry for Me Argentina〉는 1977년 영국 싱글 차트 1위에 오른 바 있다.) 또 그의 뮤지컬은 수익성이 너무 좋아서 정부의 연극 공공기금 삭감에 대해 이의를 제기받은 마거릿 대처가 "앤드루 로이드 웨버를 보세요!"라고 되받아치기도 했다. 그가 뮤지컬에 선구적으로 도입한 움직이는 거대한 무대 세트와 라이브 음향 믹싱을 고려하면 도저히 눈을 뗄 수가 없었던 것이 사실이다. 질주하는 기차를 다룬 그의 다음 히트작 〈스타라이트 익스프레스Starlight Express〉는 롤러스케이트를 타고 객석 주위를 쌩쌩 달리는 안드로이드 같은 배우들이 등장하는, 신스팝으로 도배된 끔찍한 작품이었다. 그 작품의 연출자이자 〈캣츠〉에도 참여했던 트레버 넌Trevor Nunn은 언론에 그 공연이 디즈니랜드 방문과 같다고 이야기했다. "여기 돈 낼 테니, 한 방 먹여주세요."

그럼에도 여전히 로이드 웨버는 중요한 작곡가로 인정받고 싶어 했다. 그는 〈캣츠〉가 푸가를 중심으로 작곡된 데 자랑스러워했고, 라흐마니노프처럼 파가니니의 카프리스 24번에 대한 변주곡을 썼다. 젊은 시절 그는 프로코피에프의 피아노 소나타에서 특이한 8분의 7박자를 접하곤 "최면 같은 가능성"에 집착하게 되었고, 자신의 모든 악보에 요동치는 듯한 8분의 7박자 구간을 삽입하는 식으로 자기만족을 추구했다. 하지만 로이드 웨버의 음악에는 어딘가 인위적이고 평범한 구석이 있었다. 그의 아버지는 자신이 작곡을 가르치는 학생들에게 이런 질문을 했다고 한다. "여섯 마디면 충분한 상황에서 왜 여섯 페이지를 쓰는가?" 그러나 스스로를 '맥시멀리스트'라고 칭하던 젊은 시절의 로이드 웨버는 멜로디

라인을 자연스러운 종결점보다 훨씬 더 길게 늘이는 것을
선호했고, 다운비트에 맹목적으로 집착했다.

이러한 학생다운 접근 방식 덕분에 로이드 웨버는 그럭저럭
봐줄 만한 모방곡 작곡가가 될 수 있었다. 주로 록과 팝이었고,
재즈의 느낌은 전혀 없었으며, 아버지에게 배운 클래식 음악도
어느 정도 있었다. 〈캣츠〉에 나오는 노래 〈메모리〉(Memory)의 선율은
푸치니풍으로, 그 곡은 원래 오페라 〈라 보엠〉(La Bohème)에서 잘려나간
노래를 위한 작품으로 구상되었다. '푸치니 전문가'로 정평이
나 있던 로이드 웨버의 아버지는, 비록 라벨의 볼레로를
감상적인 8분의 12박자로 바꾸고 템포를 늦춘 듯한 인상을
주었지만 그 곡을 매우 좋아했다. 비평가들은 이런 종류의
모방을 자주 알아차렸다. 〈지저스 크라이스트 슈퍼스타〉의
인기 발라드곡인 〈그를 사랑하는 방법을 모르겠어요〉(I don't know how to love him)의
애처로운 멜로디는 멘델스존의 바이올린 협주곡 2악장에서
가져온 것 같았고, 〈아르헨티나여 나를 위해 울지
말아요〉에서는 파라과이 하프가 바흐의 C장조 프렐류드
비슷한 곡조를 뜯는 것을 들을 수 있다. 이러한 차용에 관해
가장 당혹스러운 점은 그걸 대수롭지 않게 여기는 그의
태도였다. 로이드 웨버와 오래 일한 한 오케스트라 편곡자는
세상에 "음표가 그리 많지 않다"며 그를 옹호했다. 그러나 연극
평론가 존 사이먼(John Simon)은 《뉴욕 매거진》에 실은 글에서 "로이드
웨버는 멜로디 감각이 부족하다기보다 다른 이들의 멜로디에
대한 감각이 너무 풍부한 것이 문제"라고 썼다.

사실 로이드 웨버가 차용한 것은 음악만이 아니다. 21세에
그는 '매력적으로 천진한 얼굴을 한' 16세 소녀 세라 휴길(Sarah Hugill)과
사랑에 빠졌고 그녀의 18번째 생일 몇 주 뒤 결혼했다. 나중에

— 오페라 유령

그는 〈캣츠〉 출연 배우였던 12살 연하의 세라 브라이트먼
때문에 휴길을 떠났고, 타블로이드지에서는 브라이트먼을
"세라 2세"라고 칭했다. 이혼에 대한 죄책감과 예술적 도전을
향한 열망으로 로이드 웨버는 〈레퀴엠〉을 구상하게 되었다.
〈레퀴엠〉은 돌아가신 아버지에게 헌정하는 위령미사곡으로,
세라 브라이트먼의 3옥타브의 리릭 소프라노를 뽐낼 수
있는 독창 파트가 있었다. 그것은 확실히 주목받을 만한
재능이었다. 1984년 한 뜨거운 여름밤에 로이드 웨버는 새
아내와 함께 켄 힐(Ken Hill)이 연출한 신생 뮤지컬을 보러 갔다. 힐은
자기 작품의 여주인공으로 브라이트먼을 바라고 있었다.
아름다운 소프라노 여가수와 사랑에 빠진 고뇌하는 작곡가의
이야기를 다룬 그 작품의 음악은 클래식 오페라 아리아에
힐이 새로 가사를 붙이는 식이었다. 당시 정통 오페라 쪽을
눈여겨보던 브라이트먼은 망설였지만, 로이드 웨버는 그
작품이 "〈록키 호러 픽쳐 쇼〉 타입의 뮤지컬"로서 잠재력이
있다고 여겨 직접 제작을 맡고 오리지널 타이틀곡을 쓰기로
했다. 이 작품이 바로 〈오페라의 유령〉이다.

　자서전에서 로이드 웨버는 그 유명한 오르간 코드까지
포함해서 자신이 힐에게 녹음해 보낸 데모테이프가 '오페라의
유령'이라는 곡의 초기 버전이라고 시원하게 인정하면서도,
힐의 작품이 〈오페라의 유령〉의 탄생에 기여한 역할을
축소하려고 애쓴다. 그가 선호하는 작품의 탄생 비화는
〈레퀴엠〉의 리허설을 하는 동안 자신이 5번가에서 우연히
50센트짜리 가스통 르루(Gaston Leroux)의 1910년작 소설 《오페라의 유령(Fantôme de l'Opéra)》을
집어들었는데, 문득 그 소설이 브라이트먼을 위해 쓰고 싶었던
"고차원 로맨스"를 제공해줄 수 있겠다고 생각했다는 것이다.

1880년대 파리의 오페라 가르니에를 배경으로 하는 그
소설은 돌아가신 아버지가 보낸 보이지 않는 천사에게 음악을
배우고 있다고 믿는 크리스틴 다에라는 순진한 처녀에 관한
이야기다. 사실 그녀를 가르치는 건 소문으로 떠도는 오페라의
유령, 즉 흉측하게 생겼지만 매우 인간적인 작곡가 에릭이다.
그는 크리스틴과 위험한 사랑에 빠진다. 이 이야기는 론
채니가 등장하는 1925년작 무성영화를 포함해 이미 여러 번
각색되었다. 영화 각색작들은 아이러니하게도 유령을 음악적
표절에 분노한 피해자로 그렸다. 하지만 로이드 웨버는 다른
것을 보았다. 목소리와 사랑에 빠진 한 남자를 본 것이다. 그의
유령은 뒤집힌 오르페우스가 되어 사랑하는 이를 음악과 함께
지하세계로 불러들인다. 여기에 진정성 있는 무게감과 열정을
담을 기회가 있었다. 그는 자신의 경력에서 처음으로 무언가
전하고 싶은 메시지를 찾아낸 듯했다.

〈오페라의 유령〉은 1986년 웨스트엔드에서 첫 막을 올렸다.
콜 포터의 〈키스 미 케이트〉가 셰익스피어에 기여한 만큼은
오페라 예술에 기여한 셈이다. 평소 오페라를 즐겨 보지 않던
사람들에게도 오페라 관람 기회를 선사했기 때문이다. 지금도
그렇지만 당시에도 영어권에서 오페라는 취향이 19세기에
멈춰 있는 엘리트 후원자 계층 덕분에 겨우 명맥을 이어가는
장르였다. (작곡가 피에르 불레즈는 1967년에 오페라를
현대화하는 가장 좋은 방법은 "오페라 하우스를 날려버리는
것"이라고 지적했다.) 로이드 웨버는 지루한 부분이나
알아들을 수 없는 모음을 제외하고 끊임없는 노래, 고동치는
비브라토, 엄청난 고음 등 오페라에 대한 유쾌한 인상을
주며 대안을 제시했다. 비평가들은 오페라 모방곡과 절제된

실험들을 포함하는 〈오페라의 유령〉의 음악이 그의 작품
중 가장 원숙하다는 데 동의한다. 곳곳에서 진정한 음악적
재능이 엿보이기는 한다. 그렇지만 〈오페라의 유령〉의 진짜
스타는 음악 그 자체였다. 음악이 그야말로 넘쳐났다. 공연이
3시간째에 접어들자 관객들은 유령에게 또 한 번 편지를
받은 지친 극장 관리자의 심정이 되었다. "내 취향에 비하면
음표가 너무 많군. 그리고 대부분이 크리스틴 얘기뿐이라니!"
이 작품은 로이드 웨버가 처음으로 대본 작업에 크레딧을
함께 올린 뮤지컬이었다. 등장인물들은 누가 노래해야
할지, 오페라를 어떻게 마케팅할지, 무엇이 음악에 가치를
부여하는지 등 음악에 대해 끊임없이 논의했다. 본질적으로
로이드 웨버는 (긍정적이든 아니든) 자신을 극적 즐거움의
조달자로 본 비평가들에게 음악을 듣는 경험 자체가 중요한
예술적 의미를 지닌다고 반론을 제기한 셈이다.

　〈오페라의 유령〉에서 오페라는 중요한 개념적 역할을
갖는다. 1막은 가상의 오페라 〈한니발〉의 더딘 리허설
장면으로 시작한다. 〈한니발〉은 춤추는 노예 소녀들과
거대한 가짜 코끼리가 등장하는 19세기의 그랜드 오페라를
풍자하는 작품이었다. 로이드 웨버가 명시한 풍자의 대상은
화려한 무대 효과로 오늘날까지도 기억되는 대성공한 작곡가
자코모 마이어베어였다. 마이어베어의 〈예언자〉가 1849년에
롤러스케이트를 무대에 올리기도 했듯, 두 사람 사이의
직접적 유사성은 로이드 웨버에게도 분명히 보였을 것이다.
〈오페라의 유령〉은 관객에게 이것이 오페라의 가장 지루한
모습이니 이를 싫어하는 것은 완전히 자연스러운 일이라고
단언했다. 극의 상당 부분은 강한 이탈리아식 억양을 가진

까탈스러운 콜로라투라 소프라노인 칼로타를 자신이 사랑하는 크리스틴으로 바꾸려는 유령의 시도를 보여주는 데 할애된다. 로이드 웨버는 〈한니발〉 아리아를 난해하고 자의적인 방식으로 부르는 칼로타에 대해 "우리는 그녀가 구식 오페라를 대표하기 때문에 웃음짓지만, 그녀가 웃음거리는 아니다"라고 썼다. 그에 반해 크리스틴의 곡 해석은 더 선명하고 팝 같은 느낌을 주는데, 이는 그 멜로디가 마이어베어의 아리아보다는 린다 론스태트의 발라드와 더 유사하기 때문이다. 유령에게는 크리스틴의 목소리만이 오페라를 벗어나 "새로운 사운드"로 향하는 길을 제시한다. 그 사운드가 하필 1980년대 팝이어서 그렇지만.

Linda Ronstadt

　여기에는 약간의 역사적 맥락이 존재한다. 19세기 후반 파리에서 진정한 유령은, 그 후속 장르가 자국과 대서양 건너에서 속속 등장하는 상황에서도 여전히 무대에 오르고 있었던 그랜드 오페라 그 자체였다. 프랑스와 영국의 오페레타는 미국에서 큰 인기를 얻고 있었는데, 오페라 전통이 거의 없던 나라에서 오페라의 패러디처럼 받아들여졌던 것이다. 또한 20세기 초에는 희극 오페라가 민스트럴쇼, 보드빌*과 합쳐져 오늘날 우리가 뮤지컬이라 부르는 것의 토대를 형성했다. 처음에 뮤지컬 희극은 플롯 없는 레뷰**와 유사했으나, 1927년에 인종 간 결혼을

minstrel show

vaudeville

revue

*　남북전쟁 이후 미국에서 유행한 민스트럴쇼는 얼굴을 검게 칠한 백인 배우가 흑인을 희화화하는 공연으로 인종차별적 성격을 띠었다. 보드빌은 노래, 춤, 코미디, 곡예 등 다양한 장르가 결합된 공연으로, 19세기 말 북미에서 민스트럴쇼가 쇠퇴한 자리를 차지하며 인기를 끌었다.

**　노래, 춤, 촌극 등 여러 개의 짧은 공연을 하나로 엮은 쇼. 19세기 프랑스의 대중오락에서 유래해 20세기 초반 유럽과 미국에서 흥행했다.

다룬 야심찬 멜로드라마인 〈쇼 보트〉가 등장하면서 달라졌다.
〈쇼 보트〉의 극작가이자 작사가인 오스카 해머스타인은
"그랜드 오페라의 경지에 도달하면서도 인간적인 면모를
충분히 담아 관객에게 즐거움을 줄 수 있는 뮤지컬 형식이
어떤 가능성의 영역 어딘가에 감춰져 있을까?"라고
궁금해했다. 해머스타인이 이후 작곡가 리처드 로저스와 함께
작업한 "북 뮤지컬"*에서 오페라를 부활시킨다는 것은 음악을
극 속으로 부드럽게 통합해 하나의 극적 전체를 만들어낸다는 특정한 의미를 갖게 되었다.

* 음악, 가사, 그리고 '책'이라고 불리는 대본, 즉 스토리가 유기적으로 결합되어 전개되는 서사 중심의 통합적 뮤지컬 형식.

〈남태평양〉에서 〈어느 황홀한 저녁〉은 거실에서 들으면 감동적인 연가처럼 들리지만, 작품
속 맥락에서는 이제 막 알게 된 여인을 향한 한 홀아비의
서투른 애정 표현이다.

로이드 웨버에게 극의 이점은 음악이라는 추상적인 정서에
명확한 형태를 부여한다는 점이었다. 어떤 멜로디가 구슬프게
들릴 수는 있어도, 오직 비가만이 비극적일 수 있다는 것이다.
하지만 바로 그 이유로 〈오페라의 유령〉의 음악은 극의 목적에
거의 부합하지 못했고, 오히려 무대를 활보하며 존재감을
뽐냈다. 작사가 찰스 하트에 따르면 연출가 헬 프린스는
〈오페라의 유령〉을 대중적 흥행작으로 만드는 데 너무 집중한
나머지 "배우가 인물의 내적 동기를 찾고자 할 때면 연출가
말고 다른 데서 알아봐야 했다". 로이드 웨버 역시 찰스 하트의
가사에 대해 같은 심정이었던 게 분명하다. 난처해진 작사가가
곡의 남는 음표를 채우기 위해 '어떻게든'이라는 단어를
〈어떻게든 다시 돌아와주신다면〉이라는 곡에 집어넣은 것을

로이드 웨버는 재밌어했다. 하지만 로이드 웨버는 유령이 무도회장에 나타났을 때처럼 음악이 대사를 압도하는 방식을 선호했다. 연회장의 사람들은 정체를 숨기는 데 가면이 얼마나 유용한지에 관해 막 노래를 부른 참이지만 유령의 등장을 알리는 웅장한 오르간 연주가 나오자 그를 곧장 알아본다. 디제시스 측면에서 볼 때* 그들은 그 소리를 들을 수 없지만 말이다.

음악이 먼저냐 극이 먼저냐 하는 논쟁은 오페라만큼이나 역사가 깊다. 1781년에 모차르트는 "오페라에서 시는 단순히 음악의 순종적인 딸이어야 한다"며 이탈리아 오페라가 "음악이 모든 것 위에 군림하고 나머지는 전부 잊히게" 함으로써 "비참한 대본"을 극복했다고 주장했다. 권위적인 성향의 리하르트 바그너(Richard Wagner)를 비롯한 다른 작곡가들은 음악이 본질적인 내용을 지니지 않은 강력한 표현 도구라고 보았다. 즉, 음악은 뛰어난 표현 수단이지만 그 자체로는 고유한 내용을 갖고 있지 않다는 것이다. 바그너는 1851년에 발표한 논쟁적 저서 《오페라와 드라마(Opera and Drama)》에서 최악의 오페라 작곡가들은 극적 행동을 포기하고 감정을 청자들의 귀에 직접적으로 전달하면서 "원인 없는 효과"를 만들어내는 데 음악을 사용했다고 주장했다. 미국의 뮤지컬 전통에서 이러한 긴장은 리처드 로저스의 작곡가로서의 경력을 통해 드러난다. 작사가 로런츠 하트와 협업하던 초기에 로저스는 멜로디를 먼저 썼고 그 결과

* diegetically — 플라톤이 미메시스(μίμησις)와 구별한 디에게시스(διήγησις)를 현대 서사학에서는 '이야기가 일어나는 시공간적 세계'라는 의미로 확장했다. 서사 속 인물이 경험하는 모든 것을 디제시스적(diegetic) 요소라고 하며, 서사 속 인물들이 인지하지 못하는, '제4의 벽' 바깥의 관객 혹은 독자에게만 전달되는 요소를 비디제시스적(non-diegetic) 요소라고 한다.

반짝이는 선율 뒤로 극은 잊혔다면, 해머스타인과 함께
작업할 때는 가사가 먼저 주어졌고 이전보다 더 원숙해진
로저스는 분명한 극의 목적을 염두에 두고 작곡을 해야 했다.
하트와 로저스가 고전적인 노래를 만들었다면, 해머스타인과
로저스는 고전적인 *뮤지컬*을 만들어낸 것이다.

　어떤 면에서는 해머스타인의 비전이 승리했다.
고전음악 교육을 받은 레너드 번스타인은 1957년 뮤지컬
〈웨스트 사이드 스토리〉에서 반복되는 음악적 간격, 즉
3온음을 중심으로 복잡하면서 때로는 오페라 같은 곡을 썼고,
이는 〈마리아〉의 선율을 불후의 명곡으로 만들어주었다.
그러나 번스타인은 마리아가 죽은 연인을 앞에 두고
부르는 '광기 어린 아리아'를 쓸 때 "여섯 마디 이상 쓰지
못했다"고 회상했다. 비극적 클라이맥스에서는 음악이 전혀
필요 없음을 깨달았기 때문이다. 분명히 말하자면, 극이
구조적으로 우선시되기 위해 꼭 셰익스피어적일 필요는
없다. 1957년작인 메러디스 윌슨의 〈뮤직 맨〉은 시골 배경의
소박한 줄거리를 가진 완벽하게 통합적인 뮤지컬이다. 또한
뮤지컬이 극적이기 위해 반드시 액션으로 가득할 필요는
없다. 손드하임의 〈컴퍼니〉에서처럼 주제적으로 연결된
짤막한 장면들로도 충분하다. 요점은 이 모든 경우에 음악이
극의 목적에 기여했다는 사실이다. 해머스타인의 제자였던
손드하임은 1970년대에 기존의 노래 형식을 벗어나 가사에
풍부한 서브텍스트를 부여해주는 점증적 화성 구조를 택하며
이를 극단적으로 추구했다. 그래서 비평가들은 흥얼거릴 것이
없다고 불평하기도 했다. 발끈한 손드하임은 1979년에 자신의
걸작 〈스위니 토드〉에서 그러한 비판을 조롱했다. 극중 면도

시합에서 현란한 태도를 보이는 이탈리아 이발사가 자신의 멜로디에 심취한 나머지 내내 침묵을 지킨 스위니에게 패한 것이다.

한편 뮤지컬은 언제나 음악을 왕좌에 앉히려는 일종의 왕당파적 충동과 씨름하고 있었다. 1980년대에는 보수당 성향이었던 로이드 웨버가 메가뮤지컬을 미국으로 보내 테러 수준으로 귀에 맴도는 곡조로 무장한 채 식민지를 다시 영국의 왕권 아래 두려는 듯 보였다. 바그너는 일찍이 "적나라한, 귀를 즐겁게 하기만 하는, 절대적 멜로디성"이 오페라 관객에게 미치는 영향에 절망한 바 있다. 우리가 귓가에 맴도는 곡조, 즉 귀벌레라 부르는 현상이다.^{earworm} (아니나 다를까, 1949년 〈남태평양〉이 막을 올리자마자 프랭크 시나트라^{Frank Sinatra}와 페리 코모^{Perry Como}는 〈어느 황홀한 저녁〉의 커버곡을 발표했다.) 레너드 번스타인도 같은 생각이었다. "F# 음에 대해 우리가 생각해야 할 필요는 없다. 그건 그저 마음에 꽂힌다." "인간의 목소리를 그렇게 좋아하진 않는다"고 인정한 손드하임조차 우스꽝스러운 이발사를 위해 아름다운 아리아를 써주고 말았다. 〈스위니 토드〉의 오리지널 악보에서 스위니가 살인을 결심하며 부르는 〈에피퍼니〉^{Epiphany}의 마지막에는 관현악의 의기양양한 폭발적 곡조가 갑자기 중단되고 부드럽고 병약한 화음이 이어지며 그의 고조된 감정에 도덕적 불확실성의 그림자를 드리운다. 그러나 전국 투어에서는 이 병적인 화음이 생략되었는데, 극적 이유 때문이 아니라 방금 솜씨를 뽐낸 가수가 박수갈채를 받게 하기 위해서였을 것이다.

〈오페라의 유령〉이 대변하는 것은 오페라 자체가 아니었다. 솔직히 말해 이 작품은 오페라에 대한 인내심이 그리 많지

않았다. 그보다는 오페라가 지녀 마땅한 *가치*, 특히 멜로디를
다른 모든 것보다 우선시하는 태도를 옹호했다. 해머스타인이
오페라의 뼈대를 파헤치고자 했다면 로이드 웨버는 그 정신을
드높이고자 했다. (어쨌든 그의 영웅은 언제나 로저스였다.)
하지만 로이드 웨버는 음악적 효과에 지나치게 집중한
나머지 실제 음악 면에서는 많은 부분을 대충 처리했다.
그토록 요란했던 것치고 정작 유령은 "밤의 음악"이 정말
무엇이었는지는 설명하지 않았다. 자신의 창백한 아방가르드
오페라를 뜻했을 리는 만무한데, 그것은 프랑스 모더니즘
작품이라기보다는 어린이용 피아노 연습곡에 더 가까웠기
때문이다. 한번은 한 여성이 로이드 웨버에게 질문했다.
"만약 유령이 그토록 명석한 음악가라면 어째서 그런 끔찍한
음악을 만드는 거죠?" 〈밤의 음악〉(The Music of the Night)이라는 곡 자체만 놓고
보면, 로이드 웨버의 곡들 중 가장 표절 의혹을 많이 받아온
곡이다. 도입부는 〈토스카〉와 러너와 로우의 〈브리가둔〉(Brigadoon)을
연상시키고, 이어지는 긴 부분은 명백히 푸치니의 〈서부의
아가씨〉(La Fanciulla del West)에서 가져온 것이다. 크리스틴에게 자기 음악에
복종하라고 하면서 정작 유령 자신은 남의 노래를 부르고
있었던 것이다.

   그가 동경했던 푸치니의 오페라가 음악을 극 위에 두었다면,
로이드 웨버의 혁신은 음악 애호를 음악 그 자체보다 우선시한
것이었다. 유령은 천재 음악가가 아니라 음악광일 뿐이었다.
"눈을 감고 내면의 가장 어두운 욕망에 몸을 맡겨라!" 그는
음악 감상의 미덕에 대해 거들먹거리며 관객에게 외쳤다.
이것이 바로 "밤의 음악"이 뜻하는 바다. 어둠 속에서 들리는
음악, 즉 듣는 이에게 어떤 효과를 주는지가 유일한 특성이

되는 음악 말이다. 비평가들이 볼 때 이러한 상황은 실제로
좋은 음악이 존재할 필요성조차 편리하게 없애버린 셈이다.
유령은 흉측했고, 중요한 것은 황홀경에 빠진 크리스틴에게
그의 음악이 저항할 수 없을 만큼의 정서적 힘을 발휘한다는
사실이다. "그녀를 가둔다고 해서 그녀의 사랑을 얻을 수 있는
건 아니오!" 크리스틴을 흠모하는 귀족은 유령에게 이렇게
소리쳤다. 그러나 로이드 웨버가 작곡가로서 늘 써온 전략이
바로 이것, 즉 설득하는 게 아니라 압도하는 것이었다. 로이드
웨버는 뮤지컬의 억제할 수 없는 이드(id)로서 오케스트라석에서
튀어나와 이 뮤지컬이라는 형식의 핵심에는 순수한 음악적
열정이 자리한다고 주장하는 듯했다.

그의 주장이 마냥 틀린 것은 아니었다. 수세기 동안
사람들은 음악에 압도되기를 원하는 마음으로 극장을 찾았다.
미국에서는 메가뮤지컬의 권위를 해체하려는 여러 움직임이
있었지만 사람들의 그러한 욕망을 바꿔내지는 못했다.
조너선 라슨(Jonathan Larson)의 1996년작 록 오페라 〈렌트(Rent)〉의 거친 사회적
리얼리즘은 대체로 눈속임에 가까웠다. 오히려 〈렌트〉는
극음악이 드라마에도 부적합하지만 정치적 주장에는 더더욱
부적합하다는 점을 잘 보여주었다. 이 작품은 푸치니의
영향력을 문신처럼 드러냈고, 작품이 지닌 에이즈 시대의
반체제적 메시지는 차용해온 얼터너티브 록 장르만큼이나
진부하게 들렸다. 어느 순간에는 그 철부지 청년들이 전부
말을 멈추고 그저 노래나 부르기를 바라게 될 정도다. 정치적
메시지를 전달하는 약간 더 교묘한 접근법은 1998년
〈퍼레이드(Parade)〉를 위해 작곡한 제이스 로버트 브라운의 음악에서
찾아볼 수 있다. 그 작품에서는 경쾌한 케이크워크와 남부연합

행진곡이 동시에 다른 템포로 연주되는 가운데 부당한 유죄
평결이 낭독된다. 비평가 잭슨 매켄리가 최근의 리바이벌
작품에 대해 지적했다시피 이 작품에서조차 관객들은 '엉뚱한'
멜로디, 즉 남북전쟁 이전 남부에 대한 아름다운 찬가를
흥얼거리며 극장을 나섰다. 몇 년 후 아바의 〈맘마미아!〉가
브로드웨이에 상륙하며 주크박스 뮤지컬 돌풍을 일으켰고,
이 뮤지컬들은 표절이라는 고된 작업을 포기하고 사람들이
실제로 따라 부르는 노래들을 엮어냈다.

최근 10년 사이에는 〈오페라의 유령〉의 보다 더 기이한
후계자들이 등장했다. 바로 메시지 뮤지컬이다. 그 형식의
정점에는 린 마누엘 미란다의 2015년 힙합 오페라인
〈해밀턴〉이 마치 미치광이 왕처럼 자리 잡고 있다. 건국의
아버지 역할에 유색인 배우들을 캐스팅하는 논란의 결정은
칸타타 같은 형식과 알앤비가 섞인 곡들이 이 작품을
〈컴퍼니〉보다는 〈캣츠〉와 더 유사하게 만들었다는 사실을
가리는 결과를 낳았다. (끔찍하게도 로이드 웨버는 자신의
〈스타라이트 익스프레스〉에 뮤지컬 역사상 최초의 랩이
등장했다고 주장했는데, 그 작품은 사실상 민스트럴쇼에
가까웠다.) 하지만 적어도 〈캣츠〉는 고양이들에 관한 작품이
맞았다. 반면 메시지 뮤지컬은 로이드 웨버의 철학을
접착제로 바르듯 진지한 사회적 대의와 결부시켰다. 헨리
8세의 왕비들이 여는 걸파워 팝 콘서트 형식의 영국 뮤지컬
〈식스〉는 비욘세나 아델의 그럴싸한 모창을 듣기 위한 단순한
구실 정도여야 했다. 그러나 작품이 쓸데없이 페미니즘적
역사서술을 시도했고, 그것이 너무나 힘이 없는 바람에
등장인물들도 그 점을 공공연히 인정할 정도였다. 이러한

경향의 논리적 종착점에 현재 43번가 스티븐 손드하임 극장에서 공연 중인 주크박스 뮤지컬 〈앤드 줄리엣〉(& Juliet)이 있다. 《로미오와 줄리엣》(Romeo and Juliet)을 고통스럽게 재해석한 그 작품에서는 트랜스여성 인물이 브리트니 스피어스의 노래 〈소녀도 아니고, 아직 여자도 아니야〉(I'm Not a Girl, Not Yet a Woman)를 눈물 섞인 목소리로 부른다. 이쯤 되면 〈밤의 음악〉이 그리워질 지경이다. 적어도 유령의 메시지는 음악이 메시지를 가져선 안 된다는 것이었기 때문이다.

오늘날 〈오페라의 유령〉이 뮤지컬을 자기만의 색깔로 재창조하는 데 성공했다는 것은 분명한 사실이다. 로이드 웨버는 브로드웨이를 현재의 싸구려 상업적 허무주의로 이끌기도 했지만, 자신의 독특한 순진함을 통해 뮤지컬의 가장 큰 장애물은 바로 음악 그 자체라는 점을 우리에게 상기시켜주기도 했다. 아마도 이것이 우리가 뮤지컬을 그토록 사랑하는 이유일 것이다. 아이러니하게도 로이드 웨버는 브로드웨이에서 히트작을 거의 내지 못했다. (그의 500쪽짜리 자서전은 1986년에 이르러 흐지부지 끝나며, 〈오페라의 유령〉의 후속작으로 크리스틴이 유령의 아이를 출산했다는 설정의 〈러브 네버 다이즈〉(Love Never Dies) 같은, 이후의 형편없는 실패작들에 대해서는 평가를 모면한다.) 흥미롭게도 로이드 웨버의 브로드웨이 신작 〈나쁜 신데렐라〉는 진부한 메시지 뮤지컬이다. 원작의 이야기는 이복언니의 발뒤꿈치처럼 깎여나가고 미적 기준에 대한 깊은 여성혐오적 풍자가 되어버렸다. 타이틀곡은 로저스와 해머스타인의 〈신데렐라〉에 나오는 〈나만의 작은 공간에서〉(In My Own Little Corner)에서 음표 하나하나를 그대로 따오는 식으로 인용했다. 마치 로이드 웨버가 자신이 로저스만큼 훌륭한 곡을 결코 쓰지 못하리라는 사실을 마침내 받아들여, 로저스가 반쯤 작곡한 곡을 쓰는 데 만족한 듯했다.

그러나 〈나쁜 신데렐라〉에서 정말로 주목할 만한 것은
야심의 부족으로 대사만 많고 음악은 뇌리에 남지 않는 구식
북 뮤지컬에 머무른 점이다. 엉망진창까지도 못 간, 그저 목적
없는 공연일 뿐이다. 여기엔 다소 측은한 구석이 있다. 평생을
아름다움에 맹목적으로 헌신해온 남자가 아름다움에 관해
설교를 늘어놓는 것은 이상한 일이다. 〈오페라의 유령〉의
유령은 적어도 자기 신념을 굽히지 않는 용기가 있었다.
그는 무엇이 음악을 아름답게 만드는지에 관한 견해라고는
갖추지 못한 채 아름다운 음악을 위해 살인을 저지르고자 한
계몽된 속물이었다. 경력의 황혼기에 접어든 로이드 웨버는
유령을 다시 지하 호수로 보냈고, 극장은 이제 작고 공허하게
느껴진다. 오페라가 조금은 필요할 것 같다.

2023

후기　앤드루 로이드 웨버 경처럼 자기 잘못에 태연하고 너그러운
예술가에 대해 글을 쓸 기회는 흔치 않다. 너무도 많은 이야기가
편집 과정에서 잘려나갔다. 그중 하나를 이야기해보자면,
〈아르헨티나여, 나를 위해 울지 말아요〉를 녹음할 때 로이드 웨버는
무모한 세금 계획의 일환으로 자신이 웨일스에 구입했던 숲이 불에
타버렸다는 소식을 전화로 듣는다. 그는 자서전에 이렇게 적었다.
"세금 문제가 아무리 중요해도 임업에는 손대지 마시오."

끝장내버려

HBO 드라마 〈더 라스트 오브 어스〉(The Last of Us)의 세 번째 에피소드에서 종말 이후를 사는 한 쌍의 여행자들은 보스턴에서 10마일가량 떨어진 외곽의 버려진 주유소 구석구석을 뒤진다. "말도 안 돼!" 무뚝뚝한 밀수꾼 조엘(페드로 파스칼Pedro Pascal이 연기했다)이 다른 지역으로 이동시켜주기로 한 똘똘한 십대 소녀 엘리(벨라 램지Bella Ramsey가 연기했다)가 외친다. 사람들 대부분은 희생자를 살인 기계로 만드는 기생 진균에 감염돼버렸다. 그런데 이 짧은 휴식의 순간에 엘리는 문명을 유지하던 시대의 유물을 발견한다. "내 친구 한 명은 이 게임에 대해 모르는 게 없었어요." 그녀는 미드웨이게임사의 고전적 전투 게임인 '모탈 컴뱃 2' 오락기의 망가진 버튼을 누르며 흥분해서 조엘에게 말한다. "밀레나라는 이름의 캐릭터가 있는데, 마스크를 벗으면 괴물 이빨이 있어서 플레이어를 통째로 잡아먹고 뼈만 발라 토해내요!"

이 장면은 닐 드럭먼Neil Druckmann과 크레이그 메이즌Craig Mazin이 평론가들의 극찬을 받은 너티독사의 2013년 비디오게임을 토대로 만든 드라마 〈더 라스트 오브 어스〉의 능청스러운 자기지시적 순간이다. 게임 속에서 고집 센 생존자인 조엘은 전염병이

"

발발하던 날 총격으로 딸을 잃고 만다. 신기하게도 진균에
면역을 가지고 있는 엘리는 그 백신의 열쇠일 수도 있다.
조엘과 엘리는 폭격을 맞은 도시와 잡풀이 무성한 주간
고속도로를 지나고 음파탐지력을 지닌 좀비들과 자신들처럼
절망에 빠진 사람들을 지나쳐 서쪽으로 향하면서 서로를
부녀지간으로 여기기 시작한다. 비디오게임의 걸작으로 널리
평가받는 '더 라스트 오브 어스'는 강인한 캐릭터와 불편한
도덕적 갈등을 담은 이야기로서 화제가 될 만한 TV 드라마적
요소를 갖추었다. 그래서 《뉴요커》는 이 드라마 시리즈를 미리
소개하면서 이런 질문을 던지기도 했다. "비디오게임이 명작
TV 드라마가 될 수 있을까?"

대답은 물론 '그렇다'이다. 1월에 첫 방영이 시작되기도
전에 비평가들은 이미 〈더 라스트 오브 어스〉가 역대 최고
비디오게임 원작의 드라마라고 칭찬했다. 그럭저럭 괜찮은
몇몇 애들용 영화를 제외하면, 〈레지던트 이블Resident Evil〉, 〈툼 레이더Tomb Raider〉,
파라마운트 플러스에서 공개한 시시한 〈헤일로Halo〉 시리즈 같은
조악한 작품들과 비교되었기 때문에 그 칭찬 자체로는 그다지
큰 영광이라고 할 수 없다. 드라마가 게임을 모방하려는
시도는 거의 보편적으로 우스꽝스러운 결과를 낳고 만다.
(《둠》의 구역질 나는 1인칭 저격수 장면이 메스껍게 떠오른다.)
실제로 비디오게임 원작 드라마는 다른 많은 영화가 형편없는
것과 같은 이유로 형편없다. 저예산, 형편없는 각본, 때로는
우습게도 원작에 대한 오해 등을 그 이유로 꼽을 수 있다. 이
법칙에서 유일한 예외는 유쾌한 호러 코미디인 2021년작
〈놈이 우리 안에 있다Werewolves Within〉인데, 흥미롭게도 심지어 영화 〈클루Clue〉가
원작 보드게임 '클루'와 닮은 점이 없는 것보다도 더 원작인

가상의 파티 게임과 유사점이 별로 없다.

〈더 라스트 오브 어스〉 제작진은 영리하게도 액션 장면 대신 길게 이어지는 인물 중심 장면을 택했고, 페드로 파스칼과 벨라 램지의 케미스트리 덕분에 드라마는 조엘과 엘리의 깊어지는 관계를 중심으로 진행된다. 비디오게임 원작 드라마의 저주에 관해 지겹도록 질문을 받은 제작자 메이즌은 게임이라는 매체에서 나올 수 있는 최고의 이야기를 고르는 "꼼수를 썼다"고 대답했다. 아마도 그가 의미한 바는, 훌륭하긴 하나 전형적인 3인칭 잠입과 전투의 조합으로 이루어지는 게임 플레이가 장면에서 장면으로 이야기를 이어주는 게이트 역할을 하는 작품을 택했다는 것일 테다. 이런 면에서 HBO의 〈더 라스트 오브 어스〉는 비디오게임 자체가 아니라 그 게임의 서사만을 각색한다는 겸손한 목표를 탁월하게 실현했다고 할 수 있겠다.

평범한 장르소설에 사실주의, 서정성, 인물 형상화 등의 문학적 특성을 부여하는 것이 명작 TV 드라마의 표준적 제작 방식이라는 사실은 기억할 만하다. (대표적인 예로 자연주의적 접근법과 분위기 있는 바다 풍경 촬영을 통해 가벼운 대중 소설에서 진지한 드라마로 격상된 〈빅 리틀 라이즈〉를 들 수 있다.) 이 공식이 마침내 비디오게임, 그것도 좋은 비디오게임에 적용된 것은 예술적 혁신이라기보다는 예산의 문제에 가깝다. "이 드라마에 보낼 수 있는 최고의 찬사 중 하나는 조엘과 엘리의 신랄하고 힘차면서도 섬뜩한 모험이 픽셀 형태에서 시작되었다는 사실을 알아차리지 못했으리라는 것이다"라고 인구 강은 《뉴요커》에 썼다. 문제는 〈더 라스트 오브 어스〉가 주목할 만한 TV 드라마가 될 것인지 아닌지가 아니었다. 원작 게임을 해본 이라면 누구나 그것이 기본적으로 그런 작품임을 장담하기 때문이다. 찬사 이면에 숨겨진 진짜 질문은 그러한 영화적 야심을 가진 이야기가 애초에 왜 비디오게임으로 시작됐는지다.

그 질문에 답하려면 비디오게임이란 무엇인지부터 알아야 한다. 비교적 짧은 역사에 비해 유례없이 높은 수준의 명성을 누리고 있음에도 비디오게임은 여전히 오락적인 가치, 즉 장난감으로만 여겨지고 있다. 하지만 진지한 비평을 가로막는 주요 원인은 비디오게임도 예술일 수 있음을 인정하지 못해서가 아니다. 여기서 예술이라는 말은 대개 '강렬한 반응을 불러일으키는 능력이 있다'는 말을 궁색하게 약칭한 표현일 뿐이다. 문제는 우리가 비디오게임이 어떤 종류의 예술인지 알고 있다고 생각한다는 점이다. 전자는 단순한 관심의 부족이고, 후자는 심각한 판단 오류이다.

비디오게임을 '상호작용적'이라고 보는 피상적인 관점만 봐도 알 수 있다. 그러한 특질은 비디오게임을 TV나 소설 같은 '수동적' 매체와 구별해준다고 여겨진다. 다른 면에서는 이 작품에 대해 호평하던 한 비평가가 좀비의 창궐을 피해 딸 세라(니코 파커가 연기했다)와 함께 도망칠 때 등장하는, 움직이는 차 안이라는 밀폐된 공간에서의 긴 쇼트에 대해서는 "손에 오락기를 쥐고 다음에 어느 쪽으로 방향을 틀어야 할지 골라야 할 것 같은 느낌을 떨칠 수 없다"며 드라마가 게임의 상호작용적 형식을 모방한다고 비판한다. 하지만 게임의 프롤로그에 등장하는 동일한 장면에서 플레이어가 조종할 수 있는 것은 자동차가 아니라 게임 속 가상의 카메라뿐이어서, 세라의 겁먹은 얼굴과 캄캄한 도로, 아니면 멀리서 불타는 이웃집을 볼 수 있을 뿐이다. 사실 무력감을 느끼게 하는 것이 이 장면의 핵심이다.

비디오게임에 조예가 있는 이들 사이에서도 흔히 벌어지는 실수는 상호작용성과 통제력을 쉽게 뒤섞어버리는 것이다. 현실에 선택지가 존재한다고 해서 곧장 영향력을 가지는 게 아니듯, 플레이어에게 선택권이 있다고 해서 효능감이 보장되는 것도 아니다. 시청하는 것만으로는 TV 드라마의 내용을 바꿀 수 없다는 것은 사실이지만, 이 점이 너무 강조되면 많은 비디오게임 역시 마찬가지라는 사실을 가리게 된다. 팬들과 비판자들 모두 〈더 라스트 오브 어스〉를 "상호작용적 드라마"라고 칭하는데, 이것은 아이러니하게도 플레이어와 게임 사이에는 상호작용이 *부족함*을 암시하는 살짝 비판적인 표현이다. 그리고 그건 사실이다. 어려운 도덕적 선택에 관한 게임이면서도 정작 플레이어에게는 어떤 선택권도 주지 않기 때문이다. 플롯을 결정할 수도, 대화를 고를 수도 없고, 오픈 월드*도 아니다. 총알 하나, 깨끗한 천 한 조각이 소중한 가운데, 선택의 무게는 재고 목록 관리라는 일상적인 일에서 느낄 수 있다. 한편 거칠든 신사답든 조엘은 조엘이고, 플레이어가 그의 결정을 뒤엎을 방법은 게임을 꺼버리고 밖으로 나가버리는 것뿐이다.

어느 정도까지는 '더 라스트 오브 어스'는 의도적으로 이례적인 작품으로 만들어진 게임이며, 플레이어 경험에 선택의 부재라는 공백을 남겨두었다. 그 요소는 엘리를 보호하려는 조엘의 헌신을 반영한다. 가장 자유도가 높은 서사

---

* 정해진 스토리 순서에 따른 선형적인 플레이 대신 세계를 자유롭게 탐색하고 이동할 수 있게 설계된 게임 구조.

중심의 비디오게임에서조차 플레이어가 할 수 있는 대부분의
선택은 외양 꾸미기라든가 기능적인 것에 그친다. 대표적인
예로 방어력 수치를 증가시키면서 시각적으로 멋진 모습이
되게 해주는 갑옷을 들 수 있다. 이런 것들은 게임이 진행되는
방식에 깊이 영향을 미친다. 많은 게이머들이 전투 보너스를
얻으려면 보기 흉한 길거리 패션을 입어야 하는 〈사이버펑크
2077〉의 의상 체계에 경악해서 결국 개발사인 CD 프로젝트
레드는 방어력을 유지하면서도 그런대로 괜찮은 착장을 고수할
수 있는 옵션을 나중에 추가해야 했다. 하지만 이것은 게임의
서사에는 아무런 영향을 주지 않았다. 수많은 곁가지 플롯과
로맨스 선택지와 여러 결말이 있음에도 결국 한정된 몇 가지
방식으로만 진행되는 하나의 이야기에 불과하기 때문이다. 다시
말해 단순한 *커스터마이징*과 진정한 서사적 통제(만약 그런 것이
존재한다는 전제하에) 사이에는 큰 차이가 있다.

  그렇다면 비디오게임은 우리가 바꿀 수 있는 이야기가
아니다. 가장 근본적인 형식 면에서 비디오게임은 아예
스토리라고 할 수조차 없다. 비디오게임이 지닌 고도로
시각적인 측면은 게임이 컴퓨터 프로그램으로서 영화나 TV
드라마보다 본질적으로 훨씬 더 추상적이라는 사실을 가릴
수 있다. '더 라스트 오브 어스'의 짧은 확장판으로 2014년에
발매한 '레프트 비하인드'에서 엘리의 친구 라일리는
엘리를 보스턴의 폐허가 된 쇼핑몰로 데려가 '모탈 컴뱃'
스타일의 전투 게임 오락기를 보여준다. 오락기는 고장난
지 오래였지만 라일리의 끈질긴 권유로 엘리는 눈을 감고
버튼을 누르고, 라일리는 피가 낭자한 전투 장면을 신나게
묘사해준다. 이 장면은 비디오게임의 본질에 관한 독창적인

논평으로 읽힌다. 서사는 게임플레이와 거의 완전히 분리되어
있어서, 플레이어는 엘리의 상상 속 아바타가 상상 속 적수를
'물리치도록' 버튼을 누르며 미니게임을 하는 듯하다. 하지만
실제 *게임*은 엘리의 상상 속에서만 벌어지며, 고장난 기계의
정지된 화면은 엘리의 상기된 얼굴을 비춰준다.

여기서 얻을 수 있는 교훈은 '더 라스트 오브 어스'처럼 긴
서사를 가진 비디오게임에서도 실시간으로 입력과 출력이
이루어지는 시스템으로서의 게임플레이와 캐릭터, 서사, 이미지
같은 전통적인 영화적 요소 사이의 관계는 미리 결정되어 있지
않다는 사실이다. 이론상 적시에 적절한 버튼을 누르기만 하면,
마치 원숭이가 타자를 치다 보니 우연히 셰익스피어 작품이
나오듯 화면 속 상황에 전혀 신경 쓰지 않고도 비디오게임을
끝까지 온전하게 플레이할 수 있다. 예컨대 '모탈 컴뱃 2'의 오랜
매력 요인은 실제로 버튼을 사정없이 두드리는 것만으로도
게임이 가능하다는 것이었다. 게임이 마구잡이식 플레이를
치명적인 주먹질과 발길질로 매끄럽게 변환해주기 때문이다.

비디오게임이 이야기를 가져선 안 된다는 뜻은 아니다.
그것은 영화가 렌즈를 통한 빛의 흐름에만 집중해야 한다는
것처럼 냉소적인 게임 연구자들이 이따금 주장하는 유사 형식주의적
입장에 불과하다. 서사화에 저항하는 게임플레이와 게임화에
저항하는 이야기—게임 블로거들은 종종 이것을
"루도-내러티브 부조화"* 라 부른다—의 문제는 오로지
관리될 뿐 결코 제거될 수 없다. 따라서 많은 서사적

> * 게임에서 플레이 방식(ludo)과 스토리(narrative)가 서로 충돌하는 것을 뜻하는 개념. 일례로 주인공이 스토리상으로는 도덕적인데 게임 내에서는 폭력을 행사하는 경우를 들 수 있다.

비디오게임이 가장 먼저 던져야 할 질문은 어떻게 이 필연적인
결과를 강렬한 미학적 경험으로 빚어낼 것인가여야 한다. 많은
흥미로운 비디오게임이 루도-내러티브 부조화를 증폭시켜,
형식이 서사적 내용의 표면을 세련되게 뚫고 나오는 경향이
있다. 밸브사의 퍼즐플랫포머 게임 '포털'은 주인공이 살인
컴퓨터에 의해 운영되는 일종의 게임 같은 연구시설에 갇혀
있었음이 드러나며 끝나는 것으로 유명한데, 주인공은 거기서
탈출하기 위해 그 컴퓨터의 냉소적 지시에 불복해야만 한다.
여기에는 점프하고, 총 쏘고, 주변 상자들을 옮기는 것으로만
구성된 삶이란—수많은 비디오게임 캐릭터들의 삶이기도
한데—고문과 다름없다는 어둡고도 코믹한 인정이 담겨 있다.
　우리의 첫 질문으로 돌아가자면, '더 라스트 오브 어스'는
종종 게임이고 싶어 하지 않는 게임처럼 보인다. TV 각색작이
완화하고자 애쓰는 이 긴장감이야말로 원작 게임을 무력감에
관한 설득력 있는 연구로 만든다. 무엇보다 주인공 역시도
주인공이고자 하지 않는다. 게임 초반에 나오는 중간 영상에서
조엘은 아이를 잃은 아버지로서의 슬픔 때문에 냉랭한
실용주의로 위장한 채 자신이 엘리의 보호자가 되는 데
맹렬히 반대한다. 게임이 재개될 때 플레이어는 조엘을 그의
의지에 반하여 움직이는 느낌을 받게 되지만, 그럼에도 게임을
진행시키려는 플레이어 자신의 욕망을 조엘의 거리낌보다
우선시하게 된다. 심지어 조엘이 자신의 조숙한 보호 대상에게
점점 더 부드러운 태도를 갖게 되는 외중에도, 게임은
플레이어에게 조엘을 더 강하고 빠르게 만들 기회를 거의
주지 않는다. 체력 눈금이 살짝 올라가거나 보통 총알보다
더 희귀한 종류의 총알이 들어가는 새 총이 생긴다거나 하는

정도일 뿐이다. 오히려 선형적 레벨 설계, 업그레이드 부족과
희박한 자원 등 처음에는 플레이어에게 조엘이 하고 싶어
하지 않는 일을 하게 만드는 동일한 게임 구조는 점차 엘리를
보호하는 조엘의 극도로 제한된 능력을 반영하게 된다.

'더 라스트 오브 어스'에서 우리가 원하는 만큼 할 수 있는
일은 죽는 것뿐이다. 이것은 그 자체로는 특별할 게 없다.
죽음이라는 장치는 비디오게임의 역사만큼이나 오래된
전통이다. 드라마 〈더 라스트 오브 어스〉에서 라일리(스톰
레이드가 연기했다)가 정상 작동되는 '모탈 컴뱃 2' 게임에서
뼈를 뱉어내는 밀레나 캐릭터를 플레이하며 엘리를 이기고
있을 때 "끝장내버려"라는 목소리가 나온다. "끝장내지
마!"라고 엘리는 소리치고, 곧 둘은 오락기에 동전을 더 넣으며
잔돈으로 죽음을 매수하려 한다. 목숨을 지속시키려면 돈을
내라는 오락 산업 시스템은 전성기에 동전으로만 1년에 80억
달러를 벌어들였으나, 가정용 콘솔이 부상하며 그 시대는
저물었다. 가정용 게임에서는 플레이어가 죽더라도 보통 그저
마지막 저장 단계에서 캐릭터를 부활시키면 그만이다. 오늘날
많은 비디오게임의 주인공은 외계 지능에 몸을 장악당한
좀비로, 조악하게 조종되는 몸과 무한한 부활 능력을 가진다.
작년 출시된 롤플레잉 게임 '엘든 링'의 제작사는 죽음에 관한
가혹한 미학을 설계했다. 그들은 플레이어에게 죽은 장소로
되돌아가 잃어버린 경험치를 회복할 딱 한 번의 긴장감 넘치는
기회를 제공한다. '하데스'나 '데스루프' 같은 최근 게임들은
이러한 콘셉트를 서사적 차원에서 통합해 플레이어가 계속
되살아오는 이유에 관한 공식 설명을 제시할 뿐만 아니라 이
사실상의 불멸성을 캐릭터의 성장 기회로 활용하기도 한다.

('하데스'에서 플레이어의 전 여자친구는 여덟 번째 내지 아홉 번째로 플레이어를 살해하며 "또 죽고 싶은가 봐?"라고 말한다.)

'더 라스트 오브 어스'를 다른 게임과 구별해주는 차이점은 플레이어 캐릭터가 죽는 *방식*이다. 드라마에서 파스칼이 혼을 담아 연기하는 조엘은 기민하게 자신의 죽음을 절감한다. 그는 무릎도 안 좋고 청력도 손상되어 있다. 그러나 게임 속 조엘은 *실제로* 반복해서 죽는다. 매번 게임은 카메라 통제권을 빼앗아가며 플레이어가 총에 맞고 칼에 찔리고 산 채로 불태워지고 쇠파이프로 두드려맞고 괴성을 내지르는 좀비가 그의 눈을 도려내고 턱을 부수고 목에서 붉게 번득이는 힘줄을 찢어발기는 장면을 보게 한다. 이 장르 특유의 피비린내 나는 스타일보다 훨씬 충격적이고 잔혹한 사실주의적 중간 영상은 플레이어가 스스로 안전하다고 느끼는 순간 덮치는 점프 스케어*의 특징을 가진다. 대개의 게임에서와 마찬가지로 조엘의 죽음은 비공식 세계로 이동된다. 플레이어는 조엘을 마지막 저장 단계에서부터 다시 플레이하게 되고, 조엘은 직전의 죽음에 대한 기억이 없다. 그러나 플레이어는 그것을 기억하며, 조엘의 죽음—엄격히 서사적 관점에서 보면 *결코 일어난 적이 없는*—에 관한 이러한 강렬한 감각은 플레이어가 조엘과, 그리고 게임 전체와 맺는 관계를 정의하게 된다.

따라서 플레이어는 두 명의 조엘을 경험하게 된다. 하나는 슬픔과 사랑으로 영웅적 위치에 오르게 되는 강한 아버지로서 서사적으로 재현되는 조엘이고, 다른 하나는 플레이어가 조종하는 사격 실력이 형편없고, 인내력도 부족하고, 죽음의

* 영화나 게임 등 영상 매체에서 사물이나 인물, 혹은 동물이 갑자기 튀어나와 관객이나 플레이어를 놀라게 하는 연출 기법을 뜻한다.

위협에 시달리는 겁에 질린 조엘이다. 많은 시청자들이 이미
농담조로 말했듯, 드라마가 원작을 아무리 충실하게 재현해도
게임 속 조엘이 같은 좀비에게 반복해서 내장을 찢기는 모습을
보는 좌절감을 담을 수는 없다. 드럭먼은 조엘이 엘리와
맺는 보호적 관계를 플레이어에게도 똑같이 갖게 해주려는
목적으로 이 게임이 설계되었다고 말하는데, 어떤 면에서는
맞는 말이다. 플레이어가 엘리를 구할 기회를 놓칠 경우
조엘과 마찬가지로 엘리 역시 조엘만큼이나 처참하게 죽을
수 있기 때문이다. 드라마에서는 "그래서 당신과 나 같은
사람들이 있는 거죠"라고, 조엘과 함께 살아남은 생존자가
누군가를 안전하게 보호하는 일에서 삶의 의미를 찾으라고
독려하며 그에게 말한다. 조엘에게 그 누군가는 엘리다.
그러나 플레이어에게 그 누군가는 *조엘*이다. 그리고 게임
후반부에 조엘이 심각한 부상을 입었을 때, 플레이어 조종권은
놀랍게도 엘리에게로 넘어가고, 엘리는 이제 가장 잔혹한
환경에서 자신을 보호해주던 이를 자신이 보호해야만 한다.

　이것이 이 게임에서 가장 절묘한 부분이다. 형식이 내용을
뚫고, 플레이어가 조엘과 맺는 게임적 관계는 마침내 엘리라는
인물을 통해 서사적 실체를 얻고, 엘리는 조엘을 살리려
애쓰는 과정에서 참혹하게도 순수함을 잃는데, 파트 2를
플레이해본 이들이라면 이미 알겠지만 그 상실을 엘리는 결코
회복하지 못할 수도 있다. 이제 상호작용성에 관해 논하기
적절해진 것 같다. TV 드라마 속 인물을 *걱정할* 수는 있지만,
비디오게임의 캐릭터는 *돌봐야만* 한다. '더 라스트 오브
어스'는 돌봄이란 선택지가 없음을 *선택하는* 것, 즉 타인을
끈질기게 붙들어 그들의 생존이 불가피한 필연이 되는 것을

뜻한다고 말해준다. 물론 TV 드라마 역시 이러한 주제를
다룰 수 있고, 실제로 '더 라스트 오브 어스'의 각색작은 그
역할을 훌륭히 해낸다. 핵심은 비디오게임이 다른 예술 형식과
마찬가지로 사랑에 관해 무언가를 보여줄 수 있다는 것이
아니라, 사랑의 그 괴물 같음은 비디오게임 특유의 완강한
구조를 가질 수 있다는 것이다. 이것은 비디오게임만이
가르쳐줄 수 있는 깨달음이다. HBO 드라마를 폄하하려는 게
아니다. 그 드라마는 게임의 스토리를 통째로 집어삼켜 TV
드라마로 각색해낼 수 있음을 진정으로 증명했다. 하지만 결국
뼈는 뱉어내야만 할 것이다.

2023

나쁜 년!

대부분의 연구자들에게―나는 그 세계에서 벗어나 회복 중인 입장에서 이야기하고 있다―학술적 글쓰기는 문학적 장르가 아닌 직업적 장르이며, 소설보다는 법률 메모에 가깝다. 우리가 '이론'이라 부르는 것의 잘 알려진 난해함은 대개 지적 정교함의 산물이 아니라, 그저 누군가 자기 일을 하고 있을 뿐인 경우가 더 많다. 잔인하게 말하려는 게 아니다. 연구자들도 노동자이며, 다른 노동자들과 마찬가지로 평범할 권리를 갖는다는 점을 정당하게 인정하자는 것이다.

시인이자 회고록 작가인 매기 넬슨(Maggie Nelson)의 신작 에세이집 《자유에 관하여(On Freedom)》는 정확히 이 장르에 속한다. "돌봄과 제약에 관한 네 곡의 노래"라는 서정적인 부제는 과장된 약속이다. 〈예술 가곡〉, 〈성적 낙관주의의 발라드〉, 〈약물 푸가〉, 〈라이딩 더 블라인즈(Riding the Blinds)〉* 등 각 챕터는 제목에 음악 용어를 사용했다는 점에서만 '노래'라고 할 수 있기 때문이다. 사실 각 챕터는 직설적인 학술 비평으로, 노래를 하진 않고 다만 말을 한다. 그

* 미국 블루스·컨트리 음악 전통에서 등장하는 상징적인 표현으로, 대공황 시대의 불확실한 삶과 방랑자 정신을 담고 있다. 떠돌이 일꾼들이나 실직자들이 열차의 객차 사이 연결통로(blinds)에 몰래 올라타 무임승차하던 것을 뜻하는 표현에서 비롯했다.

글들이 말하는 바는, 만약 자유를 중시하는 사람들이 매기 넬슨이 보기에 좌파를 위협하는 "편집증, 절망, 통제의 습관"—미투 운동부터 기후 허무주의까지—에서 벗어나고자 한다면 모호함, 리스크, 불확정성과 함께하는 법을 배워야 한다는 것이다. 그럼으로써 우리는 프랑스 철학자 미셸 푸코가 언급한 "자유의 실천", 즉 자유가 일상생활에서 어떤 모습일 수 있는지에 관해 조심스럽고 인내심 있게 실험하는 과정에 참여하게 된다고 넬슨은 말한다. 그 실험이 종종 상충되는 결과를 낳더라도 말이다.

이것은 특별할 것은 없어도 괜찮은 주장이다. 하지만 매기 넬슨은 구겐하임 펠로우십과 맥아더 펠로우십을 받았으며 아홉 권(이제는 열 권)의 책을 낸 베스트셀러 작가로, 가장 최근 발표한 책 덕분에 이제 학계와 문학계 바깥에서도 널리 인정받고 있다. 매기 넬슨은 원한다면 한 톨의 쌀알에도 문장을 새겨 넣을 수 있을 만한 작가다. 그런데 어째서 학술서를 쓴 걸까? 어째서 결국은 다른 무언가에 대해 말하고 있는 작가들의 지루한 인용문으로 지면을 채운 걸까? 본문에 실을 수도 있었을 주장들은 왜 주석에 숨겼을까? 넬슨이 2015년 발간한 자신의 회고록 《아르고호의 선원들》의 성공에 대해 "사람들은 우리 생각보다 훨씬 더 어려운 글들을 읽는다"고 말한 것에 나는 전적으로 동의한다. 하지만 나는 난해함이라는 유령에 대해서가 아니라 명료함, 참신함, 그리고 (미안하지만) 아름다움에 대해 말하는 것이다.

그게 무엇이었든 《아르고호의 선원들》은 아름다웠다. 그 책은 넬슨과 예술가 해리 도지의 사랑 이야기(둘 사이에는 이기라는 이름의 아들이 있다)를 담고 있다. 책에서 넬슨은

도지가 테스토스테론 치료를 시작하던 때 임신한 자신의
경험에 대한 날 것 그대로의 감각적인 묘사 속에 프랑스
철학과 정신분석학을 엮어 넣는다. "당신의 허리에 새겨진
푸른 사다리 문신 네 번째 단을 짚어 피부를 벌려 거의 2인치에
달하는 바늘을 찔러 근육층 깊이 황금빛의 끈적한 T를 주입할
때마다 나는 내가 선물을 전하고 있다고 확신한다." 넬슨은
이 책을 "자기이론(autotheory)"이라고 불렀다. 이는 파울 프레시아도(Paul Preciado)의
유감스러운 책《테스토 정키(Testo Junkie)》에서 가져온 용어인데, 보다
겸손하게 말하자면 '고급 회고록' 정도 되겠다.

　　둘 중 어느 쪽이든《아르고호의 선원들》은 이론으로
가득했고, 넬슨의 멘토이자 이미 6년 전에 암으로 세상을
떠난 이브 코소프스키 세지윅(Eve Kosofsky Sedgwick)의 이론도 포함하고 있었다.
정동 이론의 영역에서는 때이른 죽음이 잇따랐다. 사망 당시
세지윅은 58세였고, 4년 뒤 세지윅의 제자 호세 에스테반 무뇨스(José Esteban Muñoz)
가 46세의 나이로 세상을 떠났으며, 2021년 6월 로런 벌랜트(Lauren Berlant)
가 63세를 일기로 생을 마감했다. 이들은 사유에도
감정이 있음을 우리에게 가르쳐준 사상가들이다. 그리고
《아르고호의 선원들》이 가장 빛나는 순간에 예상 외로 폭넓은
독자들에게 드러내 보인 것은 바로 이론의 정서적 세계다.
인정하건대, 자전적(auto) 장르들에서 흔히 그러듯 넬슨 역시 자신의
취약성을 방패 삼아 스스로를 면밀한 비판으로부터 보호하려
했다. 예컨대 도지가 자신이 부분적으로 체로키 혈통을
갖고 있다고 말한 적이 있다는 점만을 근거 삼아 넬슨이
아들에게 '이가쇼(Igasho)'라는 아메리카 원주민의 것으로 추정되는
이름을 지어줬다는 사실은 쉽게 간과되곤 한다.《아르고호의
선원들》은 다른 이의 트랜지션을 기록한 회고록으로서 분명히

— 나쁜 년!

엄청난 이득을 보았다. 정신분석학자 위니콧의 "충분히 괜찮은 D. W. Winnicott good-enough mother 엄마" 이론—이상적 엄마가 아니라 평범한 사람으로서의 엄마를 상상하는 것—을 건조하게 되짚는 것과 두 살배기 아이를 키우면서 모성의 탈이상화에 관해 읽는 게 어떤 느낌인지를 독자들에게 보여주는 것은 전혀 다른 일이다.

내가 넬슨이 비평적 에세이 대신 자신의 개인적 삶에 대해 글을 쓸 때 가장 훌륭하다고 말하는 것처럼 들린다면, 아마 맞을 것이다. 많은 여성 작가들이 그렇다곤 할 수 없지만, 넬슨의 경우에는 사실이다. 《아르고호의 선원들》의 팬들이라면 그 책에서는 숨어만 있던, 공부해온 걸 보여주려 안달난 대학원생의 모습이 《자유에 관하여》에서는 드러나 있는 걸 발견할 수 있을 것이다. 세지윅의 저술에서 직접 가져온 논지를 살펴보자. 유명한 에세이 〈편집증적 독서와 Paranoid Reading and Reparative Reading 회복적 독서〉에서 세지윅은 학계의 비평가들이 비평 대상을 규정하려는 방어적 충동을 누그러뜨리고 그들에게 "풍성함을 confer plenitude 부여할" 느긋하고 열린 마음을 가져야 한다고 주장했다. 나는 세지윅이 말한 편집증적, 회복적 독서의 의미에 관해 설명한 글을 과장이 아니라 40~50가지는 읽어보았기에, 퀴어 이론 내에서라면 이것은 완전히 벌목이 끝난 숲과 같다.

《자유에 관하여》에서 넬슨의 접근 방식은 어떤 주제에 관해 예닐곱 명의 학자들을 제시한 후 그중 한 명에 대해서만 이야기하는 것이다. "나는 이 사람이 마음에 든다"는 식이다. 넬슨에게는 아이디어가 없고 의견만이 있을 뿐이다. 넬슨이 지적인 사상가가 아니라거나, 때때로 뛰어난 문장가가 아니라는 뜻은 아니다. 내 말은 그녀는 새로운 개념을 제시하지도 않고, 본인 스스로도 그러는 데 관심이 없다는

뜻이다. 〈성적 낙관주의의 발라드〉는 넬슨이 《자유에
관하여》를 집필하기 시작한 지 5년 만에 벌써 낡아버린
의견들을 늘어놓은 것처럼 실망스럽게 읽힌다. 반면 〈약물
푸가〉의 경우 무난한 문학비평의 특징을 보여주는데, 약물
문학에 이미 관심을 갖고 있는 독자에게만 그렇다. 기후위기를
다룬 〈라이딩 더 블라인즈〉는 신선한 긴박감을 주지만, 그
과정에서 자유라는 주제를 완전히 벗어났다는 사실은 우연이
아닐지도 모르겠다.

《자유에 관하여》의 첫 번째 장 〈예술 가곡〉에서 넬슨은
회고록 작가도 학자도 시인도 아닌 에세이스트로서 자신을
증명하고자 결연하게 시도한다. 넬슨은 꾸준히 미술비평을
해왔으며, 예술학교에서 20년 넘게 강사 생활을 했다. 예술
분야에 대한 넬슨의 관심은 분명하고 개인적이며 강렬하다.
바로 이 장에서 그녀는 《자유에 관하여》가 중점적으로
비판하는 "해악의 수사rhetoric of harm"에 맞서 싸우기 시작하며, 사유에 관한
이 주장은 책 전체에 울려퍼진다. 이 글의 나머지 부분에서는
이 주제에 관해 논하려 한다.

해악의 수사는 다음과 같은 논리를 따른다. 예술을 통해
해악을 묘사하는 것은 주변화된 이들에게 해로울 수 있으며,
그러한 해악에 대해 책임지기를 거부하는 예술가는 그 문제에
관한 자신의 견해와는 상관없이 결국 해악을 더 조장하게
된다는 것이다. 넬슨은 이러한 사고방식에 비판적이다. 그녀는
그것이 예술가들의 "복잡하고 때로는 불온한 정신적 차원을

표현할” 자유를 지나치게 제약한다고 우려한다. 또 그러한 발작적인 비난은 “천천히 바라보고, 만들고, 읽고, 사유하는 작업”을 퇴색시키며, 예술을 선과 악, 옳고 그름으로 나누는 “획일화된 편집증적 논리”를 반영한다고 지적한다.

넬슨의 주장이 어디서 들어본 적 있는 것처럼 들리거나 스스로 그런 주장을 한 적이 있는 것 같다면, 그건 실제로 그랬기 때문이다. 넬슨이 이 주장을 장르에 어울리지 않을 만큼 정교하게 개진한다는 사실은 인정하겠다. 아이러니하게도 그러한 주장은 넬슨이 해로운 영향을 끼친다고 비판해온 인터넷의 도처에서 찾아볼 수 있다. 그런데 어째서 또 한 명의 X세대 전령이 “희생양 삼기, 도덕적 과시, 공개적 모욕 주기에 취한 세계”에 관해 불평하는 걸 듣고 있어야 할까? 이러한 불평이 정당한지 아닌지는 더 이상 중요하지 않다. 어쩌면 정당할 수도 있다. 하지만 *지루한* 것도 사실이다.

넬슨이 제시한 두 가지 주된 예시가 모두 2017년 것이라는 사실도 별로 도움이 되지 않는다. 〈예술 가곡〉에서 자주 언급하는 두 가지 중 하나는 미니애폴리스의 워커 아트센터에 전시되었던 샘 듀랜트(Sam Durant)의 조각 작품인 〈교수대(Scaffold)〉다. 그 작품은 38명의 다코타족 남성들을 교수형시키는 데 사용되었던 교수대의 대형 복제품으로, 다코타족 원로들과 미술관 간의 시위와 협상 끝에 결국 철거되었다. 다른 하나는 뉴욕의 휘트니 비엔날레에 전시되었던 데이나 슈츠(Dana Schutz)의 〈열린 관(Open Casket)〉이다. 그 작품은 에밋 틸(Emmett Till)*의 모습을 그린 다소 추상적인 유화로, 예술가인 해나 블랙(Hannah Black)이 해당 작품의 철거와 파기를 요구하는 공개서한을 페이스북에 게시하면서 미국 전역에서 논란의

대상이 되었다. 예술계에서
스캔들은 마치 베어먹은 사과처럼
갈변해버린다. 비록 현재의 맥락과
관련이 있다 하더라도 지금
그것들을 논하는 것은 누구도 원치
않은 되풀이처럼 느껴진다. 그
공개서한에 대해 이제 모두가
동의하는 바가 있다면 당시에는
분명 사람들이 그것에 대해
이야기를 많이 했다는 사실이다.

*   1955년 당시 14세이던 흑인 소년 에밋 틸은 미국 미시시피주의 한 상점에서 백인 여성에게 휘파람을 불고 말을 걸었다는 이유로 백인 남성들에게 납치되어 고문당하고 결국 살해당했다. 틸의 어머니는 "모두가 보게 하라"며 시신을 공개한 채 장례식을 치렀고, 그의 죽음은 미국의 흑인 민권운동을 가속화했다.

  그래도 한번 이야기해보도록 하자. 넬슨은 예컨대 누군가가 듀랜트의 작품에 대해 "뺨을 얻어맞는 것 같다"고 묘사한 것처럼 시위자들이 "물리적 해악의 언어"를 적용한다고 비판한다. 넬슨은 네오나치들이 구호를 외치며 거리를 활보하는 일이 폭력에 가담하는 행동이라고 주장하는 것은 이해가 된다고 말한다. 그러나 백인인 데이나 슈츠의 유화 한 점이 일부 시위자들이 말했듯 "흑인 사회에 대한 폭력"을 자행했다고 하는 것, 또는 듀랜트의 설치 작품이 아르너 드 Arne De Boever 보버가 썼듯 "폭력적 통치 권력"을 부활시켰다고 하는 것에 대해 넬슨은 예술이 "군사화된 국가"에 맞먹는 권력을 가질 수 있다는 식의 교묘한 논리가 작동하고 있다고 말한다.

  나는 요즘 **폭력**이란 어려운 단어라는 데 동의한다. 그것은 너무 많은 의미를 담고 있는 동시에 그 의미 또한 충분하지 않은 경우가 많다. 하지만 넬슨이 그다음에 하는 말에 주목해보자. 시위자들과 학자들이 예술작품을 폭력과 동일시하자 넬슨은 그들의 주장이 "비단 검열뿐 아니라 예술가

박해를 위한 고전적 전제조건”을 반영한다고 쓴다. 넬슨은
한때 절단수술을 받은 이의 잘린 팔을 자신에게 삽입하는
묘사를 담은 잡지를 만들었다가 소도미 혐의로 수감된 적이
있는 예술가이자 포르노 스타인 애니 스프링클을 예로
든다. 이는 놀라운 비교다. 드 보버 같은 연구자가 듀랜트의
교수대가 다코타 민족에 대한 국가 폭력을 “부활시켰다”고
아마도 몇천 부쯤 발간되는 학술 논문에서 주장할 때,
역사적으로 예술가를 박해하는 데 사용된 “동일한 주장에
동조한다”는 이유만으로 이런 발화 행위를 성노동자가 실제로
경찰에 의해 구금된 사실과 동등하게 여겨야 할까? 예술을
폭력과 동일시하는 것은 나쁘지만, 수사와 폭력을 동일시하는
것은 괜찮은가? 지금 누가 누구를 국가라고 부르는 걸까?

　넬슨은 굴하지 않고 폭력 행위와는 달리 가장 모욕적인
예술조차 “하나로 지목할 수 없는 분산된 관객층”을 가지며,
“명시적으로 악의적인 (혹은 식별 가능한) 의도를 갖고
있지 않고”, “관객에게 즉각적인 위험을 가하지 않는다”고
주장한다. 그런데 이것이야말로 시위자들이 말한 널리
퍼져 있고 무해해 보이며 서서히 작용하는 인종주의와
일맥상통하지 않은가? 물론 넬슨이 그리는 예술은 뺨을
갈기는 식이 아니다. 그것은 마치 시청 공무원이 지역
발전소의 폐수 방류를 방관해 도시 상수도 수질이 서서히
악화되며 저소득층 주민에게 만성 질환을 유발하는 듯한
모습과 더 닮았다.

　이것은 내가 아니라 넬슨이 그리는 이미지이며, 《자유에
관하여》의 기후 관련 에세이에서 발췌한 것이다. 거기서
넬슨은 퀴어 작가들이 아이를 갖는 문제를 비판하는 것과

관련해 (그녀는 나를 포함해 몇몇을 인용한다) 기후변화로
인류 소멸 가능성에 직면한 우리가 냉담한 태도를 취하고
있다고 주장한다. 넬슨에 따르면, 미래 세대를 향한 무관심은
"접촉하는 모든 이를 위험에 빠뜨릴 독성 폐기물을 무더기로
쏟아붓는 것과 *다를 바 없다*". 그리고 그런 행동에 대한 책임을
회피하는 이유는 "그렇게 병들게 된 사람들을 개인적으로
알지 못하거나, 그들이 병들 때쯤에는 자신이 살아 있지
않을 것이기 때문이거나, 아니면 어쨌거나 사람들에게, 특히
비행기에서 울어대는 작은 인간들에게는 더더욱 별로 관심이
없기 때문"이라는 것이다. 여기서 강조는 내가 한 것이지만,
살인 혐의는 내가 제기한 것이 아니다.

이런 종류의 논증에는 문제가 있다. 양측 모두에서
잘못된 등가 비교가 난무하며, 문제는 어떤 등가 비교가
잘못되었는지를 넘어서 어떤 잘못된 등가 비교가 더 심각한지
따지는 수준이 된다. 인종주의가 예술과 같을까? 예술이
기후변화와 같을까? 공개서한이 경찰권력과 같을까? 넬슨은
이렇게 쓴다. "세상을 반으로 갈라 문제적이고 윤리적으로
불안정하며 본질적으로 위험한 사람들을 '저쪽'에, 문제 없고
윤리적으로 선하며 본질적으로 안전한 사람들은 '이쪽'에 두는
식으로 행동하는 것이 우리가 가진 유일한 선택지는 아니다.
무엇보다 내가 방금 묘사한 것이 바로 감옥이기 때문이다."
그렇다면 어느 쪽이 더 나쁜지 말해보라. 〈교수대〉가 "뺨을
갈기는 것" 같다고 표현한 시위자인가, 아니면 그 시위자의
발언을 감옥에 비유한 매기 넬슨인가?

내가 좀 불공정했는지도 모르겠다. 넬슨은 은유를 사용하고
있다. 은유란 어떤 것을 사용해 다른 것을 표현하는 방식이다.

감옥이 아닌 것을 감옥이라고 칭한다고 해서 그것이 대량
투옥의 공포라든가 교도소 폐지의 명분을 깎아내리는 것이라
할 수는 없다. 그렇게 치면 우리가 동굴에서 기어나온 이래
자유롭게 추상화를 향해 나아간 언어 자체가 감옥이 되고
만다. '불'이라는 단어 자체가 불이 아니듯 최초의 단어들도
전부 잘못된 등가 비교였던 것이다. 그렇다면 넬슨은 해악의
수사가 물리적 감옥이라고 말하는 것이 아니라 예술가처럼
표현하고 있는 것이다. 그녀는 "표현은 맥락을 필요로 한다"고
적는다. 우리는 "연인과의 섹스 플레이에서 '나쁜 년'이라고
불리는 것과 회의 도중 상사에게 '나쁜 년'이라고 불리는 것,
길을 걷다 벽에 스프레이로 쓰인 '나쁜 년'이라는 단어를 보는
것, 자기 자신의 성기를 'cunt'라고 부르는 것, 그리고 지금과
같은 단락을 읽는 것"을 구분할 수 있어야 한다는 것이다.

이것은 탁월한 통찰이며 완벽한 예시다. 넬슨은 그 글을
쓰면서 표현의 자유를 설명하는 동시에 그것을 행사하고 있다.
여기서 표현의 자유란 그녀가 원하는 방식으로 말할 법적
권리와 더불어 언어의 본질에 내재된, 단어가 *말하는 그대로의
의미를 갖지 않을* 자유를 뜻한다. 넬슨은 무언가를 의미하지
않을 이 자유를 예술작품에는 자유롭게 적용하면서도, 동일한
예술작품을 제거하고 파기해야 한다고 주장하는 사람들에게는
허용하지 않는다. 만약 시위자들이 자신의 발언이 해석에 열려
있기를 원했다면 차라리 그림이 되었어야 했다.

그래도 잠깐 멈춰보자. 넬슨은 이렇게 대답한다. "혹여
우리가 실제로 어떤 예술작품에 대해 파기와 금지를 요구하고
있다면, *정말로* 그런 걸 요구하는 게 아니라고 주장하는 것은
진실하지 못하다. 이런 주장은 내게도 자주 제기되어왔는데,

'우리에겐 그런 요구를 실현시킬 힘이 없으므로 그러한
요구는 단지 비판만으로는 불가능한 주목을 끌려는 무력한
퍼포먼스로 이해하면 된다'는 전제를 토대로 한다." 넬슨은
시위자들이 진실하지 못하다고 말하는 것은 진실하지
않다고 지적한다. 그녀는 기관들이 "우리의 요구에 응하지
않을 것"이라고 장담하는 것은 조직화를 위한 핑계로서는
형편없다고 쓴다. 그것은 합리적인 응수다. 시위자들이
실제로 그 작품이 철거되기를 원했다고 치자. 넬슨은 이를
"검열적"이라고 부르며, 미국시민자유연맹이 "사람들이
개인적인 정치적·도덕적 가치를 타인에게 강요할 때" 검열이
발생한다고 한 것을 짚는다. 그러나 분명히 좌파는 자신의
정치적 가치를 타인들에게 강요하려 *해야만* 한다. 내가 틀리지
않았다면 우리는 이것을 승리라고 부른다. 진정한 질문은
어떻게 그것을 강제 없이 해내느냐는 것이다.

넬슨은 예술에 대해 특히 보호적인 태도를 취한다. 그녀는
매우 광범위한 표현의 자유 정책을 자랑하는 캘리포니아
예술대학교에서 20여 년간 가르쳤던 경험을 떠올린다.
"캘리포니아 예술대학교는 어떤 작품에 대해서도 내용을
가지고 검열하지 않는다"는 것이다. 넬슨에 따르면 이 정책은
대체로 잘 작동했다. "때로는 학생의 도발적인 작업이 펑크나
혁명 정신으로 빛났고, 때로는 그러한 파격이 옹졸하거나
진부한 것에 그치기도 했다. 그럴 때 교육적 과제는 실패로
규정하는 것이 아니라 더 흥미로운 예술로 발전시키도록
도와주는 것이었다." 이것이 항상 쉬운 일은 아니지만,
넬슨에게 "억압, 수치심 주기, 혹은 퇴출"이라는 즉각적 반응을
벗어나 "급진적 연민"이라는 더 많은 인내를 요하는 태도를

배우는 것은 그만한 가치가 있었다.

급진적 연민이라는 말은 참 좋다. 그리고 예술뿐 아니라 교육 환경을 보호해야 하는 예술학교라면 확실히 수긍이 가는 개념이다. 전문적 훈련은 해당 직업이 존재하며, 훈련 과정과 실제 직업 사이에는 차이가 있다는 사실을 전제로 한다. 학생들은 예술 학생이 아니라 예술가가 되기 위해 교육받는다. 뉴요커들뿐 아니라 전 세계 예술계의 주목을 얻는 휘트니 비엔날레라면 졸업 전시회와는 다른, 그보다는 더 높은 기준이 적용되리라 예상할 수 있다. 적어도 요리학교 학생보다는 셰프가 더 엄격한 기준을 따른다고 기대하듯이 말이다.

명백한 사실을 이야기해보자. 사람들에게는 예술작품을 만들 권리가 있다. 사람들에게는 책을 쓸 권리가 있다. 사람에게는 그런 것을 배우러 학교에 갈 권리 또한 있다. (사실 그 비용은 국가가 지불해야 한다!) 다만 자신의 작품을 미술관에 전시할 권리나 자신의 책을 출판할 권리까지 갖고 있지는 않다. 그것은 특권이다. 특권에는 그것을 가진 사람들의 물질적 자원, 인맥, 운이 많이 반영되고, 재능은 훨씬 적게 반영된다. 이 특권이 역사적으로 주변화되어온 집단에 재분배되어야 한다는 주장이 가능하고 또 그런 주장이 실제로 있어왔지만, 이는 오직 밀린 임금을 보상하는 차원일 뿐 자유가 아니다. 이사회에 무기상이 포함된 미술관, 다국적 재벌이 소유한 출판그룹을 비롯한 이러한 기관들의 재정적 의사결정 구조에서 자유를 찾을 수는 없다.

사실은 나도 넬슨에게 동의한다. 예술이 "극단, 야성, 풍자, 저항, 금기, 아름다움, 부조리와 함께 열린 실험을 할 수 있는 장소이며, 사회규범과 구조를 (좋든 나쁘든) 찢어버릴 수 있는 무정부적인 제스처와 충동을 위한 공간"이라는 데 동의한다.
나는 그저 이것이 예술에만 국한된다고 생각하지는 않을
뿐이다. 소셜미디어에 대한 넬슨의 논평을 살펴보자. 그녀는
"당신의 작업뿐 아니라 외모, 애착 관계, 인구통계학적 지표들,
가족관계 등등에 대해 모욕적인 말을 할 준비가 되어 있는
신체 없는 낯선 이들의 합창"이라고 했다. 넬슨은 이 탈억제의
예시 중 하나로 특이하게도 백인 우월주의자 리처드 스펜서가
불시에 주먹을 맞는 영상을 보고 많은 사람들이 느꼈던
기쁨을 언급한다. "새로운 주의 기술(new attentional technologies)"이 분노와 편집증을
조장한다고 비난하기는 쉽지만, 이러한 기술이 언어 면에서
역사적으로 새로운 차원의 추상화를 구현한다는 사실은
간과된다. 트위터 역시 야성적이거나 풍자적인 실험으로
가득하다. 유화만큼이나 표현적인, 부조리의 실천인 트롤링(trolling)을
생각해보라. 사람들은 자신이 게시한 글에 진심을 담을까?
그러면, 사람들은 자신이 그린 그림에 진심을 담을까?

　　해나 블랙이 휘트니 미술관에 보낸 공개서한을 생각해보자.
이 편지 얘기를 다시 하게 되어 유감이다. 해나에게
미안하지만, 그래도 이야기해보겠다. 해나 블랙이 〈열린 관〉에
대해 "그 그림은 철거되어야 한다"라고 썼을 때 진심이었을까?
진심이었다고 가정해보자. 그게 진심이었다는 것은 무슨
뜻일까? 우선 그것은 실제 편지가 아니었다. 내가 알기로
그것은 종이에 적혀 봉투에 담겨 휘트니 미술관의 문간에
배달되지 않았다. 또한 그것은 공개서한으로, 명목상 수신인은
휘트니 미술관의 큐레이터와 직원들이지만 실제 청중은
그들이 아니었다. 모든 공개서한과 마찬가지로 그것은 일종의
연극이었다. 다시 말해 그 공개서한은 여러 가지로 해석될

— 나쁜 년!

가능성을 전제로 하고 있었다. 한 가지 가능한 해석(지금 내가 하고 있는 해석)에 따르면, 그것은 그렇게 여러 가지로 해석되도록 *의도되었다는* 것이다.

공개서한이 예술작품이라는 뜻은 아니다. 다만 그것이 예술작품이 아니라고 증명하기 어려우며, 더 중요하게는 넬슨이 그 서한에 대해 예술작품의 청중에게 요구하는 것과 같은 느리고 해석적인 관심을 거부하려면 그것이 예술작품이 아님을 증명해야 했다는 점을 말하는 것이다. 우리가 옹호하는 대상만이 처음에 우리를 매료시켰던 특성들을 지닌다고 단정해서는 안 된다. 비평가에게 공격하기는 쉽고, 이해하기는 어려우며, 자신을 공격하는 이를 이해하기란 더 어려운 일이다. 해악의 수사가 편집증적이고, 평면적이고, 환원적인 것은 사실이다. 그것은 "괴롭히는 이와 상처받는 이, 표적과 트롤, 옹호자와 지지자, 가해자와 피해자 같은 공허한 고정관념"을 더 강화할 수 있다. 그러나 무언가를 강화한다고 해서 그것이 실제가 되는 것은 아니다. 우리가 그 차이를 알아채지 못하기를 바라며 그저 실제일 척할 뿐이다. 해악의 수사는 그저 수사일 뿐이다. 문자 그대로든 은유적으로든 해악의 수사는 실제로 세계를 피해자와 가해자로 나누지 않는다. 수사에 군대나 경찰이 어디 있는가? 없다. 수사는 단지 세계에 범주를 부여하려 할 뿐이며, 언어가 스스로 명명하는 바를 현실로 구현하지 못하는 바로 그 실패야말로 '인터넷이 좌파를 분열시키는가'라는 지겨운 논쟁을 넘어서기 위해 우리가 비평적으로 주목할 가치가 있는 것이다.

미묘한 구분을 요구하는 사람들이 보통 실제로는 그걸 원치 않는다는 것은 불행히도 사실이다. 자유주의 성향의 논객들이

나치에 동정심을 보일 때 이런 일이 벌어진다. 더 실망스러운 것은 우리가 진정으로 더 세심하게 사유하기를 원하는 넬슨같이 실력과 위상을 갖춘 작가가 그 세심함을 자신이 흥미롭거나 정당하고 진실하다고 생각하는 범위 밖으로 확장하지 못한다는 점이다. 고차원적 비평 행위란 (우리가 그런 것에 관심이 있다면) 자신의 미묘한 관점을 타인의 거친 견해에 대비시키는 것이 아니라, 가장 불쾌하고 거슬리고 존중하기 어려워 보이는 견해 속에서도 바위에서 물을 길어올리듯 미묘함을 이끌어내는 것이다.

비평가라면 이런 작업을 해야 한다. 그것이 세계에 대한 이해를 넓혀주기 때문(좋은 이유)도, 훨씬 더 흥미로워서(더 좋은 이유)도 아니고, (감히 말하건대) 그런 작업이 타인의 무한한 관심을 통해서만 접근 가능한 *자기* 내면의 무의식적 과정을 드러나게 해주기 때문이다. 이것이 넬슨에 대한 논의를 통해 내가 겸손하게 보여주고자 한 것이다. 나는 스스로가 불성실해질 위험을 감수하면서까지 넬슨이 불성실하다고 할 수밖에 없다. 나는 그녀의 주장에 논리적 일관성을 요구하면서, 동시에 그녀에게 다른 이들에 대해서는 그런 요구를 거둬달라고 요청하는 셈이다. 몇 단락 전에 나는 휘트니 미술관 공개서한 이야기를 한 것에 대해 사과했고, 또 해나 블랙에게도 사과한 바 있다. 하지만 해나는 지금 여기에 없다. 나는 단지 극적인 효과를 위해 해나에게 말하는 척할 뿐 여전히 독자 여러분에게 말하고 있다. 그리고 독자 여러분 역시 여기에 없기는 마찬가지이므로, 실로 나는 그저 나 자신에게 말하고 있을 뿐이며, 정말로 솔직하자면 말을 하고 있는 것도 아니다. 그저 글을 쓰고 있을 뿐.

— 나쁜 년!

의미하지 않을 자유 혹은 이따금씩만 의미할 자유란
누구의 자유인가? 내 것일까? 여러분 것일까? 비밀을 하나
말해주자면, 일반적으로 나는 도발하고 모욕감을 줄 예술적
자유를 옹호한다. 그러지 않을 때도 있지만. 일반적으로 나는
문제적이거나 논쟁적인 발언을 검열하는 데 반대한다. 그러지
않을 때도 있지만. 그렇다면 무엇을 그 기준으로 삼아야 할까?
그럴 때 나는 판단하거나, 적어도 판단하려 노력한다. 즉,
사물의 불확정성을 그것에 관한 견해를 갖는다는 비일관성에
통합시키는 것이다. 견해라는 건 그런 식으로밖에는 형성되지
않는다. 어떤 예술작품이나 정치적 행위 혹은 이 책 같은 책에
관해 판단을 내릴 때, 나는 그것에 대해 뭐라고 생각해야 할지
모르는 것을 왜 그렇게 생각하는지 모르는 것으로 바꾸게
된다. 독자 여러분이나 매기 넬슨이나 우리 모두가 그러하듯,
나도 매일 그렇게 한다. 이것이야말로 자유의 실천이 아니고
무엇이겠는가.

2021

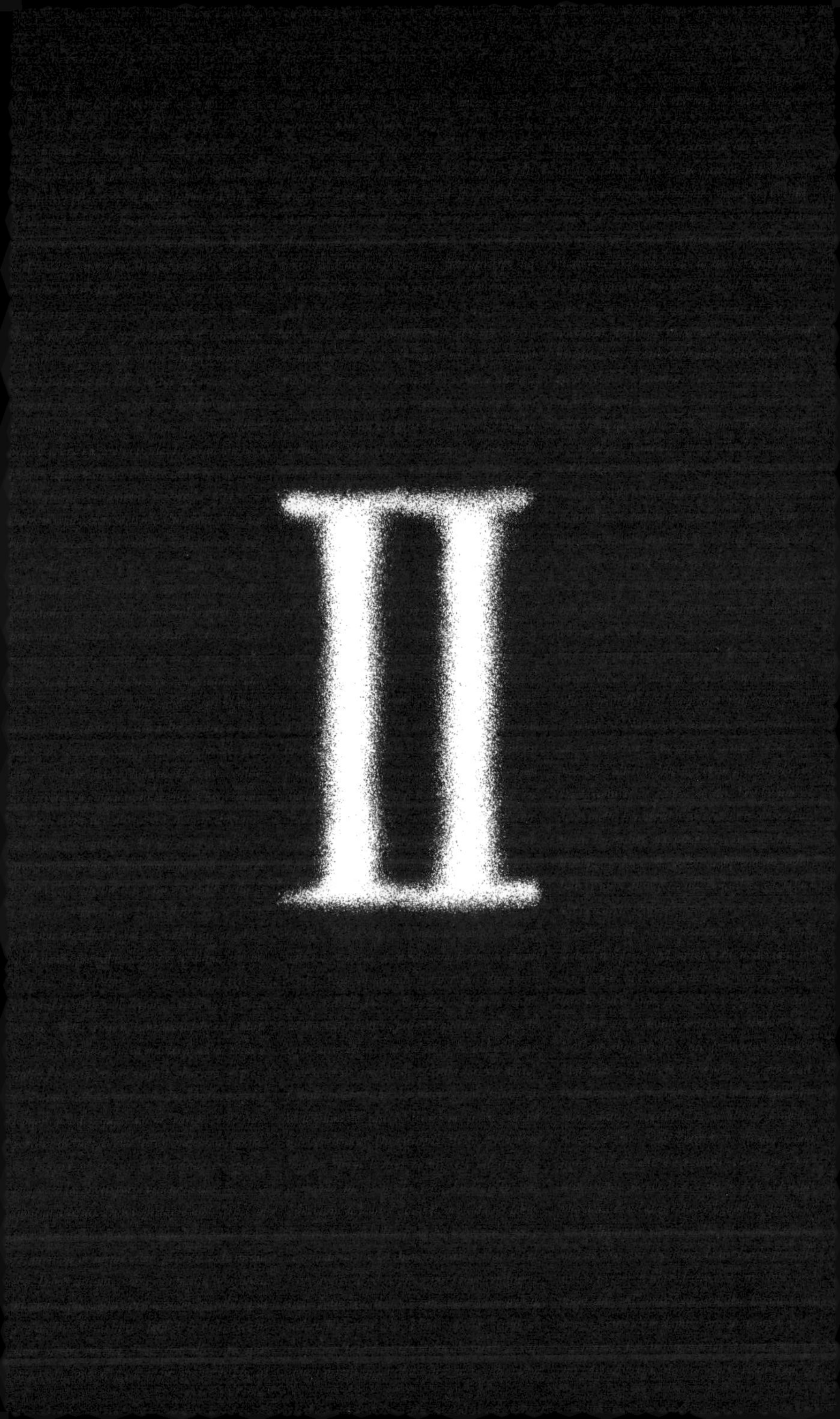

여자를 좋아한다는 것에 관하여

고등학교 시절 한 학기 동안 나는 일주일에 한 번 수업을
일찍 마치고 날렵한 소매의 배구팀 유니폼과 짧은 반바지를
입은 십대 소녀 열다섯 명과 함께 운동부 버스에 오르곤 했다.
거기서 나는 청일점이었다.

이따금 옷을 미처 갈아입지 못한 여자애가 몇 자리 뒤에서
교복을 벗고 곤색 유니폼으로 갈아입었다. 옷매무새를 좀
더 가다듬어야 할 때면 내게 눈을 감고 있으라고 했다. 모든
시선은 다가올 경기에 집중되어 있었고, 경기에서 소녀들이
청소년기 특유의 날것의 에너지로 뛰어오르고 파고들고
몸을 던지는 동안 공식 득점기록원이었던 나는 복잡한
스프레드시트에 숫자를 집어넣었다. 하지만 경기를 앞두고
팽팽해졌던 긴장감은 경기가 끝난 후 고속도로 휴게소에
들러 기름진 음식을 사 먹은 뒤면 느슨해졌고, 소녀들은 별
뜻 없이 편한 차림—바지 밖으로 빼 입은 셔츠, 꽉 끼는 내의,
스포츠브라 끈—으로 풀어졌다. 경기 후의 탈진 상태에서
그들은 남자애들, 섹스, 그리고 여타 비밀들에 대해, 좋은
취향과 나쁜 감정, 작고 날카로운 욕망들에 대해 솔직하게
이야기했다. 별다를 것 없는 화요일 저녁 원정경기를 갔다가

주와 주 사이의 경계를 넘어 돌아오는 버스에 앉아 있던 나는
그 소리들을 들으며, 맨팔에서 맨팔로 불시에 제멋대로 스치는
전류를 참을성 있게 기다렸다.

　진실을 말하자면, 나는 여자를 좋아하는 것과 여자처럼
되고 싶은 것을 결코 구별할 수 없었다. 수년 동안 앞의 욕망은
뒤의 욕망을 차마 삼키지 못한 위험한 알약처럼 입에 머금고
있었다. 유년기의 해저를 샅샅이 훑어 장차 다가올 일들의
징표처럼 가라앉아 있을 무언가를 찾으려 할 때, 내가 찾을 수
있는 가장 퀴어스러운 일은 버스 안에서의 그 경험들이었다.
어쩌면 그 경험들은 그다지 퀴어스럽지 않을지도 모르겠다.
고등학교 운동부 학생들이 무거운 운동화로 동성 간
스포츠에 내재해 있는 동성성애를 짓이기며 부인하려 하는
일은 어쨌거나 흔한 일이다. 하지만 나는 외면할 수 없는 내
과거인 겁 많던 이성애자 소년의 삶의 잔해에서 단 하나의
레즈비언적 기억이라도 건져내는 데 너무나 필사적이기
때문에 이것저것 가릴 처지가 아니다. 그 경험에 필적할
유일한 다른 기억은 사춘기 시절 내가 열렬히 좋아했던 친구에
관한 기억인데, 몇 년 뒤에야 나는 침울하고, 낮은 목소리에,
핫토픽 옷을 즐겨 입던 그 소녀가 〈엘 워드〉의 셰인을 흉내
내고 있었다는 사실을 깨닫게 되었다. 어느 날 그녀는 내게
방과 후에 비밀을 이야기해주겠다고 말했다. 나는 그녀가
나를 좋아한다고 고백할지도 모른다는 희망에 하루 종일 들떠
있었다. 나중에 그녀는 전화로 숨 넘어가도록 한참 뜸을 들인
후, 자기가 동성애자라고 털어놓았다. "그럴 줄 알았어"라고
나는 대답했지만 마음속으로는 울고 있었다. 10여 년 뒤, 한참
동안 연락이 끊긴 그녀에게 문자를 보냈다. "일주일 전에 내가

트랜스라는 걸 깨달았어. 그때 네가 나한테 커밍아웃 했잖아.
그에 대한 보답이야.”

그것은 인생에서 두 번째로—여자로서는
처음으로—밸러리 솔래너스의 〈SCUM 선언문〉을 읽었던
첫 학부 수업 강의를 시작하기 몇 달 전의 일이었다. 〈SCUM
선언문〉은 모든 남성을 혁명적으로 타도하자고 주장하는
통쾌하게도 사나운 페미니즘적 장광설이다. 솔래너스는
이 글을 1967년에 자비로 출판했는데, 그녀가 뉴욕의 데커
빌딩 6층에서 앤디 워홀을 총으로 쏘기 한 해 전이었다. 나는
학생들이 이것에 대해 어떻게 생각하는지 궁금했다. 수업 시작
전 내가 화장실에서 립스틱을 고쳐 바르고 머리를 만지고
있을 때, 수업 때 내 바로 오른편에 앉는 한 여학생이 다가와서
“전 솔래너스 글이 참 좋았어요”라고 숨을 몰아 쉬며 말했다.
“그런 걸 공부할 수도 있다는 걸 몰랐거든요.” 나는 고개를
갸웃거렸다. “무얼 공부할 수 있다는 걸 몰랐다는 거죠?”
“페미니즘요!” 그녀가 활짝 웃으며 말했다. 수업 시간에 나는
이 학생의 노트를 흘긋 보았는데, 거기에는 ‘SCUM’이라는
글자가 한 바닥 적혀 있었다. 마치 바로크풍의 애정으로
짝사랑 상대의 이름을 적은 듯했다.

대학 시절, 나 역시 페미니즘에 심취했다. 나 역시 그
은밀한 발견의 스릴을 느꼈다. 나는 어둡고 붐비는 기숙사
방 너머로 그녀를 수줍게 훔쳐보았다. 그곳은 전자음악과
모호한 기류로 진동하고 있었다. 그녀는 차분하면서도 자신감
있었고, 약간 차가워 보였으며, 주변 사람들 모두가 그녀의
존재감에 이끌리는 듯했다. 페미니즘은 너무나 멋지고 그
자체로 힙해서, 불안 때문에 고등학교에 들어가기 전까지는

전화 통화조차 못 했던 나 같은 사람에게까지 관심을 가져줄
리 만무했다. 게다가 그녀는 여자들과만 데이트한다고
들었다. 그래서 나는 멀찍이 떨어져 그녀를 그저 동경하는
데 그쳤다. 나는 학보에 실린 어느 남학생 클럽 파티에 대한
최신 폭로 기사에 남학생들을 비판하는 댓글을 남겼다.
나는 여성학 수업을 들었고, 거기에 남자라곤 나 말고 딱
한 명이 더 있을 뿐이었다. 나는 슐러미스 파이어스톤부터
《제저벨》까지 기를 쓰고 읽었고, 강간 문화에 관한 기괴하고
불경한 희곡을 썼는데, 그중 하나에서는 가브리엘 대천사가
데이비드 매밋의 혀를 통째로 불태워버릴 만큼 사악한 독백을
한다. 또 내가 '아름다운 양성구유 프롤레타리아'라고 부르던
존재가 등장하는 추하고 기이한 시도 썼다. 나는 페미니즘만을
생각하고 페미니즘에 관해서만 이야기하고 싶었다. 집에
갈 때면 엄마와 여동생은 내가 여자가 되는 게 어떤 건지
모른다며 짜증을 냈다. 그래도 짝사랑은 짝사랑이었고,
내가 좋아했던 그 모든 여자애들처럼 페미니즘도 내게는
과분하다는 확신이 더욱 깊어졌다.

〈SCUM 선언문〉을 처음 읽은 건 대학교 3학년 때,
이스트강을 건너는 텅 빈 전철 안에서였다. 그 글의 장엄함과
잔혹한 논조, 거칠고 육감적인 문체는 나를 들뜨게 했다.
솔래너스는 정말로 쿨했다. 그 글을 다시 읽으면서 나는 이
모든 게 우연이 아님을 깨달았다. 〈SCUM 선언문〉은 다음과
같이 시작한다.

　이 사회에서의 삶은 기껏해야 지독한 따분함이며, 그 어느 면을 봐도
여성과는 아무 관련이 없기에, 시민의식을 가진 책임감 있고 스릴을

추구하는 여성들에게 남은 선택지는 정부를 전복하고, 화폐제도를
제거하고, 전면적인 자동화를 도입하고, 남성을 말살하는 것뿐이다.

여기서 놀라운 건 솔래너스의 혁명적 극단주의 자체가
아니라 그것을 정당화하는 그녀의 경박함이다. 남성우월주의
아래의 삶은 억압적이거나 착취적이거나 부당한 것이
아니라, 그저 지독히도 지겨운 것이다. 극작가 지망생이던
솔래너스에게 정치는 미학적 판단에서 시작된다. 그녀에게
남성과 여성이란 본질적으로 스타일이며, 각기 다른 형용사
팔레트로 구분되는 경쟁 관계에 놓인 미학적 유파이기
때문이다. 남성은 소심하고, 죄책감에 시달리며, 의존적이고,
생각이 없고, 수동적이고, 동물적이고, 불안정하고,
겁쟁이이며, 질투심 많고, 허영심 많으며, 경박하고, 나약하다.
여성은 강하고, 역동적이고, 결단력 있으며, 단호하고,
지적이고, 독립적이고, 자신감 넘치고, 고약하며, 폭력적이고,
이기적이고, 자유분방하고, 스릴을 추구하며, 오만하다.
무엇보다 여성은 쿨하고 근사하다.

하지만 수업 준비를 위해 그 글을 다시 읽어보니,
솔래너스의 유명한 남성혐오에 비해 그녀가 남성 절멸을
추구하는 방식에는 놀랄 만큼 융통성이 있었다. 일례로
솔래너스의 혁명적 보병부대인 SCUM(한때 "남성 거세
(Society for Cutting Up Men)
결사단"의 약자라고 알려졌으나 선언문 어디에도 그런 구절은
등장하지 않는다)의 근사하고 자유분방한 여성들은, SCUM의
남성 보조부에 자발적으로 가입해 스스로를 "똥, 저열하고
비천한 똥"이라고 선언하는 남성들은 살려주기로 한다. 또
혁명 후에도 남아 있는 몇 안 되는 남성들은 약물(drug)을 하든지

여장을 하든지 하며 시들어가게 내버려두기로 한다. 그들은
목초지에서 방목되거나 24시간 피드에 연결되어 여성들의
원기 왕성한 삶을 간접 체험하도록 허용된다. 그리고 다음
구절을 보자.

남성들이 현명하다면, 진정으로 여성이 되려고 할 것이며,
집중적으로 생물학 연구를 해서 뇌와 신경계 수술을 통해 신체뿐만
아니라 정신까지 여성으로 개조할 수 있도록 할 것이다.

이 구절을 읽고서 나는 숨이 멎을 뻔했다. 이것은
트랜스섹슈얼리티를 분리주의로 바라보는 관점으로, MTF
젠더 전환이 남성성과의 탈동일시를 넘어 남성들과의
절연을 표현하는 방식을 그려주었다. 여기서 전환은 혁명과
마찬가지로 미학적 용어로 재구성되었다. 마치 트랜스섹슈얼
여성이 전환을 결심한 이유가 생래적 젠더 정체성을
'확정'하기 위해서가 아니라, 남자가 되는 것이 멍청하고
지루하기 때문인 것처럼 말이다.

어쩌면 내가 과하게 해석했는지도 모르겠다. 2013년
샌프란시스코에서 솔래너스의 25주기 기념 행사가 열릴
예정이었으나, 페이스북에서 몇몇 사람들이 솔래너스의
트랜스혐오라고 여긴 문제에 대한 격렬한 논쟁이 벌어진 끝에
행사는 취소되었다. 한 트랜스 여성은 퀴어 공간에서 재니스
레이먼드만큼 솔래너스를 자주 언급한 래디컬

페미니스트들로부터 공격당한 적이 있다고 말했다. 재니스 레이먼드는 1979년 트랜스에 반대하는 페미니즘의 고전이 된 저서 《트랜스섹슈얼 제국: 쉬메일의 탄생》(The Transsexual Empire: The Making of the She-Male)을 쓴 인물이다. 다른 이들도 공격을 계속했다. 세상 사람들에게 "머핑"(muffing)*을 소개한 펑크록 잡지 《트랜스 여성과 섹스하기》(Fucking Trans Women)를 만든 미라 벨웨더(Mira Bellwether)는 해당 행사에 관한 우려를 설명하는 긴 글을 블로그에 올리며 〈SCUM 선언문〉을 역사상 "가장 독설적이고 심각한 레즈비언 페미니즘 혐오발언의 사례"로 규정했다. 이어서 그녀는 솔래너스가 유전학에 호소한 점을 들며 그녀가 극렬한 생물학적 본질주의자라고 비판한다. "남성은 생물학적 사고다. Y(남성) 염색체는 불완전한 X(여성) 염색체다. 그들은 불완전한 염색체 세트를 가지고 있다. 다시 말해 남성은 불완전한 여성이며, 유전자 단계에서 낙태된, 걸어다니는 낙태아다." 이를 토대로 벨웨더는 〈SCUM 선언문〉이 남성에 관해 이야기하는 모든 것이 트랜스 여성에 대해서도 적용된다고 주장한다.

그래도 이런 비난은 좀 이상하다. 솔래너스를 '레즈비언 페미니스트'라고 부르는 것은 그녀가 여성운동 안의 동성애혐오에 저항하기 위해 1970년에 제2차 여성연합 총회에 난입해 〈여성으로 정체화한 여성〉(The Woman-Identified Woman)이라는 팸플릿을 배포한 뉴욕의 라벤더 위협(Lavender Menace) 같은 레즈비언 단체와 관련을 맺고 있다고 잘못 암시하는 처사다. 그러나 솔래너스는 정치적 레즈비언도 아니고 레즈비언 정치꾼도 아니다. 어느 모로 보나 그녀는 외골수이자 사회부적응자였고, 고투하는 작가이자

---

* 일반적으로 muff는 여성의 음부를 가리키는 말이지만, 벨웨더가 창안한 용어로서의 의미는 트랜스 여성이 고환 뒤 서혜부를 자극하는 방식의 성적 행위를 뜻한다.

성노동자였으며, 때로는 동성애자로 정체화하면서도 언제나
자기가 먼저인 사람이었다. 솔래너스가 1965년 발표한
요란스러운 희곡《니 똥구멍이다》*(Up Your Ass)의 헌사는 이렇다. "이
희곡을 끊임없는 힘과 지침의
원천인 *나*에게 바친다. 나의 굴하지
않는 충성심과 헌신, 신의가

없었더라면 이 희곡은 집필되지 못했을 것이다." (전체 제목이
"네 엉덩이 속으로, 혹은 요람에서 배까지, 혹은 거대한 흡입, 혹은
진흙에서 위로"인 이 희곡이 바로 그녀가 앤디 워홀에게
제작해달라고 처음엔 구슬리다가 나중엔 강요했던 작품이다.)

유전학의 문제에 관해서라면, 내 Y 염색체의 명예가 진창에
짓밟힌 데 모욕감을 느껴야 할지도 모르겠다. 하지만 솔직히
말해 15달러짜리 비디오 대여점 상품권 정도의 가치라고
여겨지는 소유물 때문에 발끈할 이유는 없다. 진실을
말하자면, 동시대 독자들이 솔래너스의 분석에서 남성과
트랜스 여성을 구분하기 어렵다면 그것은 솔래너스가 모든
트랜스 여성이 남성이라고 여기기 때문이 아니라, 오히려 모든
남성이 벽장에 갇힌 트랜스 여성이라고 여기기 때문이다.
솔래너스가 남성성이 "결핍 질환"이라고 비아냥거릴 때 내겐
반쯤 농담 삼아 스스로를 '테스토스테론 중독'이라고 진단하는
트랜스 여성들이 떠오른다. 솔래너스가 남성이 "생물학적
사고"라며 으르렁거릴 때면 내 귀에 그건 모든 남성이 문자
그대로 잘못된 몸에 갇힌 여성이라는 지극히 합리적인
주장으로 들린다. 이것이 바로 〈SCUM 선언문〉이 말하는
보지 선망(pussy envy)이다. 모든 남성이 이 선망을 겪는데도 솔래너스가
보기에 개중 가장 덜 비참한 이들인 "패것"(faggot)과 "드랙 퀸" 외에는

이 사실을 잘 인정하려 하지 않는다. 따라서 솔래너스는《니 똥구멍이다》의 더러운 페이지를 빛내는 두 영리한 여왕 중 하나인 미스 콜린스를 통해 다음과 같은 정서를 표현한다.

미스 콜린스: 비밀 하나 말해줄까? 난 남자들을 경멸해. 아, 왜 내가 그중 하나가 되어야 하지? (표정이 밝아지며) 세상에서 내가 가장 되고 싶은 게 뭔 줄 알아? 레즈비언이야. 그러면 나는 케이크가 되는 동시에 그걸 먹을 수도 있지.

벨웨더는 내가 너무 관대하게 군다고 못마땅해할지 모르겠다. 하지만 〈SCUM 선언문〉처럼 뜨거운 텍스트는 오직 관대함의 정신을 통해서만 받아들일 수 있다. 무엇보다 이 팸플릿은 대량 학살에다가 재산 파괴까지 옹호한다. 기념행사 취소에 실망을 표한 이들이 솔래너스의 (여성을 포함한) 인류 절멸이라는 장기적 계획이라든가 수프 캔을 그린 남자를 살해하려던 시도까지 덮어놓고 지지한 것은 아니다. 브리앤 파스Breanne Fahs가 최근 출간한 솔래너스의 전기에 따르면, 그 총격이 전미여성기구NOW에게는 낙타의 허리를 부러뜨린 마지막 짚이 되었다. 1966년에 창립된 NOW는 총격 사건 발생 당시 고작 2년밖에 안 된 단체였음에도 이미 낙태와 레즈비어니즘을 둘러싸고 분열을 겪고 있었다. 래디컬 페미니스트인 티그레이스 앳킨슨Ti-Grace Atkinson과 플로린스 케네디Florynce Kennedy가 감옥에 수감된 솔래너스를 면회하고 케네디가 그녀를 무료로 변호해주기로 하자, 당시 NOW 회장이었던 베티 프리단Betty Friedan은 케네디에게 전보로 "밸러리 솔래너스와 NOW를 어떤 식으로든 연관시키는 일을 즉시 중단하라"며 분명하게

— 여자를 좋아한다는 것에 관하여

문제적인 그 이름으로부터 NOW를 다급히 떼어놓으려
했다. 그해에 케네디와 앳킨슨 둘 다 NOW를 떠나 각각
'페미니스트당'[Feminist Party], '10월 17일 운동'[October 17th Movement]이라는 더 급진적인 단체를
설립했다. 마찬가지로 2013년에 솔래너스 기념행사가 취소된
후 페이스북에서 벌어진 논쟁에 대해 공개토론을 벌이고 싶어
했던 사람들은 "밸러리 솔래너스에 관해 복잡한 심정을 가진
우리들"이라는 별도 행사를 개최했다.

나는 그저 솔래너스가 남긴 유산에 관한 여러 이견이
페미니스트들의 오랜 전형이자 벨웨더의 것과 같은 비판이
기대는 지적 습관의 산물이라는 점을 지적하는 것이다. 그
모든 물결들과 단체들, 전설적인 회의들을 아우르는 이 모든
것을 우리는 페미니즘 역사서술[feminist historiography]이라 부른다. 페미니스트라면
누구나 자신의 심장과도 같은 불타는 브라에 우리가 우리
자신과 우리의 역사에 관한 이야기를 들려줄 때 사용하는
수식어들을 태피스트리처럼 수놓은 채 간직하고 있다. 급진적,
자유주의적, 신자유주의적, 사회주의적, 마르크스주의적,
분리주의적, 문화적, 기업적, 레즈비언, 퀴어, 트랜스, 생태적,
교차적, 반포르노, 반노동, 친섹스, 제1물결, 제2물결, 제3물결,
때로는 제4물결까지. 어쩌면 이러한 이야기는 '실제로 일어난
일'보다는 프레드릭 제임슨이 "훌륭한 역사서술 형식의
'감정'"이라 불렀던 것, 즉 뒤엉킨 과거의 경험적 자료를 모든
일은 그렇게 될 수밖에 없었다는 듯 우아한 역사적 궤적으로
통합해내는 만족감과 더 관련이 있을지도 모른다.

이러한 이야기가 '진실'이 아니라고 말하는 것이 '분류는 곧[taxonomy]
박제[taxidermy]'라는 명제를 단순히 반복하는 것은 아니다. 물론 지적
탐구의 대상들이 무덤에서 빠져나가는 B급 영화의 좀비들처럼

끊임없이 달아나고 있다는 사실은 부정할 수 없다. 그 말은, 〈SCUM 선언문〉을 포함해 모든 문화적 산물이 기껏해야 부차적으로 역사의 메시지에 응답하는 기계일 뿐이라는 뜻이다. 그러나 그것들은 무엇보다 사람들이 무언가를 느끼게 만드는 계기다. 욕망의 음정을 조율하거나 환상의 밀도를 높이고, 감정을 느끼는 새로운 방식을 제안하거나 기존 방식과의 관계를 갱신하는 식으로 말이다. 우리가 페미니스트로서나 사람으로서나 정치사부터 대중문화에 이르기까지 무언가를 읽고 보는 이유는 공동체나 공적 영역에 소속되기를 원해서, 혹은 직장에서 스트레스를 받아서, 혹은 친구나 연인을 찾고 있기 때문에, 어쩌면 역사라는 아름다운 옛이야기들이 총체적으로 난파된 시대와 문화 속에서 정치적 감정을 느끼는 방법을 고민하고 있기 때문이다.

따라서 벨웨더가 〈SCUM 선언문〉을 "오도되고 증오에 찬 제2물결 페미니즘과 레즈비언 페미니즘의 정점"이라고 비난할 때, 그 비난은 페미니스트들이 이전 세대 페미니스트들에 대해 품곤 하는 일종의 정치적 실망감을 표현하는 수단이다. 이 버전의 이야기에서 페미니즘은 트랜스 여성을 과거에는 배제했고, 현재는 포함하는 법을 배우고 있으며, 미래에는 트랜스 여성을 중심에 둘 것이다. 이 이야기가 그럴듯하게 들리는 이유는 물론 '트랜스를 배제하는 래디컬 페미니스트', 줄여서 TERF라 불리는 이름에서 암시되는 불온한 수정주의의 느낌 때문이다. 다른 페미니즘 분파들이 대개 그렇듯 TERF 역시 정당도 아니고 통일된 전선도 아니다. 입장은 다양하지만 그들의 신념은 대체로 트랜스젠더 여성이 실제로 여성이라는 생각을 거부하는 것으로 수렴된다. 그들은 TERF라는 이름도

멸칭으로 여기며 별로 좋아하지 않는다. 그런 불만은 일고의
가치도 없지만, 편협한 이들을 일컫는 모든 별칭이 모욕의
의도를 갖는다는 점에서 그것은 사실이기도 하다. TERF라는
별칭의 진짜 문제는 그 역사서술적 눈속임에 있다. 다시
말해, 모든 TERF는 페미니즘의 제3물결을 놓쳐 더 나은 걸
배우지 못한 구시대적 래디컬 페미니스트들이라는 잘못된
함의를 갖는다는 것이다. 이런 인식은 그들을 과거를 비추는
시대착오적 존재로 보이게 한다. 마치 유럽 인류학자들이
원시사회를 호박 속에 보존된 문명 발전의 초기 단계로
상상했던 것처럼 말이다.

사실 TERF는 인터넷이라는 맥락에서 논하는 편이 더 나을
것이다. 페미니스트 커런트의 메건 머피와 젠더트렌더의 린다
생코 같은 블로거들*의 반란군 연합이 인터넷상에서

* 2012년 캐나다에서 메건 머피가 설립한 온라인 매체 '페미니스트 커런트'는 트랜스 배제적 입장의 글들을 다수 게재해 TERF 담론을 강화하는 플랫폼으로 평가받는다. 린다 생코는 2011년경부터 GallusMag라는 이름으로 블로그 '젠더트렌더'를 운영하며 타인의 개인정보를 공개하는 등 트랜스 커뮤니티를 괴롭혀왔다. 해당 블로그는 2018년 폐쇄되었다.

트랜스섹슈얼 제국의 약점에 하찮은 클릭 유도물을 퍼부어대고 있기 때문이다. 진짜 전투는 텀블러에서 댓글, 밈, 신상 털기의 형태로 맹렬히 벌어진다. 예컨대 자칭 "젠더비판적 페미니스트"로 알려진 다른 텀블러 사용자들을 목록화하는 데만 전념하는 블로그를 찾아내는 것도 가능하다.

그러나 이 갈등은 거대한 이념 갈등만큼이나 특히 텀블러,
트위터, 레딧 같은 소셜미디어의 생리와도 관련이 깊다.
하위문화가 온라인에서 극단주의적 정치성을 띨 때 그러한
정치성을 그 하위문화의 핵심으로 오인하기 쉬운데, 그것은

잘못된 분석이다. TERF가 극우의 특정 분파처럼 정치적
이념(해롭긴 해도)보다는 트롤링과의 복잡하고, 솔직히 말하면
매혹적인 관계로 정의되어야 하는지는 한번 짚어볼 만하다.
이것은 미래의 인류학자들이 디지털 민족지학의 문제를
해결한 뒤에 자세히 다뤄주리라 믿는다.

물론 페미니즘의 트랜스혐오는 백인 민족주의처럼 디지털
세계에 국한된 현상이 아니다. 진심으로 트랜스 여성들을
두려워하고 증오한 제2물결 페미니스트들이 있었다. 심지어
그중 일부는 호주의 페미니스트이자 1970년 베스트셀러
저작 《여성, 거세당하다》를 출간한 저메인 그리어처럼
유명인이었다. TERF 중에서도 그리어처럼 노골적으로 비웃을
수 있는 이는 드물다. 그리어는 1989년에 《인디펜던트》에
실은 글에서 한 팬과의 만남을 다음과 같이 묘사했다.

《여성, 거세당하다》가 미국에서 출간된 날, 펄럭이는 옷을 입은
한 사람이 다가와 내 손을 덥석 잡고 거칠게 숨을 몰아쉬며 말했다.
"고맙습니다. 선생님이 우리 여성들을 위해 해주신 모든 일에 대해
감사드려요!" 나는 입꼬리를 올리며 고개를 끄덕였고, 뒤로 한 걸음
물러나며 털 많고 뼈마디가 굵고 반지를 낀 커다란 손아귀에서 내 손을
빼내려 애썼다. 내 얼굴을 들여다보던 그의 얼굴은 두꺼운 화장으로
떡칠이 되어 있었고, 까끌한 수염이 벌써 화장을 뚫고 나와 풍성한
다이넬 가발과 두 쌍의 가짜 속눈썹과 헛되이 경쟁하고 있었다. 얇은
스카프 드레스 아래로는 개수를 셀 수 있을 만큼 앙상한 갈비뼈 위에

— 여자를 좋아한다는 것에 관하여

반짝이는 강철로 된 여성 해방의 상징물이 매달려 있었다. 나는 이렇게
말했어야 했다. "당신은 남자잖아. 《여성, 거세당하다》는 당신 보라고
쓴 책이 아니니까, 꺼져."

그리어의 것과 같은 혐오감이 그리어나 그녀의 TERF
동료들이 증오하는 여성혐오와 동일한 회로로 유통된다는
사실을 보여주기 위해서는 그리 특별한 분석이 필요치 않다.
그저 잠시 멈춰, 전형적으로 낯선 이들의 침뱉기를 통해
전파되곤 하는 트랜스 여성 혐오가 중간소설*이라는 안락한
문체적 특권을 누리는 일이 얼마나
드문지를 생각해보자. 그것은 마치
줄리아 차일드가 아기를 요리하는 모습을 보는 듯하다.

Julia Child

　한편, 그리어는 주기적으로 땅속에서 나와 날개를 비벼대며
TV 방송에서 허물을 벗으며 오랫동안 스스로를 페미니즘의
이드라고 상상해왔다. 2015년에 그리어는 《글래머》가 '올해의
여성'상을 당시 막 《배니티 페어》의 화보 촬영을 마친 케이틀린
제너에게 수여하기로 한 결정을 두고 "여성혐오적"이라며
비판하며 파문을 일으켰다. 비판 여론이 일자 그리어는 주옥
같은 말로 응수했다. "그저 고추를 떼어내고 치마를 입는다고
해서 빌어먹을 여자가 되는 건 아니다. 나도 의사에게 부탁해
귀를 잡아 늘리고 피부에 반점을 만들고 갈색 외투를 입을
수는 있지만, 그렇다고 해서 내가 망할 코커스패니얼이
되는 건 아니니까." 더 놀라운 것은, 한때 솔래너스를
옹호했던 앳킨슨 같은 제2물결의 상징적 인물이 2014년
보스턴대학교에서 열린 컨퍼런스에서 TERF의 논조를
꺼내 들었다는 사실이다. "젠더를 둘러싸고 갈등이 일고

있습니다. 다시 말해, 페미니스트들은 젠더를 없애려 하고
있습니다. 그리고 트랜스젠더〔원문대로〕들은 젠더를 강화하고
있습니다." 앳킨슨의 이 발언이 "1960년대 후반과 1970년대
초반의 여성해방운동"을 주제로 한 컨퍼런스에서 나왔다는
사실은 제2물결 전체를 페미니즘 역사의 암흑기로 치부하게
만들었다.

1973년에 열린 악명 높은 웨스트코스트 레즈비언
컨퍼런스에 대해 생각해보자. 행사 첫날, 예정되어 있던
트랜스섹슈얼 포크 가수 베스 엘리엇Beth Elliott의 공연이 그녀를
무대에서 쫓아내려던 시위대에 의해 중단되었다. 다음 날,
래디컬 페미니스트이자 1970년 발간한 영향력 있는 선집
《자매애는 강력하다Sisterhood Is Powerful》의 편집자인 로빈 모건Robin Morgan은 긴급하게
기조연설을 수정해 엘리엇이 "강간범의 심리를 가진
기회주의자, 침입자, 파괴자"라며 비난을 퍼부었다. 모건의
발언은 곧 당시 발행되다 금세 폐간된 지하신문《레즈비언
타이드Lesbian Tide》에 실렸고, 더 많은 독자들을 만났다.

나는 남성을 '그녀'라고 부르지 않을 것이다. 이 남성 중심
사회에서 내가 32년간 고통받고 또 살아남아 획득한 칭호가 바로
'여성'이다. 남성 복장도착자가 길을 걷다 5분쯤 괴롭힘을 당하고
나서(그걸 즐기는지도 모르겠다) 감히, 감히 우리의 고통을 이해한다고
생각하다니! 안 될 말이다. 어머니의 이름으로, 또 우리 자신의
이름으로, 우리는 절대 그를 자매라고 불러서는 안 된다. 백인들이 흑인
분장을 한다는 게 무슨 의미인지 우리는 안다. 남자가 여장을 할 때도
같은 것이 작동한다.

— 여자를 좋아한다는 것에 관하여

그 컨퍼런스에 대한 보고는 보통 여기서 끝나며, 상황이 얼마나 끔찍했는지 짐짓 침착하게 이야기한다. 하지만 역사가 핀 엔케(Finn Enke)는 《계간 트랜스젠더 연구(Transgender Studies Quarterly)》에 게재한 탁월한 논문에서 많은 기록들이 전미 레즈비언 단체인 빌리티스의 딸들(Daughters of Bilitis)의 샌프란시스코 지부가 1971년 부모에게 버림받은 열아홉 살의 베스 엘리엇을 환대했고, 엘리엇은 그해 해당 지부의 부회장으로 선출되었으며, 그녀가 로스앤젤레스에서 열린 여성 동성애자 컨퍼런스에서 오렌지카운티 다이크 순찰대(Orange County Dyke Patrol)에 받아들여졌고, 엘리엇이 강경한 일부 참석자들이 자신의 존재를 두고 논란을 벌인 바로 그 컨퍼런스의 *조직위원 중 한 명*이었다는 사실을 누락하고 있다고 주장한다. 엔케는 엘리엇을 공격하는 로빈 모건의 신랄한 기조연설이 자신이 남자와 동거하고 있는데도 레즈비언 컨퍼런스에서 연설하도록 초청받은 데 대한 모건 자신의 불안감에서 비롯되었다고 본다. 모건은 그 남성의 여성스러운 면을 종종 자신의 급진적 자격을 입증하는 근거로 활용하려 했지만 번번이 실패했다.

이는 두 가지를 뜻한다. 첫째, 1960~1970년대 래디컬 페미니즘은 '점령하라(Occupy)'부터 버니 샌더스 캠페인까지 여타 정치 운동과 마찬가지로 여러 입장들이 뒤섞인 운동이었다. 둘째, 적어도 이 경우에 페미니스트들의 트랜스혐오는 트랜스에 대한 적대감의 표현이라기보다는, 사람들이 어떻게 정치적 감정을 다뤄야 하는지를 둘러싸고 여성해방운동이 겪고 있던 훨씬 더 큰 위기에 대한 간접적이고 주변적인 파급효과였다. 제2물결은 페미니즘적 비판의 범위를 일상의 영역으로 확장하면서 자본주의에 대한 마르크스주의 분석에 필적할 만큼 강력한 이론을 만들어냈음에도 스스로를 궁지로 몰아넣고 말았다. 래디컬 페미니즘 이론이 주장하듯 가부장제가 법적, 문화적, 경제적 영역뿐 아니라 *여성들의* 심리적 삶까지 잠식했다면, 페미니즘 혁명은 개인의 의식 속 미세한 결을 샅샅이 뒤져 남성 우월주의의 마지막 흔적까지 적발해내는 일종의 정치적 이 잡기를 통해서만 달성될 것이었다.

그리고 이것은 다른 어느 곳보다 침실에서 더 시급하고 어려운 문제였다. 성이 정치적 비판의 대상이라는 개념을 부르짖으며 싸워온 래디컬 페미니스트들은 이제 자신들이 말로만 주장해온 바를 행동으로 옮겨야 하는 상황에 직면했다. 이에 앳킨슨의 유명한 슬로건이 등장한다. "페미니즘은 이론이고, 레즈비어니즘은 실천이다." 이런 정치적 분위기 속에서 트랜스 여성인 엘리엇과 이성애자 여성으로 의심받던 모건 *둘 다* 페미니즘 정치 주체로서의 각자의 지위를 위협받는 상황에 놓이게 되었다. 일부 래디컬 페미니스트들 사이에서 레즈비어니즘이라는 것이 개별 주체들과 그들이 만들어나가야 할 역사 사이를 매개하는 미학적 형식으로 선호되며 위상이 높아지기 시작했던 것이다.

전체로서의 래디컬 페미니즘은 트랜스를 지지하는 레즈비언들과 트랜스를 혐오하는 이성애자들을 모두 포함하고 있었지만, 역사적으로 볼 때 래디컬 페미니즘 안에서도 결코 지배적이지 않았던 정치적 레즈비어니즘이라는 특정한 경향에서부터 오늘날 우리가 트랜스 배제적 래디컬 페미니즘이라 부르게 된 현상으로 이어지는 계보가 분명히 있다. 호주 멜버른대학교에서 최근 퇴직한 영국의 레즈비언 페미니스트인 실라 제프리스Sheila Jeffreys를 예로 들어보자. 젊은 시절 제프리스는 리즈 혁명적 페미니스트 그룹의 일원이었다. 그 단체는 극렬한 논조의 1979년 컨퍼런스 발표문 〈정치적 레즈비어니즘: 이성애에 대한 반론〉으로 회자되는데, 거기서는 정치적 레즈비언을 "남자와 섹스하지 않는, 여성으로 정체화한 여성"으로 정의했지만 동성 간 성관계를 의무화하지는 않았다. 그 글은 〈SCUM 선언문〉과 살벌하게도 진지한 유머 감각을 공유하고 있었다. "이성애자 페미니스트가 된다는 것은 나치 점령하의 유럽에서 낮에는 다리를 폭파하고 저녁에는 그것을 서둘러 고치려는 일과 같다."

요즘 제프리스는 트랜스 여성 혐오를 업으로 삼으며 TERF 연사들 중에서 가장 주요한 인물로 자리매김하고 있다. 다른 TERF들과 마찬가지로 그녀는 트랜스 여성의 (제프리스가 보기에) 값싼 여성성 모방이 애초에 여성을 예속시킨 것과 동일한 유해한 고정관념을 재생산한다고 믿는다. 제프리스는 2014년 발간한 저서 《젠더는 아프다》에서 이렇게 쓴다. "남성의 트랜스젠더리즘은 여성의 경험과 존재를 무자비하게 전유하는 것이라 볼 수 있다." 그녀는 트랜스젠더리즘을 이상성욕으로 분류하는 성과학 문헌을 즐겨 인용하기도 한다. 트랜스젠더 여성들은 여성 전용 공간에 잠입해 사상 최대의 팬티 습격을 벌이려고 모의하는 음흉한 침입자이자 역겨운 관음증 환자라는 것은 제프리스 같은 TERF들의 단골 주장이다.

나는 그런 묘사에 기꺼이 동의한다. 옷차림의 자유가 있었던 전설적인 미시간 여성 음악 축제가 2015년 트랜스 활동가들의 손에 막을 내리기 전에 내가 그 축제에 운 좋게도 참석할 수 있었다면, 그건 분명히 음악 때문은 아니었으리라는 데 내버켄스탁을 걸겠다. 실제로 적어도 레즈비언들 사이에서 트랜스 배제적 래디컬 페미니즘은 여자 버전의 동성애 공포(gay panic)로 가장 잘 이해될 수 있다. 여기서 핵심은 모든 TERF가 비밀스럽게 트랜스여성에게 끌린다는 것이 아니다. (물론 그런 흐뭇한 아이러니는 누구나 인정하길 원치 않지만 실제로는 더 자주 일어난다.) 그보다는 트랜스 배제적 페미니즘이 정치적 레즈비어니즘으로부터 욕망의 통제불가능성에 대한 공포를 물려받았다는 것이다. 동성애 공포의 전통적 주체는, 미국 상원의원이든 하원의원이든, 정치적으로 곤란한 자신의 욕망 때문에 위협받는 주체다. 그는 자기 자신을 보호하기 위해 그러한 욕망을 타인에게 투사한 후, 그 존재를 법으로 억압하거나 혐오 폭력을 가한다.

정치적 레즈비언 역시 정치와 욕망 사이에서 진퇴양난에 빠져 있는 주체다. 2015년에 제프리스가 런던에서 열린 레즈비언 역사 그룹(Lesbian History Group) 회의에서 발언했듯, 정치적 레즈비어니즘은 이성애적 페미니즘이 만들어내는 너무나도 현실적인 인지부조화를 해결하기 위한 방법이었다. "어째서 이 모든 멋진 이론과 정치를 만들어내는 모임들에 참석했다가 집으로 돌아가서는, 내 경우엔 데이브와 함께 텔레비전 앞에 앉아 '뭔가 *이상해. 이상한 기분이 들어*'라고 생각하게 되는 걸까요?" 그러나 진정한 분리주의는 남편과 헤어지는 데 그치지 않고, 편집증적인 엄격함으로 마음속 구석구석에서 가부장제와 조금이라도 연관된 것은 무엇이든 모조리 몰아내는 데까지 나아간다. 욕망도 예외는 아니다. 정치적 레즈비어니즘은 욕망도 충분히 뜨겁게 달구면 휘어질 수 있다는 신념을 기반으로 한다. 제프리스와 그녀의 동료들에게

125

— 여자를 좋아한다는 것에 관하여

레즈비어니즘은 생래적 정체성이 아니라 정치적 의지로 하는
행동이다. 이 세계에서 생물학은 운명이 아니며, 레즈비언이
된다는 것은 흥분이 아니라 각성의 문제라는 것이다.

　데이브에게도 이성애가 잘 맞지 않았을 수도 있다.
제프리스는 그녀가 칭하는 대로 우리 '트랜스젠더' 중 일부는
그녀가 감옥이라 여기는 이성애에서 탈출하기 위해
트랜지션을 선택했을 수 있다는 사실을 간과한다. 나 같은
트랜스여성 동성애자보다 더 여성으로 정체화한 여성은
없으며, 베스 엘리엇과 그녀의 자매들이야말로 진정한 정치적
레즈비언이라는 사실은 페미니즘 역사상 희대의
아이러니이다. 그들은 자기 삶의 남성들과 결별하는 동시에
자신들이 살아온 남성의 삶과도 결별한 여성들이다. 우리는
우리 자신의 몸으로부터의 분리주의자다. 우리는 주기적으로
세계의 생물학적 남성의 공급을 줄이는 정예 전투원이다.
제프리스 같은 TERF에게 우리는 모방이란 모름지기 최고의
칭찬 아니겠냐고 말할 뿐이다.* 하지만 시각을 좀 넓혀보자.

> * 　'모방은 가장 훌륭한 아첨이다(Imitation is the sincerest form of flattery)'라는 영어권의 속담을 인용한 것이다.

제프리스 덕분에 1970년대의 여성들 일부가 머리카락을 잘랐다. 우리 덕분에 말 그대로 *지구상의 남성이 줄었다.* 적어도 밸러리
솔래너스는 그 점에 자랑스러워할 것이다.
남성거세결사단이라는 이름을 트랜스섹슈얼 북클럽에
붙인다면 아주 근사할 것 같다.

이제 나는 정말로 과도하게 해석하고 있다. 트랜스 레즈비언들을 일종의 페미니즘의 선봉으로 받들어야 한다는 주장은 유혹적이긴 해도, 옹호할 수는 없다. 그럴 경우 실패한 프로젝트로서 정치적 레즈비어니즘이 남긴 진짜 교훈, 즉 정치적 원칙에 욕망을 억지로 순응시킨다고 해서 좋을 것은 없다는 교훈을 간과하게 된다. 그보다는 고양이를 목욕시키는 게 더 쉬울 것이다. 그렇다고 정치가 욕망에 아무 역할도 하지 않는다는 뜻은 아니다. 예컨대 연대감은 정말로 자극적일 수 있다. 그건 틀림없이 1970년대의 의식 고양 그룹들이 가진 가장 좋은 점들 중 하나였다. 하지만 동료들과 우편물을 봉투에 넣는다든가 거리에서 행진하는 것과 같은 연대의 *행위를 한다*고 해서 흥분이 따라오는 것은 아니다. 본질적으로 욕망은 아이 같고 통제받기를 꺼린다. 우리가 욕망을 정치적 정당성으로 평가하기 시작하는 날 우리는 어떤 욕망들은 권장하고 다른 욕망들은 금지하게 될 것이다. 그 길에는 도덕주의밖에 남지 않는다. 우리가 페미니스트 말미잘로 산다고 상상해보자면, 욕망의 촉수는 가부장제에 닿는 순간마다 움츠러들 것이다. 그런 삶에서는 TV에서 볼 만한 게 아무것도 없을 것이다.

트랜지션이 정체성의 진실이 아니라 욕망의 힘을 표현한다는 개념에 동의하는 것이 오늘날 좌파 진영에서 얼마나 인기 없는 관점인지 강조할 필요가 있다. 이 관점을 받아들이려면 트랜스성을 그가 *누구인지*의 문제가 아니라 그가 무엇을 *원하는지*의 문제로 이해해야 하기 때문이다. 젠더

— 여자를 좋아한다는 것에 관하여

정체성이라는 정치적 개념—점점 더 법적 개념이 되어가고 있다—의 주된 기능은 우리가 젠더라 부르는 것 안에서 욕망의 역할을 완전히 부인하지는 않더라도 괄호로 묶어두는 것이다. 역사적으로 이것은 트랜스젠더 옹호자들이 트랜스들, 특히 트랜스 여성들이 돈이든 섹스든 법적 특권이든 아니면 공중화장실의 어린 소녀들이든 *무언가를 얻기 위해* 트랜지션을 한다는 두려움을 가라앉히고 싶어 했던 데서 비롯되었다. 정치이론가 페이즐리 커러가 지적했듯, 국가는 성별 재지정으로 아무것도 얻지 않는 개인들에게는 그것을 훨씬 더 쉽게 인정해왔다. 2002년 캔자스 대법원은 트랜스섹슈얼 여성과 사망한 시스젠더 남편의 혼인에 대해 무효 판결을 내렸다. 그녀는 남편의 250만 달러 유산을 상속받게 되어 있었으나, 캔자스주의 동성혼 금지법에 따라 그들의 결합은 무효가 되었다. 수년 전에 남성에서 여성으로 성공적으로 변경한, 위스콘신주에서 발급받은 출생증명서에 기재된 성별은 그녀가 유산을 받으려 했을 때는 무용지물이 되어버린 것이다.

이 여인이 빨리 부자가 되려고 트랜지션을 했다는 말이 아니다. *그랬다 한들 어쩔 거냐*는 말이다. 그 누구도 추상적이고 학문적인 맥락에서 여성으로 '존재하고' 싶어서 트랜지션을 하는 건 아닐 것이다. 나는 분명 그렇지 않다. 나는 가십과 칭찬을 위해, 립스틱과 마스카라 때문에, 영화를 보며 울고, 누군가의 여자친구가 되고, 그녀가 계산을 대신 해주고 내 가방을 들어주게 하고, 은행 접수원과 케이블 기사들의 친절한 기사도 정신을 누리려고, 여자 친구들과 장거리 전화를 하며 친밀감을 얻고, 화장실에서 양옆에 죄인을 거느린 예수처럼 화장을 고치고, 섹스토이를 사용하고, 섹시하다는 느낌을 받고, 부치들에게 추파를 받고, 어떤 다이크들을 조심해야 하는지에 관한 비밀스러운 지식을 얻으려고, 핫팬츠와 비키니, 온갖 드레스를 입고, 그리고 또 가슴을 얻으려고 트랜지션을 했다. 그러나 이제 우리는 욕망의 문제를 보기 시작한다. 우리는 마땅히 원해야 할 것들을 원하지 않는다. TERF라면 누구나 위에 열거한 것들 대부분이 가부장제적 여성성의 전통적인 장신구일 뿐이라고 말할 것이다. 그 말도 틀린 말은 아니다. 하지만 분명히 하자. 그 입장이 흔한 도덕적 혐오를 가리는 껍데기에 불과할지라도, TERF는 젠더 폐지론자들이다. 페미니즘 혁명의 관점에서 본다면 TERF들은 몸치장이나 하는 나 같은 트랜스여성들보다 훨씬 더 앞서나간다. 이런 면에서 억압의 시스템인 젠더를 혁명적으로 해체하는 데 전념한다는 티그레이스 앳킨슨 같은 자칭 래디컬 페미니스트는 퇴물이 아니다. 격주로 눈썹을 다듬는 나야말로 퇴물이다.

어쩌면 나야말로 의식 고양이 필요한지도 모르겠다. 나는 그저 어깨를 으쓱한다. 항공사가 가방을 분실했다고 해서 내가 사유재산에 대한 폭정에 맞서 원론적인 정치적 성명을 발표하지는 않는다. 그저 빌어먹을 내 가방을 되찾고 싶을 뿐이다. 이 점은 성기 수술의 경우에 가장 명확하게 드러난다. 성기 수술은 우연히도 trans-라는 같은 접두사를 공유한다는 데 힘입어 트랜스젠더들을 너무 쉽게 자신의 일탈 정치의^{transgression} 마스코트로 삼으려는 퀴어이론가들을 당혹케 한다. 요즘 질을 가짐으로써 진짜 여성이 된다는 믿음은 한참 시대착오적이다. 많은 훌륭한 페미니스트들조차 여전히 성기 수술을 개인의

— 여자를 좋아한다는 것에 관하여

미학적 선택으로 여기며 간신히 이해하고 있을 뿐이다. *그렇게
해서 자신의 몸을 더 편안하게 느낀다면 좋은 일이죠, 뭐.*

이런 생각은 잘못됐을 뿐 아니라 오만하기까지 하다.
물론 젠더 확정 수술은 미학적 실천이 맞으며, 이른바 미용
성형수술과 별개라기보다는 그것의 연장선상에 있다고 할
수 있다. (아무도 수술실에 들어가 못생긴 음부를 만들어달라고
하지는 않는다.) 그러므로 성기 수술이 미학적 결정이 아닌
것은 아니다. 다만 그건 *개인적인* 미학은 아니라는 뜻이다.
주관적인 동시에 보편적이라는 것이 바로 미학적 판단의
근본적 역설이다. 트랜스 여성이 성기 수술을 원하는 이유는
페니스보다 질이 더 보기 좋다거나 더 좋은 느낌을 준다는
자신의 개인적 견해 때문이 아니다. 트랜스 여성은 *대부분의
여성이 질을 가지고 있기 때문에* 성기 수술을 원한다. 원한다면
이것을 트랜스혐오라고 불러도 좋다. 그런다 하더라도 내가
칠리스 레스토랑의 꽃 모양 양파튀김처럼 내 고추를 활짝
펼쳐놓는 걸 막지는 못하리라.

독자 여러분, 내가 좀 과격하게 말하는 이유는 우리가 특히
공적인 자리에서, 정치적이고자 할 때는 특히나 감히 말하려
하지 않는 것에 대해 이야기하려 하기 때문이다. 그 현실을
살아가는 우리로서는 지겹도록 뻔한 사실, 즉 많은 트랜스
여성들이 시스젠더 여성이 아니라 *그저 여성이 되고 싶어 한다는*
더 어둡고 더 어려운 사실 말이다. 그것은 트랜스 여성들이
결코 원해서는 안 되는 것으로 여겨진다. 동시대 트랜스
인권운동의 문법은 가정법을 용인하지 않는다. '트랜스 여성도
여성이다'라는 말은 부드러운 거만함으로 우리를 꾸짖는다.
마치 우리가 모두 치마만다 응고지 아디치에 같은 사람이라는

130

듯,[*] 마치 우리가 그저 잘못된 정치에 갇혀 있다는 듯, 마치 정치적 각성이 성별 불편감에 대한 치료법이라는 듯. 이미 여성인데 어떻게 또 여성이 되고 싶어 할 수 있겠는가? 욕망은 결핍을 의미하고, 원한다는 건 부족하다는 뜻이다. 나 같은 여성을 트랜스섹슈얼로 만드는 것은 정체성이 아니라 욕망임을 인정한다는 것은 트랜지션의 많은 부분이 무언가를 원하는 대기실에서 일어난다는 사실을 인정하는 것이자, 자신이 결코 가슴을 갖지 못하게 될 수도 있고, 결코 원하는 대로 패싱되는 목소리를 갖지 못할 수도 있으며, 다시는 부모의 연락을 받지 못할 수도 있음을 받아들이는 것이다.

이것을 실망의 낭만이라 부르자. 당신은 무언가를 원한다. 당신은 원하는 것을 내어줄 대상을 찾아냈다. 그 대상은 사람일 수도, 정치일 수도, 예술 형식일 수도, 꼭 맞는 블라우스일 수도 있다. 당신은 그 대상에 집착하고, 따라다니고, 지니고 다니고, TV에서도 지켜본다. 당신은 그 대상이 언젠가는 당신에게 원하는 것을 줄 거라고 스스로에게 말한다. 그러다 어느 날이 되어도 그것은 당신에게 원하는 걸 주지 않는다. 이제야 당신은 그 대상이 결코 당신에게 원하는 것을 주지 않으리라는 사실을 깨닫는다. 하지만 그게 실망스러운 건 아니다. 정말로 실망스러운 것은 그다음에 아무 일도 일어나지 않는다는 사실이다. 당신은 그 대상을 계속 간직한다. 당신은 계속해서 그 대상을 따라다니고, 서랍 속에 간직하고, 물을 주고, 메시지를 보낸다. 그래도 여전히

[*] 치마만다 응고지 아디치에는 2017년 영국의 방송사 채널4(Channel 4)와의 인터뷰에서 트랜스 여성의 경험과 비트랜스 여성의 경험은 다르다는 취지의 말을 해 TERF 논란에 휩싸였다.

131

— 여자를 좋아한다는 것에 관하여

그 대상은 당신에게 원하는 것을 주지 않는다. 그래도 당신은
그것을 알고 있다. 당신은 또 다른 깨달음을 얻었다. 원하는
것을 얻지 못하는 것은 그것을 원하는 일과 거의 무관하다는
것을. 잘 알게 된다고 해서 상황이 나아지는 것은 아니다.
우리가 무언가를 원할 때 그걸 갖게 되리라는 걸 알아서
원하는 것은 아니다. 원하는 건 그저 원하기 때문이다. 이것이
바로 모든 욕망을 구조화하고 그것을 가능케 하는 근원적
실망이다. 갖게 된다고 보장된 것들만 원할 수 있다면 우리는
결코 아무것도 원하지 못할 것이다.

　나처럼 처량한 트랜스들을 동정해달라는 것이 아니다.
우리의 머리맡에 장미는 충분하다. 다만 트랜스 여성들도
무언가를 원한다는 말을 하고 싶을 뿐이다. 우리의 욕망은
다른 이들의 것만큼이나 깊고 섬세하며, 우리가 원하는 것은
놀랍도록 다채롭다. 어쩌면 바로 그렇기 때문에 커밍아웃이
짝사랑에 빠지는 것처럼 느껴지고, 처음 입는 드레스가 첫
키스처럼 느껴지고, 성별 불편감이 실연의 아픔처럼 느껴지는
걸지도 모른다. 결국 실망의 다른 이름은 사랑이다.

2018

후기　이 글은 내가 일반 대중을 상대로 처음 제대로 발표한
에세이이다. 이 글이 받은 엄청난 반응(적어도 내게는 엄청나게
느껴졌다) 덕분에 나는 에이전트도 생겼고, 작게나마 출판 제의도
받았으며, 결정적으로 비참했던 대학원 과정을 그만둘 수 있었다.
지금은 미국 전역의 젠더학 수업에서 이 글이 정기적으로 읽히고
있다고 들었다. 이제 와 글을 다시 읽어보니 비판의 대상이

모호하고 아마추어 같은 논조도 거슬린다. 그런 블로그식의 '목소리 과잉'[voiceyness]은 당시로서도 시류에 뒤처진 것이었다. 또 그사이 여성적 남성성으로 기울고 있던 나의 젠더를 포함해 나 자신에 대해 얼마나 무지했는지 생각하면 웃음이 나온다. 하지만 나는 스물넷이었다. 아마도 이 글은 오직 나 자신을 위해 쓴 최초의 글이자 유일한 글일 것이다. 돌이켜보면 나는 전통의 도움 없이 글을 쓰고 있었다. 선례가 있기는 했지만 소수였고, 대부분 영감을 주지 못했다. 불과 6년 전과 비교해도 지금은 훨씬 많은 활동이 생겼지만, 그럼에도 이 나라에 위대한 트랜스 문학 전통은 소설에서든 비소설에서든 아직 존재하지 않는다. 이것이 트랜스들의 잘못은 아니다. 우리는 작고, 젊고, 주변화되어 있고, 이제 막 자의식이 생긴 공동체로서, 글을 쓸 기회가 주어지더라도 여전히 압도적으로 자전적 에세이를 쓰도록 기대된다. 〈여자를 좋아한다는 것에 관하여〉도 그러한 기대에서 벗어나지는 못했다. 팬데믹 이후에야 비로소 거기서 자유로워질 수 있었다.

한편, 종교적 우파는 인지도가 상당히 높아진 TERF뿐만 아니라 내가 '트랜스 불가지론적 반동적 자유주의자'[trans-agnostic reactionary liberals], 즉 TARL이라 부르는 일부 중도좌파와도 결탁했다. 내가 이 글을 쓰는 동안 그들은 짐짓 미소를 띠며 트랜스 청소년들의 의료적 정당성을 박탈하는 캠페인을 벌이고 있다. 이런 면에서, 자기연민과 멜로드라마를 좀 걷어낸다면 〈여자를 좋아한다는 것에 관하여〉는 꽤나 선견지명이 있었다고 볼 수 있다. 젠더 정체성 모델의 붕괴 지점이 임박해 있음을 정확히 짚었고, 욕망에 기반한 급진적 모델을 제안했다. 최근 나는 "성별을 바꿀 권리"에 관한 《뉴욕 매거진》의 표지 기사에서 이 문제를 다시 다뤘는데, 그 개념은 이 후기를 쓰는 지금까지도 여전히 많은 이들에게 받아들여지지 못하고 있다. 아마 이 문제를 다시 한번 다루게 될 것 같다.

— 여자를 좋아한다는 것에 관하여

나쁜 TV

케빈 스페이시에 대한 폭로가 나온 날, 나는 브루클린에
있는 우리 집 소파에 여자친구와 함께 앉아 있었다. 어쩌다
보니 우리는 고약한 게임을 하게 되었다. 한 사람이 마치
옷을 하나씩 벗듯이 남자 연예인 이름을 하나씩 말하면, 다른
사람은 우선 그가 성범죄자로 밝혀질 가능성에 대해, 그리고
그가 나락으로 갔을 때 얼마나 실망스러울지에 대해 즉시
대답하는 게임이다. 게임의 목표는 두 항목 모두에서 높은
점수를 받는 남성을 가려내는 것이었다. 진실 게임 혹은 병
돌리기 같은 게임이었다. 쓸데없이 자발적으로 노출하는 게임,
원해서는 안 될 것들을 욕망하다가 들킬 위험에 관한 게임
말이다.

그 게임의 비밀은 2017년 10월 영화제작자 하비^{Harvey Weinstein}
와인스타인에 대한 성추문 폭로 이후 몰아친 붉은 하늘의
심판이 어쨌거나 재미있을 수도 있었다는 사실이다. 역사라고
불리게 될지 모를 저 세상 밖에서 여성들은 강간, 학대, 괴롭힘,
이상한 문자메시지, 끊임없는 가스라이팅에 관한 이야기를
들려주고 있었다. 대부분은 새로운 이야기가 아니었다.
새로 등장한 이야기들도 너무나 그 장르에 밀착되어 있어서

즉각적으로 알아볼 수 있는 어떤 표식을 달고 있는 듯했다.
어쩌면 아무것도 변하지 않을지도 모른다. 어쩌면 이것도
시스템이 그저 조정되고 다시 시작되는 〈매트릭스〉 같은
것일지 모른다. 하지만 냉소적인 태도가 페미니즘의 특징은
아니다. 어쩌면 하나의 세계가 끝나고 있는지도 모른다.
어쨌거나 별들은 계속해서 떨어지고 있었다.

그리고 이제 여기에 마치 낙진 대피소에서 숨바꼭질하는
아이들처럼 우리, 여자친구와 내가 있었다. 우리는 그 상황을
즐기고 있었다. 우리가 느낀 것은 마침내 정의가 실현되었다는
만족감이나 뜨거운 복수의 기쁨만은 아니었다. 물론 나쁜
남자들이 고통받는 것을 볼 수 있게 되었다는 실제적 쾌감이
있긴 했다. 그러나 의식의 수면 바로 아래 떠다니는, 조금은 덜
자랑스러운 종류의 즐거움도 있었다. 그 모든 소란, 그 모든
스캔들과 해명에도 영화와 TV의 어떤 스타들—아주 극소수의
특별한 몇몇이라고 우리는 스스로에게 말하곤 했다—에
대해서는 한두 주 내지 한두 달이 지나 불길이 사그라지면
우리가 용서할 마음을 먹게 될지도 모른다고 생각했다. 사실
그건 거짓말이다. 우리는 그들을 용서하지 않을 것이다.
하지만 그들이 나오는 프로그램을 보는 걸 멈추지도 않을
것이다.

제프리 탬버의 경우는 특히 타격이 컸다. 나는
〈트랜스페어런트〉 시즌 4 시청을 시작하지 않고 있었는데,
이스라엘 이야기가 등장하는 에피소드가 여럿 있어 그에
관한 입장을 정해야 한다는 압박감이 있었기 때문이었다.
내게 〈트랜스페어런트〉는 결코 정치성을 드러내는 드라마가
아니었다. 시스젠더인 많은 사람들에게는 그랬을 테지만

말이다. (만약 내가 정치적인 걸 원했다면 〈오렌지 이즈 더 뉴 블랙〉을 봤을 거다.) 첫 두 시즌은 마치 고급 식당에서 맥앤치즈를 주문하듯 멍청할 정도로 아무 생각 없이 빠져들며 봤다. 시즌 3은 내가 트랜지션을 시작한 지 몇 달 된 시점에 에스트로겐을 맞으며, 그리고 슬픔이 밀려오기를 기다리면서 몰아 봤다. "난 트랜스가 *되고 싶은* 게 아니야!" 제프리 탬버가 연기하는 인물이 소원해진 언니와 말다툼하다가 외쳤다. "나는 트랜스야!" 나도 아니다. 나도 그렇다.

그러다 아마존 프라임에 시즌 4가 공개된 직후, 탬버의 전 개인 비서는 탬버가 《데드라인 할리우드》에 보도되었듯 "부적절한 행동"을 했다고 주장했다. 탬버는 부인했고, 내가 알기로는 탬버를 상대로 그 어떤 법적 조치도 취해지지 않았다. 그때 나는 짧은 시간적 여유가 생겼음을 알았다. 양심의 가책 없이 드라마를 정주행하려면, 지금이 아니면 기회가 다시는 없을 것이었다. 하지만 〈트랜스페어런트〉의 여배우 트레이스 리셋이 혐의를 제기했을 때까지도—그녀는 촬영 중 탬버가 자신에게 "성적으로 공격하고 싶다"고 말했으며, 자신에게 몸을 들이밀며 성행위를 흉내 냈다고 말했다—나는 그 드라마를 보지 못하고 있었다.

마치 편한 신발처럼 믿음직하고 매력적인 겸손함으로 트랜스젠더 여성을 연기하며 엄청난 비평적 찬사를 받은 시스젠더 배우에게 트랜스젠더 배우가 성희롱을 당했다는 아이러니는 짙은 거품 같았다. 탬버가 연기한 인물은 좋은 여자였다. 2016년, 같은 배역으로 2년 연속 에미상을 수상하면서 그는 트랜스 미디어 컨설턴트팀에게 감사를 전했고, 그 드라마가 자신의 삶을 바꿨다고 말했다. 피아노

연주가 시작되며 소감 발표를 마무리지으려 하자 그는 연주를
잠시 끊고, 슬픈 얼굴로 긴급하게 말했다. "아름답게 말하지는
못하겠지만"이라고 운을 떼며 그는 말했다. "거기 계신 여러분,
제작자 여러분, 방송사 여러분, 에이전트 여러분, 창작자
여러분, 부디 트랜스……" 그의 입은 여전히 움직였지만 단어
중간에 목소리가 끊겼고, 이내 다시 말을 이었다. "트랜스젠더
인재들에게 기회를 주시기 바랍니다." 마음이 따뜻해지고
매료된 관객은 그의 실수를 넘겼다. "한 가지 더 말하자면",
탬버는 함성 속에서 말을 이어갔다. "제가 만약 TV에서 여성
트랜스젠더를 연기한 마지막 시스젠더 남성이 되더라도 저는
그것을 불행으로 여기지 않을 겁니다." 그는 '트랜스젠더'와
'여성'이라는 단어의 순서를 어색하게 뒤바꿔 말했다. 함성은
더욱 크게 터져 나왔다. 물론 그는 완벽하게 마무리를 하지는
못했다. 그렇지만, 그 정도는 용서받을 수 있지 않나?

♛

원래 TV는 결코 우리에게 좋은 것이 아니었다. 1950년
미국에는 600만 대의 TV 수상기가 있는 것으로 추정되었고,
10년 뒤에는 6000만 대, 즉 열 가구 중 아홉 가구가
TV를 보유하고 있었다. 1960년대 중반 허버트 마르쿠제는
대중이 TV를 뺏기느니 핵폭탄으로 인한 전멸을 감수할
것이라고 말하기에 이르렀다. 전후 비평가들이 '대량 소비의
기술'이라 부르며 말하고자 했던 것은 TV가 욕망이 그 대상
앞에서 얼마나 무력해지는지를 역사상 유례없이 큰 규모로
드러냈다는 것이었다. TV는 좋지 않아도 좋았다. 시청자들이

— 나쁜 TV

원한 건 즐거움이 발생하는 현장으로 계속해서 돌아갈 수 있는 가능성이었다. 그래서 에피소드, 연속극, 시트콤 등이 생겨난 것이다. 쓰레기 같은 것이어도 믿을 수만 있으면 됐다. 경멸도 익숙함을 낳을 수 있었다. 만약 미국인들이 기꺼이 소비한 TV 쓰레기의 홍수가 증명한 것이 있다면, 한번 욕망에 빠지면 그것을 망치기(spoil)는 매우 어렵다는 사실이었다. 이것이야말로 궁극의 스포일러였는지도 모른다.

초기 비평가들이 TV에 반대한 두 번째 이유는 TV가 본질적으로 정치적 저항 본능 혹은 공적 삶에 대한 본능을 억누르는 속성을 지닌다는 것이다. "TV는 의식을 위축시킨다"고 테오도어 아도르노(Theodor Adorno)는 썼다. 그에게 TV의 위험은 시청자들에게 사회적 소속감을 느끼게 해주는 것이었는데, 이는 사실상 자본주의 아래에서 점점 더 소외감을 느끼는 데 대한 이데올로기적 위장에 불과했다. 거실의 작은 상자 앞에 모여 앉은 평범한 미국 가정의 따뜻한 단란함은 사람들이 거리로 나가 정치적 행동을 하지 못하도록 날조된 허구였다. 마르크스주의자라고는 아무도 생각지 않는 마셜 맥루언(Marshall McLuhan)조차도 TV가 너무나 "쿨"하고 감각을 사로잡아서 정치적 변화를 일으킬 수 없다고 봤다. 보통의 미국인들에게 TV가 미친 정치적 영향은 1940년대 파시즘과는 정반대였다. 히틀러의 라디오가 한 나라를 뿌리째 뒤흔들었다면, 이제 TV가 한 나라를 소파에 처박히게 하고 있었다. 아도르노는 "꿈 없는 꿈(dreamless dream)"이라고 부르며 TV를 문화산업의 왕좌에 앉혔다. 맥루언은 《TV 가이드》의 표현을 빌려 TV를 "소심한 거인(Timid Giant)"이라고 칭했다.

어느 시점에 누군가가 그것을 건드렸다. 지금의 백악관

거주자를 보면 TV가 정치에 완전히 침투한 것처럼 느껴지는 것도 무리는 아니다. 대통령이 알고 보면 러시아의 꼭두각시라는 대중적인 이론조차도 USA네트워크 방송사의 어떤 드라마 줄거리에서 따온 것처럼 느껴진다. 작가인 몰리 피셔Molly Fischer는 《더 컷The Cut》에서 이를 "위대한 각성The Great Awokening"이라고 부르며 워크니스wokeness—"정치적으로 깨어 있으라"라는 '흑인의 생명도 중요하다Black lives matter' 운동으로 대중화된 정치적 의식의 촉구—가 어떻게 텔레비전 미학으로 굳어졌는지 설명했다. 〈블랙키시Black-ish〉, 〈걸스Girls〉, 〈루이Louie〉, 〈시녀 이야기The Handmaid's Tale〉, 〈아이 러브 딕I Love Dick〉, 〈트랜스페어런트〉, 〈마스터 오브 제로Master of None〉, 심지어 리부트된 〈윌 앤 그레이스Will & Grace〉를 보라. 최악의 경우, '워크 TV'는 〈방과후 특집after-school special〉만큼이나 도덕적 섬세함이 부족하다. 〈마스터 오브 제로〉의 한 에피소드에서 아지즈 안사리Aziz Ansari가 연기하는 인물이 여자 친구들에게 성차별에 관한 설명을 듣는다. 그 톤은 자기만족적이고 반기사도적이어서 마치 여성을 위해 문을 열어주는 기사도 정신을 일부러 생략하는 듯한 느낌이다. 피셔는 이렇게 쓴다. "이것은 가부장제에 대한 공격이 아니다. 이것은 〈세서미 스트리트Sesame Street〉이다."

'워크 TV'가 약속하는 바는 1960년대의 회의론자들이 틀렸다는 것이다. 사소하고 미약하더라도 TV 시청 역시 일종의 정치적 행동이 될 수 있다. 이것이 그저 희망사항에 불과한 것처럼 들릴지 몰라도, 탬버와 안사리처럼 워크를 부르짖는 이들이 자신의 치부를 드러내고 말았기 때문만은 아니다. 워크 TV가 사람들에게 정치적으로 느끼게 해준다는 약속을 이행함으로써 우연찮게도 정치라는 감각이 만들어질 수 있는 것이라는 사실이 증명된 셈이기 때문이다. 예컨대

〈디스 이즈 어스〉가 우리를 슬프게 만들 수 있는 것과 같은 방식으로 〈트랜스페어런트〉가 우리에게 정치적으로 느끼게 해줄 수 있다는 말은, 정치적인 것이란 본질적으로 특수 효과와 조명의 속임수, 즉 TV가 만들어내는 마법에 불과하다는 뜻이다. 우리가 세상 어딘가에 '정치'라 불리는 비밀의 숲이 존재해 그곳에서 역사의 신들이 춤을 춘다는 환상을 고수한다면, 그러한 주장이 주는 당혹감은 떨쳐버릴 수 있다. 그러면 우리는 세계를 둘로, 즉 진짜와 가짜, 진정한 좌파와 연극적 워크니스, 실제 삶과 TV가 만들어낸 이야기들로 깔끔하게 나눌 수 있다. 사실 정치적인 것으로 향하는 직항은 없다. 언제나 미학적 형태라는 경유지를 거쳐야 한다. 톤, 분위기, 형상, 예술작품이 우리가 더 큰 무언가의 일부라고 느끼게 하기 위해 동원하는 그 밖의 모든 것들 말이다.

다르게 말하자면, 정치는 종종 소속감이라는 드라마의 특별 에피소드에 불과하다. 그리고 소속감은 TV의 강점이다. TV는 결코 단순한 상자가 아니었다. 처음부터 그것은 언제나 사회적 사건이었다. 아도르노가 "사회적 즉시성의 대체물"이라고 TV를 비판했을 때 그는 대중이란 언제나 의례와 관습이 만들어낸 환상이라는 사실을 잊고 있었던 것이다. 그러한 의례와 관습을 특정한 방식으로 빛에 비추면 마치 〈레이더스〉에 나오는 메달처럼 신에게 이르는 길을 가리키는 듯 보이기 마련이다. 이것은 1969년 달 착륙선처럼 집 안 TV 앞에 넋을 잃고 앉은 시청자들의 얼굴 위로 내려앉았던 국가적 자긍심의 빛에도 적용되며, 인터넷의 밤하늘을 떠돌고 있는 수많은 팬덤의 달들에도 마찬가지로 적용된다. TV든 다른

것이든 매개는 나에서 당신으로, 개인에서 집단으로 도약하는
데 언제나 필요했다. 베네딕트 앤더슨이 가르쳐주었듯 모든
공동체는 상상된 것이며, 애초에 그 외에는 달리 존재할
방법이 없다.

그러나 뒤처질까 봐 두려워하는 감정은 실제적이다. 이는
24시간 스트리밍 서비스 덕분에 실시간 방송이 영원히
이어지게 된 오늘날, 그 어느 때보다도 진실이다. 그래서
등장한 것이 요점정리다. 그것은 요약과 논평을 섞으면서도
그 둘 중 어느 것도 아닌 인터넷상의 새로운 글쓰기 장르로서,
드라마의 설정에 기반하면서도 개인적 열정과 일기에나 적을
법한 갈망이 섞여든다. 요점정리의 첫 번째 임무는 줄거리를
되짚거나 스타일을 평가하는 것을 넘어, 공유된 대상을 함께
붙들고 있다는 성취를 기록하는 것이다. TV의 황금기인
오늘날, 그저 보는 게 아니라 *봤다*는 것이 핵심이다. 그 반전,
그 불길, 그 결혼식의 순간에 완전히 상상적인 것만은 아닌
방식으로 거기 있었다는 것 말이다. 이러한 의식에는 대개
죽음이 사회자를 맡는다. (나머지의 경우는 지미 키멀 같은
이들이 맡는다.) 유명세의 경제에 저항하는 것이 매력인
정통 판타지 드라마 〈왕좌의 게임〉을 예로 들어보자. 다른
작품에서였다면 줄거리상의 갑옷을 입혔을 게 분명한 중심
인물들이 단역처럼 불명예스럽게도 허무한 죽음을 맞는다.
누구든, 언제든 그런 죽음이 가능했다. 드라마 속 금융 수도인
브라보스에는 이런 속담도 있다. '발라 모굴리스', 즉 모든
사람은 죽는다. 그래서 중요 인물들이 쓰러지는 이 드라마에
나라 전체가 중독된 것이다.

— 나쁜 TV

〈왕좌의 게임〉이 마지막 시즌을 향해 순항 중일 때 그 자리를
메꿀 새로운 드라마가 떠올랐다. '미투'가 또 다른 종류의
판타지 드라마로서 1970년대 페미니즘의 꿈을 소생시켰다.
그것은 분노로 촉을 적시고 낙관의 깃털을 단 화살이었다.
이제 다 끝났다. 남자들을 치워라. 전부 불태워라. 다만
이번에는 혁명이 TV로 중계될 것이다. 추문 폭로는 편성표를
따르듯 줄줄이 이어져 나왔다. 정치 운동이 오락의 한 형태가
될 수 있다는 사실을 미국은 아주 호되게 배우게 되었다. 이제
정의는 황금시간대에 방영되었고, 모두가 그걸 보고 있었다.
커피숍에서, 대중교통 안에서, 온갖 소셜미디어에서 속삭임의
네트워크*는 누군가 마이크 끄는 걸 깜박한 듯 갑작스레 큰
소리로 공개되었다. 곧이어
국회의원, 언론인, 교수, 라디오
진행자, 방송인, 유명 셰프의
사례까지 터져 나왔다. 뉴스 보도가
마치 아무도 본 적 없는 유령 드라마의 요약정리처럼 우리
휴대폰 화면에 떴다. 심지어 해시태그조차 불가능한 일이었다.
그것은 개별적인 것들만으로 보편적인 것을 구축하려는
즉흥적인 시도였다. 미투, 나도 마찬가지야. 하나가 여럿이
되었다.

　이를 마녀사냥이라 불렀던 이들은 마녀에게 사냥당한다는
설정의 〈세일럼〉이라는 단명한 드라마를 안 본 게 틀림없다.
하지만 백래시는 어김없이 찾아왔다. 얼마 안 가 악마는
개업해도 좋을 만큼 많은 옹호자를 얻었다. 여성들을 모두

_____

믿을 수 있을까? 여성들이 너무 많았다. 돈 있는 누군가가 기고문을 실으라고 압력을 넣었다. 기조는 분명했다. 뒤틀린 팬티마다 손을 하나씩 비틀면 된다. 나쁜 섹스가 있었고, 또 다른 나쁜 섹스가 있었다. 정도의 차이가 있었고, 복잡했다. 앨라이라 자칭하는 일부는 섹스 공포가 퀴어, 유색인, 성노동자들에게 좋을 게 없다고 경고했다. 조심하지 않으면 운동이 내리막길을 걷게 될 거라고들 했다.

다른 이들에게는 이미 너무 늦은 일이었다. 수년간 NBC의 〈팍스 앤드 레크리에이션Parks and Recreation〉에서 실패한 픽업 아티스트를 연기해온 아지즈 안사리는 마침내 용기를 쥐어짰다. 그레이스라는 가명의 한 여성은 라이프스타일 웹사이트 '베이브Babe'에 안사리가 자신에게 구강성교를 강요했고, 그가 성기를 주차할 자리를 찾으며 그의 아파트 안에서 어색하게 자신을 끌고 다녔다고 폭로했다. 모든 일은 동의된 *듯한* 상태였다. "너희는 다 똑같아. 빌어먹을, 다 똑같다고." 그레이스는 그에게 말했다. 인터넷은 작은 불꽃들로 타올랐다. 직장 내 성희롱은 문제였지만, 이성애에 대한 국민투표라니? 아예 *섹스 자체를 하지 말아야* 하나? 《뉴욕 타임스》에서 뒤통수에 동전을 넣어주면 원고를 뽑아내는 바리 와이스Bari Weiss는 만약 그레이스가 겪은 일이 성폭력이라고 한다면 와이스 자신을 포함해 다른 모든 여성 또한 성폭력을 당한 것이라고 했는데, 그건 분명 사실이 아니다. 《애틀랜틱》에 기고한 누군가는 그레이스를 문란하면서도 박복한 1970년대 도덕주의적 칙릿chick lit 소설 속 나약한 여주인공들에 비유했다. '좀 참아, 자기야. 뱉어. 택시 불러.'

그들이 정말로 하고 싶었던 말은 그레이스의 이야기가

형편없는 TV 드라마 같다는 것이었다. 와인, 눈물, 주방 조리대 등등. 너무 진부했다. 현실이 아니라 숀다랜드사의 드라마 같다는 것이었다. 보도 시 그레이스의 옷차림을 왜 묘사했으며, 손가락을 사용한 성행위는 왜 언급했냐는 것이었다. 그레이스에게는 더 나은 편집자가 필요했다. 하지만 단 한 번의 원치 않은 접촉만으로도 미투 운동이 정론지를 선정적인 타블로이드로 바꿔버릴 수 있음은 곧 분명해졌다. 사실 많은 폭로가 말도 안 되는 드라마 대본처럼 읽혔다. 비밀경호원과 양성애적 쓰리섬을 한 적 있으며 살인을 저지르기도 한 〈하우스 오브 카드〉(House of Cards)의 프랭크 언더우드조차 섹스하고 싶은 여성 동료가 들어오면 자동으로 문을 잠가버리는 버튼을 책상 밑에 숨겨두고 있지는 않았다. 어느 시점에는 가장 냉소적인 페미니스트조차도 자발적 불신 중단을 잠시 거두고 저속한 쾌락을 스스로에게 허락할 수도 있었다. 뭐라고요? 그 남자가 화분에 자위했다고요? 그런 건 〈콴티코〉(Quantico)나 〈빌리언스〉(Billions), 〈스캔들〉(Scandal)에나 나올 법한 이야기였다. 반전은 몇 마일 밖에서도 보일 만큼 뻔했다. 결국 TV에 나오는 남자들은 정말로 TV 속 남자들처럼 행동하고 있었던 것이다.

장편 서사를 가진 좋은 TV 드라마는 믿을 만해야 한다. 믿을 만하다는 것은 결코 현실을 재생산한다는 것이 아니다. 시간여행도 믿을 만한 것이 될 수 있는 반면, 주방 싱크대가 설득력이 없을 수도 있다. 믿을 만하다는 것은 본질적으로 균형의 미학이다. 인물과 플롯 사이의 상상적이지만 그럴듯한

관계를 창조하는 것, 다시 말해 내면의 물렁물렁한 정서와
일상이라는 대기를 유성처럼 가로지르는 몇몇 강렬한
개별적 사건들 사이의 어떠한 상응 관계를 조율하는 것이다.
텔레비전의 세계에서는 이 두 봉우리를 가장 매력적으로
연결해내는 드라마가 비평적 찬사를 받는다. 보통 이것은
작품의 설정 안에서 일정한 표준 편차 내로 글쓰기를
유지하는 것을 의미한다. 〈오펀 블랙Orphan Black〉이 아니라면 비밀스러운
복제인간은 있어선 안 되고, 〈레프트오버The Leftovers〉가 아니라면 신의
행위가 있어선 안 되는 것이다.

성폭력을 TV에서 현실적으로 그리기란 어렵기로 악명이
높다. 그래서 그것은 가족 멜로드라마부터 범죄 수사물에
이르기까지 미감의 주변부로 밀려난다. HBO가 제작한 여성
중심 드라마인 〈빅 리틀 라이즈Big Little Lies〉조차 캘리포니아 해안가의 탁
트인 저택에 사는 부유한 여성들이 각자 학대의 소용돌이에
휘말리는 이야기를 다루면서 강간 장면을 에미상 후보에
오른 촬영기법의 영상미로 가려버리고 말았다. 이 드라마의
실패 요인(이자 성공 요인)은 학대를 너무나 믿을 만하게
그린 데 있었다. 이런 면에서 〈빅 리틀 라이즈〉는 하비
와인스타인이 어떻게 몰락할지를 너무 잘 예견했다. 《뉴욕
타임스》의 와인스타인 보도는 수년에 걸쳐 준비된 신뢰성 확보
프로젝트였다. 그 보도는 학대를 체계화해 사람들이 눈으로
따라갈 수 있는 패턴을 만들었다. 인터뷰, 이메일, 음성 녹취,
법적 서류들이 있었고, 사실들은 이중, 삼중으로 확인되었다.
하지만 그 보도의 역설적 결과는 뒤따른 모든 이야기들에 대해
기준을 지나치게 높여놓았다는 것이다. 할리우드의 거물 중 한
명은 자기를 고발하려는 이를 침묵시키기 위해 전직 모사드

요원까지 고용했는데, 친한 사이에서의 자위쯤이 대수겠는가? 이 가스라이팅 사례에서 와인스타인 사건 보도는 다른 모든 학대 고발을 별로 심각하지 않아 보이게 만들었고, 다른 모든 증거들을 빈약해 보이게 만들었다.

트라우마는 《뉴욕 타임스》나 HBO 드라마에서처럼 커다란 남자들이 작은 여자 조각상을 타 가는 식으로는 드러나지 않는다. 현실의 트라우마는 통속극 같다. 통속극을 다른 드라마와 구별해주는 요소는 인물들이 엄청난 고통을 겪는다는 것 자체가 아니라, 그 고통의 *정도*가 부당하게 느껴져야 한다는 조건이다. 예기치 못한 죽음이 몇 분 만에 애도되고 지나갈 수도 있고, 개인이 받은 사소한 모욕이 방화의 동기가 될 수도 있는 것이다. 항상 너무 과하거나 부족하다. 그 모든 고급 제작기술과 A급 캐스팅에도 불구하고 비평가들은 〈빅 리틀 라이즈〉를 여전히 "고급 통속극"으로 분류한다. 《보그》(Vogue) 기자가 (출연자이자 제작자이기도 한) 리즈 위더스푼에게 이에 대해 질문하자 그녀는 웃으며 대답했다. "그게 여자들이 실제로 서로 이야기하는 방식이에요. 많은 관계에서 여자들은 서로에게 진실을 이야기하지 않아요. 그리고 저는 그런 게 매우 공감을 얻는다고 생각해요." 〈빅 리틀 라이즈〉는 학대에 관한 진실에 대한 진실을 이야기하려 했다. 진실은 언제나 거짓말처럼 들린다는 진실 말이다.

아이러니하게도 미투 운동에 대한 반박은 그것이 과민반응이라는 비난에 근거한다. 미투 운동을 비판하는 이들은 흥분 좀 하지 말라고 말한다. 대부분의 남자들은 괴물이 아니고, 대개는 강간이 아니라는 것이다. 도덕적 공황의 특징은 그걸 주장하는 사람이야말로 공황 상태라는 점이다. 그들은 여성들이 공황에 빠져 있다고 말한다. 공황이 성적 고통을 공적으로 드러내는 유일한 방식인지는 곰곰이 생각해볼 만하다. 성적 피해는 증명 불가능성으로 규정된다. 동의란, 나이와 관련된 법적 조항 외에는 기본적으로 실체가 없다. 강간과 그 유사 범죄들은 궁극적으로 물리적 폭력의 여부가 아니라 피해자의 정신 상태로 결정된다. 피해자의 정신 상태에 관해서는 직접적 증거라는 게 없고 오로지 이차적 지표가 있을 뿐이다. 그러므로 정의상 성폭력은 모두 머릿속에 존재하는 것이다. 그래서 '예스라고 해야 예스다'라는 yes means yes 슬로건이 등장했다. 사람들이 언제나 자신이 뜻하는 바를 말하고, 언제나 자신이 말하는 바를 의미하는 세계를 소환하는 주문이다. 하지만 사실 보통은 그러지 않는다. 그리고 대개는 그럴 수가 없다. 사람들은 타인에게 그러한 것과 마찬가지로 자기 자신에게도 좀처럼 투명하지 않기 때문이다. 사건은 결코 스스로 이야기하지 않는다. 폭력은 좀처럼 현실적이지 않다. 우리는 명확한 단절을 기대하지만, 그 대신 이상하고 굴곡진 연속성을 얻을 뿐이다. 누군가가 신호를 놓쳤다. 저건 대사가 아닐 텐데. 방금 저 남자가 뭐라고 했지? 우린 지금 어디로 가는 거지? 내가 이걸 원했나? 아무도 '컷'을 외치지 않는다. 아무도 '카메라 체크'를 외치지 않는다. 무슨 일이 벌어졌는지 모르는 게 벌어진 일의 일부가 된다.

　엄밀히 말해 일어났다고 할 수 없는 일에 대해 그에 상응하는 반응을 하기란 불가능하다. 그렇기 때문에 미투 운동의 사악한 트위터 쌍둥이처럼 정밀 탐사보도 언론과 뒤섞여 나타난 공개적 블랙리스트, 확인되지 않은 사실들, 인터넷상의 고함들은 '믿을 만함'의 증거 체제에 협조하지

— 나쁜 TV

않겠다고 전면적으로 거부하며 아름답게 리스크를 감수했다. 스모킹 건도 없고, 파란 드레스*도 없다. 말하는 것만으로 충분한 증거가 되었다. 그것은 심우주의 벌린 입이 갑자기 불타오르듯 충격적이고, 숨이 막힌다. 분명히 미묘한 뉘앙스는 존재한다. 우리 여성들은 다 성인이다. 믿음을 사려면 저축을 해야 하는 세상에서 여성들은 미묘함을 저장해둔다. 이것이 여성성의 비밀이다. 세상의 복잡함에 너무 세심한 주의를 기울이다 보면 그 복잡함에 당신이 짓밟힐 수도 있다는 것. 하지만 이 사실을 인정할 경우 지레 물러서는 셈이었다. 우리는 얼마간의 무모함을 행사할 자격이 있다. 여성이 일반화라는 사치를 스스로에게 허락할 때 그것은 폭력처럼 보일 수 있다.

〈빅 리틀 라이즈〉는 확실히 그런 식으로 전개되었다. 니콜 키드먼을 학대하는 남편의 경우 결말에 셰일린 우들리의 강간범으로 밝혀지기 전까지는 꺾이지 않는다. 그렇게 되는 순간, 두 여성이 각자 겪은 학대 경험이 카메라 렌즈가 맞물리듯 완벽하게 포개지면서 상대방의 객관적 진실을 명확하게 드러낸다. 괴물을 처단하려면 그것이 공통의 괴물이 되어야 한다. 그 남자는 긴 계단 아래로 굴러떨어지고, 드라마 속 여성들은 경찰에게 그것이 불운한 사고였다고 말한다. 당연히 그들의 말은 거짓말이다. 학대를 해결하는 방법이 학대 자체만큼이나 말할 수 없는 것이 되어버렸다. 드라마의 마지막 장면은 그 여성들이

* 1998년 당시 미국 대통령이었던 빌 클린턴과 성추문에 휩싸인 모니카 르윈스키가 보관하고 있던 '정액 묻은 파란색 드레스'를 가리킨다. 그 드레스에서 채취한 클린턴의 DNA가 결정적 증거가 되었고, 이후 성추문의 물리적 증거를 상징하는 표현이 되었다.

해변에서 애정을 담아 서로를 붙들고 부서지는 파도를
함께 바라보면서 시간을 보내는 모습이다. 그것은 상냥함을
무기처럼 휘두르곤 했던 그 여성들이 만들어낸 진정한 여성
연대의 장면이었다.

　물론 그 대가는 살인이었다. 어쩌면 언제나 그럴지도
모른다. 단지 기회가 없어서였을 수는 있지만, 미투 운동은
결코 실제로 누군가를 죽인 적이 없다. 죽이고 싶은 욕망은
충분히 현실적이었다. 상식적인 사람들이 사교 모임에서
충격을 받듯 여성의 허리에서 벌어진 일 때문에 중요한 남성이
정말로 직장을 잃어야 하는지 대놓고 의문을 제기했지만,
집에 앉아 지켜보는 우리는 해고당하는 정도는 자비이지 결코
복수가 아님을 알고 있었다. 하지만 좋든 나쁘든 벌주고자
하는 욕망은 처벌과 같은 것이 아니다. 〈빅 리틀 라이즈〉의
여성들과 달리 우리 대부분은 가해자들이 죽는 것을 볼 기회가
없다. 대량 살인이 도덕적으로 옹호될 수 없고 실제로도
까다롭다는 사실은 그 욕망의 처절함을 키울 뿐이다. 그것이
바로 우리가 페미니즘이라고 부르는 욕망의 블랙코미디이다.
윤리적으로 우리는 원하는 것을 결코 얻지 못할 뿐 아니라
그걸 원하는 마음마저도 결코 멈출 수가 없는 것이다. 유일한
실제적 정의는 용서받을 수 없는 불의일 수밖에 없다. 유일한
해답인 분리주의 역시 잘못된 답이다. 그건 정말로 엿 같다.
결국 정의야말로 가장 크게 불어난 거짓말이다.

　문제는, 모두가 그렇단 것이다. 유명한 이들뿐 아니라,

― 나쁜 TV

개인적으로 알지 못하는 이들만이 아니라 하나도 빠짐 없이
그렇다. 잘나가는 잡지에 글을 쓴다 하더라도 그 누구도
당신을 설득하게 두지 마라. 그렇지만 동시에, 이런 것들을
인정하기를 꺼리게 만드는 게 허울뿐인 연민이라고 말해두자.
남성들이 용서를 받을 만한지—만약 그렇다면 누가 그
대상인지—는 질문이 아니며, 답은 더더구나 아니다. 실상
질문은 존재하지 않는다. 현실은 더 힘들다. 우리가 사랑하는
이들이 사랑하기 어려운 행동을 해서 상처받는 게 아니다.
우리를 아프게 하는 건 그 모든 사건이 있고도 우리가 여전히
그들을 사랑한다는 사실이다. 이 점은 유명인사에 대한 과한
동일시뿐만이 아니라 친구, 멘토, 전 연인 같은 더 조용한 애정
관계에도 적용된다. 이 말인즉, 이 모든 일이 끝나기 전에 우리
모두가 변명이라는 끈끈이 위에서 몸부림치는 파리 신세가
될 것이라는 뜻이다. 모래 위에 그은 선은 결국 바람에 날려
사라진다.

그러므로 하비 와인스타인이 아카데미에서 퇴출된 이후
처음 열린 제90회 아카데미상 시상식이 별 일 없이 지나간
것은 놀라운 일이 아니다. 오스카 시상식은 유명인들에게
졸업 파티 같은 행사다. 백인 재즈 밴드가 있고, 판에 박힌 듯
찍어낸 대본이 있다. 전체적으로 과장과 유치함을 반씩 섞은
듯한 행사로, 단연코 시위가 열릴 만한 자리는 아니었다. 미투
생방송을 기대하고 시청하던 사람들이 마주한 것은 가벼운
농담들이었다. 진행자 지미 키멀은 농담 삼아 오스카 트로피에
"페니스가 전혀 없다"고 말했다. 엠마 스톤은 최우수 감독상
후보를 발표할 때 "네 명의 남성과 그레타 거윅"이라고 했다.
사람들은 '여성들'이라는 단어를 유난히 자주 입에 올렸다.

지난날의 분노에 가장 가까이 있던 사람은 여우주연상을
수상한 프랜시스 맥도먼드였다. 평소보다 더 중성적이고
기대만큼 강렬한 모습의 그녀는 "포용 조항"이라는 수수께끼
같은 말로 수상 소감을 마쳤는데, 마치 위험한 무언가를
지칭하는 암어처럼 들렸다. 당황한 시청자들은 구글로
달려갔지만, 검색 결과 역시 아리송하긴 마찬가지였다.
다음 날, 언론은 '포용 조항'이 A급 스타들이 계약 조건으로
캐스팅과 제작진 구성에 다양성 규정을 요구하는 방법이라고
설명했다. 아, 그거 괜찮겠네, 하고 우리는 생각했다.

　대부분의 피날레와 마찬가지로 오스카 역시 충격을 가장한
실망이었다. 굳이 말하자면 그것은 미투 운동이 애초에 승산이
없다는 사실을 상기시켜주는 자리였던 것이다. 유명인들은
그저 우리가 그들에게 늘 바라왔던 바, 즉 우리의 환상을
연기하는 일을 하고 있었을 뿐이다. 우리가 못 해서가 아니라
굳이 할 필요가 없도록 말이다. TV는 거실 밖으로 나갈
여유가 없는 사람들을 위한 〈웨스트월드〉다. 그저 돈을 벌기
위해 노력했을 뿐이라는 스타들이나 그들에게 돈을 지불하며
소비한 우리나 별반 다르지 않다. 어느 시점에는 우리 역시
광고로 넘어갈 것이고, 어느 순간에는 채널을 돌릴 것이다.
이것은 비난일 수도 있지만, 꼭 그럴 필요는 없다. 정치 역시
죄책감 섞인 쾌락이 될 수 있다. 정치 운동이 유한하다고
해서 특별히 더 의미가 퇴색하는 것은 아니다. 로맨스나
유년기, 좋은 TV 드라마도 별반 다르지 않다. 어쩌면 이런
사실이 위안이 될지도 모르겠다. 미투 운동은 모든 죄책감
섞인 쾌락이 성취하는 것, 즉 그 자체로 존재하는 일을
해냈다는 사실 말이다. 우리를 저울에 달아보라. 그리고

— 나쁜 TV

부족하다고 판단하라. 부족함만으로도 충분할 수 있다.
욕망은 혁명이 아니다. 그러나 TV에서는 욕망이 혁명을
연기할 수도 있다.

2018

핑크

내가 보지를 갖게 된 날, 내 암고양이는 두 살이었다. 성기 수술은 고양이가 나보다 21개월쯤 먼저 했다. 맨해튼의 UN 건물 근처 작은 보호소에서 이 고양이를 처음 만났을 때 나는 거의 자포자기 상태였다. 꽁꽁 얼어붙은 1월, 아마존프라임에서 산 이동장을 들고 사흘 내리 비를 뚫고 다니다가 해가 진 후 축축하게 젖어 빈손으로 돌아오곤 했다. 암고양이를 들이는 것은 생각보다 어렵다. 고양이들은 봄여름에 짝짓기를 하므로 겨울에 새끼고양이를 입양하기란 꽤나 까다롭다. 하지만 나흘째에 다섯 번째 보호소에서 수의사가 막 중성화 수술을 마친 은빛 얼룩무늬에 3개월 된 자그마한 생명체를 만났다. 이 아이는 마치 내가 나무, 아니 희망이라도 되는 듯 내게 매달렸다. 보호소 직원들은 아이가 수컷이라고 했지만, 그런 말을 듣는 게 처음은 아니었다.

내가 보지를 갖게 된 것도 겨울이었다. 계획대로, 수술 전 몇 주는 흐릿하게 흘려보냈다. 머리카락 색깔을 메탈릭 그린에서 보랏빛이 감도는 은회색으로 다시 염색했다. 간신히 버티며 책 원고를 끝냈고, 먹지 않을 것을 알면서도 냉장고에 넣어둔 검푸르게 변한 음식물을 마침내 처리하듯 원고를 편집자에게 전달했다. 새 안경을 맞추었고, 치과에도 다녀왔다.

　나는 팔뚝에 기하학적인 모양의 외음부를 생애 첫 문신으로 새겼다. 친구가 손을 잡아주었다. 문신을 새기는 것이 매우 고통스러운 일이라는 건 그리 새삼스러운 발견이 아닐 테지만, 그 고통에는 결코 익숙해지지 않는 독특한 성질이 있다. 모든 신체적 고통은 물리적 침범의 대담함에 대한 충격으로 시작되며, 그것은 자신이 사실 우주의 중심이 아니라는 믿을 수 없는 감각에 대한 일종의 경악이다. 나는 이 사실을 전기 제모로 배웠다. 음부 쪽 제모 시술을 받던 1년 동안 머리카락만큼 가느다란 탐침이 각각의 모낭을 여러 차례 세밀하고 정교하게 쏘아댔다. 몇 달간의 사투 끝에 우리, 즉 고통과 나는 마치 휴가철 파티에서 마주쳐 살짝 목례만 나누는 옛 연인처럼 서로의 존재를 인정하되 간섭하지는 않는다는 암묵적 조건을 건 조심스러운 휴전에 이르렀다.

　사실 나는 뇌 속 코르크판에 곤충을 핀으로 고정하고 그 밑에 이름표를 달아두듯 고통을 수집하고 있었다. 나는 그 고통들이 단순히 살을 재배치하는 것을 넘어 더 깊은 차원의 신체 변형을 증언해주기를 바랐다. 질 성형 수술에서 페니스는 제거되지 않고 섬세하게 절개되고 뒤집어진다. 망고를 자를 때를 떠올려보라. 거주자들을 퇴거시킨 음낭은 질벽을 덧대고 음순의 형태를 만드는 데 사용된다. 나는 흔하디흔한 불안들을 성실히 겪어냈다. 합병증이 생길까 봐, 수술 도중에 의식이 돌아올까 봐 걱정했다. 하지만 정말로 나는 마술쇼에서 반으로 썰리는 여자처럼 잘리고 싶었다. 변화의 정도가 파국적일까 봐 두려워한 게 아니라, 충분히 파국적이지 않을까 봐 두려워한 것이다.

수술 전날 밤, 나는 브루클린의 한 맥줏집 2층에서 작은
파티를 열었다. 그날 입을 새 드레스를 고르느라 몇 주를
보냈다. 초대장에는 이렇게 적었다. "안드레아 롱 추 양이
사랑하는 여러분께 그녀의 음경 장례식에 함께해달라고
정중히 초대합니다." 그리고 장례식 복장을 권장했다.
도착했을 때는 한 손님이 '해피 뉴 버자이너'라는 문구를
만들기 위해 파티용품점에서 알파벳 풍선을 샅샅이 뒤졌다는
얘기를 들었다. 그 글자들은 이제 벽돌이 드러난 벽에 은색
포일로 느슨하게 걸려 있었다. 알파벳 'H'가 마치 새로 맡은
역할에 심통이 난 듯 약간 비뚤어져 있었다. 그날 밤 우리는
죽음의 의례를 흉내 냈다. "상심이 크시겠어요." 친구들 여럿이
저마다 눈썹을 찌그러뜨리며 가짜 연민을 표했다. 어떤 이는
내게 섹시한 속옷 세트를 선물했고, 누군가는 반으로 가른
바나나를 주었다. 밤이 무르익을 무렵 아끼는 친구 하나가
나를 앞쪽으로 불러내 성별 공개식 케이크를 건네며 내게
커팅하라고 했다. 분홍색 케이크였다. 나는 안전했다.

9시간 뒤, 나는 수술실 간호사와 함께 병원 복도를 걸어갔다.
병원 덧신이 자꾸 바닥에 걸린 탓에 어색한 종종걸음이었다.
왜인지 모르지만 우리는 서두르고 있었다. 안경을 벗어두고
가야 했는데, 안경 없이는 아무것도 못 보던 나의 손을
간호사는 마치 미식축구공처럼 팔 아래 끼고 걸었다. 우리는
거의 뛰다시피 하면서 수다를 떨었다. 그녀는 최근에 라식
수술을 받았다고 했다. "일할 때 더 편하거든요. 가족들은
위험하다고 걱정했지만 제가 원한 거라서요." 그리고 우리는
도착했다. 둥근 창이 달린 커다란 문 앞에 서자 마치 우리가
잠수함에 오르려는 망명자 같았다. 안쪽은 영화 촬영 세트처럼

— 핑크

보였는데, 아마도 내가 영화나 TV에서밖에 수술실을 못 봤기 때문이리라. 사람들이 나를 수술대 위에 묶었다. 수술복을 입은 이들이 분주히 왔다 갔다 하며 이것저것을 확인했고, 각종 수치를 측정했다. 그중 한 명이 내게 정비소에 와 있는 것 같다고 농담 삼아 말했다. 그 비유에서 나는 자동차였다. 누군가가 내 정맥을 찾기 시작했다. "제 정맥은 잘 보인다던데요." 나는 자랑했다.

마취과 의사가 10부터 거꾸로 숫자를 세라고 하면 대개는 9를 넘어가지 못한다고들 한다. 나는 숫자를 센 기억 자체가 없다.

♛

내가 왜 질을 갖고 싶었는지 설명하기란 어렵다. 기술적인 문제들이 있었다. '터킹'*은 정말 번거로웠고, 나는 거기에 영 소질이 없었다. 섹스도 큰 동기가 되었다. 내가 가진 몸으로 섹스를 하는 것은 칠판에 레몬으로 글을 적으려고 애쓰는 꼴이었다. 흥분 시 고통스러운 조임을 느끼게 되기 전부터도 그랬다. 인터넷 게시판에서는 그것이 테스토스테론 차단제의 부작용인 위축증이라고 했다. 보아하니 몸은 마치 요금을 안 내면 가스 공급을 끊는 가스회사처럼 반응하는 듯했다. 하지만 가장 단순한 설명은 질이 나를 더욱 여자처럼 느끼게 만들어줄 거라는 희망을 가졌다는 것이다.

오늘날 페미니즘 정치학에서 질이 처한 상황은 낙관적으로

<hr>

* tucking 음경과 고환이 밖으로 표나지 않게 몸에 고정하는 등 정돈하는 것.

보더라도 꽤 복잡하다. 2017년 1월 대통령 취임 다음 날
열린 첫 번째 워싱턴 여성 행진만 봐도 알 수 있다. 행진 두 달
전, 대통령 당선인이 여성의 '보지'를 움켜쥐었다고 자랑한
것에서 영감을 받은 아마추어 뜨개 작가 크리스타 서(Krista Suh)와 제이나
즈와이먼(Jayna Zweiman)은 머리에 쓰면 귀퉁이가 고양이 귀처럼 접히는
단순한 직사각형 모양의 비니 디자인을 공개했다. 즈와이먼은
여성스럽고 경박하다는 고정관념을 아이러니한 방식으로
인용하고자 분홍색을 골랐다고 밝혔다. 그 주 주말에 그들의
'푸시햇(pussyhat)'은 여성 행진의 비공식 유니폼이 되었다. 역사상 가장
큰 규모의 일일 시위였던 그날의 항공사진에는 분홍색 점들이
바다를 이루고 있었다.

　푸시햇에 대한 비판에서는 두 개의 슬로건이 지배적이었다.
모든 푸시가 분홍색은 아니라는 것, 그리고 모든 여성이
푸시를 가지고 있진 않다는 것. 첫 번째 비판은 인종주의에
대한 고발로 이어졌는데, '푸시'라는 속어의 다중적 의미에
관한, 널리 퍼져 있되 잘 언급되진 않는 혼란에 기반한 듯
보였다. 이 단어는 여성 포유류의 근육성 산도(産道)인 질을 의미할
수도 있고, 외부 생식기 전체(음순, 클리토리스, 질 입구, 그리고
치구까지)를 포함하는 외음부를 의미할 수도 있으며, 둘 다를
의미할 수도 있다. 게다가 '버자이너'라는 말이 일상적으로
외음부를 지칭하는 데 사용되곤 한다는 사실까지 더해지면
혼란은 더욱 가중된다. 외음부는 피부색을 반영하는 경향이
있으며, 종종 조금 더 어두운 색을 띤다. 하지만 혈액이 언제나
붉은색인 것이 당연하듯, 질은 언제나 분홍색이다. (내음순을
손가락으로 벌렸을 때 발견하게 되는 커튼 쳐진 작은 공간인
외음부 입구도 마찬가지다.) 여성 행진의 백인 중심성에 대한

광범위한 비판에 근거가 없다는 말이 아니다. 오히려 그
반대다. 푸시햇 자체에 관해서라면, 연대 형성, 대표성, 그리고
페미니즘이 인종주의와 오랫동안 맺어온 관계에 대한 긴급한
정치적 질문처럼 느껴졌던 문제 제기는 사실 손거울 하나로
간단히 해결될 수도 있었다.

　모든 여성이 푸시를 가지고 있진 않다는 두 번째 비판은
다루기가 더 까다로웠다. 일단 그것은 진실이라는 뚜렷한
장점이 있다. 실제로 모든 여성이 질을 가지고 있는 것은
아니며, 모든 질이 전부 여성에게 속한 것도 아니기 때문이다.
하지만 푸시햇은 여성 생식기의 예술적 표현이 아니라 단순한
의상 소품일 뿐이다. 푸시햇이 지닌 가장 문자적인 암시는
착용자가 여성이라는 뜻이 아니라 고양이라는 뜻이었다. 그에
따라 그 모자와 성기의 관계는, 그게 무엇이든 간에 비유적인
것이 되었다. 언어적·시각적 말장난이 시위 참가자들에게
중산층으로서의 품위를 유지할 수 있도록 교묘하게 여지를
제공한 것이다. 어쨌거나 사람들은 여성 행진에 참여하기
위해 자신의 성기를 내보일 필요는 없었다. 푸시햇이 제기한
진짜 질문은 여성이 직접적으로 탄력 있는 근육 덩어리와
동일시되어야 하는가가 아니었다. 그것은 우스운 생각이며,
아무도 실제로 그런 주장을 하진 않는다. 진짜 질문은
질이라는 굴절된 이미지가 상징을 사치로 여기며 거부해온
페미니즘 운동의 정치적 상징으로서 신뢰받을 수 있는가였다.

　분명히 푸시햇으로 소외감을 느꼈던 트랜스 여성들이 있긴
했다. 또 나를 포함해 그렇지 않은 이들도 있었다. 사실 트랜스
여성들 안에서도 푸시햇에 대한 의견이 다양했고, 일부는
서로 다른 *두 가지* 의견을 갖고 있기도 했다. 그러나 많은

시스젠더 여성들은 연대라는 명목으로 트랜스 여성들에게
푸시햇(실제 생식기는 물론이고)에 대한 자신들의 양가감정을
투사하는 데서 희한한 정치적 만족감을 얻는 듯했다. 그
여성들은 질이 은유적으로 유통되는 걸 막아야 한다고 서로를
안심시키며 효과적으로 그 논란의 신체기관을 독점하려 했다.
결국 푸시햇이 생물학적 본질주의의 혐의를 받는 것은, 질과
맺을 수 있는 유일한 관계는 질을 갖는 것이라고 전제하는
경우뿐이다. 우리의 옹호자들은 이렇게 말하는 듯하다. "모든
여성이 질을 갖고 있는 것은 아니지만, *우리는 가지고 있다.*"
최악의 경우 이런 식의 생각은 우리 트랜스 여성의 생식기에
대해 늘 존재해온 트랜스혐오적 집착을 가리는 위장막 역할을
했다. 어쨌거나 시스젠더 여성들은 포용성이라는 명목 아래
우리에게 음경이 있다는 사실을 상기시켜주는 책임을 스스로
떠맡았다. 그런 생각은 놀라운 무지로 트랜스 여성이 질과
관련한 상상에 관심이 없을 것이라고 가정했다. 마치 *다른
모든 이들과 마찬가지로* 우리 역시 우리가 (가장 공허한 의미의)
현실에서 소유하지 않은 것들과 동일시함으로써 정신적
온전함을 유지한다는 사실을 모른다는 듯이 말이다.

　나는 점점 흥분하고 있다. 그래도 상관없다. 푸시햇은
우습고 깜찍했고, 마치 엄마가 만들어준 것 같았다. 어떤
이들은 그래서 싫어했고, 또 어떤 이들은 그래서 좋아했다.
힐러리 클린턴의 패배로 갑작스레 페미니즘에 눈뜨게 된
교외에 사는 중년 백인 여성들은 특히 좋아했다. 이런 점에서
푸시햇은 생물학적 나이를 떠나 젊음, 다시 말해 당황스러운
수사적 유치함을 특징으로 하는 정치적 젊음을 상징하게
되었다. 푸시햇의 진짜 문제는 그것이 이제 막 급진화된 이들

특유의 미워할 수 없는 순진함으로, 페미니즘이 오랫동안
거부하는 것을 최고의 미덕으로 삼아온 여성이라는 보편적
범주를 약속했다는 사실이다. 푸시햇을 가장 맹렬히 비판한
페미니스트들이 한편으로는 그 모자를 태평하게 쓰고 있는
이들에게서 자신들의 더 젊고 따뜻했던 시절, 여전히 정치적
각성에 대한 낭만을 품고 있으며 아직 희망을 아껴 쓰는 법을
배우지 못한 모습을 보았던 거라고 추측하는 것도 큰 무리는
아닐 것이다. 당혹감은 보통 훗날 자긍심이 된다.

　수술을 두 달 앞둔 어느 날, 나는 비디오게임 속 캐릭터가
되는 꿈을 꿨다. 게임에서 자주 벌어지는 일답게, 나는 죽었다.
그리고 다시 생성됐을 때 내게는 새로운 얼굴이 생겼다.
완전히 다른 여성의 얼굴을 갖게 된 것이다. 꿈속에서 이
사실을 발견한 나는 동반자의 팔에 쓰러져 울면서, 내가 원한
것은 나 자신을 알아볼 수 없게 되는 것이었다고 말했다.
　나는 회복실에서 몽롱한 의식으로 깨어났다. 전신 마취제가
게으른 기생충처럼 내 몸속에서 천천히 빠져나가고 있었다.
통증은 극심하고 날카로웠다. 마치 소변이 마려운데 일주일간
참은 듯한 느낌이었다. 붕대를 감은 골반에서 고무관 두 개가
빠져나와 있었다. 마침내 나는 충분히 정신을 차렸고, 그중
하나가 방광에서 소변을 빼내는 폴리 카테터이고 다른 하나는
피처럼 붉은 액체와 무언가 어두운색 덩어리를 빨아들이고
있는 음압상처치료기라 불리는 것임을 알게 되었다. 그 어두운
덩어리는 아마도 나였을 터. 하지만 그때 그 붕대 아래 잠들어

있던 것이 무엇인지는 아무도 말할 수 없었다. 특정한 성기가 다른 성기보다 더 가능성 있게 보이지는 않았다. 차라리 새 팔다리라든가 세상에서 가장 아름다운 여성의 얼굴이라 해도 이상하지 않았다.

의사들은 마취제 때문에 환자 세 명 중 한 명이 구역감을 느끼므로 수술 후에는 배가 고프지 않을 거라고 했다. 당연히 나는 미치도록 배가 고팠다. 나는 심술을 부리며 음식을 요구하기 시작했다. 간호사가 침착하게 내게 크래커를 주었다. 나는 거친 밀가루가 입 안에서 걸쭉해지는 걸 느끼며 어린아이처럼 그것을 먹었다. 곧 푸른 수술복을 입은 사람들이 들어와 내가 엄격히 유동식만 먹고 있는지 간호사에게 재차 확인했다. 간호사는 한 치의 망설임도 없이 그렇다고 답했다. 사람들이 떠난 후 간호사는 속삭였다. "아무 말 안 해줘서 고마워요." 이제 우리 둘만의 비밀이 생긴 것이다.

그 뒤로 닷새 더 병원에 있었다. 여자친구가 내 병실 소파에서 잠을 잤다. 나는 넷플릭스에서 요리 프로그램을 보려고 했지만, 번들거리는 고깃덩어리가 너무 익숙하게 느껴졌다. 사흘째 되던 날, 나는 침대에서 비틀거리며 의자로 내려오는 데 성공했다. 그 즉시 구역질이 났고, 다가오는 쓰레기통에다 매끄러운 포물선을 그리며 힘차게 토했다. 친구들이 들러 꽃과 가십거리를 안겨주었다. 한 친구는 시애틀에서 취한 채 만든 종이 외음부 화환을 가져왔다. 또 다른 친구는 푸시햇을 가져다주었다. 마지막 날 아침, 외과의가 쾌활하게 자신의 창작물을 풀어보러 와서 마치 마술사처럼 내 성기 입구에서 피 묻은 긴 거즈 리본을 잡아당겼다. 그 통로에서 고무관과 잔해들이 제거되자 그녀는 작은 흰색 원들이 줄지어 박혀 있는 청록색 막대를 꺼내 윤활제를 듬뿍 바른 후, 주유소에서 주유하는 여성의 기세로 그것을 내 안으로 밀어 넣었다. 의료용 확장기였다. 세 개의 단단한 폴리우레탄 재질의 딜도 중 하나. 그것은 '엄마 곰'이었다.

그날 밤, 우리 집 침대에서 나는 울었다. 사실은 고대 필사본에 나오는 어머니들처럼 울부짖었다. 몇 년에 걸쳐 높게, 부드럽게 가다듬어온 내 목소리는 거칠어졌고, 어느 순간에는 양수가 터지듯 찢어졌으며, 낮고 거칠고 다리가 많이 달린 무언가가 목구멍을 기어올라와 입 밖으로 튀어나왔다. 솔직히, 내가 더 여자처럼 느껴지지는 않았다. 그전과 정확히 똑같이 느껴졌다. 그 수술의 무정한 아름다움은 마치 낡은 배에서 재활용한 판자처럼 신경 말단까지 전부 그대로라는 사실에 있다. 이 말은 내 외음부는 살아 있고 감각으로 가득 차 있다는 뜻이지만, 사실 내가 이 감각들로부터 벗어나기 위해 수술대 위에서 칼을 견뎠다는 뜻이기도 했다. 내가 아무리 부품을 바꿔도 배는 언제나 테세우스의 것이리라. 이 사실을 미리 알았어야 했던 것 같다. 머리로는 알고 있었다. 우리는 해변에 서서 건너편 모래톱을 바라볼 수 있다. 그 모래톱으로 헤엄쳐 가서 뒤를 돌아볼 수도 있다. 위치가 바뀌더라도 자리는 그대로다. 우리는 언제나 '여기'에 있을 것이다. '여기'가 어디든 간에 말이다. 밀물과 썰물이 오가지만, 거리감이라는 것 자체는 헤엄쳐 건널 수 없다. 그곳에는 오직 익사만 있을 뿐이다.

《변신 이야기》에서 오비디우스는 트라키스의 왕비인 알키오네의 이야기를 들려준다. 난파당한 남편의 시신이

해변에 떠밀려온 것을 발견한 알키오네는 그 바다에 몸을 던져
죽으려고 한다. 그 모습을 긍휼히 여긴 신들은 알키오네와
남편을 둘 다 물총새—알키오네의 이름을 따 할시온이라
불리는—로 변하게 만든다. 새가 된 그들은 함께한다. 한
노인이 그들이 파도 위를 가로질러 나는 모습을 바라보며 그
사랑에 감탄한다. 아마 이건 행복한 결말일 것이다. 하지만
여전히 나는 알키오네에 대해, 그녀의 도둑맞은 죽음에
대해 의문을 갖는다. 오비디우스는 그녀가 남편의 시신을
감싸안으려 할 때 그녀의 팔이 날개로 변했다고 말한다. 새로
생긴 부리로 그녀는 키스를 하겠다고 남편의 입술을 쿡쿡
찌른다. 대체 어떤 새가 인간으로 존재하는 방법만을 알고
있을까? 날고 있으면서도 그 사실을 믿을 수 없다는 건 대관절
어떤 상태일까?

♕

페미니즘은 한때 마르크스주의 지식 전통이 노동자계급에
대해 기획했던 것처럼 여성을 역사의 집단적 주체로 세우는
데 결코 성공한 적이 없다. 오늘날의 페미니즘은 정치적
범주로서의 여성을 *거부하는* 것으로 정의될 수 있다.
역사적으로 그 범주가 백인우월주의, 성별 이분법, 미국
지배계급의 경제적 이득, 그리고 어쩌면 가부장제 자체를 위한
잔혹한 책략으로 기능했기 때문이다. 그에 따라 페미니즘은
정치적으로 스스로의 불가능성을 옹호해야 하는 곤란한
위치에 놓이게 되었다. 여성을 *위하기* 위해 페미니스트들은
여성에 *관한* 그 어떤 긍정적인 주장도 삼가야 하는 것이다.

— 핑크

그 결과는 일종의 부정신학처럼, 자신을 드러내지 않겠다고
선언한 신의 우상들을 부수는 데 전념하면서도 정작 신을
숭배하는 방법은 미궁에 빠지게 되고 말았다.

아마도 이 역설을 가장 간단히 해결하는 방법은
'페미니즘'이라는 단어의 의미를 조용히 바꾸는 것이었을
테다. 대중문화, 특히 온라인에서 '페미니즘'은 법학자 재닛(Janet Halley)
핼리가 수렴주의(convergentism)라고 부르는 것의 대표적 기표가 되었다.
수렴주의는 서로 다른 이해관계를 가진 정의 프로젝트가
소실점을 향해 뻗어나가는 선들처럼 하나의 지점으로
수렴해야 할 도덕적 의무가 있다는 믿음이다. 보편적
정의라는 가상의 프로그램에서 한 가지 항목에 불과했던
'페미니즘'은 이제 점점 더 그 전체를 지칭하게 되었다. 이에
따라 여성 행진 웹사이트에 제시된 '통합 원칙(Unity Principles)'에는 재생산
자유와 성폭력 근절 같은 익숙한 요구뿐 아니라 이민자 권리,
생활임금, 깨끗한 공기 같은 요구가 포함된다. "교차적이지
않다면 그것은 페미니즘이 아니다"라고 아리아나 그란데는
2019년 3월 트위터에 글을 썼다. 작가 플라비아 조단(Flavia Dzodan)이
2011년 블로그에 쓴 "나의 페미니즘이 교차적이지 않다면
그것은 헛소리다"라는 문장을 반향시키는 구절이다. 이제
"당신의 페미니즘이 x를 포함하지 않으면, 그것은 페미니즘이
아니다"라는 공식이 유행하게 되었는데, 여기서 x는 트랜스
여성이 될 수도 있고, 유색인 여성, 비만 여성, 성노동자,
논바이너리, 혹은 그 밖의 수많은 집단이 될 수도 있다.
페미니스트들이 정의를 원한다면 반인종주의, 반제국주의
등등에 참여해야 한다는 것이 아니다. 페미니즘은 *본질적으로*
페미니즘을 넘어서는 약속들을 만드는 것으로 구성되며,

그렇지 않고서는 결코 페미니즘이 아니라는 것이다. 그건
이상하다. 마치 모든 여성을 대변하는 것이 불가능함을
자책하는 마음으로 받아들인 페미니즘이 다른, 솔직히 말해
더 설득력 있는 정치 담론들을 위한 겸손한 안주인 역할에
만족하게 된 듯하다. 물론 그 담론들의 참여자 대부분은
여성으로 *구성되어* 있지만, 결코 그것이 *여성으로서의* 담론은
아니다. 이런 구조 속에서 페미니즘은 구체적인 정치적
프로젝트가 아니라, 정치에 나서야 한다는 도덕적 명령을
의미하게 되었다.

다시 말해, 페미니스트는 *좋은 사람*이다. 이게 진부하게
들린다면, 바로 그게 요점이다. 실존적이고 견고한 방식으로
페미니스트가 *되는* 것이 가능하고 또 바람직하기도 하다는
확신은 다른 어떤 좌파 정치 담론에서도 찾아볼 수 없다.
폭넓은 디지털 매체들이 등장해 입문자들을 안내하고
지도한다. 한때 《베터 홈스 앤드 가든스》가 독자들에게
좋은 여성처럼 요리하고 집을 꾸미는 법을 가르쳤듯이, 《틴
보그》와 《더 컷》은 아침에 옷을 입으면서 읽을 만한 좋은
페미니스트가 되는 법에 관한 팁을 제공한다. 아이러니한
것은, 50년도 더 전에 '개인적인 것이 정치적인 것이다'라는
급진적인 생각을 도입했던 페미니즘이 오늘날에는 정치적인
것을 개인적으로 느끼게 만드는 고된 과업을 맡게 되었다는
사실이다. 그래서 '나의 페미니즘', '당신의 페미니즘' 같은
표현이 등장한다. 이를 신자유주의 혹은 기업의 개입이라고
치부하기는 쉽지만 그건 어리석은 일이기도 하다. 조단의 말
같은 디지털 슬로건은 애초의 의도와는 상관없이 인기를 끈다.
그 명제가 참이어서가 아니라(실제로 참이더라도), 그것이

소셜미디어에서 반복됨으로써 사람들에게 소속감, 목적의식, 중요성을 느끼게 해 개인의 일상과 정치적 보편성이라는 거대 담론 사이의 깊은 틈을 메울 수 있게 해주기 때문이다. 말하자면 이것은 정치적 상상력을 다루는 여성적 작업으로, 보상 없고, 감상적이며, 그러나 없어선 안 되는 그런 일이다.

내가 말하고자 하는 바는 보편성에 대한 욕망이 정치적으로 옹호될 수 있다는 것이 아니다. 더 단순하게 말하자면, 보편성에 대한 욕망 자체가 특정한 정치적 관점을 갖는 것과 같다는 뜻이다. 지독히 아이러니하게도 페미니즘은 이 욕망을 잘 나타내는 이름인 동시에, 그것을 주장해서는 안 되는 정치가 되어버렸다. 실제로 페미니스트를 최소한으로 정의하자면, 여성들이 정치적 계급을 구성하지 못할 것이라고 인정하면서도 내심 어떤 식으로든 그것이 가능하기를 바라는 사람일지도 모른다. 여성 행진이 가질 수 있는 게 상징뿐일 때, 보편적 여성성의 상징을 원한다고 해서 여성 행진을 정말로 비난할 수 있을까? 행진을 앞두고 《워싱턴 포스트》의 무가지인 《익스프레스》의 트위터 계정은 한쪽에 화살표가 달린 원형의 군중 이미지를 게시했다. 금성이 아닌 화성. 그것은 잘못된 성별 상징이었다. 이는 충분히 피할 수 있었던 실수로, 그 이미지가 거쳤을 수많은 편집자들의 책상을 생각하면 우스꽝스러움은 배가 된다. 하지만 애써 찾지 않는다면 그 실수는 놓치기 쉽다. 그 이유는 이미지의 색깔—빛나는 복숭앗빛 분홍색—덕분이거나, 아니면 클린턴 선거 캠페인의 오른쪽을 향한 화살촉을 연상시키는 삼각형을 뽐내고 있는 화살표가 일반적인 화성 기호조차 아니었기 때문이다. 그러나 그 실수가 고쳐지지 않고 지속된 것은 정치적 상징—그게 무엇이든 간에—을 갖고자 하는 절박함이 여성적 조건이어서 그 상징의 구체적 내용은 상관없다는 편집자들의 무의식적인 가정 때문이었을지 모른다.

2018년 4월 저넬 모네이(Janelle Monáe)는 정규 앨범 '더티 컴퓨터(Dirty Computer)'의 세 번째 싱글인 〈핑크(Pynk)〉의 뮤직비디오를 공개해 평단과 대중의 찬사를 받았다. 영상에서 모네이는 웅장한 외음부 모양의 바지를 입고 춤을 추며, 가사상으로나 시각적으로나 쿤닐링구스(cunnilingus)와 핑거섹스를 빈번히 연상시킨다. (오랫동안 모네이의 여자친구라고 알려져온 배우 테사 톰슨(Tessa Thompson)도 영상에 눈에 띄게 등장한다.) 백업 댄서 중 일부는 푸시팬츠를 입지 않게 하는 등 모네이는 포용성 면에서 칭찬받았다. 그러나 그녀 역시 핫핑크로 대변되는 일종의 보편성을 추구하고 있다는 것을 부인할 수는 없었다. "핑크, 마치 네 그곳 안처럼……"이라는 도입부 가사는 잦아들다가 교묘하게도 "베이비"라는 단어로 이어진다. 그 모든 시각적 노골성에도 불구하고 〈핑크〉는 본질적으로 보류(withholding)에 관한 노래다. 연인의 음부뿐 아니라 그녀의 혀, 뇌, 손톱 밑 속살까지 모네이가 암시하는 핑크색과 관련된 모든 것은 부분적으로 혹은 완전히 살, 각질, 뼈로 가려져 있다. "저 깊은 곳에서는 우리는 모두 핑크다"라고 아우트로에서 모네이는 나지막이 속삭인다. 그리고 그녀 말이 맞다. '핑크'라는 이름은 카네이션이라고도 불리는 핑크(패랭이꽃)에서 유래했는데, 그 어원은 '베어낸 살점'을 뜻하는 라틴어 caro다. 결국 우연한 논란을 통해서 〈핑크〉는 푸시햇이 증명한 것을 다시 한번 보여주었는지도 모른다. 보편적인 것은 오직 절개를 통해서만 엿볼 수 있다는 것을. 이것이 구멍이 있는 모든 정치의 본질이다. 핑크빛 보편성은

피부가 찢어지거나, 위험, 햇빛, 혹은 누군가의 혀에 의해
스스로 열릴 때에만 볼 수 있다.

　여성들은 자꾸 나를 가르치려 든다. 그들은 어떤 여성도
자기 자신에 대해 좋게 느끼지 않으며, 어떤 여성도 화장을
잘하지 못한다고, 자신의 체형에 맞는 옷을 찾는 것은 모든
여성에게 어려운 일이라고, 모든 여성의 가슴이 조금씩은
늘어져 있고, 모든 여성의 호르몬이 조금씩 불균형하며, 모든
여성이 다른 여성을 부러워한다고 말한다. 그들은 섹스가
아프다고, 오르가즘은 특별할 게 없다고, 고등학교 때는
모두가 못생겼다고, 십대 여자애들이 영화에서처럼 밤샘
파티를 하진 않는다고, 한다 하더라도 발톱에 페디큐어를
칠하지는 않으며, 설사 칠한다 하더라도 페디큐어 광택제가
침대보에 들러붙을 뿐이라고 말한다. 그들은 어떤 여성도
실제로 여성이라는 느낌을 갖지 못한다는 점을 제외하면
여성에게 보편적 경험이란 없다고 말한다. 사실 여성으로
존재한다는 것은 아무런 느낌이 들지 않는 것과 같다고 그들은
말한다.

　그들은 스스로가 친절하다고 생각하는 것 같다. 실제로
그렇지는 않지만, 그런 게 바로 친절이라는 거다. 누구도
정상적이지 않으며 누구도 제대로 해내지 못한다고 여성이
여성에게 말하는 것, 어쩌면 바로 이것이 페미니스트 의식의
씨앗일 것이다. 하지만 내 친구들은 자신들의 솔직함이 얼마나
잔인한지 모른다. 여성이 되는 것이 가능한 일이라고 믿는

이는 여성일 수가 없다는 암시가 지닌 서슬 퍼런 아이러니를
알지 못하는 것이다. 자신이 욕망했다는 이유만으로 욕망의
대상이 산산조각나는 게 얼마나 아픈 일인지 그들은 모른다.
한 아기를 두고 서로 자기가 엄마라고 주장하는 두 여인에
관한 오래된 이야기가 있다. 솔로몬 왕이 아기를 반으로 자를
것을 제안하자 첫 번째 여인은 동의하지만 실제 아기의 엄마인
두 번째 여인은 아기를 첫 번째 여인에게 줄 것을 간청한다.
사랑하는 것을 잃을지언정 그것이 해를 입는 걸 볼 수는
없다는 것이다. 나는 두 번째 여인이다. 아마 나는 언제나 그럴
것이다.

　　시스젠더 여성들은 트랜스 여성들이 자기들을 부러워하는
걸 싫어한다. 아마도 부러워할 만한 것을 자신이 가지고
있다는 사실을 상상할 수 없어서일 것이다. 하지만 적어도
우리에겐 공통점이 있다. 두 종류의 여성이 두 종류의
자기혐오를 가지고 나란히 붙어 있는 방에 각자 갇혀 서로
벽에 귀를 대고 상대방의 존재를 엿들으려 하면서, 그렇게
경쟁자를 의식하면서도 혼자가 되는 건 두려워한다. 자매어,
나는 그대가 가진 것을 원하는 게 아니라 그대가 그것을 갖지
못하는 방식을 원한다. 나는 그대의 풍요가 아니라 그대의
공허가 부럽다. 이제 나는 그걸 증명할 구멍을 갖게 되었다.
그대의 방식으로 나 자신을 증오할 수 있다면 무엇이든
내주겠다. 그게 내가 나 자신을 증오하는 방식과는 다르다면
말이지만, 누가 알겠는가. 질에 관한 한 가지 사실은 그걸 결코
제대로 들여다볼 수 없다는 것이다.

2019

— 핑크

후기 수년 동안 사람들이 내 생식기 형태에 얼마나 관심을 가져왔는지를 고려할 때, 나는 이 에세이를 발표하고 몇 년이 지나서야 알아차리게 된 오류를 이제라도 바로잡게 되어 기쁘다. 나는 결국 첫 번째 여인이었던 것이다.

후기 수년 동안 사람들이 내 생식기 형태에 얼마나 관심을 가져왔는지를 고려할 때, 나는 이 에세이를 발표하고 몇 년이 지나서야 알아차리게 된 오류를 이제라도 바로잡게 되어 기쁘다. 나는 결국 첫 번째 여인이었던 것이다.

중국 뇌

그녀가 도착해서 보니, 그곳은 마치 누군가의 이모가 꾸며놓은 공간 같다. 커다랗게 구획된 색상들과 기묘한 표현주의 그림들, 색면 바깥으로 삐져나온 팔다리와 젖가슴, 벽에 걸린 동양풍 러그, 지그재그 무늬의 쿠션들, 보헤미안 스타일과 바우하우스풍이 뒤섞여 있다. 주황색, 빨간색, 주황색, 또 주황색. 그리고 낡은 의자, 오디오 케이블, 누렇게 바랜 책들, 직소 퍼즐, 루빅스 큐브 등 다락에 있을 법한 잡동사니들도 있다. 화장실에서 그녀는 변기 위에 놓인 파울러의 두부 골상학 모형을 발견한다. 지금 그녀는 폐업한 치과에서 할인가에 구입한 커다란 푸른색 의자에 앉아 있고, 한자들이 작게 적힌 커다란 침술 연습용 사람 귀 모형 하나가 눈에 들어온다. 그녀는 한자가 서툴지만 몇 글자는 알고 있다. 마음 심(心), 눈 목(目).

이걸 그녀에게 처음으로 추천해준 이는 정신과 의사다. '경두개 자기자극술'이라고 그녀는 쉰 듯한 목젖 소리의 R 발음으로 말한다. 그 의사는 말 그대로 독일 사람이다. 의사 선생님은 TMS(Transcranial magnetic stimulation)가 조금 실험적이긴 하지만 비교적 새로운 치료법이라고 설명해준다. 약물이 듣지 않는 우울증 환자에게

전기충격 요법의 비침습적 대안을 제공한다는 것이었는데,
그녀가 그런 경우에 해당했다. 하지만 그 시술은 SF에나
등장할 법하게 느껴진다. 의사의 설명에 따르면 그것은 환자의
머리에 커다란 자석을 대고 뇌에 전기를 쏘아 넣는 시술이다.
마치 차에 점프 시동을 거는 것처럼 말이다.

이 시점에 그녀는 뭐든 시도할 생각이다. 처음으로 우울증
삽화가 나타난 지 2년이 지났고, 뭘 해도 기분이 나아지지
않는다. 섹스를 하고 싶지도, 누군가를 만나고 싶지도 않다.
여자친구가 그녀를 돌봐주고 있었는데, 그게 기본적으로
그 관계의 전부였다. 더는 글을 쓸 수도 없다. 몇 달 전부터
수많은 작업 예정건을 취소했고, 일을 의뢰하는 편집자들도
점점 줄었다. 연락이 오면 그녀는 거절하는 법을 모른다.
마치 학교를 빠지려고 핑계 대는 것 같아서 아프다고
말하기가 싫다. 마침내 그녀는 휴가를 간 것처럼 느껴지는
'안식년'이라는 표현에 정착한다. 그녀는 휴가라는 말만
들어도 두렵다.

이곳을 운영하는 약간 괴짜 같은 정신과 의사는 닥터
L이라고 불린다. 그녀는 독일인이 아니라 이탈리아인이지만,
실은 자기만의 모나코, 즉 자신만의 자그마한 나라에 살며
장거리 전화로만 소통하고 있다. 겉보기와는 달리, 닥터 L이
정식 자격을 갖춘 전문의라는 점에서 이곳은 실제 의원이다.
소규모 대학원생 팀원들과 함께 기계를 다루는, 빈정대기
좋아하는 대머리 기술자는 자신이 이 도시에서 가장 경험
많은 TMS 전문가 중 하나라고 주장한다. 알고 보니 이 남자
데니스는 닥터 L의 남편이다. 한쪽은 밝고 한쪽은 침울하고,
한쪽은 수다스럽고 한쪽은 과묵한 두 사람은 희한한 한

쌍이다. 그녀는 마치 그의 커다란 입속 악어새처럼 서 있다. 둘은 자석을 어디에 놓을지를 함께 결정한다. 정반대라 끌리는 그런 건지 뭔지……

지난주에 그들은 그녀의 뇌 활동을 측정하기 위해 뇌파 검사를 진행했다. 티머시라는 테크니션은 친절하고 통통한 남자였는데 전도성 젤을 이용해 그녀의 두피에 전극을 붙였다. 그걸 제거하기 위해 그녀는 나쁜 섹스 뒤에 그러듯 머리카락을 박박 문질러 씻어야 했다. 그녀는 오늘 결과를 듣는다. 두 세트의 사인파 중 하나는 눈을 감고 기록한 것이고 하나는 눈을 뜨고 기록한 것이다. "알파파의 피크 주파수가 높군요"라고 닥터 L이 말한다. 그녀는 이것을 오디오 녹음의 샘플링 속도에 비유한다. 그녀의 남편이 장비 앞에서 퉁명스레 말한다. "환자분이 똑똑하단 뜻이에요."

그녀는 머리 위로 자석을 볼 수 있는데, 커다란 8자형 코일이 검은 튜브에 연결되어 그녀의 의자 뒤 디스플레이 화면이 달린 발전기로 이어졌다. 데니스가 처음으로 그것을 그녀의 두피 위로 내릴 때는 마치 거대한 검은 나비가 이마 위에서 죽은 것 같았다. 닥터 L은 알파파에 대해 설명하느라 바쁘다. "알파파는 8에서 12헤르츠 사이로, 활동성이 낮은 주파수 대역에 속해요." 닥터 L은 무의식적으로 팔을 들어올려 자신의 운동피질 부위에 손을 얹으며 말한다. "편안한 상태에서 혹은 눈을 감고 있을 때 우리의 신경세포는 알파 리듬으로 진동하죠." 자석이 무겁지만 불편하지는 않다. 데니스가 설정을 조절하는 동안 기계는 뒤에서 삑삑 소리를 낸다. 닥터 L이 천장을 올려다본다. "알파파는 완전히 정상이에요. 하지만 당신 같은 우울증 환자의 경우 좌측 배외측 전전두엽 피질에서

173

— 중국 뇌

알파 대역의 동조화가 증가해요. 의사 결정, 계획 수립 등의
집행 기능과 관련 있는 부위죠. 그리고 우리는 이 알파 대역
동조화가 집행 기능을 억제한다고 봅니다." 그러니까 그녀의
뇌가 눈을 감은 채 돌아다니고 있다는 뜻이다. "마치 종양
같지만 세포 조직으로 이루어진 건 아니에요. 대략 2센티미터
반경의 집중된 뇌파 활동 패턴이죠." 닥터 L은 엄지와 검지를
맞대 보였다. "골프공만 하죠. 우리가 겨냥하는 게 그거예요."
　기계가 준비되면 데니스는 제일 먼저 운동 유발 역치를
결정한다. 그녀의 손이 움찔할 때까지 전력을 높이는 것이다.
마치 뇌를 작은 망치로 두드려 반응하는지 보는 것과 같다.
이런 테스트를 하는 건 그녀가 발작을 일으키지 않게 하기
위함이다. 죽어가는 거미처럼 그녀의 손이 떨릴 때, 이상한
것은 그게 마치 의지로 선택한 것처럼 느껴진다는 것이다.
"이제 우리는, 전자기파 묶음을 그 골프공에 일정한 시간
간격으로 보내 알파파의 동조화를 깨뜨릴 거예요." 라디오
간섭 같은 건가, 하고 그녀는 생각한다. 우주 전쟁에서
누군가가 '저들의 통신을 교란시켜라!'라고 소리지르고,
그래서 악당들이 서로 소통하지 못하게 되는 SF 말이다.
　데니스가 자석을 작동시킨다. 자석은 그녀의 뇌 속에 일곱
번의 전기 펄스를 쏘아 넣고 잠시 멈췄다가 또다시 쏘아 넣고,
또 쏘아 넣는다. 그것은 고장난 가스 버너의 점화기 소리 같다.
연필로 머리를 튕기는 느낌이 난다.
　한동안은 그게 전부다. 기계는 조용히 시간을 재고 있다.
블라인드 사이로 은은한 햇살이 들어온다. 바깥에선 여름이
저물어가고 있다.
　"그래서, 무슨 일 하세요?" 데니스가 묻는다.

"작가예요." 그녀는 대답한다.

"작가요?" 그는 씩 웃으며 컴퓨터 화면으로 몸을 돌린다. "이것에 대해서도 글을 쓸 건가요?"

"어쩌면요. 약간 각색해서, 1인칭으로 쓸까 봐요." 그녀는 대답한다.

"1인칭이라면, 당신이 화자가 되는 건가요?"

"아뇨. 화자는 제 뇌가 되겠죠."

안녕.

번거롭게 해서 미안. 너와 나 단 둘이서만 이야기할 수 있는지 확실히 하고 싶었어. 괜찮다면 뇌 대 뇌로 말이야. 컴퓨터로든 폰으로든, 어쩌면 고맙게도 종이책으로 손가락으로 종이의 무게를 느끼면서든 지금 이 글을 읽고 있는 건 당신의 뇌니까. 그 손가락 역시 수천 개의 신경 말단을 가진, 당신의 뇌가 지배하는 손가락이지. 사실 읽기든 쓰기든 전부 뇌의 영역이야. 말하는 것, 섹스하는 것, 섹스를 하지 않는 것, 왜 안 하는지 거짓말하는 것, 아까처럼 사과하는 것, 아파트 주변을 돌아다니며 그걸 어디 뒀는지 궁금해하는 것, 어떻게 내게 이럴 수 있냐고 말하는 것, 정말로 이런 일이 일어나는 거냐고 묻는 것, 너 없이 내가 어떻게 살아야 하냐고 묻는 것도 모두. 뇌들이 조용히 함께 울고, 뇌가 뇌에게 작별 인사를 하지.

네게 뭘 물어보려고 했는지 잊어버렸네. 어쩌면 이걸지도 모르겠다. 아팠던 적 있어? 중학교 선생님 한 분이 있었는데, 이름은 기억이 안 나. 무슨 과목을 가르쳤는지도 모르겠네.

— 중국 뇌

역사였나? 그분은 이런 말을 하곤 했어. "청교도들은 자기
자신에게 말했어요. '자기야, 대서양을 건너 종교적 자유를
찾아가자!'" 우린 그게 너무 웃겼어. 자기에게 말을 건다는 게
말야. 그분은 젊었고, 놀라울 만큼 말랐고, 구불구불한 갈색 긴
머리를 질끈 하나로 묶고 다녔지. 교실에 피아노가 있었는데
그분 목소리도 오페라 가수처럼 아름다웠지. 음악을 사랑했고.
음악 교사였었나? 모르겠어. 어쨌거나, 그분은 돌아가셨어.
뇌출혈로.

그치만 내가 말하려던 건 그런 식으로 아픈 게 아니야.
아니, 그런 말이기도 해. 그 선생님 장례식이 내가 간 첫 번째
장례식이었거든. 내가 졸업하고 몇 년 뒤 고가도로에서 투신한
영어 선생님도 있었어. 영어 교사로는 형편없었지. 그분 뇌가
어땠는지는 모르겠어. 우울증이었는지, 조증이었는지, 그저
지쳤던 건지. 그분도 젊었고, 활력이 넘쳤고, 대머리에 짧은
턱수염이 있었고, 눈에 광기가 서려 있었고, 책상 뒤에는
기타를 두고 있었지. 그분도 음악을 사랑했어. 수업 때 그분은
록밴드의 노래들을 알려줬고, 우리는 그 곡들을 문학작품처럼
분석하곤 했어. 한번은 〈할렐루야〉를 다뤘어. 그분이 사랑하지
않은 건 영어였어. 그분은 우리에게 단어를 제시했어.
'하빈저'라는, 무언가가 오고 있다는 신호를 뜻하는 단어였어.
그런데 그분은 그 단어를 '하빙어'라고 발음했어. 자기가
교사 대신 되었어야 할 '포크 싱어'와 운율을 맞추듯이 말야.
나는 다른 뇌들에게 속삭였어. '어'가 아니라 '저' 발음인데.
'하빈저'인데. '인주어(부상당하다)'라고 할 때처럼, '다리에서
점프해버리다'라고 할 때처럼.

그리고 옛 짝사랑의 언니가 있었지. '퍽'이란 단어를, 마치

무당벌레를 팔에서 튕겨내는 것처럼 대수롭지 않게 말했어. 그리고 그녀는 긴 단어들과 〈스타 트렉〉을 사랑했어. 나는 그녀가 어떻게 죽었는지 모르지만, 유서를 페이스북에 올린 건 기억해. 그게 우리가 살고 있는 세계인 거겠지. 다만 더 이상 그녀는 거기에 없을 뿐. 사람들은 인터넷이라는 세계가 우릴 망치고 있다고들 해. 우리를 녹여서 귀에서 흘러내리게 만든다고. 우리도 그렇게 말하지 않나? 우리의 마지막 뇌세포가 날아가버렸다, 이것이 우리 뇌를 박살내버렸다, 라고 트위터에 쓰지. 저 여자는 뇌에 벌레가 있어, 라고 말하거나, 누군가가 마치 은하계를 통째로 삼켜버린 듯 너무나도 멍청한 글을 올리면 손가락을 시켜 은-하-계-두-뇌라고 타이핑하고 말야.

다들 그곳으로 간 거야, 뇌야? 어떤 뇌도 한 번도 가본 적 없는 그곳으로?

그녀는 거의 즉시 효과를 알아차린다. 오후가 되면 에너지가 갑자기 꿈틀하며 마치 뺨 안에 말벌집을 물고 있는 듯 초조감이 엄습한다. 기분 좋은 느낌은 아니지만, 확실히 무언가를 느끼는 건 지난 2년간 없었던 일이다. 그녀는 처음에는 일주일에 네 번, 가끔은 다섯 번씩 30분간의 치료를 받는다. 그들은 그게 보통이며, 일단 기준이 잡히고 나면 주 2, 3회로 줄어들 것이고, 잘되면 아마도 8주에서 12주 후엔 차도를 보일 거라고 말한다. 그녀는 닥터 L에게 입 안에서 윙윙대는 느낌에 대해 이야기하고, 닥터 L은 데니스와

상의해 '세타 버스트'라는 것을 프로토콜에 추가한다.
거기에다 그들은 케타민 비강 스프레이를 치료 직전 그녀에게
투여하기로 결정한다. 말에게 사용하는 진정제다. 그들은
그녀를 마취시키려는 게 아니라 그저 뇌를 더 유연하고 가소성
있게 만들려는 것뿐이라고 말한다. 말과 마찬가지로 뇌는
서서도 잠들 수 있다.

그녀는 케타민을 포함해 그 어떤 마약도 해본 적이 없다.
이부프로펜 정도 먹어봤으려나? 이부프로펜은 많이 먹어봤다.
고등학교 시절부터 그녀는 늦게까지 깨어 있을 때면 심각한
편두통을 앓기 시작했다. 습관적으로 잠자리에 들기 전에
이부프로펜을 몇 알씩 먹기 시작했다. 결국 소아과 의사는
수마트립탄을 처방해주었다. 진료 시간에 그는 그녀의
뇌가 머리통에 비해 너무 큰 것일 수도 있다고 농담을 했다.
(농담이었어야 한다.) 이제 그녀가 케타민을 복용하면 머리통에
비해 너무 큰 것은 세상이었다. 시야에 일종의 곡률이 생겨서,
카펫이 벽으로 말려 올라가고 벽은 천장으로 휘어진다.
그렇지만 환각 같은 것은 아니다. 그저 의식 너머의 세계일 뿐.

데니스는 도널드 트럼프를 싫어한다. 열렬히 싫어한다.
그는 대통령의 얼굴을 황동 부조로 새긴 기괴한 명판을 벽에
걸어놓았는데, 그 아래에는 무언가를 움켜쥔다는 악명 높은
발언이 각인되어 있다. 그녀는 앉은 자리에서 그 반역적인
기념물을 볼 수 있을 것이다. 다만 머리를 돌릴 경우 자석이
그녀의 운동 피질에 손가락을 뻗어 그녀를 마리오네트처럼
움직이게 만들기 때문에 그럴 수가 없다.

때때로 그녀는 데니스가 싫어하기는 매한가지인 버니
샌더스에 관해 그와 논쟁한다. 전혀 좋은 생각이 아니지만

그녀도 어쩔 수가 없다. 다른 때에는 이 치료의 과학적
근거에 대해 논한다. 데니스는 뇌에 관해 이야기할 때
활기를 띤다. 그는 TMS 치료에 접근하려면 전자기적 현상의
측면에서 생각해야 하며, 뇌를 컴퓨터처럼 다루기보단
변화무쌍한 날씨처럼 다뤄야 한다고 말한다. 그 겨냥하는
목표 지점(2센티미터짜리 골프공)은 *움직인다*고 데니스는
말한다. 그 골프공은 돌아다닌다. 멀리는 아니고 보통은 그저
몇 밀리미터 정도인데, 알파파 활동의 미세한 변화 덕분에
그녀의 머릿속에서 꼼지락거린다. 누군가가 페어웨이로
날려보내주기를 조급하게 기다리는 것처럼.

데니스는 신경과학자 죄르지 부자키(György Buzsáki)의 저서 《뇌의 리듬》(Rhythms of the Brain)을
자주 언급한다. 나중에 그녀는 데니스가 대기실에 둔 그
너덜너덜한 책을 훑어보게 된다. 붉은 피질 주름으로 된
사막에 커다란 회색 뇌가 툭 놓여 있는 표지 그림은 그녀가
어린 시절 접한 복음주의 우주 판타지 소설을 떠올리게 한다.
그 책은 매우 기술적이고 그녀의 이해를 훨씬 넘어서지만,
서문을 통해 핵심 주장을 이해할 수는 있다. "뇌 활동의
대부분은 내부에서 생성되며, 외부 자극이 이 기본 패턴을
교란하더라도 종종 내부적으로 제어되는 견고한 프로그램에서
크게 이탈하지 않는다." 데니스가 다시 한번 자석을 그녀의
두피에 얹을 때 그녀는 이 내용을 그에게 이야기한다. 뇌가
하는 대부분의 일은 곧 내부적 업무라는 것을. 데니스의 눈이
반짝인다. "뇌는 지성이지요!"라고 그는 마치 계시라도 내리듯
우렁찬 목소리로 말한다. 어쨌거나 그녀에게 그것은 계시였다.
성당을 짓고 화약을 발명한 바로 그 지성이 사실은 무엇보다
자기 자신을 관리하고 있음을 깨달은 것이다.

— 중국 뇌

1978년, 철학자 네드 블록은 '중국 뇌'라는 사고실험을 제안했다. 블록은 뇌와 의식의 관계에 관한 분석철학의 논쟁을 해결하고자 했다. 당시 학계의 지배적인 사상은 기능주의라 불렸다. 일반적으로 말해, 기능주의자들은 지각이나 감정 같은 정신 상태를 감각 입력과 행동 출력의 관점에서 전적으로 이해할 수 있다고 주장했다. 이론적으로 이는 의식이 '여러 방식으로 실현 가능함'을 뜻했다. 즉, 정신 상태는 인간 뇌뿐 아니라 입력과 출력을 맞출 수만 있다면 어떤 존재에 의해서든 실현될 수 있다는 것이다. 예컨대 실리콘 기반의 화성인 뇌 혹은 컴퓨터 같은 것 말이다.

블록은 이에 동의하지 않았고 다음과 같은 시나리오를 제시했다. 중국의 모든 사람에게 양방향 라디오를 준다. 그리고 전국 어디서나 볼 수 있도록 거대한 위성을 우주로 쏘아 올린다. 목적은? 바로 동지들 각자가 뉴런처럼 기능하게끔 하는 것이다. 똑같이 인민복을 입은 10억 중국인들이 하늘의 인민 위성이 보내는 신호에 반응해 서로 무전을 주고받는다. 인체에 연결될 경우, 이론상 중국은 뇌와 같은 기능을 한다. 하지만 이 이상한 프롤레타리아 독재가 정신 상태를 갖는다고 말할 수는 없다고 블록은 주장한다. 그러므로 기능주의는 틀렸다는 것이다. 확실히 중국은 고통을 느낀다거나 사랑에 빠진다거나 누군가의 입술에서 알코올의 쌉싸름함을 맛본다거나 할 수는 없다. 분노에 젖어들 수도 없고, 한 번만 더 기회를 달라고 애걸할 수도, 황허강 심연으로 가라앉는 끔찍한 기분을 느낄 수도 없다.

몇 년 뒤 또 다른 철학자인 존 설이 '중국어 방'이라는, 비슷한 사고실험을 제안했다. (분석철학이란 한낱 이런 것들뿐이구나, 뇌야.) 설은 뇌가 컴퓨터 프로그램처럼 기능한다는, 당시 인공지능 분야의 연구자들 사이에서 인기 있던 기능주의적 관점을 반박하고자 했다. 그의 시나리오는 이러했다. 가상의 설 자신이 방 안에 앉아 있고, 그에게 여러 기호 묶음과 그 기호들 간의 관계 규칙에 관한 영어로 된 일련의 지침이 주어진다. 익명의 관리자들이 문틈을 통해 새로운 기호 묶음을 밀어넣고, 설은 영어로 된 지침을 따라 조합한 기호 응답을 만들어내고, 그것을 방 밖으로 밀어낸다. 이 과정이 반복된다.

핵심은 이것이다. 방 안의 사람이 모르는 사이에 첫 번째 기호들은 하나의 이야기를 형성하고, 두 번째 기호들은 그 이야기에 관한 질문을 형성하며, 방 안의 사람이 내보내는 기호들은 그 질문들에 대한 사려 깊은 답변을 형성한다. 전부 중국어로 이루어져 있다. 방 밖의 관찰자에게는 방 안의 사람이 질문에 중국어로 답을 하므로 설이 중국어에 능통한 것처럼 보일 것이다. 그는 중국어를 한 마디도 알아듣지 못하는데도 튜링 테스트—기계가 인간 언어를 모방할 수 있는지 판별하는 앨런 튜링의 테스트—를 통과한 셈이 된다. 따라서 뇌는 프로그램처럼 기능하지 않는다고 설은 결론짓는다. 프로그램은 의미를 이해하지 못해도 뇌처럼 기능할 수 있기 때문이다. 흥미롭게도, 설은 어떤 형이상학적 의식 개념을 주장하려던 것이 아니라 지능을 생물학적으로 설명했을 뿐이다. "기계가 생각할 수 있는가?" 그는 물었다. "내 견해로는, 오로지 기계만이, 오직 특별한 종류의 기계, 즉

뇌만이 생각할 수 있다."

그런데 왜 중국어일까? 왜 중국이지? 그것은 흥미로운
우연의 일치이지만, 사실 우연은 아닐 것이다. 블룸은 자신이
중국을 택한 이유가 뇌에 약 10억 개의 뉴런이 있는데 중국
인구가 약 10억 명이기 때문이라고 했다. 그가 레닌이 말한
공산주의의 정의—소비에트 권력에 전기화를 더한 것—를
알고 있었는지는 모르겠다. 1978년은 마오쩌둥이 사망한
지 2년이 지난 시점이었고, 1980년 설이 글을 쓰던 무렵에
덩샤오핑의 중국은 외국 자본에 문호를 개방하기 시작했다.
동료들의 논문 속 화성인만큼이나 낯선 시민들이 있는,
블룸이 대기권을 떠나지 않고도 도달할 수 있는 가장 가까운
붉은 행성이 바로 공산주의 중국이었던 걸까? 중국인은
이미 실험에 이상적이었다. 그들은 마치 내부에 숨은 체스
고수가 작동시키는 것으로 밝혀지기 전까지 합스부르크
왕가 앞에서 체스를 두던 터번을 쓴 자동인형 '메케니컬 Mechanical Turk
터크'처럼 동양의 신비로운 분위기를 가지고 있었다. 중국인은
사회주의자이기도 했고, 지성의 꽃 한 송이 피워내지 못하는
조직화된 거대 기계의 톱니였다. 참고로 '세뇌'는 중국어에서 brainwash
직접 유래한 단어다. 洗腦.

그게 바로 뇌, 너다. 방 안에 갇혀 있는 존 설처럼 네
두개골 안에 떠다니는 작은 x. 설이 중국어를 고른 건 그것이
그에게는 그리스어처럼 완전히 낯선 문자였기 때문이다.
물론 그가 그리스어를 사용하진 않았지만. 그는 "나는 중국어
한자를 예컨대 일본어 글자나 의미 없는 낙서와 구별조차 할
수 없다"라고 썼다. "내게 중국어는 아무 의미 없는 낙서일
뿐이다." 알파벳을 사용하는 언어는 그가 쓰는 모국어인

영어와 너무 가까워서 우연찮게 암호를 풀어버릴지도 몰랐다. 하지만 그의 말마따나 중국어 '기호'는 완벽히 암호화되어 해석이 불가능했다. 사실은 그렇지 않다. 대부분의 글자가 음성과 의미의 결합으로, 지표와 운율이 느슨하게 연결되어 있다. 그러나 설에게는 충분히 해독 불가였다. 중국어의 모든 단어가 같은 것, 즉 '뇌'를 상징했기 때문이다. 스스로를 이해하지 못하는 지능이다.

다른 사고실험을 해보자. 지금이 1900년이라고 가정하자. 서태후가 막 만주군을 파견해 외국 선교사들에 대한 의화단의 난폭한 운동을 지원했다. 장쑤성의 한 방에 내 할아버지의 할머니가 앉아 계신다. 그 방 안에서 할머니는 기호 묶음 몇 개를 발견한다. 집안이 명문가인 덕분에 할머니는 글을 안다. 첫 번째 묶음을 읽어보니, 이야기였다. 두 번째 묶음을 읽는다. 그것은 이야기에 관한 질문이다. 할머니는 잠시 동안 생각하고서 답을 적어 문틈 사이로 내보낸다. 할머니는 질문을 추가로 받고, 답을 또 적어 내보낸다. 가장 큰 세 번째 묶음은 알 수 없는 낙서로 뒤덮인 채 할머니 옆 탁자 위에 그대로 놓여 있다. 할머니는 커져가는 두려움 속에서 도대체 그것이 무엇을 의미하는지 궁금해한다.

그녀는 기계를 작동시키는 젊은 직원에게 한의학을 믿느냐고 묻는다. 그는 데니스 밑의 석사과정생 중 한 명으로, 이십대 초반쯤 됐을 것이다. 그는 카일이라든가 그 비슷한 이름을 가지고 있다. 그들은 서로 통하는 면이 별로 없다. 그는

중서부 출신이고, 판타지 풋볼 게임을 한다.

카일은 대체의학을 믿지 않는다고 했다. "아니, 효과가 있다면 있는 거겠지만, 어떤 식으로든 그에 관한 과학적 설명이 항상 있을 거라고 생각해요"라고 그는 덧붙인다. 이것은 뻔한 대답이다. 그녀 자신도 종종 사용했던 답변이라서 잘 안다. 그녀의 전 애인은 예전에 베이징에서 전통 한의학을 수련한 어머니의 영향으로, 늘 싫어하면서도 나무껍질과 약초로 만든 차를 마시며 자랐다고 했다. 그녀가 결코 갖지 못했던 중국인 어머니의 교자 레시피를 그녀는 아직도 활용하고 있다. 두 사람은 여전히 친하게 지내며, 이따금 낙서를 닮은 글자로 문자를 주고받는다.

"하지만 그게 문제예요." 그녀는 카일에게 말한다. "효과가 있다면 있는 것'이라는 건, 서양 의학에도 똑같이 적용되죠." 그녀는 자신의 중국인 아버지와 이 문제에 관해 이야기한 적이 있다. 아버지와 같은 의사들도 대부분 자신들이 사용하는 약물이 정확히 뭘 하는지 모른다는 것이다. "그저 원하는 효과를 내면서 해로운 작용만 일으키지 않게 하는 거예요"라고 그녀는 말한다.

카일은 위스콘신 쪽으로 턱을 기울인다.

"그리고, 의학이나 생물학 같은 분야는 역사적 맥락이 있어요. 화장실에 있는 골상학 흉상처럼 말예요. 우리가 골상학을 유사과학이라고 하는 유일한 이유는 그것이 인기를 잃고 다른 무언가로 대체되었기 때문이죠. 언젠가는 신경과학도 다른 것으로 대체될 것 같지 않아요?"

자석이 시한폭탄처럼 째깍거린다.

"어쩌면요." 카일은 천천히 말한다.

"과학은 예산이 더 큰 유사과학일 뿐이에요." 그녀는 의기양양하게 마무리짓는다. 휴대전화의 메모 앱에 미리 적어둔 구절이었다.

카일은 얼굴을 찌푸린다. "꼭 그렇진 않죠. 진화심리학을 생각해보세요. 돈을 어마어마하게 많이 받는데, 전부 헛소리잖아요."

나는 멜 브룩스(Mel Brooks)가 〈머펫 대소동〉(The Muppet Movie)에서 연기한 미친 독일 과학자에 대해 생각하고 있었다. 브룩스는 이 나치 박사를 우스꽝스럽게 희화화하지만, 어린 시절 내게는 그것이 별로 와닿지 않았다. 그는 영화 속 악당이 싸구려 개구리다리 식당 체인점의 광고모델로 삼으려 했던 커밋이라는 개구리에게 "전기 뇌절제술"을 시술하러 왔다. 박사는 작은 크롬 좌석이 있고 그 위에 전기가 흐르는 작은 돔이 달려 있는 불길한 기계를 끌고 들어온다. 그 돔은 곧 커밋의 머리 위로 내려질 예정이다. 악당은 그것이 뭘 하는 기계냐고 묻는다. "이게 뭘 하냐고요? 이게 뭘 하냐고요?"라고 브룩스는 비웃듯 말한다. "뇌를 과카몰리로 만들어버리죠."

비밀을 하나 알려주겠다. 개구리 커밋에게는 뇌가 없다. 커밋에게는 손이 있다. 그것은 짐 헨슨(Jim Henson)의 손으로, 그 시대 최고의 손 중 하나이자 수천 개의 신경 말단을 가진 헨슨의 뇌가 지배하는 손이다. 1975년 조니 카슨이 진행하는 쇼에 나온 짐 헨슨을 보라. 그는 카메라의 속임수 없이 스튜디오의 관객 앞에서 그저 펠트천으로 감싼 팔을 그대로 드러낸 채 커밋을 조종했다. "목 상태가 안 좋아요"라고 커밋은 카슨에게 무뚝뚝하게 말한다. "목구멍에 사람이 들어갔나 봐요."*

이것은 개구리식 유머라고, 관객들이 웃자 커밋은 설명한다.

나중에 조니 카슨은 이 경험을 곱씹으며 이야기한다. "환상이 시작되는 방식이 참 재미있어요. 푹 빠져버리게 되는 거죠. 개구리랑 이야기하고 앉아 있다니요!" 그는 검지손가락을 관자놀이에 대고 나선형을 그리며 돌린다. "그쯤 되면 요양원 갈 준비가 된 거예요"라고 그는 마치 뇌가 없는 누군가와 이야기하다 보니 자기 뇌의 온전함마저 의심하게 되었다는 듯 너스레를 떤다.

나는 전기 의자에 고정된 커밋의 탁구공 같은 눈망울 위로 작고 투명한 돔이 내려오는 장면을 볼 때마다 무서웠다. 브룩스는 그것을 '전자 야물커'라고 불렀다. 그 장면은 정말로 내게 겁을 잔뜩 안겨주었어, 뇌야. 나는 그 장면이 끝날 때까지 귀를 막고 있거나 자리를 떠나 있었다. 전기가 음극에서 내 두개골 속으로 곧장 뛰어들어와 몇 초 만에 내가 사랑하도록 배운 유일한 신체 부위를 잃고 내게 아무것도 남지 않게 될 것만 같았다. 매번 커밋이 살아남지 못할 가능성이, 마침내 실제로 뇌 속에 다른 이의 손이 들어와 있는 꼭두각시가 될 가능성이 존재했다. 사실 이미 그렇듯이.

저들은 너와 나, 우리가 근육이라고 말한다. 그건 사실이 아니다. 우리는 지방에 가깝다. 우리는 우리가 줄을 잡아당기는 존재라고 생각하지만, 줄 몇 가닥이 전부라면 뇌가 있다는 게 무슨 의미지? 심장도 없고, 눈도 없고, 작은 결석 하나도 없이, 그저 손가락 다섯 개와 노래 한 곡, 춤 하나가 전부일 뿐.

그녀는 친구와 함께 국숫집에 앉아 있다. 그들은 의식의 철학에 관해 이야기한다. 그녀는 자신이 무언가를 느끼는 일이 신경세포 같은 것 때문에 생기는 효과일 뿐이라고 믿고 싶지 않다고 설명한다. 그녀는 모든 것이 똑같이 실재하는 존재론을 만들어보려 한다고 친구에게 말한다.

"객체라는 게 자신의 시스템 안에서만 존재한다고 해보자." 그녀는 목이버섯을 이로 씹으며 말한다. "알파파가 실제로 존재하되 신경생물학 내에서만 객체로 존재하는 것처럼 말야."

"그렇지." 친구가 말한다.

"동시에 긴장증 삽화도 실제로 객체지만, 그 현실은 정신의학 내에 위치해 있지."

"맞아."

"그러니까 이건 물과 기름 같은 거야. 같은 형이상학 안의 객체들은 서로에게 작용할 수 있지만, 다른 종류의 객체에는 작용할 수가 없어. 항우울제가 세로토닌 수송체를 차단할 수 있는 이유는 둘 다 같은 생화학적 현실에 존재하기 때문인 것처럼 말야. 하지만 둘 중 어느 것도 침투적 사고에는 작용할 수 없지. 그건 심리적 객체니까. 그리고 그 무엇도 다른 것의 '효과'가 아니야." 그녀는 젓가락으로 따옴표를 그리며 말한다. "그저 수많은 객체 시스템들이 중첩되어 평행적으로 작동할 뿐, 서로를 전혀 보지 못해."

"맞아." 친구는 말한다. "기차를 들판 위로 몰고 갈 순 없지."

"그렇지."

그들은 국수 그릇을 비운다. 拉麵.

— 중국 뇌

나중에 그녀는 그게 그렇게 단순할 리는 없다고 생각한다. 객체들은 언제나 길을 잃거나 잘못 놓인다. 객체들은 떠돌고, 하나의 현실에서 다른 현실로 이동하며, 다른 차원을 방문한다. 그게 바로 우울증 아닌가? 전류가 의식 속으로 번쩍 튀는 것.

결국 우리는 기차를 들판 위로 몰아갈 수 *있다*. 그게 바로 파국이다.

만약 네가 경두개 자기자극술을 고려하고 있다면,
자신의 우울증을 심리학적 장애나 화학적 불균형이 아니라 기본적으로 전기적 문제로 다룬다는 데 그 치료법의 매력이 있음을 알게 될 것이다. 물론 심리상담사나 정신분석가에게 너를 죽고 싶게 만드는 모든 것들에 관해 이야기할 수 있다. 그들은 너의 고통이나 그 고통 주변의 들쭉날쭉한 경계를 서사화하도록 도와줄 것이다. 그들은 네 안에 난 구멍을 꿰매주지는 못하더라도 그 가장자리를 다듬게 도와줄 수는 있다. 아니면 정신과 의사를 찾아가 항우울제를 처방받을 수도 있고, 세포 안의 아주 작은 생물들과 약의 용량을 협상하며 몇 달 내지 몇 년을 보낼 수도 있다. 하지만 자석은 다르단다, 뇌야. 자석은 네 안의 전압을 직접 조작할 거라고 약속하는데, SSRI보다는 물리치료에 훨씬 가까운 방식이다. 이건 그냥 물리학이야, 바보야, 네게 필요한 건 머리에 한 방 먹이는 거야, 라고 자석은 말한다.

물론 네가 원하는 게 직접적인 개입이라면 영화 속 슬픈

여인처럼 전기충격 치료를 받을 수도 있는데, 재미있긴
하겠다. 전기경련요법은 전신마취보다 덜 위험하다지만, 안내
책자에 따르면 환자를 마취시키는 이유가 농담이 아니라 말
그대로 발작을 일으키게 하기 때문이라는 것이다. 그래서
결국 훨씬 덜 침습적이고 명목상으론 더 저렴한 TMS를
선택하게 된다. 물론 치료를 얼마나 오래 받게 될지 모르므로
저렴하다는 건 그럴싸한 광고 문구일 뿐이다. 그리고 뇌야,
네게 보험이 있길 바란다. 방금 내가 ECT보다 저렴하다고
하긴 했지만, 효과를 보는 사람이 6퍼센트 정도밖에 안 되므로
여전히 골칫거리이니 말이다. 하지만 지금 너는 그 커다란
파란 의자에 앉아 있고, 자석이 벌레를 찾는 새처럼 두개골을
쪼아대는 동안 저들은 네게 기분이 어떠냐며 몇 가지 질문을
할 것이다. 피드백을 받아 기계를 조절하려는 것뿐이니 걱정은
말길. 저들이 진짜로 네 기분을 *신경 쓰는* 건 아니니까.

하지만 너는 신경을 쓴다. 너는 신경을 많이, 사실 너무
많이 쓴다. 네가 삶이 의미 없다고 느낀다는 걸 나는 알고
있다. 하지만 의미 없음은 의미로 가득 차 있다. 오후 햇살이
미동 없는 네 몸 위를 가로지를 때, 당최 아무것도 중요하지
않다는 확신보다 더 중요하게 느껴진 것은 없었다. 그러므로
의미를 줄여주는 것, 그게 바로 TMS의 약속이다. 자석은 작은
끌을 들고 네게 다가올 것이고, 라디오의 잡음 같은 전자기적
무의미함만 남게 될 때까지 조금씩 네 우울의 존재론적
무의미를 깎아내줄 것이다. 이게 무언가를 얻는 중인지,
아니면 끔찍하고 지독하게도 잃는 중인지는 네게 달려 있을
것이다.

내가 어릴 때 우리 부모님은 공영 라디오방송의 버라이어티

쇼인 〈프레리 홈 컴패니언〉을 자주 들으셨다. 내가 가장
좋아했던 부분은 '케첩 자문위원회'라는 가상의 광고
코너였다. "지금이 바브와 내게는 좋은 시절이죠"라고
짐이라는 이름의 남자가 교외의 평온한 삶을 묘사하며
말한다. 그런데 얼마 안 가 짐은 정원에서 혹은 멍하니 벽지를
바라보며 조용히 울고 있는 바브를 발견한다. 처음에는
미뤄진 휴가나 잃어버린 펜처럼 작은 일 때문이었다. 하지만
사실 바브는 중년의 권태, 중년의 공허감에 사로잡혀 있었다.
그들은 대화를 하거나 다퉜지만 아무것도 해결되지 않았고,
마침내 짐에게 새로운 생각이 떠오른다. "바브, 당신이 케첩을
충분히 먹고 있는 건지 궁금하군."

　한 독자가 내게 편지를 보내 자기가 7년간 우울증을 앓다가
음식 알레르기가 있음을 발견했다고 알려주었다. 그는 그
음식—글루텐이었던 것 같다—을 식단에서 제거했고, 그러자
갑자기 우울증이 사라졌다. 7년의 고통이 단백질 때문이었던
것이다. 나는 내 상담사에게 이 이야기를 했고, 그녀는 내게 그
사람이 과장했다고 생각하지 않느냐고 물었다. 그럴지도요,
나는 대답했다. 하지만 뇌야, 바늘더미를 뒤져서 밀알 한 톨을
찾아낸다니. 놀라운 발상 아닌가.

"저는 언제나 타코마 다리를 생각해요."
　오늘은 티머시가 기계를 담당한다. 이제 그들은 약간
친해졌다. 티머시는 라틴어 어원을 많이 알고 있다. 그녀는
티머시가 맘에 든다.

"그게 내가 시상피질 부조화를 생각하는 방식이에요." thalamocortical dysrhythmia
티머시는 말한다. 그는 이것이 몇몇 연구자들이 우울증,
파킨슨병, 이명, 그리고 여타 질환의 핵심 요소로 꼽은 일종의
비정상적인 뇌파 진동이라고 설명한다. 그녀의 뇌 속에는
전자기 공명이 기둥처럼 형성되어 있다고 그는 말한다.
피질에서 시상까지 이어져 '시상피질 기둥'이라 불리는데,
시상은 그리스어로 방을 뜻한다고 티머시는 말한다. 신혼 thalamus
침대라는 뜻도 있다고 그녀는 말한다. 그녀도 어원에 관해
잘 알고 있다. 하지만 때때로 시상이 '난 이게 좋으니 이렇게
해'라고 말하면 피질은 '이제 네가 내게 뭘 원하는지 더는
모르겠어'라고 말하고, 그러면 갑자기 기둥들이 엉뚱하게
진동하기 시작하고 집이 통째로 처마 끝까지 흔들린다.
왜냐하면 무언가를 떠받치는 게 기둥이 하는 일이니까.
　치료는 잘 진행되지 않는다. 날마다 오는 게 지친다.
이틀만 쉬어도 다시 절망에 빠지게 된다. 치료는 너무나
부정확하다. 세션마다 자석은 값싼 시공업자처럼 그녀의 머리
주위를 돌아다니며 아무 데나 두드려댄다. 그녀는 두개골을
뚫는 상상에 사로잡히기 시작한다. 전동드릴로 관자놀이를
뚫어 영혼인지 플로지스톤인지 하는 것을 모조리 빼내고,
금광시대에 철도 노동자들의 두개골을 꿰뚫었던 쇠막대기처럼
금속 막대가 한쪽 귀로 들어가 깨끗하게 다른 쪽 귀로 나오는
상상을 한다. 그사이 TV에서 경선 토론이 거듭될수록
데니스는 점점 더 사나워진다. "넌 나에게 아무것도 할
수 없어!" 그는 부부싸움 중에 이렇게 외친다. "아내에게
은퇴하겠다고 협박하는 거야!" 가을이 저물고 있었고, 공원의
나무들은 흩날리는 지방처럼 잎을 떨어뜨리고 있었다. 어느 紙榜

날 닥터 L은 아무 설명 없이 갑자기 케타민 처방을 중단한다.
어딘가에서 말 한 마리가 날개를 얻는다.

티머시는 방 건너편의 큰 모니터에 흑백 영상을 띄우고
재생 버튼을 누른다. 그녀는 언젠가 물리학 교과서에서 본
타코마 다리를 떠올린다. 비용을 절감하기 위해 워싱턴주는
더 저렴한 비용과 더 세련된 디자인을 약속한 뉴욕 출신의
유명 토목기사를 고용했다. 그 결과로 만들어진 구조물은
교과서에 나온 '기계적 공진'이라는 면에서 특히 취약했다.
바람이 특정하게 불면 다리 상판이 마치 악기처럼 고유
주파수로 진동하면서 눈에 보이는 파동이 일었다. 그래서 건설
노동자들은 그 다리를 '질주하는 거티'라는 별명으로 불렀다.
1940년 어느 날 강풍이 불면서 새로운 형태의 움직임을
일으켰고, 다리는 점점 더 격렬하게 좌우로 뒤틀리기 시작했다.
"그러다 결국 무너졌죠." 티머시는 말한다. 지금 영상에서
그 일이 벌어지고 있다. 한 언론인의 딸이 키우던 불운한
코커스패니얼과 함께 퓨젓사운드의 물속으로 가라앉고 있다.

호기심에 그녀는 휴대전화로 그 일을 찾아본다. 인터넷에
따르면 고등학교 때 배웠던 것과는 달리 타코마 다리는 사실
기계적 공진 때문이 아니라 '공탄성 플러터'라는 더 복잡한
현상 때문에 붕괴됐다고 한다. 깨진 와인잔보다는 비행기
추락에 가까운 이야기다. 덜 낭만적인 설명이라는 데 그들은
동의한다.

머리에 얹힌 자석 때문에 그녀의 눈이 씰룩거린다. 티머시는
영상을 다시 재생시킨다. 그들은 다리가 바람에 몸부림치는
모습을 말없이 바라본다. 다리는 조용히 죽음의 노래를
부른다.

♔

잘 있나 궁금해서 물어본다, 뇌야. 기분이 어때? 물 좀
줄까? 넌 언제나 물이 필요하잖아. 네가 자신의 10퍼센트밖에
사용하지 않는다는 얘기 알지? 그건 75퍼센트가 물이기
때문이야. 그래도 85퍼센트밖에 안 된다는 거 알아. 마치 주역
점괘에서 마지막 시초를 남겨두듯 나머지 15퍼센트는 따로
남겨둔 거야. 그걸 남겨두는 건 무극을 위해서지. 無極.
　뇌는 매우 연약해, 뇌야. 얼마나 쉽게 망가지는지. 도자기
인형처럼 선반 위에 놓여 있는 중국 뇌. 작은 충격 한 번에
와장창 부서져버리지.
　이제 거의 다 됐어. 난 너를 믿는다.

♔

　날이 몹시 춥다. 티머시는 치료로 지속적인 효과가 있었는지
보고자 두 번째 뇌파 검사를 한다. 그녀의 머리카락에 더 많은
젤이 굳어간다. 좋은 소식은 그녀가 임신 중이 아니라는 거다.
하지만 그 골프공이 여전히 거기에 있다. 바깥의 나무들은
이제 앙상하다. 그들은 서로를 향해 수상돌기를 뻗으며
시냅스를 접합하려 한다.
　그들은 뇌파 검사 결과를 큰 스크린에 띄울 것이다. 오늘은
그녀의 고통의 과학을 목격하러 여자친구도 와 있다. 둘 다
고통스러워하고 있으며, 그녀가 화장실 세면대 아래에 있는
표백제 통을 떠올리며 그걸 뜨거운 토스트처럼 머릿속에 잠시
붙잡고 있을 때마다 여자친구는 그녀를 끌어안고 이른 밤이

어둑해질 때까지 달래주었다. 그런데 여자친구가 깊은 수렁을
바라보며 침잠할 때도 그녀는 정말로 똑같이 해주었던가?
그들은 얼마나 오랫동안 이렇게 사랑으로 서로의 고통을
밀어내며 지내왔던가?

그녀는 커다란 파란 의자에 앉아 있다. 그녀 옆에는
여자친구가 있다. 데니스는 기계를 조작하고 있다. 닥터 L은
창턱에 기대어 있다. 티머시는 컴퓨터 앞에 있다. 카일은
집에서 드넓은 하늘을 꿈꾸고 있다. 해안이 통째로 진동한다.

티머시가 데이터를 TV 화면에 띄운다. 이번에는 뭔가
새로운 것을 보여주는데, 바로 뇌의 형도다. 잠수모를 위에서
내려다봤을 때 보이는 작은 직사각형 귀, 북쪽을 가리키는
작은 삼각형 코 같은 원형들이 있다. 그 안에는 여러 개의
파동이 있는데, 그러니까 잠수부들은 죽은 셈이다. 그녀의
머릿속 이 색떠들은 기상예보 채널의 비구름처럼, 파란색에서
녹색, 노란색, 빨간색으로 바뀌며 강도가 증가한다. 닥터
L은 10~12헤르츠라고 표시된 원을 가리킨다. 알파파 범위
내의 주파수다. 원의 위 부분은 완전히 붉은색으로 타오르듯
시뻘겋게 일렁이고 있으며, 그 붉은색 가운데 약간 왼쪽으로,
그들이 자석을 놓았던 바로 그곳에 마치 불구덩이나 화산
분화구, 머나먼 달에 있는 사이클론처럼 이 진홍색 점이 있다.

"바로 저거예요"라고 닥터 L은 말한다. "저거요."

그녀는 그 달을 올려다본다. 그녀는 지난겨울 이 책을 썼고,
그게 곧 출간된다는 생각을 하고 있다. 사실, 내가 착각했다.
책은 이미 나왔고, 그녀는 출판기념회를 앞두고 있으며
내일 로스앤젤레스행 내지는 샌프란시스코행—행선지를
까먹었다—비행기를 탈 거라는 생각을 하고 있다. 그리고

그녀는 아무 일도 일어나지 않는 척하려 애쓰고 있다. 책이든 출간기념회든 뭐든 말이다. 그녀는 빈티지 썬더버드처럼 생긴 이 파란 의자에 앉아 있고, 자신의 머릿속에 있는 빌어먹을 커다란 구멍을 바라보면서, 더 쥐어짤 것이 자신에게 남아 있는 줄도 몰랐는데 지금 모든 걸 포기하고 저 2센티미터짜리 구멍에 그걸 다 쏟아붓고 있다는 생각을 하고 있다. 그리고 그날 밤 그녀는 일정을 전부 취소한다. 비행기표를 날려버리고 거실 한가운데에 200센티미터짜리 구멍을 파고, 그것은 중국 우시시까지 이어진다. 우시시에서 그녀의 조상들은 1000년 동안 학자였는데, 그 뇌들이 하늘을 가로지르는 등불처럼 줄지어 매달려 있다. 700만 센티미터 떨어진 우한시에서는 사람들이 병들기 시작하고, 갑자기 누군가가 전 세계에, 세계라는 거대한 중국 뇌에 구멍을 내버린 것 같다. TMS는 끝났고, 병원은 조용해졌으며, 그녀는 그들에게서 아무 소식도 듣지 못한다. 엽서 한 장 없었고, 모든 것이 그냥 멈춰버린다.

괜찮아, 뇌야. 우린 괜찮아.

이 멍청한 이야기의 멍청한 결말은 자석이 별 소용 없었다는 것이다. 당시 우리는 내가 양극성장애를 앓고 있다는 걸 몰랐으니까. 양극성장애 환자에게 TMS가 효과 있다는 증거는 기껏해야 부분적이었다. 전전두엽이 자극될 경우 항우울제와 마찬가지로 경조증을 유발할 수 있기 때문이다. 정신과 병력상 나흘 이상 지속된 경조증 삽화가 적어도 한 번 있고, 2주 혹은 훨씬 더 오래 지속된 우울증 에피소드가 한 번 이상 있을 경우

— 중국 뇌

2형 양극성장애 진단이 내려진다. 우울증 증상은 상식적이다. 기분이 가라앉고, 뭘 해도 기쁨이나 흥미가 잘 안 생기며, 온몸이 쇳덩이처럼 무거워서 소파에 누워 있게 되고, 눈물이 많아진다. 반면 경조증은 정신증 없는 조증과 비슷하다. 증상으로는 과도한 목표지향적 활동, 쉴 틈 없이 이어지는 생각, 말을 멈추지 못하는 것, 고양된 기분 등이 있다. 그게 바로 나다. 오르락내리락하고, 긍정성과 부정성의 양극단을 오간다. 자석처럼.

이제 내 정신과 의사는 나를 알프스산맥의 요양원으로 보내버리듯 내게 기분조절제인 리튬을 처방한다. 가능한 한 이부프로펜을 복용해선 안 된다는 뜻이다. 비스테로이드성 소염제는 몸이 리튬을 배출하는 걸 어렵게 만들어 혈중 리튬 농도를 독성 수준으로 올릴 수도 있다. 리튬은 실제로 금속이라서 대개의 약물과 달리 탄산리튬은 자연 발생한다. 1980년대에 티베트의 알칼리성 호수에서 발견되었고, 이후에는 어릴 적 내가 자란 노스캐럴라이나의 킹스마운틴이라 불리는 작은 마을에서도 발견되었다. 하지만 전 세계 탄산리튬 공급량의 대부분은 칠레와 아르헨티나의 염수에서 채취되어, 그런 걸 할 줄 아는 사람들에 의해 합성된다. 그러고서 그들은 다른 사람들에게 그 합성물을 팔고, 그 사람들은 그것을 이용해 배터리와 내열 유리를 만들고, 타일 모르타르를 더 빨리 굳게 만들고, 폭죽을 더 붉게 만들고, 유약을 바를 때 도자기가 갈라지지 않게 만든다.

뇌야, 넌 화학 좋아해? 학창시절 우리 화학 선생님은 좀 말랐지만 젊고 잘생긴 편이었고, 지저분한 금발을 짧게 유지했다. 그 선생님은 선글라스를 이마에 얹고 10학년 여자애들을 거느리고 다녔다. 그분은 아마 음악을 좋아했을 텐데, 잘은 모르겠다. 화학은 잘 가르쳤지만 때로는 칠판에서 문제를 풀이하다가 자기만의 상형문자 속에서 길을 잃곤 했다. 뭐더라, 맞다, 탄산리튬. 분자구조는 간단하다. 리튬이온 두 개와 탄산이온 하나. 탄산이온은 탄소 원자 하나와 산소 원자 세 개로 이루어져 있다. 원한다면 염 복분해 반응이라는 것을 통해 탄산리튬을 합성할 수 있다. 칠레의 염전에서 리튬과 이온이 일대일로 결합해 있는 염화리튬을 가져온 후, 와이오밍의 광산에서 나왔을 법한 소다회라고도 불리는 또 다른 염인 탄산나트륨과 반응시킨다. 이어지는 반응에서 나트륨 이온은 탄산이온을 내어주고 염소를 받아들일 것이고, 자유로워진 리튬이온은 탄산염과 결합한다. 이제 두 가지 새로운 염이 생긴다. 우리 식탁 위의 소금인 $NaCl$과 Li_2CO_3, 즉 탄산리튬을 얻게 되는 것이다.

그거 알아, 뇌야? 어쩌면 내 문제는 소금을 충분히 섭취하지 못했던 걸지도 몰라.

2021

사이코 분석

"나는 밀레니얼 세대에 대해 전문가인 척한 적이 없다." 브렛 이스턴 엘리스Bret Easton Ellis는 《화이트White》 중간쯤에 이렇게 썼고, 독자는 그것이 사실이기를 간절히 바란다. 엘리스는 이미지에 집착하는 월가의 연쇄살인마에 관한 논쟁적인 컬트 소설인 1991년작 《아메리칸 사이코American Psycho》로 가장 잘 알려져 있다. 이 소설을 각색한 영화에서는 크리스천 베일이 정신병적인 투자은행가 패트릭 베이트먼을 연기한다. 점점 더 메타픽션스러워지는 소설과 형편없는 시나리오 몇 편을 쓴 후 발표한 《화이트》는 엘리스의 첫 번째 논픽션으로, 거창하게 부풀린 블로그 게시글이라기보다는 보통 분량의 평범한 블로그 게시글 모음에 더 가깝다. 대체로 엘리스는 소설미디어를 싫어하며, 밀레니얼 세대가 그만 징징대고 "철 좀 들기를pull on their big boy pants" 바란다. 이 말은 그 지독히도 불필요한 그 책에서 직접 인용한 부분인데, 만약 엘리스의 밀레니얼 세대 남자친구가 트위터의 뮤트 기능 사용법을 알려주기만 했어도 우리 모두가 그 책을 피할 수 있었을 것이다.

《화이트》는 몇몇 부분에서 회고록 장르를 흉내 낸다. 책에는 1970년대 셔먼오크스에서 부유한 집안의 방치된 백인 아이로

자라며 잔혹한 공포영화 취향을 기른 유년 시절, 십대 때부터
쓰기 시작해 베닝턴대학교 재학 중 출간한 데뷔 소설 《0보다
적은》의 예상치 못한 성공, 1980년대에 코카인이 난무하던
맨해튼에서 '브랫 팩' 문학 그룹의 일원으로 활동하며 술과
약물들 틈에서 《아메리칸 사이코》를 집필하던 시절에 관한
단락들이 등장한다. 이 부분들—이걸 에세이라 부를 수는
없다—은 그럭저럭 쓸 만하고, 《0보다 적은》의 영화화가 왜
실패했는지 혹은 약물을 과하게 사용하면 어떤 기분인지 알고
싶어 하는 팬들에게는 어쩌면 조금은 흥미로울 수도 있다.

　하지만 문화적 논평과 자기과시가 뒤섞여 어수선한
《화이트》의 나머지 200페이지에서 엘리스의 진짜 목적은 젊고
진보적인 독자들을 모욕하면서 다른 이들에게 그걸 구경하는
즐거움을 주는 것이다. 브렛 이스턴 엘리스는 "남자들은 원래
그래"라는 자신의 생각을 우리가 알아주길 바란다. 그는 미투
운동이 한심하다고 생각한다. 그는 〈문라이트〉 대신
〈라라랜드〉가 최우수작품상을 받았어야 한다고 생각한다.
그는 HBO가 그 〈컨페더레이트〉라는 드라마 제작을
강행했어야 한다고 생각한다.* 그는
다른 남성과 키스하는 모습을
룸메이트에게 영상으로 찍힌 후
다리에서 투신한 동성애자 대학생
타일러 클레멘티가 "신입생들의
무해한 기숙사 장난" 따위에 너무
예민하게 반응했다고 생각한다.
그는 대안우파 선동꾼인 마일로
야노풀로스를 그리워하며, 레슬리 존스를 "트위터상의

*　2017년 미국의 방송사 HBO는 '컨페더레이트'라는 제목의 대체역사 드라마를 기획했으나, 논란 끝에 무산되었다. 제작자가 백인 남성인 데다 미국 남북전쟁에서 남부가 승리해 현재까지 노예제가 존속한다는 설정으로 인종차별적 상상력을 자극한다는 비난을 받았기 때문이다.

전형적인 악성 트롤링 하나 감당 못 하는 중년
코미디언"이라고 부른다.《화이트》라는 제목도 백인 특권에
대한 비난을 예상하고, 유도하고, 조롱하고자 의도된
도발이다.

　엘리스는 이 모든 걸 짐짓 모르는 척한다. "나는 무엇이
타인에게 모욕감을 줄 수 있는지 알아차리는 데 서툴렀다"며
어깨를 으쓱이는 그의 말은 영 못 미덥다. "책을 출간한 작가가
된 스물한 살 이후로 나는 언제나 평가와 논평을 받아왔고
호와 불호, 숭배와 경멸 양쪽 모두에 완전히 익숙해졌다."
《화이트》의 많은 부분이 그러하듯, 이 역시 가식이다. 남들
생각을 신경 쓰지 않는 사람은 다른 이들에게 굳이 그걸
말하며 시간을 낭비하지 않고, 하물며 그것에 관한 책을 쓸
일도 없다.

　나 같은 서평자는 고민스러워진다. 미끼를 물어야 할까,
말아야 할까. 나는《화이트》의 수많은 선동적인 주장에
반박하는 분노의 서평을 쓸 수도 있을 텐데, 그러면 그
주장들을 진지하게 받아들여도 된다는 인상을 주게 된다. 만약
그 서평이 입소문을 탈 경우《벌쳐》나《바이스》같은 대중문화
웹진에서는 부정적인 서평이 더 많이 쏟아져 나올 수도 있다.
그러면 브렛 이스턴 엘리스는 트위터에서 잠시 트렌드가 될
것이고, 거기서 우리는 모두 이자를 조롱하는 데 열을 올릴
것이며, 결국 엘리스는 다시금 자신이 중요한 인물이라고
느끼게 될 것이다. 그리고 어쩌면 마침내 그가 실제로
사람들이 좋아할 만한 영화가 될 소설을 쓰게 될지도 모른다.
그렇지만 굳이 왜 그래야 하나. 수년간 브렛 이스턴 엘리스는
인종주의자이자 여성혐오자라는 비난을 받아왔고, 그건

— 사이코 분석

모두 사실이다. 하지만 사실인 대부분의 것들과 마찬가지로 그것들은 몹시 지루하기도 하다.

《화이트》의 핵심 주장은 미국 문화가 가파른, 아마도 돌이킬 수 없는 쇠퇴기에 접어들었으며, 그건 소셜미디어와 밀레니얼 세대의 탓이라는 것이다. 이게 터무니없는 주장인 이유는 소셜미디어가 세상을 크게 바꿔놓지 않았기 때문이 아니라, 그러한 주장이 언제나존재한 적도 없는 인간의 단순한 소통 양식에 대한 유치한 향수에 기대고 있기 때문이다. 고대 수메르의 마지막 자유사상가들도 설형문자가 자기들의 정치 담론을 망쳐놓았다고 한탄하며 서로의 머리에 돌을 던지던 좋았던 옛 시절을 그리워했을 것이다.

"정확한 시점을 짚을 순 없지만 지난 몇 년 사이 언제부턴가, 모호하면서도 압도적이고 비이성적인 짜증이 하루에 십수 번씩 나를 휩쓸기 시작했다." 엘리스는《화이트》의 첫 페이지에 이렇게 쓴다. 트위터를 말하는 것인데, 그는 트위터가 진정한 자유 발언을 억압하는 권위주의적 순응주의에 지배되고 있다고 믿는다. 그가 이런 인상을 받은 이유는 자신이 올린 몇몇 무해한 트윗에 대해 사람들이 온라인상에서 그에게 악의적인 말을 했기 때문인 듯하다. "게이 남성이 에이즈와 그라인더(내가 남자친구와 수없이 사용한 앱이다)를 동일시하는 농담을 한다고 해서 자기혐오라고 비난받아야 한다는 건 새로운 파시즘의 징후다"라고 엘리스는 선언한다. 그렇다면 철장 속 아이들은* 대체 무엇의 징후인지 독자들은 궁금해할 수도 있으리라.

* 2018~2019년 트럼프 행정부의 강경한 이민정책으로 미국-멕시코 국경에서 아동 이민자들을 비인도적으로 구금했던 사태를 지칭한다.

고약한 사람들이 자신의 멋진 트윗을 좋아하지 않는다고
투덜거리는 것은 얼마든지 할 수 있다. 그러나 그러한
행동에는 때와 장소가 있으며, 분명히 앨프리드 A. 노프 출판사
사무실에서는 그것이 용인되지 않는다. 물론 누군가는 브렛
이스턴 엘리스를 자기네 단체 채팅방에 들여보내줄 것이다.
"트위터가 내 안의 악당을 부추겼다"고 그는 이런 일을 겪는
최초의 남자라도 된 듯 고백한다. 그러나 만약 당신이 〈제로
다크 서티〉 감독 캐스린 비글로가 "핫한 여성"이기 때문에
과대평가되었다고 한 2012년의 트윗에 대한 해명을 하기
위해 몇 페이지를 할애해야 한다고 느낀다면 당신은 평범한
성차별주의자일 뿐만 아니라, 더 중요하게는 트위터에 젬병인
것이다. 이런 면에서《화이트》는 단순히 문해력 부족으로 생긴
문제다. X세대 특유의 부정성을 쉴 새 없이 뽐내는 엘리스가
21세기 가장 창의적으로 부정적인 문화 기관인 트위터를,
그 사용자들조차 "이 지옥 같은 곳"이라 부르곤 하는 그곳을
제대로 들여다본 적이나 있는지 의아해지기 시작한다.

엘리스는 밀레니얼 세대를 '쪼다 세대'라고 칭하는데, 뭔가
우리 아버지가 지어낸 말 같다.《화이트》의 많은 부분이 이런
종류의 무기력한 조롱에 할애된다. '안전 공간'에 관한 첫 번째
언급이 9페이지에 등장하고, '헬리콥터 부모'도 같은 면에
등장하며, '참가상'은 17페이지에 나온다. 모두가 응석받이고,
징징대는 어린애다. 엘리스는 밀레니얼 세대의 경제적
불안정성에는 공감하지만—자신의 대학 나온 밀레니얼
세대 남자친구는 일자리를 찾느라 "지옥 같은 한 해"를
보냈다—그가 말하는 잔인한 진실은 삶이 실망스러우며,
잔인하고, 불공평할 때가 많다는 것이다. "거지 같은 일은 늘

있지." 엘리스는 선수들에게 최선을 기대하는 축구팀 코치처럼
일갈한다. "감당해. 징징대지 말고, 알약 삼키고, 철 좀 들어."
그는 트럼프 선거캠프의 주제가인 〈언제나 원하는 걸 얻을
순 없어〉를 맞는 말이라는 듯 인용한다. 우리는 롤링스톤즈가
트럼프에게 해준 말을 그에게도 일러주고 싶다. '제발 그만둬.'
　이건 똥 묻은 개가 겨 묻은 개 나무라는 격이다. 당연히
끊임없이 징징대는 건 엘리스 자신이다. 트롤링을 감당하지
못하는 것도, 비판을 "억압"이라 부르는 것도, 온라인상에서
사람들이 사소한 일에 과민반응하는 경향을 "기우와 파국적
호들갑의 전염병 대유행"으로 묘사하는 것도 모두 엘리스
자신이다. "사람들이 언제부터 그렇게 피해자에게 악착스레
동일시하기 시작했으며, 언제부터 피해자의 세계관이 우리가
모든 것을 바라보는 렌즈가 되었는가?"라고 로스앤젤레스의
부유한 작가가 진정한 피해자를 자처하며 묻는다. 한 세대가
자신에 대해 가장 혐오하는 것들을 모조리 다음 세대에
투사한다는 것은 기이한 일이다. 나이가 들수록 사람은
겸허해지기보다는 새로운 형태의 순진함을 갖게 되는
듯하다. 스스로 철든 적이 없는 그는 다른 누군가가 자기 대신
철들어줄 거라는 희망에 매달린다. 젊은 세대가 자신처럼
실패할 때 그는 심술을 부리며 경멸하고, 쉽게 기분 나빠 한다.
한마디로, 다시 어린애가 된다.

　《화이트》의 문장들은 형태가 없고 산만하며 노골적으로
미편집되었다. 독자는 인상적인 이미지를 기다리지만, 헛된
기대다. 일부 단락은 2011년 "제국적"(Empire) 유명인과 "탈제국적"(post-Empire)
유명인의 차이에 관해 《뉴스위크》에 기고한, 마셜 맥루언을
떠올리게 하면서도 엄밀함은 결여한 이해 불가의 에세이를

포함해 지난 몇 년간 쓴 글을 재활용하거나 다듬은 것이다.
자신의 유별난 개성을 자랑스레 여기는 사람치고 엘리스는
마치 형의 책장에서 니체를 막 발견한 것마냥,《브라이트바트
뉴스》의 논점에 묘하게 탈정치적인 반체제적 사고를 뒤섞은
듯, 웃음이 날 정도로 베껴온 티가 나는 어휘를 사용한다. 그는
"문화의 민주화"를 한탄하고, 소셜미디어를 "오웰적"이라
말하며, "집단 사고", "기업", "현상 유지" 같은 단어들을 툭툭
내뱉는다. 지배권력 말인가? "사회정의를 부르짖는 전사들은
결코 예술가처럼 생각하지 않는다"라고, 엘리스는 그게 마치
문장이라도 되는 것처럼 단언한다. 그의 영웅 조앤 디디온처럼
엘리스는 문체가 전부라고 믿는다. 그런데도 자기 책의 문체가
그 지경이라니.

요리를 했는데 맛 자체가 없을 순 없는 것처럼, 문체 없이
글을 쓰기란 불가능하다. 그럼에도 엘리스는 바로 그런 일이
미국 문화에 일어났다고 주장한다. 즉 정치적 올바름이 예술적
자유에 재갈을 물려서 할리우드는 미학을 잃고
"이데올로기"의 꼭두각시가 되어버렸다는 것인데, 여기서
그가 말하는 "이데올로기"는 흑인을 뜻한다. 수년간 엘리스는
〈브렛 이스턴 엘리스 팟캐스트〉에서 "이데올로기 대 미학"에
관한 이야기를 집요하게 반복해왔다. 팟캐스트에서 그는
지적인 '쇼크 자키'* 역할을
자처하며, 다른 이의 말 틈에
끼어들어야 할 필요가 없을 때
사람의 목소리에 스민다는 풍성한
초월성을 가지고 영화에 관해 말을 늘어놓는다. 과학이
말해주듯 시네필리아는 약도 없는 진행성 질환이라지만, 브렛

* 라디오나 팟캐스트에서 충격적이거나 도발적인 발언으로 청취자의 관심을 끄는 진행자를 뜻한다.

이스턴 엘리스는 그것을 자랑스레 잘도 떠안는다.

내가 들은 에피소드는 오스카상 시상식을 며칠 앞둔 2월에 올라온 것이었는데, 거기서 엘리스는 "다양성 관련 압력"을 받은 아카데미가 자격도 없는 젊은 여성과 유색인 수백 명을 회원으로 "퍼 넣었기" 때문에 최우수작품상 후보작으로 〈블랙 팬서〉가 지목되었다며 거의 30분 동안이나 열변을 토한다. 쉬는 시간 이후 엘리스는 게스트로 나온 작가 데니스 쿠퍼에게 "지난 몇 년간 자신을 괴롭혀온 멍청한 질문", 즉 서던캘리포니아의 부유하고 안락한 환경에서 백인으로 자란 배경이 자신의 작품에 영향을 미쳤을지에 관한 질문을 던진다. "물론, 제 생각엔, 글쎄 저야 모르긴 하지만 계급이 꼭 글에 영향을 준다고 할 수는 없죠." 그는 조심스럽게 말한다. "그치만 영향을 주는 게 아닐까 하는 생각도 해요."

쿠퍼는 그 질문을 에둘러 가지만 우리 모두 답변이 뭔지 알고 있다.《화이트》는 부유하고 지루한 삶에 관한 책으로밖에 읽히지 않는다. 엘리스가 마침내 트럼프의 부상에 관해 언급할 때《화이트》는 더는 읽을 수 없을 지경이 된다. 그는 도널드 트럼프의 막돼먹은 비도덕성을 친절하게도 〈다크 나이트〉에서 히스 레저가 연기하는 조커에 비유한다. 자신이 보수도 진보도 아니라고 주장하는 엘리스는 굳이 투표조차 하지 않았다고 한다. "그 1년 반 동안 나는 내게 여러 다른 면이 있다는 것을 이해하게 되었다." 굳이 따지자면 자기는 "낭만주의자"란다. "나는 한 번도 정치가 인류가 가진 어두운 문제들의 핵심과 섹슈얼리티의 무법성을 풀어낼 수 있다고 믿어본 적이 없다"고 엘리스는 사색에 빠진 중학생처럼 쓴다. 선거 직후 그런 낭만은 산산조각 났고 그는 충격에 빠진 진보주의자 친구들과 연달아

저녁식사를 해야 했는데, 결과를 받아들이지 않는 그들의 "히스테리컬한" 태도에 미칠 지경이었다. "내 첫 반응은 항상 이랬다. '너 진정제 먹어야겠다, 정신과라도 한번 가봐, '나쁜 남자'가 네 인생 전체를 피해자로 만든다는 생각은 집어치워.'"

엘리스는 베벌리힐스에 있는 폴로 라운지에서 저녁식사를 했고, 웨스트 할리우드의 레스토랑에서도 식사 자리가 있었다. 실로 엘리스는 17페이지에 걸쳐 유명한 작가, 광고 디렉터, 센트럴파크가 내려다보이는 펜트하우스에 살며 순자산이 1000만 달러가 넘는 진보적인 오십대 유대인 여성을 비롯한 친구들과 적어도 여덟 번 이상 저녁식사 자리를 가졌다. 베벌리 대로의 한 레스토랑에서 엘리스가 '흑인의 생명도 소중하다' 운동의 홍보에 문제가 있다고 무심코 말했을 때 이 여성은 "발작적 분노"를 터뜨리며 엘리스를 "백인 남성 특권"에 절어 있다고 비난한다. 그는 "우리는 마침내 그녀를 진정시켰지만, 식사 자리는 이미 망쳐져 있었다"고 쓴다. 그에겐 저녁식사가 자유주의적 파시즘의 최대 피해자인 것이다. "정치적으로 누구를 지지하는지에 따라 파티나 저녁식사 자리에 초대받을지 말지가 결정된다"고 엘리스는 불평한다. (그는 지난여름 버지니아주의 한 레스토랑에서 쫓겨난 백악관 대변인 세라 허커비 샌더스가 진심으로 안됐다고 생각한다.*) 그러나 몸의 70퍼센트가 저녁식사로 구성돼 있을

* 2018년 6월, 트럼프 행정부의 대변인이었던 세라 허커비 샌더스(Sarah Huckabee Sanders)는 버지니아주 렉싱턴에 있는 레스토랑 '레드 헨(The Red Hen)'에서 식사하던 중, 식당 주인 스테퍼니 윌킨슨(Stephanie Wilkinson)으로부터 나가달라는 요청을 받았다. 윌킨슨은 샌더스가 옹호하는 트럼프 행정부의 정책들이 비인도적이고 비윤리적이라고 판단해 서비스 제공을 거부했고, 샌더스는 식당을 떠났다.

— 사이코 분석

것 같은 이 남자는 친구들이 그를 짜증나게 하는 이유가 좌파 성향 때문이 아니라, 그들이 자신과 마찬가지로 부유하며 부자들은 원체 끔찍하기 때문이라는 생각은 결코 못 하는 듯하다.

어느 시점에 우리는 도처에서 《1984》밖에 보지 못하는 남자야말로 1980년대에 갇혀 있는 게 아닌지 묻게 된다. 《아메리칸 사이코》의 연쇄살인마 주인공과 그걸 쓴 논란의 작가를 비교하기는 어렵지 않다. 패트릭 베이트먼과 브렛 이스턴 엘리스는 둘 다 부유하다. 그들은 둘 다 저녁식사 자리가 많다. 둘 다 도널드 트럼프를 존경한다. 엘리스는 《화이트》의 마지막 부분에 이르러 스스로 이런 비교를 하며 자신의 그 모든 좌절감—"수백만 달러, 식스팩 복근, 차가운 비도덕성 등 나를 비롯한 X세대 남성이라면 가져야 한다고들 하는 것들"—을 그대로 베이트먼에게 쏟아넣었음을 고백한다. "베이트먼이라는 인물은 나 자신의 최악의 버전이자 악몽 같은 나이며, 나는 그를 혐오하면서도 그의 무력한 몸부림을 대체로 동정해왔다." 어릴 때부터 스스로를 "아웃사이더"이자 "괴짜"라고 칭해온 엘리스에게 베이트먼의 사회 비판은 "전부 옳은 말"로 들렸다.

이전에 《호밀밭의 파수꾼》이 그랬고 이후에 《파이트 클럽》이 그랬듯, 《아메리칸 사이코》는 안락하게 살아가는 백인 남성들에게 그들이 사실은 "아웃사이더이자 괴물이자 괴짜"임을 확인시켜주기 위한 소설이었다. 이 책이 비판하는 바는 레이건 시대의 얄팍한 소비주의가 억압된 개인의 피에 굶주린 동물적 분노를 그 아래에 가두고 있다는 데 그치지 않고, 《아메리칸 사이코》에서처럼 살인, 강간,

식인, 시간^{屍姦} 등으로 그 분노의 고삐가 풀리더라도 다들
너무나 자기중심적이어서 아무도 아랑곳하지 않을 거라는
것이었다. 베이트먼이 모델 여성에게 자신은 "살인과 처형"^{murders and executions}에
관심이 있다고 말할 때, 그녀는 "합병과 인수"^{mergers and acquisitions}라고 듣는다.
그가 자신의 변호사에게 자신이 비즈니스적 경쟁자를
죽여버렸다고 고백할 때, 변호사는 그 말을 농담으로 듣고
웃어넘긴다. 이것이 베이트먼의 "가장 큰 두려움"이었다고
엘리스는 《화이트》에 쓴다. "아무도 그에게 주의를 기울이지
않으면 어쩌지?" 엘리스는 스스로에 대해 말하고 있다는 걸
알아차리지 못한다. 몹시 찌질한 책을 쓴, 화가 난, 재미없는
남자인 자신에 대해 말이다.

2019

후기 이 서평이 공개되기 직전, 나는 설득에 이끌려 원래의 마지막
문단을 삭제하게 되었다. 나는 개인적으로 베이트먼식 무심함이
내가 "긁힌 것"^{triggered}이라는, 작가가 필연적으로 할 법한 주장(실제로
현실이 되긴 했다)을 선제적으로 차단하는 영리한 방법이라고
여겼다. 후대를 위하여 원문을 여기에 남긴다.

'그러니 밤늦게 건물 안에서 소리가 들려도 놀라지 말라. 브렛
이스턴 엘리스가 나타나 당신의 개를 찌르고 당신의 이웃을
강간하는 소리일 뿐이니까. 편하게 그를 무시해도 좋다. 피치 못할
경우, 우리가 트위터에서 하는 말을 들려줘라. 집에 가, 브렛. 너
취했어.'

— 사이코 분석

아무도 원치 않아

비평적 찬사를 받은 TV 드라마의 뒷이야기를 가볍게
들여다보는 조이 솔로웨이(Joey Soloway)의 신간 회고록《그녀는 원한다:
욕망, 권력, 그리고 가부장제 무너뜨리기(She Wants It: Desire, Power, and Toppling the Patriarchy)》는 공항에서
가볍게 사 볼 만한 책 수준에도 못 미친다. 욕망, 권력, 혹은
가부장제 무너뜨리기에 관한 책으로서 보자면 경쟁력이 없고,
방어적이며, 놀라울 정도로 무지하다.

이것은 자신의 TV 드라마가 비판받자 엘 캐피탄으로
'글램핑 작가 수련회'를 떠나는 이의 이야기다. "우리는 샤먼을
초대했다. 그녀는 유르트 바닥에 누워 있는 우리 곁에서
마술적 주문을 걸었다." 이 책은 아이처럼 타인의 동정심을
이용하는 부유한 로스앤젤레스 창작자 캐릭터를 무의식적으로
드러내는데, 그는 기본적으로 잘못을 저지를까 봐
두려워하지만 옳은 일을 하는 건 더더욱 싫어하는 사람이다.
이 자각 없고, 자기중심적이며, 중요하지 않은 책에 관해 할 수
있는 가장 호의적인 평은 트랜스들 역시 유감스럽게도 어쩔 수
없는 인간이라는 사실을 증명한다는 것 정도다.

《그녀는 원한다》에 핵심 내용이라는 게 있다면 그것은 작가가
드라마 〈트랜스페어런트(Transparent)〉를 만들고 있던 시기에 관한 이야기다.

유대인 트랜스젠더 여성이 생애 느즈막이 성인이 된 자녀에게
커밍아웃하며 가족 전체를 혼란에 빠뜨린다는 그 드라마의
설정은 뒤늦게 트랜지션한 트랜스 여성의 자녀였던 솔로웨이
자신의 어린 시절 경험에서 나온 것이다. '아마존 오리지널
시리즈'라는 말이 '짐 캐리 개인전'이란 말만큼 낯설게 들리던
2014년, 당시 결혼해 두 자녀를 둔 엄마였던 솔로웨이는《롤링
스톤》과의 인터뷰에서 드라마의 젠더 및 섹슈얼리티 탐구가
"자전적인 이야기는 아니다"라고 했는데, 당시로선 믿을 만하게
들렸다. 하지만 이 책이 확인해주듯 솔로웨이의 삶은 빠르게
자신의 예술을 닮아갔다. 세라 페퍼만처럼 솔로웨이 역시
남편을 떠나 다른 여성을 만나게 되었고, 조시 페퍼만처럼 재수
없는 선글라스와 폼나는 바지를 입은 연예산업에서 성공한
인물이 되었으며, 알리 페퍼만처럼 유명한 레즈비언 시인과
데이트하고 논바이너리 젠더를 탐색하기 시작했다.

그런데 사실 솔로웨이는 〈트랜스페어런트〉의 제작에
들어가던 때보다 트랜스에 관해 별로 더 알게 된 것 같지 않다.
회고록에 따르면 드라마의 파일럿을 쓸 당시 솔로웨이는
자신의 부모 같은 트랜스 여성을 여장남자 정도로 생각했고,
작가이자 해당 드라마 컨설턴트인 제니퍼 피니 보일런이
진행한 (그리고 나중에 솔로웨이가 출간기념회에서 인용한)
교육은 놀랄 만큼 초보적인 수준이었다.

그녀는 '트랜스'라는 단어가 라틴어로 '다리'를 뜻한다고
가르쳐주었다. 그러고서 그녀는 칠판에 'transbrella'라는 단어를
적었다. "모든 사람이 스펙트럼의 한쪽 끝이나 다른 쪽 끝에 있는 건
아니에요"라고 그녀는 설명했다. 사람들은 '트랜스'라는 단어 하나로

드랙퀸, 부치 레즈비언, 젠더퀴어를 포함해 온갖 부류를 통칭하려 하는데, 비유적으로 말해 그들은 다리를 이용해 한쪽에서 다른 쪽으로 넘어가려는 게 아니라 그 중간에, 즉 다리 *위에* 서 있는 사람들이다.

내가 볼 때 'transbrella'라는 흉측한 합성어는 솔로웨이 자신이 만들어낸 말 같다. (보일런이라면 일반적인 용어인 '트랜스 엄브렐라'를 썼을 터.) 한편 '다리'는 라틴어 '트랜스'의 잘못된 번역이다. 라틴어 '트랜스'는 '가로지르다'라는 뜻으로 흔히 쓰이는 전치사다. 랜덤하우스 출판사의 그 누구도 굳이 《휠록 라틴어 문법》을 뒤적여보지 않았던 모양이다. 다리는 무언가를 가로지르는가? 그렇다. 누군가가 다리를 가로질러 갈 수 있는가? 독자여, 그건 부정할 수 없는 사실이다. 하지만 적어도 보일런을 위해서라도, 나는 그녀가 교육적 목적 때문에 〈트랜스페어런트〉 제작팀에게 '트랜스'를 다리처럼 생각할 수 있다고 말했기를 바란다. 그랬다면 그것은 은유였을 테니까. 은유는 마치 다리를 건너가듯이 '가로질러 옮긴다'라는 뜻의 그리스어 'metapherō'에서 유래했다.

사실 이 모든 것은 중요하지 않다. 조이 솔로웨이가 사는 세계에서는 '급진적 트랜스' 뒤에 '콘텐츠'라는 말이 아무런 아이러니 없이 붙을 수 있기 때문이다. 최근 《뉴욕 타임스》의 찬사 가득한 특집 기사에서 두드러지게 다뤄진 솔로웨이의 제작사 토플은 아마존의 기업 경영 원칙을 본떠 자신들의 핵심 원칙을 설정했다. (두 번째 원칙은 '침착하라'다.) 솔로웨이의 목소리에서는 아방가르드 예술의 변혁적 힘에 대한 1970년대의 거창한 자만심이 '안전한 환경 조성'이라든가 '마음의 연결'이라든가 하는 서부 스타트업의 요가식

사고방식에 죄책감 없이 결부되어
있는 모습을 발견하게 된다. 흡사
피터 틸*이 게이라고 할 때와
비슷한 느낌이다.

그러나 자기중심성만으로
이런 끔찍한 글을 쓸 수는 없다.
나르시시즘도 전문가의 손길을 거치면 아주 매력적일 수
있다. 이것이 유명한 TV 거장의 산문이라는 사실은 회고록
장르와는 달리 TV 글쓰기가 공동 작업이라는 점을 떠올려야만
설명될 수 있다. 《그녀는 원한다》의 화자는 밀레니얼 세대를
흉내 내는 X세대로, 고상한 척하고, 시대에 뒤처졌으며,
감상에 빠지기 쉽다. 별 생각 없이 솔로웨이는 "선종의 화두를
떠올리며 깨어났다", "잭 케루악처럼 되고 싶다면 흥미로운
삶을 살아야겠다고 다짐했다" 같은 문장들을 줄줄이 쏟아낸다.
실제로 책에는 이런 문장도 적혔다. "우리가 볼링장을
점령하다시피 했을 때, 2014년 로스앤젤레스에서 퀴어로
살아갈 수 있는 다양한 방식이 있음에 내 정신은 폭발할
지경이었다."

솔로웨이는 마치 중학생이 케이트 쇼팽에 관한 리포트를
쓰듯 심오해 보이는 다른 작가들의 인용구들을 가져온다.
솔로웨이는 녹음실에 잘못 들어온 바텐더처럼 은유들을 마구
뒤섞는다. 이별하고 싶은 충동은 "내가 엄마로부터 물려받은,
등이라는 산비탈을 질주하듯 미끄러져 내려오는 불안의
눈덩이"가 된다. 그렇다면 눈이 유산으로 증여되기라도
한다는 말인가? 또 솔로웨이는 여동생 페이스를 "실제적인
액체 믿음"이라고 애정 어리게 부른다. 이는 술을 뜻하는 흔한

별칭*과 유사한 비유적 표현으로 추정되는데, 여동생이 실제로 음료일 경우에만 말이 된다. 그리고 문장이라고도 부르지 못할 파편들.

《그녀는 원한다》 전체에서 솔로웨이는 모순된 젠더적 진술들 사이를 혼란스럽게 오간다. 한순간 이분법적 정체성을 "선택할 필요 없음"에 대해 시적으로 칭송하다가("모든 사람이 젠더 이전에 순수한 영혼을 본다면 어떨까?"), 다른 때에는 자연스럽게 여성으로서 "우리의 삶", "우리 몸", "우리의 관심사"를 언급한다. 이 같은 모순을 숙고하려는 지적 시도는 물론 존재하지만, 이 책은 그런 책이 아니다. 독자들이 솔로웨이를 내킬 때만 여성인 사람이라고 생각하더라도 무리는 아닐 듯하다. 여성인 것이 문화적으로 유리할 때는 여성이 되고, 그렇지 않을 때는 여성이 아닌 사람이 되는 것이다.

지금 젠더 인지의 윤리는 그 어느 때보다도 우리에게 모든 사람의 자기 정체화를 논쟁이나 편견 없이 받아들일 것을 요구한다. 그렇지만 그렇다고 해서 그 정체성들을 좋아하거나 흥미로워해야 한다고, 혹은 그것에 관해 책을 쓸 가치가 있다고 생각해야 하는 건 아니다. 솔로웨이는 자신의 창작활동을 위해 트랜스들을 채굴되기를 기다리는 원유 취급한다는 장구한 비난을 스스로 입증해보이고 있다. "내 부모님의 커밍아웃과 동시에 어떤 벽이 산산조각 났다"라고 솔로웨이는 《그녀는 원한다》의 초반에 쓴다. "그녀는 진정한 자아, 즉 여성으로 존재하고 있었다. 이제 나 역시도 진정한 자아, 즉 디렉터가 될 수 있었다." 그의 눈부신 새 젠더가 의심스럽다고 해도, 다시 말해 트랜스 관련 주제를 다루는 TV 드라마를 만들며 트랜스를

대변한다고 오랫동안 비판받던 시스젠더 제작자가 트랜스로
커밍아웃하는 상황이 이상하게 보여도, 우리가 기억해야 할
것은 관심받고 싶어 트랜스가 된다고 해서 트랜스가 "아닌" 것은
아니라는 사실이다. 그저 짜증이 날 뿐.

솔로웨이는 자신이 잘못된 선택을 한 건 아닌지 계속해서
걱정하면서도 밀고 나간다. 그는 계속해서 다른 이들에게
조언을 구하지만, 번번이 그 조언을 태평하게 무시한다.
솔로웨이는 후회는 해도, 결코 뉘우치지는 않는다. 문제는
솔로웨이가 잘못된 선택을 한 것이 아니라 다른 누군가가
불쾌함을 느꼈다는 것이다. 〈트랜스페어런트〉가 시리즈로
제작되기 전에 제니 보일런은 제프리 탬버(Jeffrey Tambor)를 트랜스젠더
여성 역할로 캐스팅할 경우 "상당한 반발"을 겪게 될 거라고
솔로웨이에게 경고한다. 한 페스티벌에서 한 관객이 같은
문제를 제기하자 솔로웨이는 울먹인다. "맙소사, 이런 건
예상 못 했어요." (보일런은《그녀는 원한다》를 "도발적이고,
관대하며, 영감을 준다"고 평했다.)

솔로웨이가 〈트랜스페어런트〉 시즌 4를 이스라엘에서
촬영하려는 시온주의적 충동을 느낄 때("재러드 쿠슈너(Jared Kushner)와
나는 별로 공통점이 없지만, 경미한 수준의 예루살렘 증후군은
공유하고 있을지도 모른다"), 작가 세라 슐먼(Sarah Schulman)은 팔레스타인이
주도하는 보이콧 운동을 깨뜨리면 많은 퀴어 활동가들이 이
드라마를 불편해할 거라고 경고한다. 이에 대해 솔로웨이는
이렇게 반응한다. "으, 너무나 짜증이 났다. 어쩌다 내가
선택을 강요당하는 이 좁은 선택지에 갇히게 된 걸까?"
(당황스럽게도 이 말은 논바이너리가 되는 것에 관해 설명할
때 솔로웨이 자신이 사용한 표현을 가져온 것이다.) 결국

— 아무도 원치 않아

솔로웨이는 한발 물러서 해당 시즌을 파라마운트사의 촬영장에서 찍기로 타협한다. 그러고는 소규모 팀을 꾸려 기어이 이스라엘로 가서 B롤을 촬영한다. 믿기 힘들지만, 나중에 솔로웨이는 이 결정을 "우리의 이스라엘 타협안"이라고 칭한다. (슐먼은《그녀는 원한다》를 "얽히고설킨 가족이 때때로 최선을 이끌어내는 떠들썩한 이야기"라고 했다.)

그렇지만 무엇보다 민망한 건, 솔로웨이가 책의 마지막에 미투 운동에 대해 하는 말이다. "내가 무대에서 '가부장제를 무너뜨려라!'고 외친 지 2년이 지나자, 정말로 모든 것이 무너져내렸다"고 솔로웨이는 감격해하며 몇몇 남성 유명인의 퇴출을 인류 역사만큼 유구한 체제의 종식과 동일시한다. 우리의 작가는 자신의 스마트워치를 힐끗 보는 것으로 역사의 맥을 짚어낼 수 있다고 믿는 듯하다. 2016년 대선 결과에 충격받은 솔로웨이는 탄식한다. "우리는 우리가 힘을 가진 줄 알았다. 그러나 아니었다. 실제로 우리는 '다른 것^Other\ Thing^'이었다. 여성이라 불리는 어떤 다른 존재 말이다. 우리는 투표 한 번으로 침묵당하고 무시될 수 있었다." (힐러리 클린턴을 뽑은 여성 아홉 명당 트럼프를 뽑은 일곱 명의 여성이 있었다는 사실은 보이지 않나 보다.) 이제 솔로웨이는 리즈 위더스푼^Reese\ Witherspoon^, 에이바 두버네이^Ava\ DuVernay^를 비롯한 유명인사들과 함께 초기 '타임스 업^Time's\ Up^'* 회의에 참석한다. "나는 벅찬 마음으로 집에 돌아왔다. 혁명이 일어나고 있었다." 솔로웨이는 자신이 목도한 세계적 격변이 사실은 부유하고 유명한 이들로 이루어진 인맥이 갑작스레 늘어난 것에 불과할지도 모른다는 걸 결코 의심하지 않는다.

* 성폭력 피해자를 지원하기 위해 2018년 미국 할리우드의 여성 유명인 300여 명이 창립한 비영리 조직.

물론 이 모든 것은 솔로웨이 자신이 일으킨 스캔들을
수습하는 과정이다. 만약《그녀는 원한다》의 출판에 어떤
목적이 있다면, 그것은 2017년 11월 비서였던 밴 반스와 동료
배우였던 트레이스 리세트—둘 다 트랜스 여성이다—에게
촬영장에서의 성희롱으로 고발당한 제프리 탬버 문제와
관련해 솔로웨이 본인의 책임 없음을 입증하려는 것이었다.
그 시도는 처참하게 실패한다. 솔로웨이가 〈트랜스페어런트〉
제작에 뛰어든 이유가 "루이 C. K.와 리나 더넘에 대한 거친
질투"에서 비롯되었다는 점은 놀랍지도 않다. 둘 다 비호감에
나르시시즘적인 자기 자신을 모델로 한 인물을 연기한
TV 드라마로 찬사를 받았는데, 결국은 실제로도 비호감에
나르시시스트인 것으로 밝혀졌다.

둘 중 누구도 미투 운동의 영향에서 자유로울 수는 없었다.
제프리 탬버에 대한 고발과 같은 달에《뉴욕 타임스》는 루이
C. K.가 여성 동료들 앞에서 습관적으로 자위를 했다고
보도했다. 며칠 뒤 오로라 페리노가 〈걸스〉의 작가 머리
밀러의 강간 혐의를 고발하자 더넘은 밀러를 두둔하는 성명을
발표했다. 트위터에서 더넘은 스스로를 이렇게 변호했다.
"나는 많은 것을 믿지만 내 첫 번째 정치적 원칙은 나를
사랑해주고 지탱해준 사람들을 지지하는 것이다." 이 말은
온라인쇼핑몰에서 8.99달러에 '마피아의 침묵 규율'을 구매한
듯한 느낌을 준다. (이후 더넘은 자신의 발언에 대해 사과했다.)

만약 마피아 비유가 부자연스럽게 느껴진다면, 잠시 판단을
보류하라. 솔로웨이는 리세트에 관해 이렇게 쓴다. "나는
그녀가 왜 우리에게 말하지 않고 곧장 언론에다 그 이야기를
했는지 알아내야 했다. 우리가 이 일을 처리할 수 있었다고,

하지만 내부적으로 가족 안에서 해결하자고 그녀에게
이야기해주고 싶었다." 솔로웨이는 이 부분에서 전에 없이
투덜대며 "유산"에 대해 입을 삐죽거리는 등 문장을 완성할
능력조차 상실한다. "트레이스가 성명을 발표하면 제프리는
끝장이었다. 그리고 모라 역시 끝이고, 드라마도, 우리 TV
식구들도, 모든 게 끝이었다." 챕터의 클라이맥스 비슷한
부분에서 솔로웨이는 커피숍 야외 테이블석에 앉아 리세트와
협상한다. "자기가 이럴 줄 몰랐어." 솔로웨이는 여배우에게
말한다. "내게 일어난 일인걸"이라고 리세트는 차분하게
대답한다. 그다음 벌어진 일은 너무나 믿기 힘들어서 길지만
통째로 인용할 수밖에 없다.

"나는 내 이야기를 해야 했어." 그녀가 말했다. "그래도 성명에서
나는 드라마가 중단되길 원치 않는다고 했어."

"하지만 이제 모두의 마음속에서 드라마의 이미지가 더럽혀질 거야."
나는 말했다. "미국 중서부 사람들은 여전히 트랜스젠더를 의심스럽게
생각하고 있어. 그런 와중에 모라가 트랜스성을 보여주는 아름다운
상징이 되었는데, 이제 자기가 거기다 가해자라는 이미지를 부여하고
있잖아."

갑자기 나는 눈물이 터졌다.

그녀는 경악했다.

"피해자는 나인데, *당신이* 울어?" 그녀가 따졌다.

그 말이 맞았다. 나는 두려움에 몸이 굳은 채 그녀의 맞은편에 앉아
있었다. 나는 울음을 그치려 애썼다. 마치 〈대부〉의 마이클처럼, 나는
냉정하고 침착하게 굴려고 했다. 나는 '프레도, 내가 너에게 얼마나
잘해줬는데'라고 말하진 않았다. 다만 이렇게 말했다. "행운을 빌어."

그러고서 나는 자리를 떴다.

한 시간 후 기사가 났다.

한때 성노동자였고, 응석받이 남성 동료 배우에게
자신을 "성적으로 공격"하고 싶다는 말을 들은 트레이스
리세트가 부유한 명예교수인 모라 페퍼먼보다 두말할 것
없이 트랜스성의 상징에 훨씬 더 잘 들어맞는다는 사실은
일단 차치해두자. 정말로 충격적인 것은, *거짓말*을 하거나
적어도 진실을 호도할 기회가 생겼을 때—나는 정말
진지하다—솔로웨이는 성희롱 피해자를 오스카상을 수상한
1974년작 〈대부 2〉의 프레도 콜레오네라는 허구적 인물과
진지하게 비교함으로써 다시 한번 자폭해버렸다는 사실이다.
기억하는지 모르겠지만, 영화의 결말부에서 프레도는 알
파치노를 배신한 대가로 말 그대로 처형당했다.

'자기인식' 대신 '자기'만 가득한 이 몹시 나쁜 책에서
얻을 수 있는 유일한 결론은 조이 솔로웨이가 자기 스스로를
고자질하려는 멈출 수 없는 병적 충동을 가지고 있다는
점이다. 사실상 그것이 솔로웨이가 해온 작업의 전부다.
〈걸스〉나 〈루이〉, 〈트랜스페어런트〉 같은 오토픽션이
우리에게 가르쳐주는 바가 있다면, 자기 자신의 얼굴보다 더
나은 위장은 없다는 사실이다. 《그녀는 원한다》의 중반부에
솔로웨이는 에미상 수상 소감의 세 가지 버전을 준비하면서
자기가 "과대망상"에 시달리는 건 아닌지 걱정한다. 그러다가
그 표현은 "시스젠더 백인 남자들"을 위한 것이라고
일축해버린다. "남성들을 숭배하라고 배우고, 웅대함이나
천재성은 그들의 것이라고 여기며 자라온 세상에서 스스로가

대단하다고 믿어도 괜찮다고 생각하려는 게 과연 망상일까?"
솔로웨이는 묻는다.

퀴어들도 재수없는 가식 덩어리가 될 수 있는가 하는 게
질문이라면, 《그녀는 원한다》는 그 답을 가지고 있다.

2018

후기 이 글이 공개되었을 때 솔로웨이는 'she'와 'they'라는 대명사
모두에 반응하고 있었다. 〈굿모닝 아메리카〉에 나와 이렇게
말하기도 했다. "'she'나 'her'라 불려도 괜찮아요. 사람들이 그렇게
지칭한다면 굳이 정정하지는 않지만, 'they'이라 지칭할 때면
케이크에 올린 아이싱 같죠." 당시 나는 여성이라는 정치적 범주에
대한 솔로웨이의 불성실한 접근 방식을 고려할 때 'they'로 불리는
사치를 허락하지 않는 편이 적절하다고 생각했다. (그래서 나는
내 서평이 '머핀'이라고 썼었다.) 이제는 솔로웨이가 젠더중립적
대명사만을 사용하므로 그에 따라 글을 수정했다. 이제 그는
케이크가 된 거다.

이 글은 유명 작가들을 "끌어내린다"고 칭해지는 나의 글들 중 첫
번째이며, 글의 조잡함과 전반적인 조롱조는 그 사실을 반영한다.
사실 이 글은 솔로웨이에 관한 것이 아니었다. 비슷하게 거슬리는,
그러나 글을 쓸 만큼 유명하지도 않은 내 지인에 관한 글이었다.
이제 와 보면 사나운 글이지만, 아주 잔인한 글은 또 아니다.
사나움은 사흘간 먹지 못해 공격하는 개의 것이라면, 잔인함은
차분하게 목줄을 쥐고 있는 사람의 것이다. 요즘의 내 목표는
잔인함이다.

메트로 골드윈 마이라

우리는 마이라 브레킨리지가 신뢰할 수 없는 화자라는 사실을 아주 빠르게 알게 된다. 그녀의 작가다운 목소리—우리는 정신분석가에게 보여주기 위해 쓴 그녀의 일기장을 읽고 있다—는 교활하고 이지적이며 논문을 아직 출판하지 못한 연구자의 허세가 섞인 데다, 가히 우주적이라 할 만한 나르시시즘을 가지고 있어서 당신은(여기서 '당신'은 '나'를 뜻하기에, 이것은 자기애의 슬로건이 될 수 있겠다) 그 망상적 중력으로 빨려들어가지 않을 수 없다. 마이라는 거짓말쟁이다. 마이라는 트랜스섹슈얼이기 때문에 이것은 굳이 필요치 않은 설명이다. 의학 문헌에서 트랜스섹슈얼은 예외 없이 기만하는 자로 규정되어왔기 때문이다. 이와 관련해 가장 유명한 이는 후세에 아그네스(Agnes)로 알려진 여인으로, 1950년대 후반 UCLA에서 치료를 받기 위해 인터섹스인 척한 인물이다.

'트랜스섹슈얼이 거짓이고, 허구이며, 환상이기 때문에 트랜스섹슈얼은 거짓말을 하는 것이다'라는 명제는 오래된 트랜스혐오의 전형이다. 고어 비달(Gore Vidal)이 로마에서 몇 주 만에 썼다는 《마이라 브레킨리지(Myra Breckinridge)》는 그 전제를 폐기하는 대신 장소를 병원 진료실에서 연기 학교로 옮겨놓는다. 남편이 죽은

뒤, 마이라는 명목상 유산을 청구하기 위해 로스앤젤레스로
온다. 웨스트우드에 있는 그 유산은 한때 오렌지 농장이었으나
지금은 그녀의 간사한 삼촌이 가상의 연기 및 모델 학원으로
운영하고 있으며, 1959년 아그네스가 질을 얻었던 UCLA의
바로 그 '젠더 정체성 연구 클리닉'에서 멀지 않은 곳에 있다.
마이라는 재빠르게 그 학원에서 한 자리를 차지하고 공감과
자세를 가르치기 시작한다. 마이라 브레킨리지가 추구하는
유일한 외과적 수술은 세계의 신화를 떠받치는 척추를
마취 없이 재정렬하는 것이다. LA로 이주한 모든 사람과
마찬가지로 마이라는 신이 되기를 꿈꾸지만, 그 승천을
위해서는 자신의 학생들을 시작으로 남성성을 제물로 바치며
굴욕의 의례를 치러야만 한다. 즉, 찬탈자 프리아포스를
난폭하게 끌어내리고 고대 여성적 원리를 재건하는 것이다.

마이라는 그 원리가 샤토마몽 호텔의 자기 방 창밖으로
보이는 맞은편의 최면에 걸린 듯한 번쩍거리는 거대한 기계
소녀에게 구현되어 있다고 본다. 선셋스트립의 운전자들에게
'사하라 걸'로 알려져 있는 그것은 마이라에게 T. J. 에클버그
박사의 눈이 개츠비에게 의미했던 것과 같다. 다시 말해
상업광고의 형태로 무신론적 지구에 밀수입된 신성의 한
조각인 것이다. 마이라는 그녀를 추앙한다. 회전하는 쇼걸
이미지는《마이라 브레킨리지》의 초판 표지에도 실려 있다.
《타임》지가 "아동 성추행범만큼 웃기다"라고 한 1970년의
영화 각색작 포스터에서는 마이라 역의 라켈 웰치가 같은
포즈를 취하고 있다. 사하라 걸은 1940년대의 아바타로,
그 시기의 영화들은 단순히 할리우드의 전성기만이 아니라
(마이라에게 묻는다면) 인류 문명의 정점으로 여겨진다.

이는 그녀가 작고한 자신의 남편이자 영화 비평가인 마이런
브레킨리지와도 공유하는 견해다. 그는 미완성 원고
《파커 타일러와 40년대의 영화들, 또는 초월적 판테온》에서
[Parker Tyler and the Films of the Forties; or, the Transcendental Pantheon]
"이 세기의 유일하게 살아 있는 예술 형태는 영화다"라는
논지를 전개한다.

당연히 마이라는 곧 마이런이다. 이것은 비유적 표현이
아니다. 이는 고어 비달과 출판사가 원고의 사전 공개를
거부하며 장난스럽게 숨기려 했던 스포일러이지만, 주의를
조금이라도 기울여 읽은 독자라면 그리 놀라운 사실이 아니다.
("마이런이 스스로 목숨을 끊었냐고 물으신다면, 내 대답은
예이기도 아니오이기도 하다. 그 이상은 발설할 수가 없다…….")
마이라는 탐구 대상의 가장자리 너머를 너무 멀리 내다보다가
균형을 잃고 그 속으로 빠져들어가버린 영화 비평가다. 다시
말해 그녀는 모든 비평가가 언젠가 한 번쯤은 맞닥뜨리는
치명적 유혹, 즉 자신이 연구하는 대상이 되고자 하는 유혹에
굴복한 것이다. 이로써 마이라 브레킨리지는 남성에서 [male-to-film]
영화로의 트랜스섹슈얼, 1940년대의 여배우들에 관한
레퍼런스를 잘라 붙여 만든 순수한 셀룰로이드가 된다. "고 앤 [故 Ann Sheridan]
셰리던(〈도우걸스〉의 다섯 번째 릴)을 모사한" 그녀의 거칠고 [Doughgirls]
낮은 목소리에는 진 아서, 마거릿 설래번의 분위기, "〈도버의 [The White Cliffs of Dover]
하얀 절벽〉에서의 아이린 던과 비슷한 달콤한 톤"이 섞여 있다.
마음만 먹으면 그녀는 "〈메이지〉 시리즈 첫 번째 편에서 앤 [Maisie] [Ann Sothern]
소던의 것과 같은 아름답고도 의미심장한 미소"를 지을 수
있다. 그녀의 멋진 가슴은 "〈지옥의 천사들〉에서 진 할로우가 [Hell's Angels]
자랑한 것을 떠올리게 하며, 두 번째 릴 시작 후 4분쯤 지나면
가장 잘 볼 수 있다." 한마디로 그녀는 "끝내주는 여자인데,

— 메트로 골드윈 마이라

절대 잊지 마라, (요즘 애들이 말하듯이) 이 개자식들아."

혹자는 남성 작가의 환상이라고 항의할 수도 있겠지만, 마이라가 원하는 것이 바로 환상이다. 그녀의 기대가 평균적인 트랜스섹슈얼의 기대보다 더 비현실적인 것도 아니다. 어쨌든 마이라는 자신이 남성 감독의 성적 판타지라는 사실 때문에 "전통적 남성성의 마지막 남은 흔적"을 파괴한다는 자신의 사명이 방해받아야 한다고는 생각하지 않는다. 오히려 그 둘은 함께 간다. 마이라는 모든 면에서 자신이 '새로운 여성'이라고^{New Woman} 생각한다. 그녀는 자신감 넘치고, 성적이며, 지배적인 동시에, 코펜하겐에서 2년 전에, 추측건대 1952년* 크리스틴 요르겐슨을 《뉴욕 데일리 뉴스》의 1면에 올린 바로 그 스튜디오에서 말 그대로 새롭게 조립된 존재다. 마이라는 휴가 중인 신의 경박함으로 로스앤젤레스를 휩쓸고 다니며, 인간들이 '동의'라 부르는 것에 대해서도 동일한 태도로 대한다. 할리우드의 남성들을 강간한다는, 그녀가 스스로 부여한 임무의 잔혹한 정의에 대해서는 더 논평할 필요도 없으리라. 마이라는 자신의 자세 수업을 듣는 멍청한 금발 남학생인 러스티 고도프스키에게 행한 지독한 성적 학대를 복수 행위로 여긴다. 그것은 뉴욕에서 스스로를 '패그'라 칭하던 시절 자신을 강간한 남성들에 대한 복수일 뿐^{fag} 아니라 마이런 자신에 대한 복수이며, 자신을 "생명의 근원이자 그 파괴자인, 육화된 영원한 여성성"으로 변모시키고자 상징적으로 수술적 거세를 반복하는 피의 희생제의다.

---

* 롱 추의 원문에는 "1951년"으로 되어 있으나, 실제로 《뉴욕 데일리 뉴스》의 1면에 해당 기사가 등장한 것은 1952년 12월1일이므로 1952년으로 번역했다.

적지 않은 평론가들이 혐오감을 느꼈다. 〈롤리타〉[Lolita],
〈네이키드 런치〉[Naked Lunch]를 출판했고, 1968년에는 또 다른 유명한
남성혐오자이자 성노동자이며 때로는 레즈비언인 극작가인
밸러리 솔래너스의 가차 없는 선언문을 출판한 선정적인
소규모 출판사를 언급하며《타임》은 이렇게 물었다. "올림피아
프레스가 보스턴에서 여전히 건재하여 출판을 하고 있는가?"
약간의 예술적 허용을 가지고 말하자면, 맨해튼에 있는
앤디 워홀의 작업실에서 솔래너스가 그를 향해 겨누었던
32구경 베레타 자동 권총에서 총알이 튀어나가는 바로 그
순간, 마이라 브레킨리지의 딜도가 구레나룻을 기른 그녀의
할리우드 근육남의 장밋빛 뒷입술을 스치고 지나가는 모습을
상상해보게 된다. 미국 땅을 사이에 두고 양쪽 끝에 두 여성이
있다. 한 사람은 허구적 인물이고, 다른 한 사람은 허구라
해도 될 법한 인물이다. 둘은 모두 연예계에 진출하려는 깊은
욕망을 가졌고, 그것을 기이한 방식으로 드러냈다. 그리고
유머라곤 찾아볼 수 없는 두 건의 무자비한 행위, 개인적
복수가 성서적 차원으로 확대된 두 개의 아주 나쁜 농담이
있다. 그것은 강간과 살인이었고, 소돔과 고모라였으며, 성적
대재앙을 소환하는 의식이었다.

기겁하며 혀를 차는 것까지는 아니었던 비평가들마저
《마이라 브레킨리지》가 성역할을 포도처럼 으깬 후 그걸로
만든 포도주에 취해버렸다고 상상한 것도 놀라운 일이
아니다.《타임스 리터러리 서플러먼트》는 "오늘날 성은 멋진
의상만큼이나 쉽게 바꿀 수 있다"라고 곱씹었고,《뉴욕 리뷰
오브 북스》는 소설이 그야말로 "시대가 공유하는 궁극적
판타지—양성적 독립의 미래"를 불러일으켰다고 봤다. 이는

— 메트로 골드윈 마이라

트랜스섹슈얼리티에 대한 매우 진부하고 지루한 관점이며, 자신에게 맞는 몸에 갇혀 일상을 보내는 인구의 일부에게서 자주 발견된다. 오늘날 그러한 관점에 상응하는 것은 현재의 트랜스젠더 정체성 정치의 명백한 목표가 성별 이분법이라는 머리 둘 달린 보이지 않는 괴물, 모두가 알고 있지만 아무도 제대로 묘사하지 못하는 그 괴물을 무찌르는 것이라는 태평한 가정인데, 이는 시스젠더와 트랜스젠더를 가리지 않고 양쪽 모두에서 발견할 수 있다.

사실, 마이라는 이따금씩 "성별 간 경계가 사라지는 다형적인 성적 방종(…)이 미래에 유일하게 작동할 방식일지도 모른다"고 생각한다. 이 점에서 볼 때 마이라는 소설이 출판된 그해의 얼마 뒤에 보수주의자 윌리엄 F. 버클리 주니어가 전국 생방송 TV에서 "퀴어"라고 부른 비달 자신의 대변인이라 할 수 있다. 그리고 이 점을 뒷받침하듯 소설에는 도착적인 인물들이 조연으로 적잖이 나온다. 마이라의 삼촌 벽 로너는 전직 B급 서부극 배우로, 그의 스푸너리즘적인 카우보이식 이름*은 이제 아내를 위해 장을 보고 마사지사에게서 몰래 행복한 결말을 구하는 처지가 된 싸구려 마초 기질을 가리는 것에 불과하다. 그리고 정신분석가를 자처하지만 사실상 벽장에 갇힌 아이스크림 애호가인 치과 의사 랜돌프 스펜서 몬태그, 낮부터 마티니를 마시며 섹스 도중 계단에서 던져지길 좋아하는 드센 아줌마이자 에이전트인 레티시아 반 앨런도 있다.

그러나 나는 이것이 위장일 뿐이라고 의심한다. 모든

> * 두음인 자음을 뒤바꾸는 식의 언어유희인 스푸너리즘(spoonerism)을 적용하면 '벽 로너(Buck Loner)'라는 이름은 'Luck Boner', 즉 '행운의 발기'라는 뜻이 된다.

William F. Buckley Jr.

풍자가 그렇듯《마이라 브레킨리지》의 일침은 진실할 때 가장
날카롭다. 종말에 관해 떠드는 모든 엄포는 신비롭고 뒤틀린
애니마(마이라는 그 의미를 실어나르는 그릇일 뿐이다)가
실제로는 욕망이라 불리는 오래된 신일 뿐이라는 사실을 감출
수 있다. 그리고 그 욕망의 환각적인 미스터리는 미국의 어느
주방에서나 찾아볼 수 있다. 우리 모두와 마찬가지로 마이라는
욕망하지만 그 이유라든가, 그 욕망이 그녀를 어디로 데리고
갈지에 관해서는 말하지 못한다. "살아 있는 육신으로 모든
환상을 실행하고 나면 내 궁극적 정체성이 무엇일지 나는
뚜렷하게 알지 못한다." 잠깐 찾아온 발작적 자각의 순간에
그녀는 인정한다. 소설처럼 환상에도 끝이 있어야 한다는,
혹은 끝으로 위장된 해진 가장자리라도 있어야 한다는 사실은
이 세계에서 오래 버티려면 계속해서 잊어야만 한다. 만약
마이라나 나처럼 트랜스섹슈얼이라면 더더욱 그렇다. 남들이
교회에 가듯 어떤 이들이 영화관에 간다면 그건 바로 무한에
대한 믿음을 회복하기 위해서일 것이다. 메트로 골드윈
메이어의 야외 촬영장으로 향하는 마이라는 말한다. "벌써
기분이 나아졌다. 환상은 내게 그런 효과가 있지."

2018

끼리끼리

지기 클라인에게는 가슴이 없다. 그 자리에서 자라는 것은
불안뿐이다. 열다섯 살, 유대인이며, 쭈뼛거리고, 내면은
마치 저장강박자의 아파트처럼 번잡한 지기는 화려한 시드니
교외의 사립 여학교인 칸다라에 이제 막 전학 왔다. 거기서
지기는 곧바로 촘촘한 위계질서로 이루어진 생태계를
관찰하기 시작한다. 맨 꼭대기에는 일명 케이트들, 즉 성에
하이픈이 들어가고 번쩍거리는 인스타그램 계정을 가진
부잣집 여자애들이 있다. 맨 아래에는 못생긴, 레즈비언으로
추정되는 애들이 있는데, 지기는 자신도 여기에 속하는 것
같다고 생각한다.

얼마 안 가 지기는 페미니스트 무리에 섞여든다. 그들은
곧 지기에게 사상을 주입한다. 지기가 〈사이보그 선언문〉을
읽었냐고?

"그 글을 읽을 수 있는 링크를 보내줄게." 테사가 말한다. "그 글은
기술에 의존하는 우리 모두가 트랜스휴먼이라고 말하는데, 가부장제에
전적으로 굴복할 필요가 없으니까 좋은 거지. 사이보그는 부분적으로는
기계이고 부분적으로는 유기체라서, 걔네는 아빠가 없어."

"사실상 저자가 1984년에 이미 아이폰에 대해 예견하고 있었던 셈이야." 렉스가 생기 있는 목소리로 덧붙인다.

"저자가 누군데?"

"도나 해러웨이." 테사가 말한다. "멋있는 사람이지. 핫한 여자들을 진짜 싫어해."

사이보그는 가장 소외된 "유색인 여성"으로 정체화한다고 지기에게 설명해주는 테사는 빨간 머리에 의수를 가진 대장 기질이 있는 아이로, 그녀의 앵글로계 할머니는 이집트 카이로에 살았던 적이 있다. 예민한 감각의 음악 프로듀서인 렉스는 부모가 그녀를 방글라데시에서 입양했기에 실제로 유색인 여성이 맞다. 렉스는 예쁘기도 해서, 지기의 마음속에서는 인종주의적, 여성혐오적 대상화 내지는 그저 짝사랑처럼 느껴지는 감정이 일어난다.

렉시 프라이먼의 《부적절한 전유》에서 페미니즘은 하나의 클럽이다. 지기의 새 친구들은 트라우마를 만화책처럼 수집하며 소중한 상처를 환상이라는 보호용 비닐 덮개로 감싸 간직한다. 그들은 동급생들의 인스타그램을 뒤지며 이성애규범성을 찾아내려 하고, 인기 많은 여자애들의 경비가 삼엄한 저택에서 열리는 수영장 파티에 참석해 괴롭힘 당할 가능성을 기대한다. 지기는 무엇이 멋진 것이고 무엇이 장애차별인지 확신하지 못하면서도 무리에 끼고 싶은 마음에 신이 나서 함께한다. 주말이 되면 테사와 렉스는 지기를 쇼핑몰로 데려가 발기한 남자들을 상상하며 캣콜링당하는 환상을 품는다. 영화배우 지망생인 테사는 이것을 "메소드 연기"라고 부른다. 지기는 이러한 게임을 이해한다. 그들의

게임은 지기의 엄마 루스가 거실에서 운영하는 뉴에이지
집단치료 워크숍—거기서 여성들은 서로의 친척들을
강령술로 소환한 뒤 쿠션을 장식하며 휴식을 취한다—의
밀레니얼 세대다운 변형이다. 지기와 친구들이 하는 게임처럼
그 워크숍은 지기에게 자아와 역사적 고통의 간극은 환상을
통해서만 메워질 수 있다는 사실을 가르쳐준다.

　이것은 풍자이긴 해도 냉소는 아니다.《부적절한 전유》보다
못한 소설이라면 책 표지에 쓰인 "PC 문화"를 물고 늘어졌을
테지만, 그것은 너무 낮게 달려 있어 과일보다는 채소에
가까운 열매다. 보여주기식 워크니스를 경멸하기란 쉽고,
또 언제나 자기만족을 준다. 정치가 *과연* 사춘기의 환상을
넘어설 수 있는지 의문을 갖기는 더 어렵고, 더 영리한 일이다.
지기는 정치적인 것을 소속감을 위한 구실로 사용한다. 당신은
그렇지 않다고? 프라이먼은 당신도 그럴 거라고 의심한다.
그녀는 자신의 등장인물들에게 그러듯 독자들에게도 시큼하고
덩어리진 버터밀크 같은 걸쭉한 연민을 동일하게 품는다.
그녀는 그들을, 그리고 당신을 풍자하는데, 그것은 그녀가
동질감을 느끼기 때문이다.

　그 결과는 섬뜩하면서도 우습다. 홀로코스트 관련한 농담이
적당히 들어간 책을 읽는 것은 언제나 즐거운 일이다. 지기는
"양파, 식초 한 병, 동정심 많은 나치"와 함께 정기적으로
스스로 벽장에 갇혀 늘 스팽글 장식 옷을 입고 다니던 할머니
트윙클스가 몇몇 친위대 장교들과 겪었던 위기의 장면을
재연한다. 칸다라에 다니게 된 지 얼마 되지 않아 지기는
'히틀러 청년단'이라는 이름의 대안 우파 트롤 무리가 자신의
정신을 오스트리아처럼 합병했다고 상상한다. 그들의 목적은

대체로 그녀를 깎아내리는 거다. 그 아리아계 소년들은 지기의
귀에 생각 폭탄을 떨어뜨리며 가슴이 커지도록 두유를
마시라고 종용한 후, 〈사운드 오브 뮤직〉의 롤프와 리즐을 두고
그녀가 떠올리는 합의된 성적 판타지가 "갈색 종이 포장"에서
"끈으로 묶이는"* 것으로 고조되려 하자 그녀를 여성혐오적인
샌님이라고 부른다. 사실 지기의
성적 상상은 대부분 나치와
관련되어 있다. 지기는 그게 엄마
탓이라고 생각한다.

하지만 문제는 세대 간
트라우마라기보다는, 트라우마가
한 세대에서 다음 세대로 전달되는 와중에 얼마나 뒤죽박죽이
되느냐다. 페미니즘과 마찬가지로 홀로코스트에 대한 지기의
인식은 개인적 일화와 에로틱한 팬픽션이 섞인 조각보이며,
'단어 전달 게임'만큼이나 서사적 일관성이 없다. 그것은
대체로 성적 흥분이나 속 더부룩함같이 무언가를 느끼기
위한 핑계다. 은퇴한 위장병 전문의인 그녀의 할머니는
푸드코트에서 지기에게 우연한 화두처럼 이것을 설명해준다.

"자궁 안에서 아기는 엄마의 박테리아를 받고, 그 박테리아는 아기
뱃속에 평생 머무른단다. 그 말은, 네가 방귀를 뀌면 엄마의 방귀와
같은 냄새가 난다는 거야. 그리고 그……"

"알겠어요."

"엄마의 방귀는 내 방귀와 같은 냄새가 나고."

지기는 접시를 멀리 밀어놓는다.

"그리고 엄마들만이 아니야. 우리는 모든 사람에게서 세균을

*　영화 〈사운드 오브
뮤직〉에서 줄리 앤드루스가
리즐과 아이들에게 불러주는
노래 'My Favorite Things' 가사에
나오는 구절이다. "Brown paper
packages tied up with strings. These are a
few of my favorite things."

— *끼리끼리*

얻는단다. 우리 위장은 타인들로 가득해. 어떤 박테리아는 우리를
행복하게 하고, 어떤 박테리아는 우리를 화나게 하지. 그래서 과민성
대장 증후군이 그렇게나 흔한 거야."
　"그게 신이랑 무슨 상관이에요?"
　"위장은 우주 같은 거야."

　지기는 정말로 위장이 엉망이다. 손 닿는 모든 것에서부터
작은 부스러기들을 빨아들여 자기를 형성하려 한다. 그녀는
테사의 유행어와 렉스의 우울한 분위기와 엄마의 스승이
운영하는 유튜브 채널에 나온 농담을 재활용하며, 초기
단계의 인공지능처럼 모든 대화를 허세로 받아친다. 친구들이
남자친구 때문에 자신을 버리자 지기는 점점 더 약해빠진
남성들을 배척하는 인터넷 공간을 베르길리우스 없이 헤매는
사춘기의 단테가 되어 끔찍하게도 많은 시간을 온라인에서
보낸다. 그녀는 《틴 보그》와 위키피디아와 텀블러를 읽는다.
그녀는 호모로맨틱과 동성애의 차이를 알게 된다. 마침내
그녀는 '레딧'을 발견하고는, 퀴어 유색인 포럼과 '레드
필'이라는 대안우파 그룹 사이를 왔다 갔다 하며 각각의
전문용어를 내면화한다. 적어도 인터넷에서 이런 종류의
행동을 부르는 기술적 용어가 바로 '눈팅'이다. 지기는
눈팅족이다. 지기는 눈팅한다.
　오늘날 소셜미디어가 지기네 학교 사람들 모두를
사이보그로 만들었다고 말하는 것이 진부하다면, 1980년대에
해러웨이가 실리콘 칩과 휴대용 캠코더를 두고 같은 말을
했을 때도 이미 진부한 것이었다. 〈사이보그 선언문〉의 큰
실수(하나만 꼽기 어렵지만)는 인간과 기술의 얽힘 자체가

정치적으로 흥미롭다고 가정한 점이다. 프라이먼이 이 사실을
인정하는 방식은 늘 그렇듯 조심스러우면서도 잔인하다.
지기가 교장에게 자신이 트랜스휴먼이라고 커밍아웃하며 교내
고프로 착용을 허락받기 위한 정당화로 〈사이보그 선언문〉을
들먹일 때—"도나 해러웨이는 우리 모두가 기술에 의해
증강되었다고 합니다. 따라서 우리는 젠더 이분법을 넘어선
무기체 고아들입니다."—그 선언문의 학문적 의의를 잘 알고
있는 독자라면, 그 글이 오남용되는 수많은 방식들 중 이게
그나마 덜 우스꽝스러운 사례라고 인정하게 될 것이다.

그러나 프라이먼은 이론을 처음 발견했을 때의 실제적이고
열정적인 흥분을 존중한다. 갓 순결을 잃은 사람처럼 우리는
그 인상적인 새 비평 도구가 다이아몬드 절단기라고 믿지만,
실상은 둔탁한 야구 방망이에 불과하다. 지기는 그 선언문을
진정으로 이해하지는 못하지만 "그 요지는 정말 마음에 들어"
한다. 이론은 언제나 요지가 전부다. 이론의 주된 기능은
독자에게 지식이나 정치적 행동력을 부여하는 게 아니라
트위터에서 말하는 '감정적 반응'(big mood)을 만들어내는 것일 뿐이다.

한편 프라이먼의 문체는 민첩하고 당돌해서, 흡사
'영어'라는 교외 쇼핑몰에서 이족보행을 하는 쇼핑객들을
별로 신경 쓰지 않고 무례하게 파쿠르를 하며 지나가는 것
같다. 《부적절한 전유》는 뉴욕의 문인들이 때때로 선호하는
식의 완전히 매끈한 브라질리언 왁싱 스타일은 아니고, 좀 더
덥수룩한 편이다. 지기가 생리를 할 때면, 피는 "마치 새우
내장의 검은 줄처럼" 손톱 밑에 얼룩을 남긴다. 흐느낌을 참을
때 지기의 몸은 "만두처럼 빵빵하고 뜨끈해진다". 흥분한
십대 소년들은 렉스 앞에서 "오래 산책한 개의 혓바닥처럼

핑크색으로 헤벌쭉하게 풀어진다". 키 작은 미국 액션
배우에 관한 반복되는 농담은 등장할 때마다 즐거움을 준다.
프라이먼은 여름에 영화 개봉을 할 수도 있고 안 할 수도
있는, 엄밀히 말해 이름 없는 그 유명인에게 계속해서 더
창의적인 별명을 붙인다. 프라이먼은 특히 명사의 동사화를
좋아하며, 자신이 만든 신조어들을 작고 뾰족한 선물처럼
문단에 삽입한다. 불 붙은 담배는 "보석처럼 빛나고",
치구는 "콜리플라워가 되고", 작은 소년은 맞지 않는 정장을
입고 "거북이가 된다". 잠깐 동안 우리의 눈은 다시 십대가
되어 문장의 브래지어 후크를 서툴게 더듬는다. 독서가
다시금 서툴러진다. 눈길은 바쁘게 왔다 갔다 한다. 마음은
국화꽃처럼 피어난다.

　　그 과정에서 《부적절한 전유》는 성장소설의 익숙한 리듬을
따라간다. 소설은 등교 첫날로 시작해 무도회로 끝난다.
그사이에 플롯은 10학년이라는 해파리떼 틈바구니를
플랑크톤 조각처럼 표류하는 지기의 관심사 변화 양상을
모방하며 장면에서 장면으로 흘러간다. 고등학교란 게 원래
그렇듯 소설도 중간에는 늘어진다. 하지만 지기가 옆의 사립
남학교에 다니는 부잣집 머저리 녀석에게 모욕을 주려는
계획을 세우면서 결말을 향해 갈 때는 긴장감이 조여든다.
그때조차 프라이먼은 십대들의 당구공 같은 이상한 동맹
구조를 탐탁지 않아 하면서도 유심하게 보는데, 그 음모는
희한하게 감동적인 무언가로 수축되며 독립영화 같은
분위기를 자아낸다. 어쩌면 지기는 성장했을지도 모른다.
아니면 어쩌다 보니 소설이 끝난 걸지도 모른다.
　　철학자 질 들뢰즈는 '되기'가 양방향으로 당기는 것이라고

말한 바 있다. ('되기'가 그의 제자들의 힘없는 만트라가 되기
전의 일이다.) 우리가 과거의 자신보다 커지는 순간, 동시에
미래의 자신보다는 작아질 수밖에 없다는 것이다. 따라서
'되기'는 일종의 모욕적 칭찬이다. "최고 발전상"이라는 칭찬의
매를 맞아본 이라면 이러한 주장이 직관적으로 들릴 것이다.
이것이 성장소설의 역설이다. 즉 성장은 언제나 퇴행이기도
하다는 것. 미성숙한 이만이 성숙해지며, 그때조차 사실은
그렇지 않다. 모든 어른이 알다시피, 어른은 존재하지 않는다.

237

2018

— 끼리끼리

무대 뒤의 천사

"모든 여성은 레즈비언이다." 1971년 봄, 작가 질 존스턴이 소란스러운 뉴욕의 문인들로 가득 찬 강당에서 외쳤다. 격렬한 퀴어 폭동으로 마피아 소유의 스톤월 인이 동성애자 해방의 진원지로 축성된 지 2년 뒤이자, 그곳으로부터 40블록 떨어진 장소였다. 존스턴은 같은 전쟁을 다른 무대에서 치르고 있었다. 정확히 말하면 그곳은 웨스트 43번가에 있는 타운홀 극장으로, 여성운동에 관한 토론을 청취하기 위해 25달러를 지불하는 문화적 엘리트들로 북적였다. "모든 여성은 레즈비언이다"라고 존스턴은 말한다. "물론 그걸 모르는 여자들은 제외하고."

멜빵바지 차림의 존스턴은—남성애호가로 유명한 저메인 그리어를 간판으로 내세우고 남성으로 유명한 노먼 메일러가 사회를 맡은 여성 해방 토론회에서 구색 맞추기용 퇴폐분자 역할을 맡은—그걸 아는 여자들 중 하나였다. 공개토론회의 기획자는 차이나타운에서의 저녁 식사 자리에서 패널들— 그중에는 문학비평가 다이애나 트릴링과 NOW의 지부장 재클린 세발로스도 있었다—에게 메일러가 얼마 전 《하퍼스 매거진》에 기고한 논란의 글 〈성의 죄수〉에 응답하는 발언을

238

준비하라고 조언했다. 책 한 권 분량의 그 글은 해당 호의 지면 대부분을 차지해버렸고, 마지막에는 자신이 괄호로 끝맺음을 한다는 것을 자랑하는 득의양양한 괄호로 끝을 맺었다. 존스턴은 그 글을 완독하지 못했다.

이제, 나팔바지와 장미 장식 데님 재킷을 입은 존스턴은, 1955년에 메일러가 공동창립한 《빌리지 보이스The Village Voice》의 주간 무용과 예술 칼럼에서 갈고 닦은 유연한 자유연상 스타일로 낭독을 시작했다. 그녀의 발언은 비트 세대의 시와 스탠드업 코미디의 '5분 공연' 형식 사이 어딘가에 있었다. "금성에 착륙할 수 있는데, 누가 달에 가려고 하겠습니까?" 존스턴은 독일식 억양을 흉내 내며 소란스러운 청중을 향해 물었다. (메일러는 달 착륙에 관해 《라이프Life》에 11만 5000자 분량의 글을 쓴 바 있다.) 곧이어 또 한 번의 압권이 연출되었다. "그가 '당신의 몸을 원해'라고 하자, 그녀는 '가져, 내가 다 쓰면'이라고 말했습니다." 웃음소리가 강당을 가득 채웠다.

바로 이곳, 다른 이의 별빛 아래 그늘에서 메일러는 존스턴이 "이미 15분이나 사용했"기 때문에 다른 패널들에게 불공정하다고 주장하며 끼어들었다. (D. A. 펜베이커가 그날 저녁 촬영한 영상을 바탕으로 한 1979년 다큐멘터리 〈타운 블러디 홀Town Bloody Hall〉에서 존스턴은 메일러가 끼어들기 전까지 약 8분간 발언을 한 것으로 보이며, 이는 세발로스와 그리어가 사용한 시간과 동일하다.) 갑자기, 놀란 존스턴의 침묵을 신호로 여긴, 반짝이는 갈색 바지를 입은 한 긴 머리 여성이 무대 옆 날개wings 쪽에서 잽싸게 등장해 존스턴의 목을 끌어안고 키스를 하기 시작했다. 곧 두 번째 공모자가 나와 합류했고, 세 여성은 하나의 레즈비언 덩어리가 되어 연단 뒤로 무너졌다.

— 무대 뒤의 천사

당황하고 분노로 얼굴이 시뻘게진 메일러는 험악해졌다. "이봐요, 규칙을 안 따를 거면 구슬이나 챙겨서 꺼지쇼." 그는 내뱉듯 말했다. "질, 좀 숙녀답게 굴죠." 나중에 수전 손택은 맨 앞줄에서 그에게 왜 계속해서 '숙녀'라는 단어를 사용하는지 물었다. 일부 청중은 이미 서로 수군대며 메일러에게 존스턴의 발언을 끊지 말라고 요구했다. "뭐가 문제인가요, 메일러?" 한 여성이 소리를 질렀다. "당신이 집적댈 수 없는 여자를 만나서 겁먹은 거예요?"

2년 뒤 존스턴은 이제는 레즈비언 분리주의의 정전이 된 회고록 《레즈비언 국가》에서 불참하는 편이 더 낫다는 판단을 거스르고 그 토론회 참여에 동의했었다고 회상한다. 돌이켜보면, 그 사건은 메일러의 신간 서적을 홍보하기 위해 기획된 게 분명했다. 그날 토론회에 참석했던 《뉴욕 타임스》의 비평가 아나톨 브로야드는 그 책이 메일러의 최고작이라고 평했다. 마흔여덟의 소설가이자 낙선한 시장 후보인 메일러는 여성 해방에 관한 토론의 남성 사회자로서 자신을 관심의 중심에 두었으며, 자신이 《하퍼스 매거진》에서 "해방의 숙녀들"이라 칭한 두 명을 양 옆에 거느리고 앉았다. 잡지에서 그는 "날개 달린 천사보다는 불구덩이 속 악마로 소멸하는 편이 낫다"라고 썼는데, 너무 아내를 여러 번 갈아치워서 이제는 그중 누구를 찌른 건지조차 기억하기 어려워진 남자의 심정을 표현한 것이었다.

상황을 악화시킨 건 그리어의 존재였다. 그녀는 "남자들도 좋아하는 발칙한 페미니스트"라는 캡션을 달고 다음 달 《라이프》 표지를 장식하게 된다. 존스턴은 그녀를 "켈트 신화의 안개 속에서 떠오르는 거대한 고다이바"라고 불렀다.

"아무도 실제로 입 밖에 내진 않았지만 많은 이들이 타운홀 사건이 세기의 위대한 중매혼 찬가이기를 기대하고 있었다." 존스턴은 짜증스럽게 빈정대며 그리어가 그 존경받는 사회자와 "섹스하기를 마다하지 않았을 것"이라고 했다. (그리어는 1970년대에는 매우 섹시했지만, 시간과 트랜스혐오가 바꿔놓지 못할 것은 없었다.) 검정 민소매 드레스와 여우 목도리("1파운드 주고 산 거라고 나중에 그녀가 말했다")를 두르고 타운홀에 나타난 그리어는 이성애 페미니즘은 결국 정교한 짝짓기 의식에 지나지 않는다는 사실을 증명하는 듯했다.

이것은 존스턴의 진단이지만, 흥미롭게도 메일러 역시 같은 진단을 내리고 있었다. "아무리 성난 페미니스트라도 좋은 섹스 한 번이면 된다는 말은 우리를 한자리에 모이게 한 바로 그 기고문에서 발견할 법한 문구다"라고 존스턴은 《하퍼스 매거진》에 기고한 메일러의 글에 대해 썼다. 남성 우월주의자와 레즈비언 우월주의자라는 두 종류의 인간은 바로 이 직관에서 공통의 조상을 발견할 수 있었다. 바로 여성 해방의 논리를 끝까지 밀어붙이지 못하는 의지박약한 이성애자 여성에 대한 경멸이었다. 이것이 소설가에게는 즐거운 생각이었지만, 무용 비평가에게는 급진화의 계기였다. 《레즈비언 국가》에서 존스턴은 "레즈비언이야말로 혁명적 페미니스트이며, 그 밖의 다른 모든 페미니스트는 자기 남자에게서 더 나은 대우를 원하는 여성에 불과하다"라고 선언한다.

그리하여 예배당 뒷줄에서 마지막으로 결혼 반대를 외치는 것은 존스턴의 몫이 되었다. 그녀가 친구 두 명을

동원해 벌인 기습 키스에 대한 그녀의 평가는 "현장을
폭파하는 것을 제외하곤 가장 만족스러운 계획"이었다.
자칭 노출증자인 존스턴은 남의 얼굴에 혀를 들이밀 기회를
거의 놓치지 않는다. 그전 여름에 《빌리지 보이스》는 그녀를
이스트햄프턴에 있는 미술품 수집가 에셀과 로버트 스컬의
세련된 단색 방갈로에서 열린 여성 평등을 위한 파업의 가든
파티에 파견했다. "그 행사에 관해 글을 쓰는 사람들 외에는
아무도 나타나지 않는 궁극의 파티"였다. 존스턴은 행사의
주최자이자 NOW의 공동창립자인 베티 프리단에게 다가가
동성애자 해방과 여성 해방이 연결되어 있다고 생각하느냐고
단도직입적으로 물었다. "그녀의 눈이 커졌고 립스틱은
붉게 번들거렸으며, 그녀는 단어 하나하나를 또박또박
끊어 발음하며 '그것'은 쟁점이 아니라고 말했다." 나중에
프리단이 말할 때마다 어깨에서 흘러내리는 물방울무늬
드레스를 입고서 모인 손님들에게 연설할 때, 존스턴은 바지를
벗어던지고 스컬 부부의 수영장에 뛰어들었고, 한 번 왕복한
뒤에는 상의까지 벗어버렸다. 은퇴한 에셀 스컬은 《뉴욕
타임스》와의 인터뷰에서 이렇게 말했다. "수영장이 있으면,
수영을 할 수도 있죠, 뭐."

　레즈비언 문제는 그때까지 몇 달 동안 여성 해방 운동을
뒤흔들고 있었다. 그해 봄 뉴욕에서는 프리단의 폄하적
표현에서 이름을 따온 '라벤더 위협'이 제2차 여성연합
회의장을 점거하고서 운동 내 레즈비언 배제에 항의했다.
이성애자 페미니스트들은 레즈비언들이 남성 우월주의를
모방하고 있으며 여자를 꼬시기 위한 퇴폐적인 구실로 운동을
사용한다고 비난했다. 레즈비언들은 이성애자 페미니즘

자체가 명백한 모순이라고 맞받아쳤다. (양성애자는 어느
쪽에서도 좋아하지 않았다.) 요컨대 모두가 다른 모든 이들이
섹스하고 싶어 혈안이 되어 있다고 비난하기 바빴다. 이것이
바로 그 상황의 털 많고 뿔 난 핵심으로, 여성 해방 운동이
케이트 밀렛이 말한 '성정치'의 가장 부정적인 의미, 즉
'정치로 가장한 성'의 모습으로 드러날지 모른다는 일반화된
불안감이었다. 정책 제안과 급진적 시위로 이루어졌지만 그
중심에는 음란한 단어 하나만을 품은 러시아 인형처럼 말이다.

이것이 바로 《레즈비언 국가》에서 존스턴이 다루려던
핵심이다. 그녀는 혁명적 레즈비어니즘이 단지 누구와
자는지에 관한 것만은 아니지만, 그것과 무관하지도 *않다*고
주장한다. "여전히 남자와 자는 페미니스트들은 자신의 가장
핵심적인 에너지를 억압자에게 넘겨주고 있는 것"이라고
그녀는 여러 번 쓴다. 이성애자 페미니스트들과 마찬가지로
존스턴은 부치-펨 역할놀이를 절반쯤은 벽장 속에 머물렀던
1950년대의 정치적으로 무의식적인 레즈비언들이 개발한
생존 전략이라고 여기며 미심쩍어했다. 하지만 그 어떤
다이크도 남자친구보다 창피하진 않았다. "급진적 페미니즘이
'성역할의 전격적인 제거'에 몰두하면서도 여전히 특정한
역사적·생물학적·문화적 명령에 따라 성적 행동으로 성역할을
규정하는 남성과의 관계에서 성을 논한다면, 그들은 그저 순도
높은 모순된 헛소리에 갇혀 맴돌고 있는 것이다."

그러나 동기가 불순하다는 비난에 가장 취약한 이는 존스턴
자신이었다. 만약 그녀가 메일러보다 덜 바람둥이였다면,
노력이 부족해서는 아니었다. "모든 여성이 레즈비언이 될
때까지 진정한 정치적 혁명은 없을 것"이라고 존스턴은

선언한다. 한 손으로 전투용 도끼를 휘두르면서 다른 손은 운동의 치마 속을 더듬는 듯한 주장이었다.《레즈비언 국가》의 독자 중 누구도 질 존스턴이 호색한이었다는 인상을 받지 않을 수 없을 것이다. 스컬 부부의 파티에서 그녀는 글로리아 스타이넘에게 춤을 청했는데, 스타이넘은 지인에게 존스턴이 자신에게 작업을 건 첫 번째 여자였다고 말했다. ("약간 당황스러웠어요. 하지만 한편으로 난 그녀가 참 마음에 들었어요.") 존스턴은 새해 첫날 두툼한 스웨터 위로 티그레이스 앳킨슨의 몸을 더듬었고, 이에 앳킨슨은 겁을 먹고 가버렸다. 존스턴은 프리단에 대해 "그녀의 턱 아래가 마음에 들었다"라고 쓴다. 폴리라는 이름의 상속녀부터 어느 날 저녁 폭스바겐 안에서 서로 끌어안고 키스하는 것을 목격한 두 명의 여성에 이르기까지, 그녀가《레즈비언 국가》에서 실제로 같이 잔 모든 여자들에 대해서는 말할 것도 없다. 이게 혁명이 아니면 또 어떤가? 혹은, 이게 혁명이면 또 어떤가?

　분리주의에 관해서라면, 글쎄, 가능만 하다면 나쁘지 않을 것 같다. 존스턴은 호전적이지만 "도망치는 레즈비언 국가"는 정치적 기획이라기보다는 허상에 가깝다. "남자가 내게 책을 쓰라고 돈을 주긴 한다"라고 괄호 안에 적으며 그녀는 인정한다. 햄프턴에서의 즉흥적인 수영에 관해 존스턴은 자신이 단지 "덥고 취해서" 그런 거라고 항변한다. 타운홀 사건에 대해서는 이렇게 말했다. "나도 모르겠다. 사람들은 재미를 위해 뭐든 한다. 큰 강당을 빌려서 친구들을 초대하는 거다." 뉴욕의 문인 사회에서 무슨 일이 벌어지는지에 관해 이보다 더 정확한 설명을 찾기는 힘들 것이고,《레즈비언 국가》는 우리가 여성 해방이라고 기억하는 것의 많은 부분이 그저 뉴욕의 대도시권에서 열린 몇몇 특정 파티에서 벌어진 이런저런 일들이었음을 냉정하게 상기시켜준다. 오해하지 마시라. 여성과 남성과 성과 그 밖의 모든 것들에·대해 존스턴은 옳았다. 중요한 것은 언제나 그것과 관련해 무엇을 하느냐다. (남자가 내게 이 글을 쓰라고 돈을 주긴 한다.)

2019

— 무대 뒤의 천사

여성에게 투표를

때는 1971년. 예일대학교 법학과 2학년생 힐러리는
아칸소주에서 온 카리스마 있는 한 학우를 만난다. 빌은 사자
같고 야망이 큰 로즈 장학생이다. "내 두뇌를 사랑하는 남자를
찾았어"라고 힐러리는 웰즐리 출신의 한 친구에게 털어놓는다.
몇 달 동안 둘은 서로를 탐닉한다. 둘의 대화는 섹스만큼이나
활발하다. 그해 여름, 오클랜드의 한 인권 전문 로펌에서
인턴으로 일하던 중 힐러리는 빌이 자신의 상사의 딸에게
키스한 것을 알게 된다. 그녀는 그를 용서하지만, 잊지는
않는다.

몇 년이 지난다. 힐러리는 닉슨 탄핵 조사 법사위의
변호사로 일하고 있다. 빌은 아칸소대학교에서 법학을
가르치며 의원 출마를 준비한다. 그는 힐러리에게 세 번
청혼했고, 그녀는 세 번 망설였다. 그러다 한 전직 선거 캠프
자원봉사자가 식료품점 주차장에서 그녀에게 다가와 빌이
자신을 강간했다고 주장한다. 어느 날 밤 빌은 고백한다. "나랑
결혼해선 안 돼. 날 떠나."

바로 이 지점에서 힐러리 클린턴의 삶을 소설화한 커티스
시튼펠드의 신작 《로댐》은 처음으로 역사적 기록에서 중대한

이탈을 감행한다. 힐러리 로댐은 자신의 인생을 찬찬히
들여다본 후, 짐을 챙긴다. 다음 날 아침 그녀는 차에 짐을
싣고 빌 클린턴과 작별의 포옹을 한 뒤, 49번 주간고속도로를
타고 페이엇빌을 벗어나 북쪽으로 향한다. 미주리주 경계를
넘을 무렵 그녀의 눈에는 눈물이 차오르고, 그때 불타는
유조 트럭이 중앙분리대를 넘으며 그녀의 1968년식 뷰익을
정면으로 들이받아 그녀는 그 자리에서 목숨을 잃는다.

　　이건 거짓말이다. 하지만 이런 게 바로 소설이다.
거짓에서는 무엇이든 도출될 수 있는데, 논리학에서는 이를
폭발 원리라고 한다. 《로댐》에는 불타는 자동차 사고도 없고,
동명의 여주인공이 메인주로 이주해 개를 키우며 자잘한
일련의 살인사건을 해결하는 내용도 없다. 그래서 아쉽다.
작가가 이야기를 꾸며낼 요량이라면 이야기가 흥미롭기라도
해야 하지 않겠는가. 그 대신 소설은 이른바 '애벌레 효과', 즉
복잡계의 초기 조건에 명백히 중대한 변화가 있더라도 거듭
반복될 경우 나중에는 아무런 차이를 만들어내지 못하게
된다는 원리를 충실히 따른다.
　　실제로 일어나는 일은 다음과 같다. 힐러리 로댐은 빌
클린턴과 결혼하지 않는다. 상심했지만 단호해진 그녀는
시카고로 이주해 노스웨스턴대학교에서 법학을 가르친다.
1992년, 클래런스 토머스의 대법관 지명 과정에서 어니타
힐*이 받은 대우에 격분한 힐러리는 상원의원 출마를 결심한다.
그녀의 발목을 잡을 섹스 중독자 빌이 없었으므로 그녀는

— 여성에게 투표를

* 1991년, 미국의 법대 교수 어니타 힐은 상원 청문회에서 대법관 지명자 클래런스 토머스가 평등고용기회위원회(EEOC) 재직 시절 자신을 성희롱했다고 증언했다. 그러나 그녀는 청문회를 주도한 백인 남성 위원들로부터 가혹한 심문과 2차 가해를 당했고, 토머스의 임명을 막지 못했다. 이 사건을 계기로 1992년 상하원 의원 선거에서는 여성의 정계 진출이 폭발적으로 늘었다.

당선된다. 같은 해, 힐러리의 도움을 잃은 빌의 대선 운동은 카바레 가수와의 스캔들이 불거진 후 빠르게 꺾여버린다. 이후 시튼펠드가 생략해버린 20여 년 동안 상원의원 로댐은 실용주의적인 중서부 중도파로서 평판을 쌓아가며, 민주당 대선 후보 예비선거에 두 번 도전하지만 성공을 거두지는 못한다. 2008년의 두 번째 도전에서 그녀는 버락 오바마에게 패한다. 현실과 마찬가지로 소설에서도 오바마는 두 번의 대통령 임기를 마친다. 2016년이 되자 시튼펠드의 힐러리는 세 번째로 선거에 도전하는데, 아무와도 결혼하지 않았고, 뉴욕이 아니라 일리노이 출신의 상원의원이라는 점, 그리고—아, 맞다—그녀가 이긴다는 점 등 몇 가지 상황을 제외하곤 실제 힐러리와 거의 구별되지 않는다.

이것을 사변소설이라 부른다면 그 장르를 모욕하는 일일 것이다. 코로나19 때문에 랜덤하우스 출판사의 유능한 광고 기계가 차질을 빚게 된 이후에도 여름철이면 늘 필독 도서 목록의 상위권을 차지하는 듯했던 《로댐》은 《에스콰이어》가 의뢰한 단편소설에서 시작되었다. 힐러리 클린턴의 실제 대선 후보 확정 직전인 2016년 5월 발표된 〈후보〉는 허구화된 힐러리가 자신이 언론으로부터 받은 부당한 대우에 대해 귀족적인 불쾌감을 드러내며 회고하는 내용이다. 시튼펠드는 《로댐》이 대체역사인 듯 허세를 부리지만, 그것은 단편

프로젝트를 노골적으로 연장한 것에 지나지 않는다. 그 소설은 세계를 다르게 상상하는 게 아니라 항상 그래온 것과 똑같이 재현하며, 그 주인공에 대해 자아도취적으로 칭찬한다. 그 결과로 나온 책은 그 쓰임새와 기능이 기꺼이 핥으려는 독자의 의지에 전적으로 달려 있는 거대한 기념우표에 불과하다.

힐러리가 화자로 등장하는《로댐》은 작가가 영부인의 삶을 1인칭으로 파고든 두 번째 작업이다. 호평을 받은 2008년작 《미국의 부인(American Wife)》은 사서에서 대통령 부인이 된 로라 부시의 여정을 노골적으로 공감을 드러내며 소설화한다. 그 책 역시 잡지에 실은 단편에 뿌리를 두고 있다. 확고한 자유주의자라고 자칭하는 시튼펠드는 영부인의 조용한 진실성과 소설 애호를 칭송하며 알랑거리는 글을 2004년《살롱(Salon)》에 실었다. "로라 부시는 소설을 탐독하는 독자"라고 그녀는 설명했다. "그래서 나는 그녀가 똑똑하다고 생각한다. 일례로, 그녀가 가장 좋아하는 책은《카라마조프가의 형제들》이다." 호기심으로 위장된 무관심이 여기서 이미 드러났다. 시튼펠드는 로라 부시에 대한 관심을 그녀의 예술적 감수성 때문으로 돌렸지만, 실제로는 정치적 소품으로서 영부인이 더 효과적이었기 때문일 가능성이 더 크다. 그녀는 "나는 로라 부시를 사랑한다"라고 썼는데, 너무 나이브해서 자신이 그런 말을 해야만 하는 처지라는 것조차 이해하지 못한다.

따라서 시튼펠드가 매번 새삼스럽게 여성도 사람이라는 사실을 최초로 발견했다고 생각하는 작가들 중 하나라는 사실은 별로 놀랍지 않다. 당연히 여성은 사람이 맞다. 하지만 인간성만으로, 또 누군가 그것을 가지고 있다는 순전한 사실만으로 소설이 될 수 있다는 믿음에는 오류가

249

— 여성에게 투표를

있다. 대표적으로, 빌이 고속도로 위를 달리며 힐러리에게
손가락으로 오르가즘을 느끼게 해주는 모습을 독자들이
상상하게 만드는 《로댐》의 노골적인 섹스 장면에 대해서는
이미 많은 말이 나왔다. 그럼에도 그것은 진짜 농축된
과즙이라기보다는 설탕 탄 물일 뿐이다. 그런 장면들은
솔직함을 가식적으로 꾸며내 보여준다. 작가가 빌 클린턴의
페니스처럼 대상의 깊은 부분을 충분히 깊이 파고들었다고
평론가들을 속이도록 세심하게 계산된 것이다.

　사실 《로댐》은 못 봐줄 만큼 내숭 떠는 작품으로, 매번
주인공의 동기를 발목 위로는 절대 드러내지 않으려 한다.
"나는 누군가가 공직에 출마하는 이유를 이해하는 데 어려움을
겪어본 적이 없다"라고 힐러리는 첫 번째 상원의원 출마를
저울질하며 건조하게 말한다. "법을 바꾸고 사람들의 삶을
개선하는 것은 둘 다 엄청나게, 논쟁의 여지 없이 중요하다."
그게 전부다. 이것이 시튼펠드가 자기 여주인공의 내밀한
욕망을 드러내는 데 가장 가까이 다가간 순간이다. 공항에서
파는 회고록에서 이런 문장을 만난다면 그저 진부한 내용일
뿐이었겠지만, 소설에서라면 직무유기에 해당한다.

　혹자는 《로댐》의 산문이 실제로 힐러리가 구사한다고 알려진
관료적이고 공연히 뜸들이는 듯한 말하기 방식을 상기시키려
의도된 것이라고 반박할 수도 있겠다. 이것이 문학적 성취인지
아닌지는 책이 얼마나 잘 쓰여야 한다고 생각하느냐에 달려
있다. 제문을(epigraph)—하느님의 이름을 걸고 말하건대—린마누엘
미란다(Lin-Manuel Miranda)의 〈해밀턴(Hamilton)〉의 대본에서 가져온 책에 얼마나 많은 걸
기대할 수 있을지는 의문이다. 그러나 이것은 단순히 문체의
문제가 아니라, 인물 형상화의 문제다. 상원의원 시절에 대해

힐러리는 다음과 같이 회상한다. "내가 성인이 된 이래 계속해서 생각해온 문제들을 구체적으로, 또 직접적으로 다룰 수 있어서 좋았다." 400페이지 동안 힐러리의 뇌 속에 갇혀 있던 독자들이 그런 원숙한 고민들 중 그 무엇도 만나지 못했다는 사실은 참 이상한 일이다. 화자가 독자에게 직접 말을 걸 방법이라도 있었다면 좋았을 텐데! 안타깝게도 이 책은 매 순간 독자가 힐러리 로댐이 눈부시고 숨 막히게 지성적인 여인이라는 생각을 받아들일 것이라고 상정하고 줄거리를 이어간다. 그렇다면 어째서 그녀는 실제 힐러리 클린턴처럼 말할까?

이쯤에서 잠시 멈춰 실제 힐러리 로댐 클린턴이 지성과 능력을 적당히 가진 매력적인 사람이라는 사실을 인정할 필요가 있겠다. 다만 그녀의 진정한 재능은 고등교육을 받은 사람들에게 자신의 야망이 곧 *그 사람들의* 야망이며, 그 야망이야말로 진정한 능력의 표현이라고 설득하는 데 있다. 경쟁이 치열한 전문직 계층에서 대통령직보다 더 강력한 출세의 상징은 없으며, 클린턴이 광기 어린 참칭자의 손에 쓰디쓴 패배를 맛봄으로써 가장 큰 불의는 가지고 있던 특권을 박탈당하는 것이라는, 페미니즘이라는 이름으로 잘 브랜딩된 그들의 신념은 더욱 강화되었다. 실제 힐러리와 마찬가지로 시튼펠드의 힐러리 역시 자신이 대통령이 될 만하다고 믿는다는 점에는 의심의 여지가 없다. 2004년 첫 출마 당시 뉴햄프셔주 예비선거에서 밀려난 후, 한 남성 기자가 출마 이유를 질문하자 힐러리는 날카롭게 쏘아붙인다. "어째서 제 경쟁자들에게는 묻지 않고, 제게만 묻는 거죠? 제가 대통령 선거에 나가면 *안 되는* 이유가 있나요? 저는 상원의원을 두 번이나 지냈습니다." 그러고서 그녀는 자신이 쿠키나 구웠을

수도 있다는 안타까운 발언을 하고 만다. 언론은 그녀가 다른
여성들을 혐오한다고 조롱하며 비난한다.

　이는 소설 속 힐러리가 출마하는 또 다른 이유로 우리를
이끈다. "나는 내가 잘하는 일을 하는 걸 좋아했고, 내가
잘하는 일로 인정받기를 좋아했다. 그러나 내가 대통령이 되고
싶었던 만큼이나 나는 여성이 대통령이 되기를 바랐다"라고
그녀는 고백한다. 타원형의 백악관 집무실 안의 삼각형이라는
그 단순한 이미지가 《로댐》에서 힐러리가 미국에 대해 가진
비전의 전부다. 그녀의 공약은 마치 제이 개츠비의 펼쳐보지
않은 책처럼, 존재한다는 것만으로 만족해야 하는 대상이다.
소설 후반부에 토론을 앞두고 준비하던 힐러리는 자신을
비난하는 이들이 자신의 투표 기록에 대해 기초적인 것조차
모른다고 불평한다. 독자들도 그걸 모르기는 마찬가지다.

　다만 소설의 독자들은 1992년 상원의원 예비선거에서
힐러리 로댐이 전 일리노이주 의원인 캐럴 모즐리 브라운을
꺾었다는 것은 알고 있다. 실제로 모즐리 브라운은 미국
상원의원으로 선출된 최초의 흑인 여성으로, 1993년부터
1999년까지 재임했다. 하지만 《로댐》에서 그녀는 힐러리에게
패배한 후 공직 생활에서 물러나고 힐러리의 죄책감 속에서만
다시 등장한다. 캐럴이 결과에 승복하며 전화했을 때 힐러리는
자신이 일리노이주를 위해 최선이라 여기는 일을 했을 뿐이라고
항변한다. "세상에, 힐러리!" 캐럴은 날카롭게 대답한다.
"당신이나 나나 진심으로 그렇게 믿는 척하지는 맙시다."

　소설에서 이것은 결정적 순간이다. 시튼펠드는 힐러리가
공직을 추구하면서 윤리적으로 타협적이고, 심지어
인종차별적인 일을 했다는 점을 분명히 보여주려 한다.

독자들은 두 후보의 정치 공약이나 가치관에 근거해서가
아니라—그들에게 그런 것은 제시된 적 없다—최초의 흑인
여성 상원의원이라는 가능성이 세 번째 백인 여성 상원의원의
가능성보다 *더 역사적이기* 때문에 그러한 도덕적 판단을 갖게끔
유도된다.

힐러리가 저지른 이 죄에 대한 응보는 세 가지 형태로
나타난다. 첫째, 아동권리 옹호자인 메리언 라이트 에델먼을
허구화한, 그녀의 멘토이자 어머니 같은 존재는 둘의 관계에서
냉정하게 발을 뺀다. 20년이 지나고, 시카고에서 경찰이 흑인
십대를 총으로 쏜 사건이 있은 후에야 힐러리는 그녀에게
뜨뜻미지근한 사과를 전한다. "저는 한편으로 당신과의 일
덕분에 제가 인종주의에 거의 면역이 생겼다고 생각했고,
캐럴의 출마를 무시한 것은 인종과는 전혀 무관하다고
생각했습니다. 인종과 완전히 무관한 건 거의 없다는 것을
저는 이제야 깨닫게 되었습니다."

둘째, 힐러리는 2008년 민주당 예비선거에서 불운하게도
일리노이주의 동료 상원의원 버락 오바마와 맞붙게 되고, 그
기간 동안 힐러리의 선거운동에 대한 언론 보도는 그 어느
때보다 신랄해진다. 실제와 마찬가지로 힐러리는 패배하고
오바마가 부상한다. 그해 11월, 힐러리가 한 후원자가 소유한
2만 에이커 규모의 타오스 목장에서 개표 결과가 들어오는
걸 지켜보는 동안 한 친구가 이런 말을 한다. "그동안 나는
미국인들이 성차별주의자라기보다는 인종차별주의자라고
믿었어." 힐러리는 와인잔을 손에 들고 대꾸한다. "정말로
그렇게 생각했어? 수정헌법 제15조가 통과된 시점과
제19조가 통과된 시점을 고려하고도?"* 그 말이 반어법인지

아닌지는 독자가 판단할 일이다.

마지막으로, 2015년 힐러리는 옛 연인으로부터 전화를 한 통 받는다. 이제 실리콘밸리의 난교 파티에 출몰한다는 소문이 도는 테크 억만장자인 빌은 다가오는 민주당 예비선거에서 그녀와 맞붙을 예정임을 통보하려고 전화한 것이다. 힐러리는 분노로 차오르지만 목소리를 침착하게 유지한다. "당신이 정말로 당신의 정치적 유산을 신경 쓴다면, 첫 번째 여성 대통령을 탄생시키는 데 힘을 보태. 내 앞길 막지 말고." 힐러리가 빌에게 말하자, 빌은 반격한다. "캐럴 모즐리 브라운의 앞길을 막으면서 정치 인생을 시작한 여자가 할 말인가?"

힐러리가 캐럴에게 한 일과 빌이 힐러리에게 한 일 사이의 이 노골적인 비유는 소설 《로댐》의 도덕적 중추라 할 만한 것을 이룬다. 그러나 여기서 여성을 상대로 출마하는 것이 성차별적이고 흑인을 상대로 출마하는 것이 인종차별적이라는 가정은 우스꽝스러우며, 솔직히 말하자면 모욕적이다. 이런 논리는 홍보문구일 뿐 교차성이 결코 아니다. 그 경우 후보들이 아무런 노력을 하지 않더라도 진보적이라고 모욕적으로 암시하며, 실제 정치적 내용이 너무 공허해 서로 바꿔도 무방하다는 인상을 준다. 더 나쁜 것은, 정치적 경쟁이 본질적으로 배제의 행사라는 명백한 사실을 가린다는 점이다. 최초의 여성 대통령이 나오는 날은 미국의 다른 모든 여성들이 대통령이 되지 않는 날이 될 것이다(내 말을 그대로 인용해도 좋다).

* 1870년의 미국 수정헌법 제15조는 인종, 피부색, 이전의 예속 상태에 근거해 투표권 부여를 거부하지 못하게 해 흑인 남성의 투표권을 보장했고, 1920년의 수정헌법 제19조는 성별에 근거해 투표권을 제한하지 못하게 해 여성의 투표권을 보장했다.

실제로 정치인들은 그저 정치인일 뿐이다. 사족이지만, 독자 여러분은 캐럴 모즐리 브라운이 작년 민주당 예비선거 초기에 조 바이든(Joe Biden)을 지지했다는 사실에 관심 있을 수 있다. 1992년 그녀가 상원의원으로 당선된 지 몇 주 후, 바이든은 시카고에 있는 모즐리 브라운의 아파트를 불쑥 찾아가 상원 법사위에 들어와달라고 요청했었다. 법사위원장이었던 바이든은 전년도에 공화당이 어니타 힐을 난도질하는 걸 내버려뒀는데, 이제는 위원회뿐 아니라 자기 자신의 명예까지 회복하려고 했다. 모즐리 브라운은 조심스럽게 받아들였다. 이제 그녀는 바이든의 축 늘어진 대선 캠프의 대변인이며, 20년 만에 처음으로 유세에 나섰다. 올 5월 미니애폴리스 시위대가 경찰서를 영웅적으로 불태운 다음 날, 그녀는 《뉴욕 타임스》의 취재에 이렇게 응했다. "유권자들이 내가 아는 조 바이든을 봤으면 했어요. 그는 인종과 인종차별에 대해 아주 분명한 태도를 갖고 있습니다." 그렇다. 바이든은 인종차별 해소 수단으로서의 버스 통학에 반대했고, 빌 클린턴이 서명한 악명 높은 범죄 법안**의 초안을 썼으며, 경찰 예산 삭감에도 반대해왔다.

하지만 이 모든 것에 신경을 쓰려면 일단 정치에 관심이 있어야 한다. 《로댐》은 그렇지 않다. 그 책은 정치에 무관심한 작가가, 자신의 그 모든 야망에도 불구하고 정치에 무관심한 인물에 관해 쓴 정치에 무관심한 책이다. 그 인물은 자신의

** 1994년 통과된 범죄법안(Violent Crime Control and Law Enforcement Act, 일명 Crime Bill)은 미국 역사상 가장 포괄적이고 비용이 많이 든 범죄 관련 입법 중 하나로, 범죄율 억제와 치안 강화를 목표로 했지만 사형 대상 범죄 확대로 대량 수감 시대를 열었으며, 인권침해와 인종차별적 경찰 대응으로 사회적 불평등을 확산해 악명 높다는 평가를 받는다.

직업적 보상을 넘어서는 정의에는 명백히 관심이 없다. 이 모든 결함에도 불구하고 그 책이 힐러리 클린턴에 대해 단 하나의 통찰을 보여준다면 그것은 바로 그녀가 권력에 관해 아는 것이라고는 자신이 그걸 원한다는 것뿐이라는 사실이다. 시튼펠드는 이 점을 전혀 문제삼지 않는다. 그녀의 힐러리는 남편의 범죄법안을 홍보하거나 이라크 전쟁에 표를 던지지 않는다. 그녀는 편리하게도 그럴 기회를 모면했다. 하지만 우리가 알아둬야 할 한 가지는 이 책은 실제 힐러리가 그런 행동을 했다는 사실을 신경 쓰지 않는 이가, 마찬가지로 그 사실을 신경 쓰지 않는 독자를 위해 쓴 책이라는 사실이다.

진실은, 역사라는 식량 창고에서 일개 대통령은 자잘한 감자에 불과하다는 것이다. 우리는 힐러리 로댐 클린턴이 현재 대통령이라 하더라도 워싱턴은 여전히 억만장자들의 억센 손아귀에 붙들려 있을 것이라고 합리적인 확신을 가지고 말할 수 있다. 보건의료 산업은 여전히 수백만 명의 사람들을 피 말리게 할 것이다. 이민세관집행국^{ICE}은 여전히 이민자들을 공포로 몰아넣을 것이다. 신종 코로나바이러스는 여전히 지구를 강타할 것이며, 지방정부·주정부·연방정부의 관료들의 대응은 여전히 심각하게 잘못될 것이다. 경찰은 여전히 국가의 승인과 격려를 받아 흑인을 살해하고 있을 것이다. 수십 년에 걸쳐 진행 중인 현재의 폐지주의자들의 봉기는 아마도 여전히 진행 중일 것이다. 우리는 여전히 비참할 것이고, 또 여전히 희망을 품을 것이다. 단 하나 우리가 갖지 않게 될 것이 있다면 바로 《로댐》일 것이다.

2020

오 노

2016년 7월부터 텀블러에 연재된 알렉스 노리스의 〈웹코믹 네임〉의 주인공은 위족 같은 사지와 두 개의 점으로 된 눈, 선 하나로 된 입을 가진 단순한 분홍색 덩어리다. 입을 그릴 때 노리스는 전각 대시 부호보다 약간 짧게 그리는 경향이 있다. 그래서 주인공은 약간 기쁜 듯, 약간은 슬픈 듯 읽힌다. 어쩌면 둘 중 하나일 수도, 아니면 양쪽 다 아닐 수도 있지만. 모든 회차에서 이 덩어리는 무언가를 원한다. 브래지어를 입어보거나 새 직장을 갖거나 가벼운 연애를 즐긴다. 과식을 하고 늦잠을 자고, 준비성은 부족하다. 거울을 보고, 비밀 얘기를 하고, 성적인 꿈을 꾸고, 대중교통을 이용한다. 추파를 던지고, 그림을 그리고, 문자를 보내고, 술을 마시고, TV를 몰아본다. 누군가가 그의 사진을 찍는다. 누군가가 그의 성별을 묻는다. 어떤 설정이든 간에 에피소드는 언제나 같은 방식으로 끝난다. 브래지어는 맞지 않는다. 직장은 형편없다. 덩어리는 낯선 이와 어색하게 눈을 마주친다. 공의존 관계에 빠진다. 온라인으로 주문한 좋은 물건은 결국 'NOCE THUNG'이라고 적힌 소포가 되어 도착한다. "오 노"라고 덩어리는 말한다. 소문자로, 구두점 없이.

이것은 실망에 관한 만화다. 이는 동어반복이다. 왜냐하면
낙관주의와 실망은 같은 것이기 때문이다. 덩어리는 절대
무너지지도 부서지지도 않는다. 트라우마를 남기는 상처를
겪지도 않는다. 따라서 〈웹코믹 네임〉은 포괄적 제목부터
누구든 대입할 수 있는 성별 불특정적 주인공과 '우리 애도
그리겠다' 싶은 수수한 그림체까지, 밋밋한 비특정성을 띠며
공감할 만한 콘텐츠를 좋아하는 인터넷에 대한 패러디로
기능한다. 실망은 대단한 연출이 필요 없다. 실망은 사실 약간
김 새는 느낌일 뿐이다. 원하는 것을 얻지 못한다고 해서 그걸
원치 않게 되지는 않는다. 우리의 욕망은 그 정도로 부서질
만큼 허약하지 않다. 어쨌거나 이것은 캐릭터 덩어리이며,
실제 삶의 충격을 흡수하는 일종의 완충장치다. 그래서 우리는
이 만화 자체에도 쉽게 실망하게 된다. 웃음 포인트는 대개
소소하고, 멍청하며, 단순하다. 욕망은 형편없는 농담이다.
우리는 언제나 펀치라인을 짐작할 수 있다.

　노리스는 이 점을 알고 있다. 그는 당신이 알고 있다는 것
역시 알고 있고, 우리가 공유하고 있는 이 앎을 형식적 자각의
차원으로 옮겨놓기를 좋아한다. 한 에피소드에서 덩어리는
"낙관적 예상"이라고 말한다. 말풍선이 터지고, '실망스러운
결과'라는 글자만 남는다. 덩어리는 "전형적 한탄"이라고
말한다. 또 다른 에피소드에서는 덩어리가 첫 두 칸에서 녹색
버블 문자로 쓰인 '러닝 개그'라는 구절을 올려다본다. 세 번째
칸에서 그 글자는 주황색이 되고, 글자 하나가 바뀌어 '망친
개그'가 된다. "오 노"라고 덩어리는 말한다. 앎이란 우리가
원하는 것과 그것을 원하고 있다는 사실 사이의 간극에서
일어난다. "오 노"는 광대가 외치는 유레카다. '아니'는 '앎'을

뜻한다. 드물게 등장한 6칸짜리 에피소드에서 "오 노"라는
말풍선은 마치 다른 만화에서 길을 잃고 흘러온 것처럼,
하늘에 목적 없이 둥실 떠 있다. "기쁨의 장소를 찾을 수
있으면 좋겠어, 하지만 난 매 순간을 절망으로 만들지"라며
한숨을 쉰다. 말풍선은 공원에서 한 커플을 마주친다. 주황색
덩어리가 분홍색 덩어리에게 막 청혼을 했다. 말풍선은 분홍
덩어리의 머리 위로 살포시 간다. "오 노"라고 분홍 덩어리가
말한다. "오 노" 하고 말풍선은 메아리친다.

　노리스가 말하고자 하는 바는, 실망이 가져오는 앎은 앎이
소진되는 바로 그 순간에 도착한다는 사실이다. 앎은 패자의
전리품이다. "좋은 게임이었다" 같은 말처럼. 이는 앎을 애도의
한 형태로 만든다. 더 정확히 말하자면 그것은 멜랑콜리아의
한 형태로, 패배를, 그 상실로 가득 찬 보석함을 받아들이지
않으려는 것이다. 다른 모든 사람처럼 덩어리도 비평가이고,
다른 모든 비평가와 마찬가지로 덩어리도 협잡꾼이다.
성찰이란 다 그런 농담이다. 분석은 더 많은 말을 사용한
부인일 뿐이다. 그렇다고 더 잘 아는 것이 전혀 모르는 것보다
못하다는 뜻은 아니다. 그 어느 쪽도 욕망하는 것으로부터
우리를 구원해주지는 않는다는 뜻이다. 기껏해야 욕망이 결코
누그러지지 않는다는 데서 약간의 어리석은 위안을 찾을 수
있을지 모른다. '반복'이라는 제목의 에피소드에서 덩어리는
휴대폰을 통해 자신이 좋아하는 콘텐츠 크리에이터의 새
소식을 받는다. '전에 본 콘텐츠'라는 구절이 휴대폰 화면에
뜬다. 노리스는 이 에피소드를 세 번 게시했다. 반복에는
편안함이 존재한다. 어쩌면 반복이야말로 위안의 전부일지도
모른다.

— 오 노

이것은 정치 만화가 아니지만, 정치라는 코미디에 관해서
무언가를 말해준다. 적어도 마르크스 이후의 급진 정치는
자의식이라는 도박에 자신을 걸어왔다. 이 환상의 골자는
"앎은 무엇을 해야 할지 알게 해준다"는 것이다(이 구절은
로빈 위그먼^{Robyn Wiegman}의 것이다). 그러한 결과는 1970년대 페미니즘
의식 고양 집단의 명목상 목표였으며, 오늘날 '워크 TV'와
'워크 트위터'의 목표이기도 하다. 이제 환상은 거짓말일
필요가 없다. 그것은 거짓이라 하더라도 믿고 말 어떤 것이다.
그 믿음의 강도는 욕망의 힘을 보여준다. 선거든 뭐든 여러
실망들로 메말라버린 정치적 환경 속에서, 원한다면 이것을
실망의 장점이라 불러도 좋다. 그 모든 반증에도 불구하고
우리는 계속해서 덩어리처럼 살아갈 것이다. 자고 일어나
데이트를 하고, 반려동물에게 먹이를 주고, 조직하고, 전화로
선거 유세를 하고, 뭔가를 읽으면서. 투쟁은 실로 실재한다.
하지만 어쩌면 나아질지도 모른다. 누가 알겠는가. 한
에피소드에서 덩어리는 "러닝 개그"라고 말한다. 친구가 "그건
재미 없었어"라고 말한다. "좀 기다려 봐" 하고 덩어리는
말한다.

2018

IV

권위

·1·

어째서 우리는 비평가에게 권위를 요구하는 걸까? 우리는
화가나 단편소설 작가에게는 그런 걸 요구하지 않는다.
마크 로스코의 장엄함, 보르헤스의 박학다식함처럼 특정한
경우에는 권위 있는 어조가 느껴지긴 하지만 말이다.
우리는 회고록 작가에게도 자신에 대한 권위자가 되라고
요구하지 않는다. 오히려 그가 권위자가 아니라는 사실을
솔직하게 인정하기를 바란다. 에세이스트에게도 마찬가지다.
에세이스트는 온갖 세상만사에 정통해 침착하게 각 주제를
다룰 수 있지만, 조앤 디디온이 캘리포니아에 대해 그랬듯
각각의 주제를 취약한 자신의 자아라는 눈으로 꿰어야 한다.
분명히 우리는 역사학자나 사회학자에게는 권위를 요구한다.
연구자라면 기존의 문헌을 숙지해 *자신이 무슨 말을 하는지
알아야* 하며, 수사와 문체를 비롯한 모든 면을 무리 없이
장악해 *그것에 대해 능숙하게 말할 수 있어야* 한다는 뜻이다.
결정적으로 우리는 그 학문이 정확할 것을 요구하고, 최소한
인류 지식의 보고를 증대시키는 데 기여할 것을 요구한다.

우리는 언론인에게도 같은 것을 요구한다. 보도에 권위가
있어야 할 뿐 아니라 그 내용이 사실이어야 한다. 심지어
우리를 제멋대로 쥐고 흔들려는 것이 뻔한 논설위원마저도
우리가 공유하는 현실은 인정할 거라고 기대한다. 작가에게
권위를 요구할 때(늘 그런 건 아니지만), 우리는 권위만 따로
떼어 요구하지는 않는다. "왜?"라는 질문에 "내가 그렇게
말했으니까"라고 답하는 식의 *타당한* 근거 없는 권위는
거짓으로 여겨지거나, 심지어는 위험하게 여겨진다.

　그러나 비평가의 경우는 희한하다. 비평가 역시 관련
전통이나 분석 도구에 대한 확고한 장악력을 뽐내야
한다. 우리는 그가 로베르토 볼라뇨를 논하기 전에 칠레
정치사를 잘 알고 있기를 바라며, 마찬가지로 아르페지오와
아포자투라도 구분 못 하면서 손드하임을 거론하지 않기를
바란다. 또한 우리는 비평가에게 카리스마와 세련됨, 언어
감각을 기대하며, 무엇보다 예술작품의 진정성을 보존하면서
그것을 이해할 수 있게 만드는 능력을 기대한다. 비평가는
히치콕 영화 전체의 의미를 우리 호주머니에 몰래 슬쩍 넣을
수 있을 만큼 작은 마이크로필름으로 바꿔놓을 줄 알아야
한다. 동시에 그가 개인적인 의견만을 내놓는 데 우리는 결코
만족할 수 없는데, 그런 건 우리 스스로도 완벽하게 할 수
있기 때문이다. 또 아무리 교묘하더라도 비평가가 작품에
대한 자신의 인상을 돌아보는 것 역시 바라지 않는다. 우리가
원하는 것은 또 다른 미학적 경험이 아니라 *판단*이다. 여기서
문제가 시작된다. 비평가가 채치 있거나 통찰력 있거나
매력적이거나 박식하거나 널리 존경받거나 진정한 거장일
수는 있지만, 그가 절대적으로 *옳을* 수는 없다. 우리는 경험적

증거나 논리적 주장을 통해 소설이나 미술작품의 탁월함을
증명하기란 불가능하다는 것을 인정할 수밖에 없다. 만약
그게 가능하다면, 우리는 예술을 평가하는 일을 미술사학자와
신경과학자와 정치인들에게 맡길 수도 있을 것이다. (그들이 그
일에 끼고 싶어 한다는 건 하느님도 아실 터!)

이로써 비평가는 주어진 예술작품이 아름답다고
선언하면서도 그 결정적인 이유를 대지 못하는 난처한
위치에 놓인다. 다른 대부분의 경우에 그는 우리가 강하게
반대하는 *권위 그 자체*라는 무시무시한 위치를 차지한다.
우리는 그의 말을 그대로 믿어야 할 뿐이다. 이 무슨 희한한
직업이란 말인가? 우리는 비평가를 믿음 하나만으로 인도하는
사제에, 혹은 우리가 아직 믿지 않는 신의 권위에 기대
자신을 믿으라고 하(면서 우리가 가진 돈으로 해야 할 일을
알려주기까지 하)는 TV 전도사에 비유하고 싶을 수도 있다.
하지만 비평가의 권위는 아마도 왕의 권위와 가장 유사할
것이다. *단지 그가 왕이라는 사실만으로* 그의 말은 곧 법이
된다. 우리는 그 자체에서만 근원을 찾을 수 있는 이런 종류의
권위가 실제로 권위주의가 아니라 하더라도 권위의 남용과
거의 구별할 수 없다는 사실을 알게 될지도 모른다. 사실
그것은 정당한 권위 자체가 전혀 없는 것과 마찬가지다.

아마도 이런 이유 때문에 비평가들은 18세기 유럽에서 근대
문학비평이 탄생한 이래 자신이 선택한 직업을 정치적 위기의
언어로 논하는 경향을 보여온 것이 아닐까 싶다. 1750년대에
글을 썼던 영국의 비평가 새뮤얼 존슨(Samuel Johnson)은 자신의 직업에
"적법한 권위"가 부족하다고 불평하며, 우화의 형식으로 그
한심한 상태를 표현했다. 그에 따르면 오래전에 비평의 여신이

한쪽에서는 암브로시아 향이 나고 다른 쪽에선 곰팡이를
퍼뜨리는 왕홀을 든 채 어떤 예술작품은 불멸하게 만들고 다른
작품들은 망각 속으로 처넣었다고 한다. 그러나 자신의 임무에
지친 여왕은 왕홀을 부러뜨려 조각냈고, 그 "권위의 파편들"을
아첨과 악의에 봉사하는 자들이 주워담도록 내버려두었다.
그 결과 비평은 "왕좌를 비운 채 노예들에게 맡겨버렸다."
존슨은 그들을 "현대의 비평가"라고 경멸조로 부르며, 이들이
비평의 기술을 "자기승인만으로 권한을 부여받은 입법자들의
자의적인 칙령"으로 축소시켰다고 비난했다. 훌륭한 존슨
박사의 말에 따르면, 신생 비평 제국은 이미 붕괴 직전이었다.
　그렇다면 비평가의 권위가 회복될 수 있는 방법은
무엇이었을까? 존슨은 "견해를 지식으로 격상시켜" 비평가의
감정적 변덕을 다듬을 권위를 갖춘 원칙들의 체계를
확립하고자 하는 자신의 욕망에 대해 썼다. 그는 이 과정을
잉글랜드의 초대 왕이 앵글로색슨족, 바이킹족, 데인족을
하나의 왕권 아래 통합한 것처럼 일종의 정치적 중앙집중화로
상상했다. 존슨은 아름다움이라는 명목 아래 "여지껏 무지의
무정부 상태, 공상의 변덕, 관습의 폭정만을 알고 있던" 현대
비평의 야만적인 부족들을 피비린내 나는 자연 상태에서
문명화된 과학의 영역으로 끄집어내기를 바랐다. (자신이
대영제국의 대법관으로 임명될 수 있으리라 믿었던 존슨의
말이다.) 비평가가 견해를 넘어 지식을 갖게 되면 합리적
근거를 가진 아름다움과, 존슨이 "이름 붙이기 어렵고 설명할
수 없는 우아함"이라 부른 것을 구별할 수 있게 된다는
것이다. 후자는 비평가의 상상력 면에서는 기쁨을 주지만
논리적 추론은 방해한다. 동시에 지식은 작가와의 개인적

친분이라든가 이탈리아인들에 대한 선입견처럼 비평가를
편견에 빠지게 할 수 있는 "수많은 외적, 우발적 원인"을
배제할 수 있게 해준다.

존슨의 계획이 가진 문제는 예컨대 아리스토텔레스의
《시학》에 나오는 비극 이론처럼 비평가가 아름다움을
과학으로 끌어내리는 데 성공한 것처럼 보일 때마다 그
원칙들이 마치 "전제군주적 고대"로부터 혈우병처럼 물려받은
일련의 쇠퇴한 계율로 위축되고 말았다는 것이다. 법은 글자를
얻고, 정신은 잃었다. 존슨은 단지 소포클레스에게 효과가
있었다는 이유만으로 영국 희곡에 인물이 셋 이상 무대에
함께 등장해선 안 된다고 주장하는 것은 말도 안 된다고 썼다.
원칙만으로는 충분할 수가 없다. 개별 규칙은 "적절하게
사용한다면 우리 능력을 도와줄" 과학적인 도구이지만,
"섣부르게 적용할 경우 혼란과 모호함을 초래할" 수 있다.
여기서 존슨 자신도 혼란에 빠졌다. 규칙을 올바르게 적용하는
방법이 규칙 자체에서 완전하게 추론되지 않는다면, 비평가가
어떻게 상식이나 개인적 선호 같은 "외부적인" 요인에 기대지
않고 그것을 적용할 수 있을까? 그리고 비평의 법칙이 시간에
따라 달라질 수밖에 없다면, 비평가는 자신이 바꾸려고 하는
바로 그 법칙 말고 어디서 새로운 법칙을 제정할 권위를
이끌어낼 수 있을까?

· 2 ·

3세기 동안의 노력에도 불구하고 그 어떤 비평가도 같은
역설에 부딪히지 않고서는 자신의 권위를 일관성 있게

설명해내지 못했다. '권위는 어디서 나오는가?'라는 그 역설은 고대의 정치적 질문이다. 권위라는 개념은 로마 공화정에서 처음으로 등장했다. 라틴어 auctoritas는 '견해' 혹은 '판단'이라는 뜻이며, 나아가 타인에게 영향을 미칠 능력을 의미한다. 그것은 명문가 출신 원로들의 집단인 로마 원로원의 서면 의견서를 뜻하는 senatus consultum을 가리키는 이름이기도 했다. 원로원의 의견은 법적으로 구속력이 없었고, 그 대신 집정관들을 향한 조언의 형태를 띠었다. 물론 집정관들은 그것을 무시하는 일이 없었다. 한나 아렌트는 원로원이 구성원들의 혈통에서 권위를 이끌어냈다고 주장했다. 그들의 조상들은 로마 건국 당시 현장에 있었기 때문이다. 키케로는 《법률론》에서 권력은 인민에게 있지만 권위는 원로원에 있으며, 모든 시민은 원로원의 결정을 법처럼 수호해야 할 의무를 가진다고 적었다. 여기에는 권력과 달리 권위는 그 자체로 강제력을 갖지 않는다는 생각이 암묵적으로 깔려 있다. 권위는 로마인들이 노예에게 행사했던 폭력적인 위협을 통해서가 아니라, 법 위에 있으며 아렌트가 말한 대로 "이상하게도 파악하기 어렵고 형체가 없는" 전통에 호소함으로써 작동한다. 진정한 권위는 한쪽의 의견이 다른 쪽의 행동으로 수월하게 번역되는 것이며, 그 이상도 이하도 아니다.

문제는 그러한 것이 이론을 벗어나서도 존재할 수가 있느냐 하는 것이었다. 로마의 건국 신화에는 강간과 살인이 얽혀 있는 것으로 유명하다. 키케로는 원로원의 권위가 실제 입법 권력으로 인준되는 것이 이상적이라고 믿었다. 이는 공화정이 붕괴하는 동안 그가 취하기에 전혀 놀랍지 않은 입장이었다.

얼마 후 율리우스 카이사르가 루비콘강을 건너면서 거역하게
되는 것도 바로 원로원의 이 특별한 권위였으며, 이로써
내전이 발발했고 로마제국이 출범하게 되었다. 로마제국에서
원로원은 황제의 절대 권력을 형식적으로 승인해주는 것을
주목적으로 하는 관료 기관으로 축소되었다. 아렌트의
주장에 따르면, 5세기에 제국이 몰락한 이후 원로원의 유령이
로마 가톨릭 교회의 형태로 다시 등장해 직접적으로나
왕권신수설이라는 개념을 통해서나 중세시대에 커다란
영향력을 행사했다. 그러나 교회의 권위조차도 전통에만
기댈 수는 없었다. 복종을 강요하기 위해 교회는 "지상에서는
정당한 보상이나 응징을 받지 못하는 행위들에 대한 정교한
상벌체계", 한마디로 지옥을 필요로 했다. 폭력의 위협,
그리고 처형보다 더한 파문을 수반하는 지옥 말이다. (왕들
역시 교회와 마찬가지라 할 수 있는데, 다만 일반적으로 그들은
사람들을 처형하는 데 만족한다.)

전통적인 권위 개념이 본격적으로 무너지기 시작한 것은
종교개혁부터였다. 마르틴 루터는 1521년 레오 10세 교황에
의해 파문당한 후 여러 해에 걸쳐 쓴 글에서 "세속적 권력"에
대한 기독교인들의 예속과 어떠한 봉건적 권력이나 기독교
권력도 미치지 않는 영적 영역에서의 절대적 자유를 날카롭게
구별했다. "기독교인들 사이에는 권위가 존재할 수도 없고
존재해서도 안 된다"라고 루터는 썼는데, 이 급진적인 발언을
그는 곧장 수습하려 했다. 그는 세속의 군주들이 가진 권위를
전복하고 싶은 마음이 없었으며, 기독교인은 "기꺼이 칼의
통치에 복종한다"는 주장을 고수했다. 이 주제에 관한 탁월한
연구에서 허버트 마르쿠제는 루터가 자유 개념을 그 안에

구축함으로써 권위 개념을 구제하고자 했다고 짚었다. 지배 권력에 굴복하는 수동적 복종 모델 대신에 루터는 개인의 영적 자유를 실천하는 능동적 복종 모델을 제안한 것이다. 이에 따라 기독교인들이 세속적 권력에 복종하는 것은 선택에 의한 것이 된다. 그러나 종교개혁 내의 반권위주의적 흐름에서는 기독교인들이 자신의 직책을 남용한 군주에게 불복종할 자유 역시 가진다는 의미로 받아들여지기도 했다. 루터는 1525년에 진압된 광범위한 농민 반란에 대해, 모든 권위를 "살육과 유혈사태"로 전락시켰다고 비판했다. 하지만 세속적 권위를 하느님에게 임명받았지만 영혼의 자유라는 "비밀스럽게 숨겨진 영적 문제"에 대해 정당한 권위를 결여한 "처형자와 교수형 집행자"에 불과한 것으로 묘사한 이 역시 루터 자신이었다.

종교개혁 이후, 권위를 논할 때 자유를 빼놓고 말하기는 점점 더 어려워졌다. 17세기 유럽의 정치 사상은 권위와 자유의 치열한 변증법으로 특징지어졌는데, 각 용어는 서로를 강화하는 동시에 상대 개념을 파괴할 위험 역시 가지고 있었다. 가장 큰 문제는 그 둘을 어떻게 조화시키느냐였다. Thomas Hobbes
토머스 홉스는 1651년에 이렇게 썼다. "한편에서는 너무 큰 자유를 주장하고 다른 한편에서는 너무 많은 권위를 주장하는 이들 틈에서 상처받지 않고 그 사이를 지나가기란 어렵다." 그의 전략은 "만인의 만인과의 계약"의 존재를 상정하는 것이었고, 그 계약을 통해 인민은 집단적으로 한 사람을 군주로 승인해 나머지를 통치하게 한다. 항상 무신론을 기웃거렸던 홉스는 인간들의 공동체를 일종의 "죽을 수 있는 신"으로 보았고, 이를 통해 낡은 신권정치 체제를 깔끔하게

세속화하면서도 절대군주제를 계속해서 정당화할 수 있다고
생각했다. 홉스가 권위 쪽에 치우쳤던 것은 분명하다. 그보다
좀 더 낙관적이었던 존 로크는 자유의 편에 운명을 걸었다.
로크는 전통이나 신권설에서 "권위의 아주 작은 그림자"라도
도출해내기란 불가능하다고 주장했다. 왕의 권위는 오직
인민이 자유롭게 동의해 확립된 "통치체제의 헌법과 법률"에
의해서만 위임될 수 있었다. 로크는 루터를 따라 "법에
반하는 권위란 있을 수 없다"라고 썼다. 하지만 로크는 더
혁명적인 결론에 도달했다. 그러한 권위를 주장하는 왕은
정의상 폭군이며, 따라서 자유는 인민에게 되돌아가고, 이들은
정당하게 왕에게 무력으로 저항할 수 있게 되었다.

고전적 자유주의 사상가들은 자신들의 가장 혁신적인
순간에 권위가 전적으로 자유로부터 구성될 수 있다고
주장하고 있었다. 이는 17세기 유럽에서 진행 중이던 더 큰
역사적 변화를 반영하는 것이었다. 전통이나 종교에 뿌리를
둔 낡은 권위 모델에서 사회학자 막스 베버가 나중에 '합리적
권위'라 부르게 되는 것으로 점진적 전환이 이루어지고
있었다. 그 새로운 권위 모델에서 복종은 상호 합의를 통해
확립된 법 그 자체에 직접적으로 귀속된다. 현실 정치에서 그
새로운 모델은 거의 상상이 불가능했지만, 더는 낡은 모델을
지탱할 수 없게 되어갔다. 홉스는 1640년대 영국 내전이
벌어지는 와중에 《리바이어던》을 집필했다. 로크는 1688년
명예혁명 직후에 논문을 발표해 표면적으로는 침략한 개신교
왕의 통치를 정당화하고자 했다. 물론 명예혁명의 실제
결과는 영국에서 의회의 진정한 권위로 부상한 것이었고,
의회는 곧 "의회의 동의 없이 왕권으로" 법을 정지시키는 것은

불법이라고 선언했다. 그렇다고 이것이 네덜란드 공화국의
경우처럼 세습 군주제를 폐기했다는 의미는 아니었다.
(영국인들은 아직도 그 버릇을 버리지 못했다.) 하지만 홉스 같은
헌신적인 군주주의자조차도 권위의 위치를 왕이라는 인물에서
왕이 집행하는 비인격적 법 질서로 옮겨놓았다. 왕과 왕관
사이의 이 작은 틈으로 공화주의의 정신이 강하게 파고들기
시작했다. 권위가 왕이라는 개인이 아니라 법에 정당하게
속한다면 왕은 도대체 왜 필요하겠느냐고 철학자들은
속삭이기 시작했다.

　　여기 18세기의 문턱에서, 하나의 권위
모델(전통적·종교적)이 쇠락하고 또 다른 모델(합리적·법적)이
부상하는 가운데, 비평이 문학의 한 장르로서 처음으로
형태를 갖추게 되었다. 예술에 대한 판단은 아마도 문명만큼,
어쩌면 의식 자체만큼이나 오래되었을지도 모른다(일례로
아테네인들은 최고의 신작 연극에 상을 수여하는 대회를
열었다). 그러나 근대적 의미의 비평은 두 가지 중요한
특징을 발전시켰다. 하나는 내적인 것이었고, 또 하나는
외부를 향했다. 첫째, 비평은 계몽된 정치 사상과 마찬가지로
전통에 기대거나 자의적 명령에 굴복하기보다 합의된 합리적
원칙을 통해 권위를 확립한다는 목표를 가지고 있었다.
로크가 사람들은 "알려져 있고 불편부당한 판관"이 필요하기
때문에 사회계약 안으로 자유롭게 들어온다고 쓸 때 그것은
흡사 비평가에 대한 설명처럼 들린다. 둘째, 근대 비평은
독서 대중의 소비를 위한 것이었으며, 특히 스스로를 '문자
공화국'이라고 부른 유럽 지식인들의 비공식적 공동체를 그
대상으로 했다. 이런 점에서 비평은 분명히 정기간행물이 낳은

자식이었다. 비평가는 자기 자신이나 친구 혹은 후원자를
위해서 글을 쓴 것이 아니라, 자신이 결코 직접 만나지는
못할 동료 문인들 사이에서 자신의 저작물이 유통되리라는
전제하에 글을 썼던 것이다.

　그러므로 애초부터 비평은 서로 맞물려 작동하는 권위의
문제들, 즉 하나는 문학적이고 다른 하나는 정치적인 두 가지
문제를 맞닥뜨려야 했다. 좋은 비평을 하기 위해 비평가는
자신의 이성을 자유롭게 사용하는 데서 나오는 비평적 권위와,
정치 권력을 위협한다는 의심을 받지 않고 비평을 발표할
자유 *둘 다*를 필요로 한다. 이는 종교개혁 이후 나타난 신앙과
독서 사이의 강한 연관성을 반영하는 것이었다. 루터는 군주가
반란을 진압할 권리를 가지고 있긴 하지만 기독교인들에게
"특정 책을 없애도록" 강요할 권한은 가지고 있지 않다고 썼다.
문학비평만을 위한 최초의 정기간행물이었던
Nouvelles de la république des lettres
《문자의 공화국 소식》은 1684년 암스테르담에서 처음으로
Pierre Bayle
등장했다. 그 편집자인 피에르 벨은 위그노 난민이었는데,
양심의 자유에 관한 그의 책이 바로 전해에 파리에서
불태워졌다. (프랑스 당국은 벨의 형 역시 투옥했고, 그는
감옥에서 사망했다.) 상대적으로 관대한 네덜란드 출판 환경
덕분에 대담해진 벨은 종교적 관용이라는 주제에 관해 두루
글을 썼다. 그는 군주가 만인의 신념을 법 아래 평등하게
보호한다면 종교적 관용은 "무한한 공적 축복의 원천"이 될
수 있다고 주장했다. 마찬가지로 벨은 언제나 편애와 견책
사이에서 "합리적인 중도"를 찾고자 할 거라 다짐하고 자신의
새 문학 잡지를 "가십 유통 기관"으로 만들지 않겠다고
약속하며 이렇게 적었다. "우리는 작가에게 유리한 편견도

불리한 편견도 만들려는 의도가 없다. 그토록 숭고한 권위를
주장하는 것은 터무니없는 허영심일 것이다."

　이런 방식으로 초기 문학비평은 계몽주의의 정치적 핵심
질문을 시험해보는 실험실로 기능했다. 비평가가 정말로
순전히 자신의 합리적 자유에서 권위를 도출해낼 수 있다면,
군주가 신민들의 집단적 의지로부터 권위를 얻는 것 역시
가능하지 않겠느냐는 질문이었다. 18세기의 비평은 대영제국,
네덜란드 공화국, 그리고 북미 13개 식민지에서 성공을
거두게 되는 자유주의적 정치 기획과 강하게 얽혀 있었다.
당연히 실제로 모든 비평가가 자유주의자는 아니었다. 평생
토리당원이었던 새뮤얼 존슨이 1751년에 근대 비평가들이
주장하는 조악한 권위는 "정당하게 반박될 수 있다"라고 쓸 때,
그가 염두에 둔 것은 왕정복고 같은 것이지 혁명이 아니었다.
(미국 독립전쟁 직전에도 그는 신흥 식민지인들이 영국 주권을
"권위 없는 지배"로 전락케 한다고 비난했다.) 그러나 존슨
역시도 비평이 만인의 영혼에 새겨진 보편적 법에 호소하지
않고서는 결코 "과학의 안정성"을 확보할 수 없다는 점을
이해했다. 실로 비평은 합리적-법적 권위를 설명하는 강력한
은유였기 때문에 많은 비평가들은 그것을 정치적 유토피아의
전조로 여기기 시작했다. 물론 비평이 우선 *스스로*를 입증할 수
있어야 하겠지만 말이다.

· 3 ·

　이토록 숭고한 과업을 스스로 맡았던 초기 비평가들은
곧 좌초하고 말았다. 존슨이 발견했듯, 원칙을 맹목적으로

적용한다고 해서 비평적 권위가 보장되는 것은 아니었다.
과학을 표방했지만 18세기의 비평은 대체로 형식화되지 않은
채 고대의 일반적인 상식과 비평가 개인의 도덕성에 의존하게
되었다. 비평가들은 필연적으로 교만함, 편향성, 그리고 시
한 줄에 들어갈 적절한 음절 수를 따지는 자의적 규칙에
대한 맹종 등 서로의 수많은 결점을 나열하고자 하는 충동에
굴복했다. 1711년에 알렉산더 포프는 "어떤 아름다움은
그 어떤 계율로도 규정될 수 없다"라고 쓰면서, 왕이 법을
유예시킬 수 있듯 위대한 시인들은 종종 규칙을 깨곤
했음을 지적했다. 포프는 "진정한 취향"을 옹호하며 공허한
법률주의를 비판하고자 의도했지만, 그는 비평 전반이 봉착한
교착상태를 표현하고 있었다. 만약 아름다움이 법의 테두리
안에 존재할 수 없다면, 비평가는 어떤 근거로 그것의 존재를
인식할 수 있겠는가?

다시 말해, 초기 비평가들에게 부족했던 건 수많은 것 중 왜
하필이면 취향이 유독 극심한 권위의 위기를 초래했는지에
대한 제대로 된 설명이었다. 상식은 두 가지 모순된 경험적
법칙을 제시했다. 첫째, 한 비평가가 추하다고 한 것을 다른
비평가가 아름답다고 할 수 있기 때문에, 취향은 따질 수가
없는 것이다. 둘째, 한 비평가는 종종 자신에게 동의하도록
다른 이들을 설득하려 하기 때문에, 취향에는 보편적
기준이 있어야 한다. 이 문제를 해결하는 가장 쉬운 방법은
모순된 그것을 반으로 자르고 설득력이 덜한 쪽을 버리는
것이었다. 1757년에 이 주제를 철학적으로 다룬 연구가 두 개
등장했는데, 각각 데이비드 흄과 에드먼드 버크의 것이었다.
언제나 회의론자였던 흄은 취향에 관한 어떤 법도 기껏해야

유독 민감한 비평가가 일상에서 추론해낸 "일반적인 관찰"을
넘어서지 않는다고 주장했다. 그런 비평가들은 드물었고, 또
항상 같은 감정을 느끼지도 않았다. 반면 버크는 아름다움은
너무나 큰 영향을 주므로 "긍정적 특성들에 의존"해야 한다고
주장했다. 예컨대 그는 아름다움의 대상이 일관되게 매끄럽고,
창백하고, 섬세하고, 작은 편이어야 한다고 독단적으로
주장했다. 하지만 이 두 가지 관점 모두 만족스럽지 못했다.
버크는 합리적 주장을 하기보다는 여성에 대한 협소한 취향을
묘사하는 듯했고, 흄조차도 취향에 관한 권위 있는 법칙을
찾으려는 시도는 "자연스럽지만" 실천적으로는 성과가 없다고
인정했다.

영국 제도에서 이러한 질문은 막다른 지점에 다다랐다.
아마도 비평사에서 가장 영향력 있는 취향 이론을 제시한
것은 당시 절대군주제를 채택했던 프로이센이었다. 그 이론은
문학비평가가 아니라 철학자였던 임마누엘 칸트에게서
나왔다. 유년 시절 칸트는 교회의 교리보다 루터가 강조한
개인의 신앙으로 돌아가자고 했던 경건주의라는 개혁 운동의
영향 아래서 성장했다. 칸트는 성인이 되어서도 인간의 자유를
자연, 도덕성, 사유에 관한 필연적 법칙과 조화시키는 방법을
깊이 고민했다. 그의 전략은 그러한 법이 이성에 *내재*해 있다고
가정하는 것이었다. 그는 이성을 감각적 경험을 참고하지 않고
보편 법칙에 도달할 수 있는 인식력으로 정의했다. 이성은
내적 작용을 검토하는 것만으로도 이러한 법을 추론해낼 수
있었다. 칸트는 그 내부적 작동을 Kritik이라고 칭했는데,
이는 영어로 critique(비판)과 criticism(비평) 양쪽으로 번역
가능하다. 그것은 보수적인 동시에 혁명적이었다. 법을 외부

세계에서 떼어내 인지라는 개인적 특성으로 변형시킴으로써 그것을 재확인했기 때문이다. 이전에 루터가 그랬듯 칸트 역시 권위를 무너뜨리려 하지 않고, "이성이 그 정당한 권리를 보존할 수 있도록 영원하고 불변하는 법칙에 따라 정의의 법정을 세우고자" 했다. 칸트는 1781년에 이렇게 썼다. "우리 시대는 진정한 비판의 시대이며, 모든 것은 그 앞에 복종해야 한다." 그리고 법 역시도 예외는 아니었다.

1780년대에 칸트는 Kritik의 방법을 자연 법칙과 도덕성의 법칙에 적용하고자 했다. 1790년에 일명 제3비판서라 불리는《판단력 비판》을 발표하면서 칸트는 마침내 취향의 법칙으로 관심을 돌렸다. 칸트는 각각 회의주의적이고 교조적이라고 봤던 흄과 버크에게서뿐 아니라, "아름다움의 과학"을 설명하고자 '미학'이라는 용어를 고안한 독일의 ^{aesthetics} 알렉산더 고틀리프 바움가르텐에게서도 영향을 받았다. ^{Alexander Gottlieb Baumgarten} 테리 이글턴이 지적했듯, 오늘날 우리가 이해하는 대로의 ^{Terry Eagleton} 미학이 계몽절대주의라는 토양에 뿌리를 두고 있다는 사실은 우연이 아니다. 절대주의가 진정으로 절대적이려면 신민들의 감각적 삶까지 포괄해 "이성의 장엄함 안으로" 끌어들여야 했기 때문이다. 프로이센의 경우 이 점은 매우 명확했다. 철인왕을 꿈꾸던 프리드리히 대왕은 (하필이면 벨의 저작 발췌본 서문에서) "인류의 가장 중대한 과업은 판단력을 갖추는 것"이라고 써 신민들에게 조언했다. 바움가르텐의 새로운 학문은 감각을 합리적으로 설명하고자 하는 그 열망을 반영했다. 그는 아름다움을 "감각적 인식의 완성"이라고 정의하기도 했다. 첫 번째 비판서인《순수이성 비판》에서 칸트는 바움가르텐의 과학적 야심에 경의를 표하면서도

그것에 동의하지는 않았다. "그것은 헛된 노력이다"라고 그는
썼는데, 아마도 과거에 자신이 썼던 아름다움에 관한 저술을
떠올렸을 것이다. 그 저술은 생울타리, 푸른 눈, 향락의 궁전을
포함해 나이브한 경험적 예시들만 나열한 데서 더 나아가지
못한 것이었다. 《판단력 비판》에 이르자 그 주제에 관한 그의
관점은 더욱 명료해졌다. "아름다움의 과학이란 없고, 오직
비판이 있을 뿐이다."

　이제 칸트는 자신만의 이론을 개진한다. 그는 만약 취향에
진정한 권위가 있다면 법이라는 *이념*, 그것도 이념으로서의
법에 의해서만 지배되어야 한다고 주장했다. 바움가르텐에게
그랬던 것처럼 칸트에게도 미학적 판단에 법이 어떤 식으로든
개입된다는 것은 분명했다. 그러나 비평가가 그 법칙의 구체적
내용을 규정하려 할 때마다 그는 좋은 와인을 시음할 때와
같은 감각적 만족의 형태로든 자선행위를 목도할 때와 같은
도덕적 승인의 형태로든 필연적으로 내용 자체에 *관심을* 갖게
된다. 칸트에게 이것은 그러한 법칙이 존재하지 않는다는 뜻이
아니라, 단지 비평가에게 그 법칙이 존재한다고 가정할 권리는
있지만 그 내용이 무엇인지 알 권리는 없다는 뜻이었다.
칸트는 미학이라는 학문의 무의미함을 비평가를 위한
격언으로 재구성한다. '언제나 아름다움이 합리적으로 설명
가능하다고 가정하되, 그게 무엇인지 아는 척하지는 말라.'
이것은 비평사에서 가장 중대한 움직임 중 하나다.

　우리는 이 주장의 우아함에 주목할 필요가 있다.
《순수이성 비판》에서 칸트는 인식을 몇 가지 능력의
근면한 협업이라고 설명한다. 감각은 경험의 원료(빨강, 원,
밝음, 멂)를 받아들이는 서기들이고, 상상력은 그 원료를

정리해 보고서(아침 하늘의 다홍색 반점)로 만드는 민첩한
사무원이며, 지성은 개념(일출)의 형식으로 판결을 내리는
냉정한 판관이다. 그러나 미학적 판단은 다른 과정으로
진행된다. 감각은 여전히 경험 원료를 성실히 수집하되,
이번에는 쾌감(따뜻함, 가슴 저밈, 희망에 참)에 집중한다.
상상력도 여전히 보고서(자연미에 대한 감동적인 비전)를
준비한다. 그러나 늘 자신만만하던 지성은 이제 주저하게
된다. 놀랍게도 일출이라는 개념 안에서 그것이 아름답다고
느껴지는 이유를 설명할 어떤 규칙도 찾을 수 없었던 것이다.
오류에 빠지지 않고는 더 나아갈 수 없게 된 지성은 이 사건을
사려 깊게 무기한 보류하고 보고서를 활기찬 사무원에게
넘긴다. 지성은 상상력에게 판관의 가발을 쓰고 스스로 판결을
내리려 하지 않는다는 전제하에 그 문제에 대해 자유롭게
사유하도록 권한을 부여한다. 칸트는 이 타협을 상상력과
지성의 "자유로운 유희"라고 칭했고, 거기서 상상력은 칸트가
"자유로운 합법성"이라 부르는 일종의 권위를 위임받는다.

　이 이론의 예상치 못한 이점 중 하나는 비평가가 아름다움이
실제로 존재한다는 사실을 증명해야 할 필요가 없어졌다는
점이다. 사실상 그것은 금지되었다. 칸트는 비평가들이 어떤
예술작품이 아름다운 이유에 관해 "논쟁하는" 것은 완벽하게
합리적이며, 실로 불가피하다고 썼다. 다름 아닌 상상력의
자유로운 합법성이 곧 아름다움이기 때문이다. 하지만
비평가가 자신의 권위를 남용하지 않고서는 할 수 없는 일은
논쟁을 넘어 결정적인 답에 이르는 것이다. 어떤 비평가라도
그러한 답을 내놓는다면 그는 미학적 판단이 아니라 실용적
판단을 내린 것이다. 그는 예술작품이 바라던 목적을 달성하는

데 얼마나 유용한지를 혹은 그것에 내재된 도덕적 가치를
평가한 것이다. 이 역시 완벽하게 합리적일 수 있지만, 그
결정이 대상의 미학적 가치와 아무 상관이 없다는 사실을
비평가는 종종 잊는다. 예컨대 생울타리는 토양 침식으로부터
정원을 보호하는 데 매우 유용하지만 정원 자체를 아름답게
해주는 것은 아니다. 마찬가지로 교회의 아름다움 역시 그
안에서 설교되는 교리의 고결성으로 측정되지는 않는다.
칸트는 하나의 역설을 해결하면서 다른 역설을 만들었다.
한편으로 비평가의 권위는 인간의 이성에서 비롯되므로 그
어떤 외부적 권력으로부터도 자유롭다. 다른 한편으로 이런
종류의 권위는 *너무나* 순수해서 그 근거를 파악할 수는 없고
오직 '가리켜질' 뿐이다.

예술비평가를 알 수 없는 법 앞에서 자유로운 합법성을
행사하는 존재로 그린 칸트는 왕의 신민에 대해서도 매우
유사하게 생각했다. 그는 신민들의 정치적 권리를 옹호하기도
했고 그 기반을 흔들기도 했다. 헌신적인 공화주의자인
동시에 프로이센 왕실의 겸손한 하인이었던 칸트는 대중이
실제 법에 대한 비판을 포함해 비평을 저술하고 출판할
자유를 가져야 한다는 입장을 고수했다. (프리드리히 대왕
사후에 칸트는 왕실의 검열에 저촉되어 곤욕을 치렀다.) 하지만
그는 또한 인민에게 "자신이 복종하는 최고 권위의 기원에
대해 그 어떤 실제적 목표를 가지고 조사할" 권리는 없다고
주장했다. 심지어 정부가 기만이나 유혈사태를 통해 집권했다
하더라도 인민들은 모든 권위가 신으로부터 나온다고 믿어야
했다. 따라서 계몽주의에 관한 칸트의 글에는 다음과 같은
흥미로운 모토가 등장한다. "원하는 것에 관해 원하는 만큼

논쟁하되, 복종하라!" 칸트는 국가의 실패에도 불구하고
국가를 전복하려는 폭력적인 시도보다 더 중대한 범죄는
없다고 믿었다. 기존의 법질서뿐 아니라 법이라는 개념
자체를 전복하는 것이기 때문이다. 예컨대 칸트는 합리주의적
가치에 깊은 공감을 표하면서도 프랑스 혁명의 "비참함과
잔혹함"은 경멸했다. 그를 진정으로 감동시킨 것은 바스티유
습격이라든가 피비린내 나는 단두대의 스펙터클이 아니라—
그런 건 그를 경악케 했다—혁명을 둘러싸고 옆에서 활발한
논쟁을 벌였던 계몽된 지식인들이었다.

칸트가 프랑스 혁명에 관해 했던 생각과 그가 아름다운
일출에 관해 했던 생각 사이에 유비 관계를 이끌어내기는 매우
쉽다. 상퀼로트들에게는 루이 16세가 왕이 될 자격이 있는지
질문할 권리가 충분했지만, 그 질문에 스스로 대답까지 하려
한 것은 치명적인 잘못이었다고 칸트는 믿었다. 그러나 이것은
유비 관계 이상이다. 칸트는 아름다움에 대한 비평가의 판단에
어떤 실용적 관심도 개입해선 안 된다고 하면서도 좋은 취향을
기르는 것은 인류가 "너무 폭력적인 도약"을 하지 않고도
도덕적 습관을 개선하는 데 도움이 된다고 생각했다. 이러한
생각은 칸트가 가진 정치적 비전의 극히 일부였다. 지구상의
사람들이 처음에는 독재자의 물리적 힘에 강요당하다가도
점차 "법의 권위라는 개념"을 존중하도록 설득되어, 대표
정부와 세계 평화로의 전환이 가능해진다는 것이다. 그러므로
비평가의 과업은 취향을 유용함이나 도덕성으로 축소시킬지
모르는 실용적 관심으로부터 취향을 자유롭게 유지하는
것이다. 그의 목적은 아이러니하게도 미래의 공화국을
연다는 (매우 실용적인) 목적이었다. 19세기가 밝아오면서

비평가는 더 이상 왕을 상징하는 대리자가 아니었다. 그는
다른 무언가의 매우 실제적인 사례가 되어가고 있었다. 바로
'시민'이었다.

· 4 ·

칸트의 미학은 낭만주의 시인인 새뮤얼 테일러 콜리지를
통해 영국으로 전해졌다. 1814년 콜리지는 브리스톨 신문에
자신의 비평 이론을 요약하는 세 편의 글을 발표했는데,
그는 자신의 비평이 "즉각적이고 절대적인 만족"이라는
사심 없는 감정에 근거를 두었다고 했다. 이러한 수동적인
표현 방식은 의미심장한 것이었다. 콜리지의 글은 10년
넘게 유럽을 집어삼킨 피비린내 나는 나폴레옹 전쟁이 끝난
직후에 쓴 것이었고, 그는 이러한 "국가들의 평온"이 세계
정세에 대한 관심으로 매일 신문을 읽는 습관을 기른 시민들을
비평가로 만들 수 있는 완벽한 기회라고 보았다. 콜리지는
"이제 우리는 인간으로서 생각하고 느낄 수 있게 되었다"라고
쓰며 독자들에게 각자의 마음을 들여다보고 자기만의 비평
원칙을 발견하라고 촉구했다. 이러한 독자로서 가지는 평등의
비전은 젊은 콜리지의 심장을 뜨겁게 했던 프랑스 혁명의
공화주의적 원칙에서 분명히 영향받은 것이다. (콜리지가
아름다움을 "다양성이 만들어내는 통일"이라고 신비주의적으로
정의한 데서도 같은 영향력을 느낄 수 있다.) 그러나 1799년
나폴레옹의 쿠데타가 일어날 무렵, 콜리지는 자신이 빈자들의
어둡고 감각적인 동기를 "가장 신성한 자유의 정신"으로
착각했다며 지지를 철회했다. 이제 그가 제안하는 비평가들의

공동체는 그토록 많은 폭정과 전쟁을 불러온 '박애'(fraternity / fraternité)와는
거리가 아주 멀었다. 그 공동체는 권위를 굶주림이나 폭력이
아니라 아름다움 자체의 평등주의적 본성에서 이끌어낸다.
　　모든 권위가 그러하듯 시민-비평가의 권위도 남용될 수
있었다. 문자 공화국(The Republic of Letters)은 끝을 향해가고 있었고, 곧 신문의
시대가 도래할 것이었으며, 새로운 "독서 대중" 때문에
콜리지는 기쁜 만큼이나 두렵기도 했다. 1983년에 베네딕트
앤더슨(Benedict Anderson)이 관찰했듯, 19세기의 신문은 민족국가의 거대한
캔버스로서 그날그날의 온갖 다양한 상호 관련 없는 사건들을
저렴한 하나의 대량생산 품목으로 결합해 "두개골의
소굴"에서 소비되게 했다. 시민들이 신문을 펼칠 때마다
그는 나머지 국민들도 그 옆에서 함께 읽고 있음을 느꼈고,
이로써 그는 국가가 존재한다는 사실을 알 수 있었다. 그러나
콜리지가 볼 때 전국적으로 문학이 유통되면서 비평은 귀먹은
이도 돌릴 수 있는 "자동 오르간"이 되어버렸다. 고대에는 책이
종교적 신탁처럼 다루어졌다면, 이제는 "자칭 판사이면서도
덜 독단적이지도 않은 자들"의 손에 좌우되는 범죄자처럼
취급되고 있다고 콜리지는 썼다. 동시에 콜리지는 아주
살짝만 비판받아도 "폭력적이고 절제되지 않은 공격"이라고
받아들이는, 인기는 있지만 평범한 작가들에 대해서도
분개했다. 적절하게 실천될 경우 비평은 "거인이 아니라
풍차"라고 그는 주장했다. 그러한 비평은 누구도 공격하지
않고, 누구의 곡식도 편애하지 않으며, 어떤 바람에도
복종하지 않고 모든 바람을 하늘 위 하나의 완벽한 곡선으로
그려낸다. "단, 이 공간은 자유로워야 하며, 방해받지 않아야
한다"라고 콜리지는 경고했다. 각다귀와 말벌들은 마음대로

지나다닐 수 있지만, 자칭 돈키호테가 비평의 "가차 없는
팔뚝"에 걸려 하늘 높이 매달린다면 그건 오롯이 자기 탓일
뿐이다.

　19세기 비평가에게 권위의 문제는 군중의 폭압과 자유
시민의 평등을 구별하는 일이었다. 여기서 우리는 비평의
disinterestedness
무사심이 새롭게 강조되는 것을 볼 수 있다. 18세기가 비평을
객관적인 과학으로 만들고자 했다면, 19세기는 비평을
일종의 *사명*으로 여기며 시민들의 교양을 정련해 사회를
개선하고자 했다. 이런 맥락에서 비평가의 무사심은 시민적
덕목의 성격을 띠게 되었고, 이는 매슈 아널드가 1864년의
The Function of Criticism at the Present Time
유명한 강연 〈오늘날 비평의 기능〉에서 말한 대로 "세상에서
생각되고 알려진 가장 좋은 것"을 시민들이 고르게 받아들일
수 있도록 준비시켰다. 스스로 도덕주의자임을 숨기지 않았던
아널드는 영국 "비평의 골칫거리"는 "실제적 삶의 소란과
아우성"에 종속된 것이라고 썼다. 이때 그는 특히 빅토리아
시대 영국의 수많은 정치적·종교적 파벌들을 염두에 두었다.
그러한 파벌들은 각자 자기들만의 잡지를 발행하고 있었는데,
휘그당은 《에딘버러 리뷰》를, 토리당은 《쿼털리 리뷰》를
가지고 있는 식이었다. 이런 정치적 편향의 수렁은—인쇄
매체의 물리적 제약에 더해—비평가들이 아널드가 칸트를
암시하며 말한 "자유롭고 사심 없는 정신의 유희"를 수행하기
어렵게 만들었다. "비평은 그러한 이해관계의 하수인이
되어서도 적이 되어서도 안 되며, 그로부터 절대적이고
전적으로 독립되어 있어야 한다"라고 아널드는 주장했다.
"그렇지 않고서는 그 어떤 비평도 진정한 권위를 얻지 못할
것이며, 진실하고 새로운 사상의 흐름을 만들어낸다는 본래의

목적에 도달할 수 없을 것이다.”

우리는 아널드의 두 단계 전략에 주목할 수 있다. 아널드는 비평이 정치적 자유를 위해 정치적 이해관계로부터 자유로워야 한다고 주장했다. 그에게 이는 모순이 아니었다. 칸트와 마찬가지로 아널드 역시 비평가의 신선한 사상의 흐름이 언젠가는 사회적·정치적 영역에서 장점을 발휘하게 될 수 있음을 결코 부정하지 않았다. 후일 그는 분명히 “문화가 국가라는 이념을 시사한다”라고 주장했다. 그럼에도, 비평가는 사상의 “느리고 모호한 작용”에 자신을 국한해야만 했다. 아널드 역시 프랑스 혁명을 염두에 두고 있었다. 그는 그 혁명이 자유와 평등이라는 이념을 정치 영역으로 맹렬하게 밀어넣어 결국 파괴해버렸다고 믿었다. 따라서 그에게는 비평의 미묘하고 간접적인 기능이 중요했다. 그가 상상한 비평은 수원지인 동시에 제방이어서, 신선한 사상의 흐름이 실제 세계로 마치 부드러운 증발 작용처럼 스며들어야 했다. 아널드는 다음과 같이 썼다. “우리를 둘러싼 외부 세계를 바라보면 확실한 권위의 부재가 불안하게 느껴진다. 우리는 오직 올바른 이성을 통해서만 확실한 권위의 원천을 얻을 수 있으며, 문화가 우리를 올바른 이성으로 이끈다.” 아널드에게 “진정한 평등의 사도”는 자코뱅파가 아니라 비평가들이었다. 자코뱅파와는 달리 비평가들은 동료 시민들이 이성의 권위를 먼저 스스로 받아들이고 그다음 국가 차원으로 점차적으로 확장하도록 이끌었기 때문이다. 이것이 아널드가 파리의 프랑스 한림원을 높이 평가한 이유다. 비슷한 것이 런던에도 생겨야 한다고 생각해서가 아니라(그게 가능하다고도 믿지 않았다), “지성과 취향에 관한 공인된 권위”를 공식적으로 확립하는 것이 가치 있다고 생각했기 때문이다.

아널드를 비판하는 이들이 없었던 것은 아니다. 19세기가 끝나갈 무렵 그의 낡은 빅토리아풍 관점은 유미주의 운동으로부터 날카로운 반격을 받았다. 1873년 월터 페이터는 비평의 "본래적 사실들", 즉 비평가의 마음에 와닿은 예술작품의 인상으로 돌아가자고 하며, 비평가에게 "예술을 위한 예술"에 대한 애호 외에 다른 동기는 필요 없다고 주장했다. 이러한 인상주의적 비평가들은 실제적인 것이든 지성적인 것이든 자신의 경험을 조금이라도 "희생"하도록 강요하는 그 어떤 이해관계에도 묶이기를 거부했기에, 이들에게는 분명히 비도덕적인 면이 있었다. 페이터는 혼란스럽게 얽혀 있는 현대 세계의 수많은 이해관계들 틈바구니에서 인간의 정신은 자유의 감각을 느끼기를 열망한다고 썼다. 그리고 바로 이 억누를 수 없는 자유가 비평가에게 자신의 미학적 경험을 다른 모든 것 위에 둘 수 있는 권위를 부여했다. "이 단단하고 보석 같은 불꽃과 함께 항상 타오르며, 이 황홀경을 유지하는 것이 인생의 성공"이라고 르네상스 예술에 관한 저서에서 페이터는 썼다. 이 주장에서는 자기 안의 이 불꽃을 꺼지지 않게 지킨다는 비평가의 사명을 찾아볼 수 있다. 사실 페이터는 유미주의의 도덕적 함의를 잘 알고 있었다. 나중에 그는 "그 책을 우연히 집어든 일부 젊은이들을 오도하게 될까 봐" 해당 단락을 삭제했다.

그리고 정말로 그렇게 되었다. 위대한 탐미주의자였던 오스카 와일드는 페이터보다 더 나아가 비평가는 자신이 비평하는 예술작품에조차 어떤 의무도 질 필요가 없다고

주장했다. 비평가의 유일한 과업은 고려 중인 작품과
동등하거나 그것을 능가하는 *새로운* 예술작품을 만들어내는
The Critic as Artist
것이었다. 와일드는 1891년의 에세이 〈예술가로서의
비평가〉에서 "가장 높은 차원의 비평이란 바로 그런 것, 즉
자기 영혼의 기록이다"라고 썼다. 여기서 와일드가 암묵적으로
겨냥한 이는 아널드였다. 그는 아널드의 엄숙주의를 거부했다.
(와일드의 에세이 제목은 원래 '비평의 진정한 기능과 가치'였다.)
아널드가 무사심을 미덕으로 여기며 자기 자신에게서 관심을
거두어 사회 전체를 향하는 비평가의 모습을 그렸다면,
와일드의 비평가는 무사심이 *너무나* 강한 나머지 자기 자신의
개성 외에는 어떤 권위도 따르지 않았다. 하지만 와일드조차도
자기만의 '시민' 개념을 제시하지 않을 수 없었다. 그는 자신이
"예술-비평가의 국가"라고 부른 고대 그리스에 대한 존경심을
분명히 드러냈다. 왜냐하면 "지루한 예술 잡지 따위"가 없는
그리스 도시국가의 시민들은 비평 정신을 자유로이 갈고
닦을 수 있었기 때문이다. 이러한 모습은 사회주의에 대한
와일드의 몹시 개인주의적인 이해와 뚜렷하게 닮아 있다.
와일드의 사회주의에서는 인간의 진정한 개성이 "자기만의
법 외에는 그 어떤 법도" 허용하지 않고 "자신의 권위 외에는
그 어떤 권위도" 허용하지 않는다. (물론, 사회주의가 권위 없이
가능한가 하는 문제는 1871년 파리코뮌 직후 격렬한 논쟁의
대상이 되었다. 혹자는 엥겔스가 무정부주의자들에게 한 말을
와일드에게 하고자 할 수도 있겠다. "이 사람들이 혁명을 본
적이나 있는가?")
　　어쨌거나 비평은 이제 아널드가 엄중하게 말한 대로 '무정부
상태'를 향해 질주하고 있었고, 비평가의 사명은 점점 더 지속

— 권위

불가능해지는 협소한 개인주의로 붕괴되고 있었다. 20세기 전환기에 비평가가 갖는 권위의 근거를 자유에서 찾는 방식은 많은 이들에게 칸트가 바랐던 강한 시민적 의무감이 아니라 퇴폐적인 미문주의^{belletrism}를 낳았다. 그리고 결정적으로 그것은 특히나 *가르치기* 어려운 것이었다. 1897년 미국 비평가 어빙 배빗^{Irving Babbitt}은 "문학 자체를 연구하는 것은 무익하고, 아마추어적 취미와 구분하기 어렵고, 고상한 감탄사를 남발하는 데 그친다는 견해가 점점 더 우세해지는 듯하다"라고 쓰며, 고전을 가르치는 일이 "'아름답다!'라는 형용사를 여러 가지로 반복하는" 것으로 축소되었다고 걱정한다. 존재하는 유일한 대안은 언어학의 전신인 문헌학이라는 고루한 학문뿐이었다. 배빗은 그것을 도금시대의 신속한 산업화를 따라 쌓여온 "죽은 정보의 짐" 같은 것이라고 보았다. 특히 미국의 문학비평가가 처한 곤경은 아마추어리즘의 스킬라와 실증주의의 카리브디스 사이에서 어떻게 안전한 항로를 찾느냐 하는 것이었다. 그러나 이 곤경은 전혀 새로운 것이 아니었다. 그것은 견해를 지식으로 만들면서도 그 지식에 자신의 권위를 잃지 않고자 했던 새뮤얼 존슨의 좌절된 시도를 강하게 상기시킨다. 하지만 20세기의 비평가에게는 마음대로 사용할 수 있는 사회 조직의 기술이 있었고, 그것을 제대로만 사용한다면 권위의 문제를 완전히 해결할 수도 있었다. 그것은 '대학'이라 불렸다.

· 5 ·

　분명히 대학 자체는 20세기의 발명품이 아니었다. 하지만 근대의 연구 중심 대학이 부상하면서 비평은 처음으로 *공적*

기관이 될 수 있다는 전망을 갖게 되었다. 여기서 '공적
기관'은 자유주의 사회에서 제도로 확립된 실천이라는 의미와
그런 실천이 수행되는 물리적 장소의 의미를 모두 갖고
있었다. 비평이 실제로 하나의 건물로 구현된다는 의미를
과소평가해선 안 된다. 캠퍼스의 건물을 가리키며 진지하게
"저게 영문과예요"라고 말할 수 있게 된 것이다. 여기서
혹자는 취향의 "공인된 권위"를 세우고자 했던 매슈 아널드의
욕망 비슷한 것을 발견할지도 모른다. 그러나 영문학자 존
길로리가 최근 밝혔듯, 대학의 비평가는 곧장 전문가로서의
압박에 시달린다. 문학비평가는 자신의 학문이 다른 인문학과
마찬가지로 정당성을 가진다는 걸 입증해야 했다. 인문학의
많은 분과들도 이미 사회과학의 침범을 막아내고 있는
상황이었다. 비평가가 평판이 나아지지 않은 채 대대적으로
경멸당하던 서평이라는 일과 자신을 깔끔하게 구별해내는
것도 매우 중요했다. 이로써 비평가는 자신의 관심사를
좁혀야 하는 익숙한 처지에 놓였다. 다만 이번에는 새로운
문제가 있었다. 성급히 정치적 판단으로 돌진했던 빅토리아
시대 비평가는 아널드를 불쾌하게 만들었지만 기삿거리에
굶주린 편집자들은 만족시켰다. 하지만 20세기 문학비평가의
경우, 이미 역사나 철학이 더 확실하게 점유하고 있던 영역에
진입했다가는 말 그대로 직업을 잃을 수도 있었다.

　이 균형을 섬세하게 맞추기란 어려운 일이었다. 비평이
새로운 직업으로 자리 잡는 데 중요한 기여를 한 한 가지는
케임브리지대학교에서 강의하던 I. A. 리처즈가 고안한
'정독' 개념이었다. 리처즈가 밝힌 목표는 가치에 관한 일반
이론을 구축해 기존의 비평 전통을 뚫고 나가는 것이었다.

그는 기존의 비평 전통을 다음과 같이 요약했다. "몇몇 뛰어난 추측, 다량의 웅변과 시 흉내, 끝없는 혼란, 충분한 양의 독단, 적지 않은 편견, 기이하고 별난 생각들, 넘쳐나는 신비주의, 약간의 진정한 사색, 길 잃은 잡다한 영감, 의미심장한 힌트와 무작위적 통찰." 리처즈의 접근법은 새로웠다. 1920년대에 그는 학생들에게 매주 작가명을 가린 시를 한 편씩 제시한 후 시에 대한 자세한 인상을 적어 내게 하는 방식을 생각해냈다. 1929년에 그는 학생들의 응답을 모아 자신의 분석 및 논평과 함께 정리해 《실제 비평》(Practical Criticism)이라는 연구서로 펴냈다. 비평을 경험적 과학으로 새롭게 구축하는 과정에서 리처즈는 철학과 심리학이라는 기존 학문에 크게 의존했다. 1935년 미국의 젊은 비평가였던 R. P. 블랙머(R. P. Blackmur)는 리처즈의 이론적 장치가 "미로처럼" 복잡해서 실제로 작은 부분을 차지한 문학비평이 "중심 목표가 아닌 부산물"처럼 느껴졌다고 지적한다. 이것은 전문화의 위험 중 하나였다. 블랙머의 표현대로, 비평가는 자신의 전문성을 정당화하느라 "너무도 빠르게 문학 자체를 밀어내게" 될 수 있었다.

만약 문학비평이 안정적인 권위의 원천을 자기 안에서 찾지 못한다면, 인접한 학문 분야의 더 큰 권위에 합병될 위험에 처하게 된다. 존 크로우 랜섬(John Crowe Ransom)은 1937년에 "영문학은 거의 스스로가 완전히 자율적인 학문이 아니라 역사학의 한 분과, 때로는 윤리학의 한 분과라고 공표해도 될 지경이었다"라고 썼다. 랜섬이 비평의 전문화를 매도한 것은 아니다. 오히려 그는 비평이 더욱더 전문화되어야 한다고 생각했고, "더욱 과학적인" 비평을 확립하는 데 필요한 공동의 노력, 자원, 훈련이 대학에서 가능하다고 주장했다. 그는 비평이 "고도로 정밀한 과학일 필요도, 심지어 정밀한 과학에 가까울 필요도"
없다는 사실은 인정했는데, 심리학이나 경제학에서도
마찬가지였기 때문이다. 1750년대에 새뮤얼 존슨이 과학을
언급했을 때 일관된 일련의 원칙들을 의미했다면, 랜섬이
말한 과학은 18세기의 합리적 지식 개념과 19세기의 시민적
평등 개념을 결합하는 전문적인 방법론을 의미했다. 랜섬이
"순수한 사유"라 칭한 이 방법론은 다른 어떤 학문도 상상한
적 없는 엄격한 형식주의적 접근이었다. 그리고 이 방법론은
New Critics
'신비평'이라 알려지게 된다.

　전문화로 얻은 권위에는 그에 상응하는 책무가 따른다.
보수적 농본주의자이자 젊은 시절 "남북전쟁 이전 남부에서
느낀 삶의 충만함"에 대한 향수를 드러냈던 랜섬은 비평가를
시의 목가적 존엄과 진군하는 현대 세계 사이에 서 있는
수호자로 상상하는 듯했다. 1941년에 그는 "시는 말하자면
민주국가이고, 수학적이거나 과학적이거나 윤리적이거나
실용적, 세속적인 산문 담론은 전체주의국가다"라고 썼다.
시의 표면적 내용은 쉽게 단언적인 산문으로 바꿔 말해질
수 있지만, 산문은 오직 효율성의 극대화만을 목표로 삼기
때문에 전체주의적이라는 것이다. (햄릿이 그 유명한 독백을
이렇게 시작한다고 상상해보자. "나는 자살을 고려하고 있다.")
to be
반면, 시의 구체적인 질감(햄릿이 반복하는 "사느냐"라는 구절,
죽음의 이미지를 "발견되지 않은 나라"로 상상하는 것 등)은
본질적으로 자유롭고 바꿔 말하기가 불가능하다. 랜섬은
시를 산문으로 축소하려는 비평가의 시도는 폭압적 정부가
그 구성원인 시민들이 자신들의 사적이고 독립적인 성격을
자유롭게 행사할 권리를 박탈하는 것과 다름없다고 주장했다.

따라서 신비평가는 곧 시의 변호인이었다. 그는 문학의 시민적
자유를 "망치려" 위협하는 세력으로부터 그것을 수호하고자
했다. 그러한 위협은 캠퍼스의 반대편 학문에서 나올 수도
있고, 랜섬이 옛 남부의 몰락 이후 미국 전통 문화의 전반적인
"근절"이라 여긴 것에서 나올 수도 있었다.

이런 두려움을 가진 비평가가 랜섬만은 아니었다. 영국에는
'현대' 세계를 암울하게 바라보던 또 다른 완고한 엘리트주의자
F. R. 리비스가 있었다. '현대'는 영국 제국의 쇠퇴부터 사회의
기계화까지 모든 것을 담을 수 있는 완곡어법이었다. 물론 두
사람 사이에는 다른 점도 있었다. 랜섬이 과학에서 희망을
찾았다면, 리비스는 거의 붕괴되었다고 여겼던 문학의 "살아
있는 전통"을 부활시키고자 했다. ("그 어떤 상위 기준도 없고,
그것에 권위를 부여하는 살아 있는 전통도 없다면, 교육은 그저
또 하나의 기계장치일 뿐"이라고 리비스는 1932년에 썼다.)
대서양 건너편의 랜섬처럼 리비스도 비평적 권위를 교육기관
내부에 정립하는 것을 절박한 도덕적 과제로 여겼다. 신비평을
따르든 리비스를 따르든, 이 시기의 문학비평가들이 일반
대중은 *더 이상 제대로 읽지 못한다*고 얼마나 개탄했는지는
아무리 과장해도 지나치지 않다. 리처즈조차도 "영화의 불길한
잠재력"에 대해 암담하게 말할 정도였다. 이런 의미에서
비평가들은 정치적으로 서로 다양한 입장을 가지면서도
자신들을 다가오는 야만주의에 맞선 문명의 대변인으로
내세우는 공통된 경향을 보였다. 리비스의 표현대로 대중에게
"자유롭고, 전문화되지 않은 일반 지성"을 함양하기 위해
그들은 전문화된 학문적 권위를 끌어안았다.

기본적으로 관리적 임무를 부여받은 비평은 특히 미국에서

스스로를 *자유주의적 제도*로 이해하기 시작했다. 여기서
자유주의는 미국식 "중도좌파"라는 협의의 의미가 아니라,
사상의 자유가 모든 헌정 공화국에서 중요한 행정적 기능을
갖는다는 신념을 지칭하는 일반적인 명칭으로 사용된다.
20세기의 비평은 이제 일종의 비공식적 국가 기관이 되고
있었고, 비평가는 일종의 관료가 되어 정치적인 방식이
아니라 기술관료적인 방식으로 사유를 확장시키는 일을
담당하고 있었다. 이러한 제도적 모델을 공개적으로 논한
이는 라이어넬 트릴링으로, 그는 한 발은 컬럼비아대학교에,
다른 발은 소위 전후 뉴욕 지식인들 틈에 걸치고 있었다.
트릴링은 비평이 "모든 것을 이념적으로 생각해 무미건조하게
만드는 우리 시대의 완강한 경향"에 저항해야 한다고
강조했다. (예컨대 그는 헤밍웨이가 비평가들로부터 "메시아적
책무의 짐"을 부여받았다는 정치색을 의식적으로 드러낸 질
낮은 저술을 했다고 주장했다.) 자유주의적 비평가는 정치적
예술을 요구해선 안 된다고 트릴링은 생각했다. 자유주의적
비평가의 역할은 그저 정치적으로 해롭다고 여겨지는 것을
포함한 다양한 생각을 *견뎌* 자유주의 정치에 본래 존재했던
"다종다양함"의 정신을 회복하는 것이었다. 트릴링이 말한
"자유주의적 상상력"은 미국 자유주의자들의 정신적 삶만을
뜻한 것은 아니었다. 그것은 상상력 *안에* 존재하는 어떤 근원적
자유주의를 지칭하는 것이기도 했다. 만약 상상력이 법을 찾는
사람들이라고 한다면, 그들이 스스로 선택할 정부의 형태는 곧
자유민주주의라는 식이었다.

　적어도 1970년대까지 미국의 비평은 탈도덕적 제도이면서
공공연하게 정치적 사명을 띠고 있었다. 모든 사상에 열려

있는 비평가의 태도를 자유주의적 기질의 근본으로 여겼던
것이다. 18세기 비평가들이 기대했던 미래의 공화국은 어떤
의미에서는, 적어도 공식적 이념의 차원에서라면 이미 도착해
있었다. 제2차 세계대전 이후, 안으로는 짐크로우법이 있고
밖으로는 베트남 전쟁을 벌이던 미국은 결코 계몽주의의
이상을 순수하게 구현한 나라가 아니었다. 그럼에도
미국인들이 왕 없이 국가를 건설해나갔다는 사실은 부인할
수 없었다. 1963년에 한나 아렌트는 이 성공을 헌법에 대한
"맹목적이고 무차별적인" 숭배 덕분이라고 보았다. 그리고
헌법의 합리적 권위는 언제나 해석에 열려 있었지만, 칸트의
아름다움처럼 결코 최종적으로 규정될 수는 없었다. 이런
배경에서 1966년에 출판된 수전 손택의 《해석에 반대한다》를
이해해야 한다. 그 책은 보통 "한정된 사회적 이해관계와
계급적 가치"로부터 미학적 영역, 특히 모더니즘 예술의
완전한 자율성을 논쟁적으로 선언한 책으로 여겨진다. 또한
예술의 "숭고한 중립성" 덕분에 비평가가 "무사심, 묵상, 주의
집중, 감각의 각성" 등 트릴링이 자유주의의 핵심 가치로
인정했을 법한 것들을 계발할 수 있게 했다. 그러한 가치는
특정 이념에 충성을 맹세하지 않고 자유롭게 적용될 수
있었다. (우리는 이 비평가들의 시대가 국가의 중립성이 사라지고
인민에 맞서 총력전을 벌이게 된 스탈린주의의 그림자 아래
있었다는 것을 기억해야 한다.)

　　다시 한번 비평은 온갖 정치적 이해관계에 맞서 예술을
옹호하는 역할을 맡게 되었다. 다만 자신이 우연히 봉사하게
된 한 가지 이해관계만은 예외였는데, 이는 마치 홍수를
막기 위해서가 아니라 물 공급을 독점하기 위해서 손가락을

제방에 집어넣는 것 같았다. 훗날 손택은 1960년대에 자신이 "호전적인 심미주의자"이자 "감추지 못하는 도덕주의자"였음을 인정한다. 그것은 모순이 아니었다. 심미주의는 사실 도덕주의였고, 제도적 권위의 행사를 통해 그것을 숨겼기 때문에 특히 강력한 종류의 도덕주의라 할 수 있었다. "스스로를 어떤 전통의 수호자로도, 어떤 당파적 기준의 집행자로도, 어떤 이념 전쟁의 전사로도, 어떤 종류의 교정관으로도 상상하지 말라"라고 존 업다이크는 1975년 동료 비평가들에게 충고했다. 그는 사실상 정권이 바뀌더라도 조용히 고개를 숙이고 할 일을 하는 공무원을 묘사하고 있었다. 이것이 바로 손택이 비평가의 도덕성을 "일반적"이라고 했을 때 의미한 바다. 즉, 비평은 특정한 도덕적 내용 없이도 도덕적 태도 자체로 기능한다는 것이다. 사실 뉴욕 지식인들이 실천하는 비평은 1971년 존 롤스가 제시한 자유주의적 정의 이론과 일맥상통한다고 말해도 좋을 것이다. 정의를 "타인의 자유와 양립할 수 있는 가장 광범위한 기본적 자유에 대한 평등한 접근"으로 본 것이 특히 그랬다. 비평 안에서 합리적 권위가 거둔 가장 큰 성과는 비평가의 공개적 판단과 국가 행정이 동일한 *공정성*의 원리에 기반한다고 주장한 점일 것이다.

　이처럼 비평가의 권위를 본질적으로 관료주의적인 것으로 이해하는 방식은 20세기 후반에 전환을 맞는다. 학자인 조지프 노스가 최근 자세히 설명했듯, 신비평의 마지막 자취가 1970년대에 마침내 붕괴하면서 여러 좌파 사회운동과 마르크스주의 비평, 난해한 프랑스철학을 통합한 복잡하고 고도로 정치화된 형태의 문학비평에 자리를 내어주었다.

해럴드 블룸은 이를 사회 변화의 이름으로 문학 정전의
권위를 "타도"하려는 욕망을 가진 "분노 학파"라고 불렀다.
노스는 그것을 "문학에 대한 역사주의적/맥락주의적
접근"이라 불렀는데, 이러한 표현은 묘사하는 대상의 흔적을
그대로 가지고 있다. 더 나은 이름은 바로—모호하기에
더욱 적절한—*이론*이다. 1992년 데이비드 브롬위치가
썼듯 구세대들이 이론을 "정치를 하는 다른 수단"이라고
비난하는데도, 고급 문학이론의 지지자들은 사실상 자기
자신이 아닌 외부에는 준거점이 거의 없는 밀폐된 이론적
과학의 정립이라는 낡은 신비평의 꿈을 실현하고 있었다.
이것이 곧장 분명하게 드러나지는 않았다. 비평이 오랫동안
배제하려 애썼던 온갖 실용적 이해관계를 이론이 자기 안으로
흡수하는 듯했기 때문이다. 그러나 이론은 좀처럼 그러한
이해관계를 좇지 않았다. 그 대신 텍스트 안으로 엮어냈고,
그것을 신비평만큼이나 꼼꼼하게 독해했다. 오히려 혹자는
레이건 시대의 좌파 정치가 문학비평으로 후퇴한 것은
우파에게는 작은 승리였다고 주장할 수도 있다. 1983년에
에드워드 사이드는 "소위 구세대 비평가가 새롭게 등장한
비평가들을 위험하다고 지적하는 걸 외계인이 엿듣는다면,
그는 분명 당황할 것"이라고 말했다. "그는 이렇게 물을
것이다. '저들이 무엇에 위험한가? 국가에? 정신에? 권위에?'"
　전문화의 마지막 역설은 바로 이것이다. 비평이 제도적
권위를 축적하면 할수록, 정치적 *권력*은 궁극적으로 덜
행사하게 된다는 것. 오늘날, 이론은 확실히 쇠퇴하고 있다.
강력한 후계자가 있어서라기보다는 문학과 인문학 전반의
지위가 위태롭기 때문이다. 비평가 라이언 루비는 재능과

문화 자본이 저널리즘적 비평 영역으로 "유출"되면서 대중은
학문적 글쓰기의 "정신을 마비시키는 문체 규약" 없이도 "전문
지식"의 혜택을 누릴 수 있게 되었다고 주장한다. 동시에
정통 문예지에서 행해지는 비평은 이론의 명목상 좌파성에
대한 이념적 혐오에서 나왔든 소박한 "문학 사랑"에서 나왔든
자신의 인간적인 접근과 소셜미디어의 압력, 인쇄 저널리즘의
붕괴, 미국인 대중의 전반적인 산만함을 대비시키면서 일종의
미문주의로 회귀하기 시작했다. 따라서 제이디 스미스 같은
비평가는 2018년 발간한 에세이집 서문에서 자신의 주제에
관한 그 어떤 "권위"도 갖지 않겠다고 선언하기에 이르며,
자신의 비평 방식을 이렇게 요약한다. "나는 이렇게 느끼는데,
당신도 그런가요?"

여기서 우리는 21세기 비평의 모습을 엿볼 수 있다. 그것은
바로 '*경험으로서의 비평*'이다. 2014년 애덤 커시는 이렇게
썼다. "제대로 읽을 경우, 비평가의 주장은 언제나 제안, 인상,
동의 요청에 불과하다. 내게는 이렇게 보인다. 당신에게도
그렇게 보이는가?" 비평가는 자기 경험 안의 사건을 독자들도
경험할 수 있도록 제공하는 역할을 하는 *증언자*가 되었다.
여기서 권위 개념은 한편으로 아주 느슨하면서도(모든 경험은
서로 다르므로) 동시에 유난히 엄격하다(어떤 경험도 다른
경험을 반박할 수 없으므로). 이는 커시가 말한 것처럼 "개인과
개인의 삶의 경험이 그것을 묘사하기 위해 우리가 사용하는
모든 언어보다 우선한다는 자유주의 원칙"을 반영하기
때문이다. 그러나 경험적 비평가가 가진 낙관주의도 오늘날
도널드 트럼프의 당선으로 유발된 자유주의 정신의 대격변을
반영하는 어떤 필사적인 정중함 앞에서는 무색해진다. 이는

마치 이성의 범위를 벗어난 카리스마적 권위가 당황스럽게도
재부상하면서 비평가가 개인숭배를 예방적으로 "민주화"하게
되는 것과 같다. 취향에 대한 하나의 지배적인 권위 대신에
작은 독재자들로 가득한 국가가 생겨나는 것이다. 하지만
비평가들이 이처럼 긴급하게 대응해도 자신들을 가장 두렵게
만드는 생각을 잠재우지는 못했다. 비평적 권위의 붕괴는
자유민주주의 자체가 영영 실패하고 있다는 신호일지도
모른다는 생각을 말이다.

· 6 ·

어째서 우리는 비평가에게 권위를 요구할까? 그것은 예술을
더 잘 이해하려는 우리의 낭만적인 욕망 때문도 아니고,
타인의 견해라는 폭정에 우리가 예속되기를 바라서도 아니다.
그것은 우리가 역사의 상속자이기 때문이다. 역사에서
비평가는 일관되게 중요한 정치적 인물을 구현한다고
이해되어왔다. 18세기에는 계몽된 군주를, 19세기에는
자유 시민을, 20세기에는 정부 관료를 표상해온 것이다.
여기에는 비평가의 일에는 불가피하게 정치적인 무언가가
있다는 믿음이 함축되어 있다. 즉, 모든 판단 행위는 사회
구성원으로서 자발적으로 법의 권위에 복종하는 능력을
시험하는 것이다. 각 시대의 비평가들이 얼마나 자주 나쁜
비평을 나쁜 시민성에 비유해왔는지 생각하면 거의 경악할
지경이다. 그러다 문득 오늘날, 비평이 우리를 "세계 시민"으로
길러낸다며 우리를 진심으로 염려한다는 이들이 말하는 것을
얼마나 자주 듣는지를 떠올리게 된다. 이런 면에서 비평은

오랫동안 사려 깊은 복종을 훈련하는 과정이었으며, 그 거대한
역사적 기능은 권위 없는 세계를 상상할 수 없게 만드는
것이었다.

　그럼에도 지금 우리는 바로 그 세계를 구상하고 있다.
우리의 제도는 무너지고 있고, 시민적 책무감은 약화되고
있으며, 현세적 권위는 자신이 법 위에 있다고 믿고 있다고
자유주의 불꽃을 지킨다는 이들이 점점 더 불안해하며
말하는 소리가 들린다. 그다음엔 무엇이 올까? "권위도 없고,
권위의 원천이 권력과 권력자를 넘어선다는 자각도 없는
정치 세계를 살아간다는 것은 신성한 기원에 대한 종교적
믿음 없이, 전통적이며 따라서 자명한 행동 기준의 보호 없이,
인간이 함께 살아간다는 데 따르는 근본적인 문제들을 다시금
마주하게 되는 것을 의미한다"라고 1954년 한나 아렌트는
썼다. 이는 무엇보다 권위의 끔찍한 공백을 인종말살적
폭력으로 메웠던 전체주의의 부상에 대한 냉철한 경고였다.
우리는 또한 아렌트가 고대 로마 원로원의 권위를 대법원의
형태로 재현해냈다고 보았던 미국 건국의 아버지들의 세속적
신실함에 대한 그녀의 존경심도 읽어낼 수 있다. 대법원은
국가 최고의 문학비평가라 할 만했지만, 오늘날 그 신뢰를
모두 잃고 말았다.

　만약 비평이 오랫동안 권위의 시험장이 되어왔다면, 이제는
권위의 부재를 시험하는 장도 되어달라고 요구해야 할지
모른다. '권위'라는 단어를 사전에서 지우자거나 권위적인
문체를 만날 때마다 거부하자는 뜻이 아니다. (이 글에서 나도
그런 문체를 써보려 애썼다!) 그러나 우리는 비평의 지배적
개념으로서의 권위란 모순적이며, 일관성 없고, *텅 빈* 것이라는

사실을 인정해야 한다. 무엇보다, 권위 없이 비평을 한다는
것은 학문이나 전통, 역사, 재치, 카리스마를 포기한다는 뜻이
아니다. 지금까지 우리가 살펴보았듯, 비평가들이 어마어마한
시간과 에너지를 할애해 그러한 것들은 권위가 아니라고
주장해왔기 때문이다. 이는 반가운 소식이다. 권위가 언제나
비평에서 사라질 위험에 처해 있다면 우리는 별로 아쉬워할
게 없을 것이다. 하지만 우리는 권위를 *갈망*하는 우리의
마음을 다뤄내야 할 것이다. 역사적 감각의 반대말인 향수,
미래의 반대말인 이상주의 같은 것들을 말이다. 비평에서든
정치에서든, 애초에 존재한 적이 없는 권위의 형식을
복원하려는 보복주의적 열망보다 더 위험한 것은 없을 것이다.
진정한 적은 모두의 기억 속에 피투성이 머리가 되어 길바닥을
굴러다니는 프랑스 왕이 아니다. 진짜 적은 나폴레옹이다.

2024

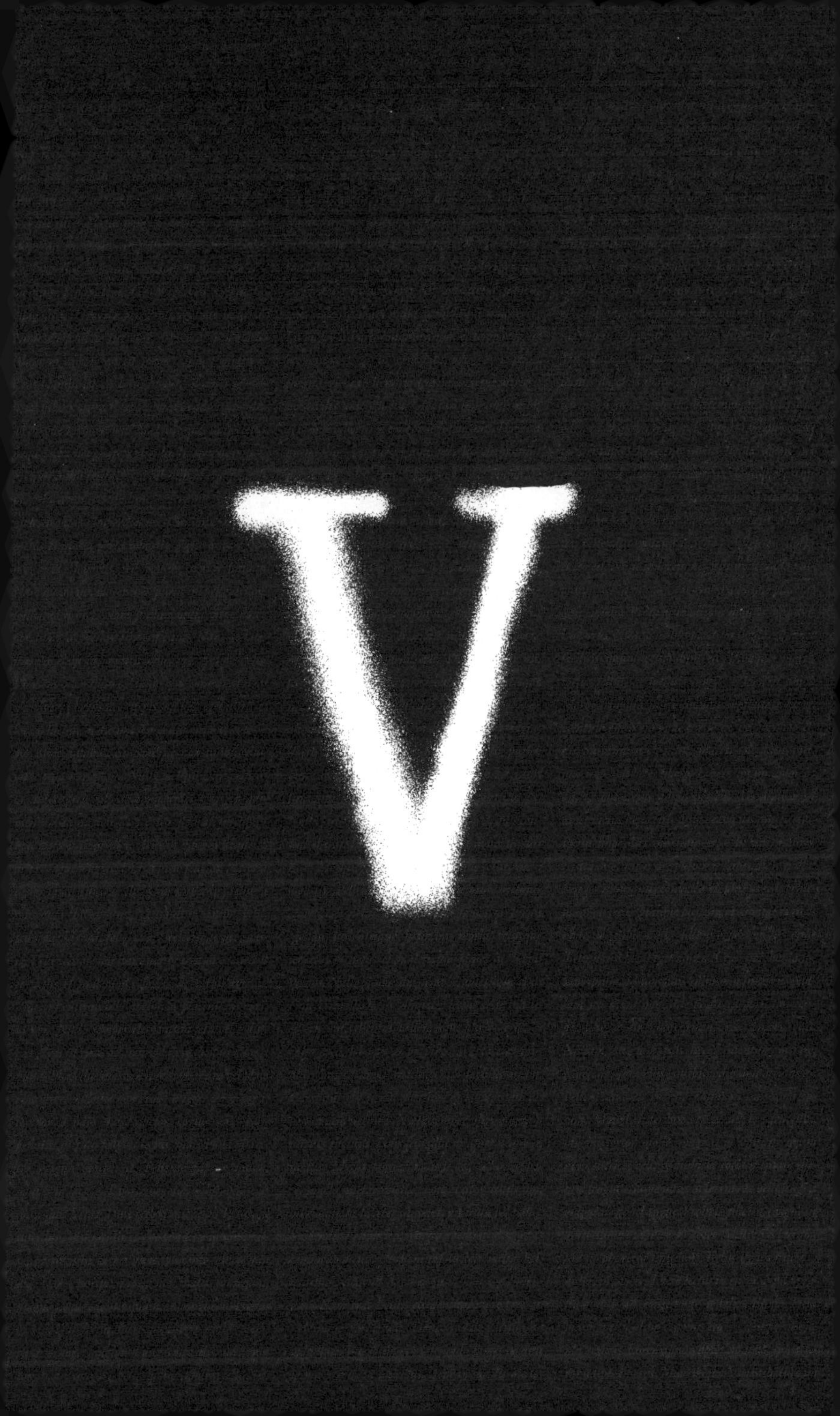

가짜 신성

짜증 나는 것들[assholes]과 함께 일을 해봤다면 그런 인간들은 외부로부터 무언가를 잘 받아들이지 못한다는 사실을 알 것이다. "무언가를 밝은 빛으로 이끌어내는 데 하루 종일 걸릴 수도 있다." 오테사 모시페그[Ottessa Moshfegh]의 2017년 단편소설 〈브롬[Brom]〉의 화자는 말한다. 이 소설은 항문 속으로 이물질을 밀어넣으며 하루를 보내는 은둔형 봉건 영주에 관한 이야기다. 그는 이 행위를 밝히기[illumination]라 부른다. "내가 밝히는 데 성공한 몇 가지 것들은 주목할 만하다. 작은 셰리주 병, 벨벳 상자에서 꺼내 망치로 두들겨 납작하게 만든 여동생의 견진성사 왕관, 토끼의 발, 황동 코르크 마개 뽑이, 상아로 만든 주머니칼 등." 브롬은 자신의 창자 안에 하느님의 빛이 자리하고 있으며, 그 빛을 자신이 괴롭히는 농노들, 가둬두고 말똥을 먹이는 하녀에게서 안전하게 감춰두고 있다고 믿는다. 그러나 등불을 밝히고서 됫박으로 덮어두는 사람은 없듯,* 결국 브롬은 죽어가는 어머니에게 기적을 행하고자 자신의 항문을 검으로 절개해달라고 요구하게 된다.

> *성경의 마태복음 5장 15절에 나오는 구절이다.

모시페그는 작품활동 내내 줄곧 짜증 나는 것들을 집요하게 파헤쳐왔다. 잔인하고 한심한 사람들이 잔인하고 한심한 짓들을 하는 이야기를 말이다. 이 호평 받는 작가는 지난 10여 년간 항문에 관해 글을 써오기도 했다. 그녀의 초기 소설은 새똥 범벅, 항문용 딜도, 요강, 항문 대 구강 성교, 깨진 병을 이용한 소도미, 소화된 멕시코음식으로 가득한 결장루낭 등 배설물에 관한 자세한 이야기로 점철되었다. 2015년의 장편소설《아일린》은 누아르풍의 데뷔작으로, 완하제를 남용하는 소년원 비서가 야간 관장과 항문 강간이 얽힌 미스터리에 휘말리는 이야기를 다룬다. 이 소설은 펜/헤밍웨이상을 수상했고, 부커상 최종후보에 올랐으며, 비평가들은 이 소설이 상업적 스릴러물의 내장에 숨겨진 인간의 타락상을 연구한 트로이의 목마라며 찬사를 보냈다.

　주류 문학계에서 성공했다 해도 생체기능에 대한 모시페그의 태도는 누그러지지 않았다. 오히려 그녀는 더 뻔뻔해졌다. 2018년작《내 휴식과 이완의 해》의 아름다운 주인공은 자신이 고용되었던 고상한 미술관 바닥에 똥을 뉘버리면서 한 해 동안 수면에 들겠다는 원대한 계획에 돌입한다. 이러한 항문 관련 소재를 모시페그가 고백한바 그녀의 이십대 때부터의 집착 탓으로 돌리기는 쉽다. "마르키 드 사드는 엉덩이에 똥이 가득 차 있을 때 항문성교가 최고라더군요. 어떻게 생각해요?"라고 모시페그는 자신에게 아이스크림 데이트를 청한 남자에게 썼다. 사드와 마찬가지로 모시페그도 인간의 배설물에 철학적 관심을 갖고 있었다. 거기서 그녀는 쾌락과 충격뿐 아니라 문학적 행위에 대한 진지한 비유 또한 발견하는데, 그녀는 문학적 행위를 배설과 식분의 사이클이라고 묘사한 바 있다. 그녀는 "저는 글을

쓸 때 어떻게 똥을 눌지에 대해 많이 생각합니다"라고 동료
소설가들에게 조언한 적이 있다. "나는 이 세계에 어떤 종류의
냄새를 풍기고 싶을까요? 내가 새로 싸는 똥은 결국 내가 먹는
똥이 되는 거죠."

모시페그의 최근 똥 작품은 《랩보나》라는 제목의 어두운
중세풍 풍자극으로, 실제 역사와 가상이 뒤섞인 동유럽을
배경으로 비탄에 빠진 햄릿의 이야기를 다룬다. 랩보나
마을에서 똥은 어디에나 존재한다. 공기중에나 땅 위에도
있고, 옷에도 튀어 있고, 몸에도 말라붙어 있다. "랩보나의
흙은 좋은 흙이지"라며 마을 사람들은 동네 땅의 비옥함에
대해 자부하지만, 가뭄이 들자 건조된 동물 배설물과 흙을
식량 대신 먹을 수밖에 없게 된다. 한편 언덕 위의 저택에서는
하인들이 영주의 요강 속 배설물로 채소밭에 비료를 주고,
영주의 똥으로 키운 건초로 가축들을 먹인다. 통치에는 전혀
관심 없는 변태인 영주는 하녀에게 똥 묻은 포도를 입으로
받아 먹게 하고 엉덩이를 내밀게 한 뒤 냄새를 맡는다.
"양배추, 그리고 뭔가 그보다 약간 더 구린 것. 똥이겠지,
아마." 그는 감별한다. 그의 사제는 조금 덜 천박하게
배설물이라는 용어를 제안한다. "배설물이라." 그는 곰곰이
생각한다. "약간 성물 같은 건가?"

모시페그에게 대답은 '그렇다'이다. 오늘날 미국 문학계를
선도하는 식분 애호 작가는 성스러운 것을 추구하고 있다.
이것은 모순이 아니다. "성스러운 세계는 제한적인 금기 위반
행위와 밀접하게 연관되어 있다"라고 프랑스의 지성이자
외설물 작가이기도 했던 조르주 바타유는 썼다. 일례로
신도들이 신의 몸을 입 안에 받아 넣는 가톨릭의 성찬식을

생각해보자. 모시페그의 성찬식은 다른 구멍을 필요로 하므로
그녀의 탐구가 엉덩이로 향했다고 해도 납득하게 된다. 히브리
전통의 지성소처럼 항문관에도 외괄약근과 내괄약근이라는
두 개의 장막이 있다. 그 내부는 해부학에서 루멘이라^{lumen}
알려진 공간인데, 루멘은 라틴어에서 '빛'을 뜻하는 단어다.
모시페그는 그 어느 때보다 우리를 일깨우고자 한다. 문제는
우리가 그 안에 들어갈 수 있을 것인가다.

역겹다는 건 나도 안다. 《아일린》의 아일린은 스스로를
너무나 역겨워하며 떨어지는 고드름에 찔리는 상상을
한다. "어쩌면 그것은 내 목구멍에 내리꽂히고 텅 빈 내 몸
한가운데를 긁어 내려가—나는 이런 상상을 좋아한다—
내장까지 관통한 뒤 마침내 유리 단검처럼 내 아랫도리를
갈라놓을 것이다." 물론 독자들 역시 이런 것들을 상상하길
좋아할 것이다. 이것이 모시페그의 소설을 읽는 가장 큰
즐거움이다. 구역질할 새도 없이 날카로운 무언가를 우리
목구멍에 밀어 넣게 하는 것 말이다. 모시페그는 은유를
뾰족하게 다듬는 것을 좋아한다. 버려진 구두 한 켤레는
"두 마리 죽은 까마귀"가 되고, 손가락은 "바위를 움켜쥔
도마뱀의 다리처럼" 공책을 붙든다. 그녀의 관찰은 얼음물
같은 충격을 준다. "그는 항상 수치심과 자기혐오를 수치심과
자기혐오의 표정 아래 숨겼다." 모시페그는 폐쇄적인 1인칭
시점을 선호하며 독자들을 인물들의 어두운 내면으로 바짝
밀어붙인다. 《내 휴식과 이완의 해》의 화자는 증오하는 절친한
친구의 어머니의 장례식에 마지못해 참석한다. 화자는 "그녀는
내가 차로 친 낯선 사람이고, 나는 그녀가 나를 알아보지
못하도록 그녀가 죽기만을 기다리고 있는 것 같았다"라고

차갑게 말한다. 심지어 2020년작 《그녀 손 안의 죽음》에서 망상적 살인 사건을 해결하고자 하는 온화한 과부조차도 식료품점에서 정크푸드를 구입하는 "멍청한 암소들"을 보며 참혹한 풍경을 상상하지 않을 수 없다.

비평가들은 이따금씩 모시페그를 "비호감"인 여성 인물들에 대한 가상의 논쟁 안에 위치시키고자 했다. 그것은 소설가 Claire Messud 클레어 메수드가 자기 소설 속 분노에 찬 여성 화자와 "친구"가 되고 싶냐고 질문한 인터뷰어를 질책했던 2013년 이후 인터넷이라는 얼굴을 따라 만성 코피처럼 흐르고 있던 논쟁이다. 2년 후 《아일린》 출판 기자간담회에서 모시페그는 메수드의 소설을 둘러싼 호들갑을 일축하고 애초에 자신은 아일린이 "불쾌한" 인물이라 생각하지 않는다며 한 인터뷰어를 놀라게 만들었다. 모시페그가 비호감인 인물들을 만들어낸다고 말하는 것은 잘못되었다. 일단 많은 사람들이 실제로 그 인물들을 꽤 좋아하기 때문이다. 모시페그의 상업적 성공은 식욕이 사라지기를 갈망하는 이들이 널리 존재한다는 사실을 증명해준다. 모시페그의 소설은 종종 '역겨움은 즐거움을 반드시 배제하지 않으며, 사실 그것을 증폭시킬 때가 많다'는 전제를 갖고 있다.

얼핏 보면 《랩보나》는 모시페그가 쓴 것 중 가장 역겨운 작품이다. 이 소설은 도적들이 어린아이 두 명을 살해하는 장면으로 시작한다. 절망에 빠진 아이들의 할아버지 그리거는 붙잡힌 도적의 귀를 잘라내 새들에게 던져준다. 이 도적들은 마을 사람들 모르게, 랩보나 마을을 내려다보는 호화 저택에 사는 가학 성향의 영주인 빌리엄의 지시를 받고 있었다. 근처 숲에서는 아버지에게 학대당하는 둔하고 기형인 양치기

— 가짜 신성

소년 마렉이 눈먼 마녀 이나의 말라 비틀어진 젖을 빨며 위안을 얻는다. 이나는 나중에 시력을 되찾고자 말의 눈알을 도려낸다. 마렉이 충동적으로 영주의 거만한 아들을 살해하자 빌리엄은 그를 벌하는 대신 양아들 삼기로 결심하고, 이로써 불행이 잇따른다.

하지만 《랩보나》에서는 모시페그의 믿음직한 면도날이 이상하게도 무뎌진 듯 느껴진다. 부분적으로는, 1인칭 시점을 버리고 열 명이 넘는 인물의 의식을 따라가면서 모시페그 특유의 통찰력이 둔해졌기 때문이다. 이런 둔화는 랩보나 자체가 자아내는 흥미로운 효과이기도 하다. 작가는 항상 모호하게 처리된 배경을 선호해왔으나, 과거에는 몇몇 소설을 제외하고는 미국 중산층 사회를 배경으로 삼았다. 《아일린》의 배경인 얼어붙은 뉴잉글랜드의 교외는 그저 X빌이라고 불릴 뿐이지만, 그녀의 적나라한 배설 습관은 그녀가 선망하는 동시에 의심하는 이웃의 "완벽하고 깔끔한 식민지풍 주택"과의 근접성 덕분에 충격 효과를 갖는다. 하지만 봉건주의에는 예의 바른 사회도 좋은 취향도 없다. 그럴듯한 권위는 없고 날것의 권력만이 있을 뿐이다. 랩보나는 일종의 카멜롯처럼, 라틴어를 아는 척하지만 거의 문맹인 사제와 하인들에게 자기를 우스꽝스럽게 흉내 내게 하는 것을 가장 큰 즐거움으로 여기는 영주가 지배하는 우스꽝스러운 장소다. 이 마을에는 '좋은 동네'도 없고, 실내 배관도 없다. 실제로 부르주아가 없다면 부르주아에게 충격을 줄 수도 없다. 영양실조에 걸린 랩보나의 농노들이 이웃들을 썰어먹고 수녀들을 강간하기 시작해도, 불쾌해지기조차 쉽지 않다.

하지만 다시 생각해보면 핵심은 그게 아닐 수 있다.

모시페그는 냉소적일지는 몰라도 진정한 풍자가는 아니었다.
풍자가가 되려면 이데올로기가 필요하기 때문이다.
《랩보나》는 모시페그의 소설이 의도한 효과가 충격이 아닌
공감임을 분명히 보여준다. 마치 햄릿처럼 모시페그는
친절해지기 위해서 잔인해져야 하는 것이다. 허물을 벗기
시작한 그녀의 주인공들은 역겹고 거슬린다. 그들의 지독한
인간혐오를 벗겨내면 이 세계에 존재하면서도 그 안에
속하지는 못하는 외롭고 예민한 사람들이 변태하고 날아올라
탈출하기를 갈망하는 모습을 발견하게 될 것이다. 물론 그들의
방식은 섬뜩하다.《내 휴식과 이완의 해》의 주인공은 진정제를
폭식하고,《그녀 손 안의 죽음》의 과부는 편집증적 망상으로
내달리며,《아일린》의 주인공은 납치한 여성을 차에 태운 채
마을에서 도망친다. 그러나 모시페그의 인물들이 다른 모든
인간들과 마찬가지로 어디에 가든 몸속에 쌓아둔 똥을 꼼꼼히
살펴볼 때 그들은 기이하고 심지어 아름다운 무언가를 살짝
엿보게 된다. 다른 세계, 다른 삶의 방식을 말이다. 랩보나
사람들은 그 존재를 신으로 여긴다. 그들은 가장 더러운
곳에서 신을 찾아 헤맨다. 그들은 신체적 학대에서 신의
사랑을 발견하고 굶주림 속에서 신실함을 발견하며, 강간에서
신의 창조성을 발견한다. 하지만 그들의 믿음은 단순한
망상이나 성직자의 냉혹한 속임수가 아니다. 모시페그에게
그것은 그들 각자 안에 존재하는 신성함의 표현이며, 그것은
천천히 들끓으며 몸집을 불리다가 운명의 날이 오면 바깥으로
나오려 할 것이다.

적어도 이것은 모시페그의 적대감(animosity)을 설명하는 한 가지
방식이다. 또 다른 설명은 바로 '적의(animus)'다. 몇몇 비평가들은

— 가짜 신성

모시페그의 소설에 존재하는 과도할 정도의 폭력과 증오에 대해 비판했는데, 그 이유는 이해하기 쉽다. 1851년을 배경으로 하는 그녀의 실험적인 중편소설 《맥글루(McGlue)》의 자기혐오적인 화자는 '패것(faggot)'이라는 비속어를 남발한다. 1910년대 전에는 그 단어의 동성애혐오적 의미가 확립되지 않았는데도 말이다. 모시페그는 신체적 기형에 대해서도 비슷하게 태평한 태도를 보인다. 근친상간으로 태어난 아이인 마렉은 척추가 굽어 있고 갈비뼈가 튀어나와 있으며 두개골이 뒤틀려 있는 데다 오늘날의 지적 장애에 해당하는 것 또한 가지고 있다. 모시페그라면 그를 '저능아'라고 부를지 모른다. 그것은 그녀의 몇몇 인물들이 자그마한 반란의 깃발처럼 휘두르는 단어이다. 그녀는 단편소설집 《다른 세계에 대한 향수(Homesick for Another World)》에서 그러한 선택을 옹호하는 듯 보인다. 소설 속 생활지원시설의 한 직원이 독자들에게 말한다. "저들을 '저능아'라고 불러도 돼요. 동정심 없이 제대로만 사용하면 그 말은 전혀 불쾌하지 않아요." 물론 그런 식으로 사용되는 경우는 결코 없다. "중년의 이혼남으로 저능아 조카와 함께 살며 컴퓨터 카페에서 일하는 기분이 어때?" 한 등장인물이 짝사랑 상대에게 문자를 보낸다. "그게 당신이 꿈꿔왔던 전부야?"

공정하게 말하자면, 모시페그는 자신의 소설 속 등장인물들을 도덕적으로 옹호하려 한 적이 없다. 그녀는 그들을 아웃사이더, 괴짜, 불평분자로 남겨두려 한다. 그녀는 한 인터뷰어에게 말했다. "저는 그들이 원하는 대로 말하게 해요. 보통 지나치게 솔직하게 말하죠." 그 효과는 강력할 수 있다. 자신의 강간범을 만난 한 젊은 여성을 아무렇지 않게 모욕한 뒤 아일린은 이렇게 곱씹는다. "어쩌면 나는 부러웠는지도 모르겠다. 아무도 나를 강간하려 한 적이 없으니까." 이 문장은 송곳처럼 독자들의 마음을 가른다. 그 기지, 공포, 가슴 아픔, 뻔뻔하게도 끔찍한 취향을 가지고서. 그리고 그 조각들은 우리가 어떻게 느꼈는지 알아차릴 새도 없이 녹아 사라진다. 《내 휴식과 이완의 해》에서 양친을 모두 잃은 화자는 어머니의 유서를 "완전 진부하다"고 말하며 머릿속에서 털어내버린다. 이 말이 특히나 충격적인 이유는 우울증의 장엄함에는 진부한 구석이 실제로 있으며, 그 사실을 입밖으로 꺼내기에 적절한 때라는 건 없기 때문이다. 만약 이것이 모시페그가 말하는바 사람들에게 "그들이 듣고 싶어 하지 않는 진실"을 이야기하는 것이라면, 좋다. 그녀는 날카로운 핀을 내밀어 우리 안의 가장 추악한 천사들이 그 위에서 춤추도록 하는 훌륭한 소설의 역할을 잘 수행하고 있는 것이다.

하지만 체중이라는 문제가 있다. "나는 뚱뚱한 사람들을 상당히 싫어했지"라고 한 화자가 털어놓는다. "마른 사람들에 대해서도 마찬가지였어. 나는 그들이 미치도록 싫었어." 모시페그의 인물들은 거의 모두가 체질량에 집착하고 있으며, 그들의 "비만" 혐오는 놀랄 만큼 잔인하고 일관적이다. 모시페그가 열세 살에 쓴 첫 번째 단편소설도 이렇게 시작한다. "오늘 아침 한 남자를 죽였다. 그는 뚱뚱하고 못생겼으며, 죽어 마땅했다." 원숙기 이후의 소설들에서 뚱뚱한 사람들은—언제나 여자들이다—"암소", "돼지", "사과 자루", "손뼉 치는 물개", "물침대" 등에 비유되곤 했다. 두 편의 소설에서 뚱뚱한 사람들은 도축을 기다리는 농장 동물로 상상된다. 그들은 "커다랗게 부은 손", "부어오른 허벅지", "쉰 목구멍"을 가졌고, "금방이라도 부러질" 것만 같은 "두꺼운 발목"으로 뒤뚱거리며 걷는다. 그들은 "치즈케이크"와 "홀랜드 크림 소스"와 "캐러멜 팝콘"을 먹는다. 그들은 "도넛 하나"(《아일린》)나 "도넛 여럿"(《다른 세계에 대한 향수》) 아니면 "도넛 여러 접시"(《내 휴식과 이완의 해》) 혹은 "초콜릿으로 덮인 도넛 십수 개"(《그녀 손 안의 죽음》)를 먹는다. 그들은 "불쌍하고", "볼썽사납고", "비참하고", "게으르고", "멍청한" "식충이들"이다. 그들은 거기에 멍하게 앉아서 "숨 쉴 때마다 질척거리며 천천히 죽음을 향해 스며들고" 있다.

문학비평에서 우리는 이것을 패턴이라고 부른다. 재미있는 것은, 만약 모시페그의 소설이 뚱뚱한 사람들의 삶에 아주 조금의 관심이라도 보였더라면 이런 수준의 언어적 학대가 어쩌면 정당화될 수도 있었으리라는 점이다. 하지만 모시페그는 폭식증과의 사투를 고백한 바 있고 최근에는 뉴욕 패션 위크에서 마리암 나시르 자데의 런웨이에 서기도 했음에도 뚱뚱한 사람들에 대해서는 아예 쓰지 않는다. 그녀는 공교롭게도 극도로, 존재론적으로 마른, 냉담하고 혐오스러우면서도 묘하게 동정심이 드는 사람들이 뒤틀린 자기계발의 허상을 기웃거리는 이야기를 쓴다. 몇몇 인물들은 실제로 섭식장애를 앓고 있고, 나머지는 자신의 영혼에 들이는 것의 순수함에 집착하는 정신적 건강염려증을 겪고 있다. 그러한 건강에 대한 환상은 소설이 일종의 윤리적 장세척이라고 말한 모시페그 자신에게도 적용된다. "글을 쓸 때는 원하는 만큼 적대적이어야 한다. 현실에서 다른

사람들에게 쏟아내지 말고 글에서 하라." 누군가가 개인적인
적개심을 품고 있다면 그것을 혐오스러운 소설 속 인물의
입에 집어넣는 것이 칼로리 섭취 없이 케이크를 먹는 영리한
방법일지도 모른다.

　모시페그는 도마 위에 올릴 수 없는 주제는 없다고 믿는
사람이다. 모시페그는 블라디미르 나보코프와 비교되는
걸 기쁘게 받아들였고—그녀는 자신이 《롤리타》를 쓰기를
바랐다—좋아하는 작가 중 하나로 찰스 부코스키를 꼽았는데,
그가 "모두가 생각하면서도 아무도 말하지 않는 것들"을
말한다고 생각한 것이다. 그녀는 《아메리칸 사이코》의 작가
브렛 이스턴 엘리스의 팬이기도 한데, 흔히 독자들에게는
결여된 "보이지 않는 섬세한 자기인식의 층위"를 그에게서
발견할 수 있다는 것이다. 아이러니하게도 엘리스는 최근
몇 년 사이 모시페그의 소설 속 인물을 닮아가고 있다.
끊임없이 분노하고 우스꽝스러울 만큼 자신의 무의미함을
자각하지 못하는 중이다. 2018년에 모시페그는 엘리스의
팟캐스트에 출연했는데, 엘리스는 거기서 가상의 밀레니얼
세대를 공격하느라 경력의 황혼기를 보내고 있었다. 엘리스는
문학상이 자격 없는 흑인 작가들에게 돌아가고 있다며 불평을
늘어놓았고, 이에 모시페그는 1900년대 초 샌프란시스코를
배경으로 하는 소설 집필 프로젝트를 언급하며 이렇게 말했다.
"문화적으로 지금 같은 상황이 지속된다면, 아무도 내 다음
작품 주인공에 대해 지껄이지 못할 겁니다. 그녀는 중국계
크로스드레서거든요. 어디 한번 *그녀가* 역겹다고 말해봐요."
(문제의 그 책은 다행히도 아직 나오지 않았다.)
　이것이 모시페그가 공개적으로 보여주는 가장 정치적인

모습이다. 쉽게 상처받는 "인터넷상의 사람들"을
에둘러 언급하고, 페미니스트라 불리기를 거부하며, 한
인터뷰어에게는 "남자들은 이제 아이가 되어버려 더는 화를
내서도 마초가 되어서도 의견을 가지거나 욕정을 가져서도
남성적이어서도 안 되게 된 것 같다"고 말했다. 이 소설가는
자신의 소설에서 정치를 완전히 비껴갈 때 가장 편안해한다.
당연히 정치적인 소설을 쓰지 않는다고 해서 문제될 것은
없다. 하지만 모시페그가 뚜렷한 정치적 신념을 갖고 있지
않다고 해서 다른 사람들이 정치적 신념을 가지고 있다는
사실을 회피할 수는 없다. 예술은 정신을 자유롭게 해야 할
뿐 사회를 개선해야 할 의무는 없다고 열정적으로 주장하는
작가라면 이런 태도도 수긍이 된다. 지난 여름에는 이런
주장을 담은 모시페그의 글이 널리 회자되었다.

소설은 버즈피드도 NPR도 인스타그램도 아니고 그렇다고 할리우드도
아니다. 이 점부터 분명히 해두자. 소설은 의식을 확장시키는 목적을
가진 문학적 예술작품이다. 우리에겐 소셜미디어에서 묘사되는 정치적
의제를 넘어서서, 도덕 규범을 초월한 세계에 존재하는 소설이 필요하다.
우리가 상상력을 가지고 있는 데는 이유가 있다.《아메리칸 사이코》나
《롤리타》같은 소설이 문화를 망치지는 않았다. 문화를 좀먹은 것은 살인
기업과 착취적인 산업들이다. 소설 속 인물들이 어둡고 잘못된 영역을
자유롭게 탐험할 수 있게 해야 한다. 그러지 않고서 어떻게 우리 자신을
이해할 수 있겠는가?

말 자체는 그럴듯하다. 이 모든 말은 실제 정치적 입장을
감당해야 하는 부담 없이 급진적인 정서를 매끈한 모습으로

보여준다. 현실에서 《롤리타》 같은 책의 금지에 반대하는
동시에 《아메리칸 사이코》의 작가가 노망 난 반동분자라고
지적하기는 매우 쉽다. 하지만 모시페그는 불편한 도덕적
관점이 독자보다는 소설 속에서 발견되는 편이 낫다고 믿는
듯하다. 그녀에게 소설을 위협하는 것은 허울에 불과한
살인적인 기업이 아니라, 모든 정치적 의제와 마찬가지로 낯선
이들의 들끓는 트윗에서 발견되는 사악한 "정치적 의제"다.
그 의제의 실체를 짐작하기는 쉽지만—실제적이든 상상된
것이든 사회정의다—모시페그가 말하고자 하는 것은 성공한
예술가들이 예술의 가치에 대해 모호하게 말할 때 의미하는
바와 같다. 그것은 무엇을 해야 하는지 지시받는다는 데서
오는 절대적 굴욕감이다.

그 모든 호언장담 속에서 모시페그가 공개적으로
인정하는 유일한 정적(政敵)은 상업주의와 정치 선전, 다시 말해
돈과 권력이 예술을 모독하는 일이다. 《내 휴식과 이완의
해》의 화자는 평소답지 않은 거룩한 어조로 "신성한 인간의
의례로서 예술이 지니는 형언할 수 없는 성격"에 대해
언급하며, 예술계가 "정치적 유행과 자본주의 논리"에
예속되어버렸음을 한탄한다. 그녀는 아시아계 미국인이라는
'상징적 특권'을 지닌 한 예술가의 정액으로 뒤덮인 거대한
캔버스 연작을 비웃는다. "그는 각 추상화에 어떤 깊고
어두운 정치적 의미라도 담겨 있다는 듯 제목을 붙였다.
〈피로 물든 조류〉, 〈호치민의 겨울〉, 〈스나이퍼 골목의 석양〉,
〈참수된 팔레스타인 아동〉, 〈나이로비 폭탄 투하〉 등. 모두
헛소리였지만, 사람들은 그걸 좋아했다." 화자는 마침내
미술관 일을 그만두며 건물 바닥에 용변을 본 후 사용한

315

— 가짜 신성

화장지를 그 예술가의 설치미술 작품에 쑤셔넣는다. 한동안
푹 쉬고 난 뒤 그녀는 메트로폴리탄 미술관을 방문해 과일
바구니를 그린 한 유화 작품을 손바닥으로 누르며 "아름다움과
의미는 서로 아무 관련이 없다"는 것을 증명한다. 이러한
신성모독은 파괴가 아니라 정화다. 그것은 제한된 위반
행위로서, 마치 분변 이식처럼, 예술이라는 공간을 생명으로
들끓는 본래의 건강했던 상태로 회복시키기 위해 오염시키는
것이다.

이것이 우리 모두가 똥을 누는 이유다. 다시 새로워지기
위해서. 돈, 정치적 이념, 온갖 제도 등 그 밖의 모든 것은
똥과 영성의 근본적 통일성으로부터 주의를 분산시키는
것이다. 모시페그는 다음과 같이 말한다. "우리는 영적
존재이며, 우리는 인간 똥기계다. 우리는 신성한 존재인
동시에 역겨운 존재다. 우리는 이렇게 놀라운 삶을 살고
있지만, 결국에는 죽어 땅속에서 썩어갈 것이다." 하지만 이
엄청난 진실을 이해하는 사람은 거의 없다.《랩보나》에서는
영적 각성을 구하고자 하는 마을 사람들 중 단 한 사람만이
그 진실에 가까이 다가간다. 64세의 그리거는 마을에서 가장
연장자이자 가장 신실한 남자다. 도적들이 그리거의 어린
손주들을 살해했을 때 그는 비통해하며 신에게 그들의 영혼을
보살펴달라고 기도한다. 하지만 호수의 거머리와 진흙으로
연명해야 했던 여름 가뭄은 그리거를 변화시킨다. 그는 가뭄
동안 어떻게 영주는 식량과 물을 가질 수 있었는지, 어째서
도적들은 영주의 저택을 약탈하지 않았는지, 왜 신은 그들이
가난한 이들의 것을 약탈하도록 놔두었는지 의문을 품는다.
분노와 혼란에 찬 그리거는 이나를 찾아가고, 이나는 대마초로

그의 정신을 열어주고 젖을 물려 그를 치유해준다. "나는
마침내 진실을 들었다"라고 그리거는 며느리에게 이야기한다.
그는 영주에 맞선 반란을 이끄는 상상을 하지만, 그의 마음 속
깊은 곳에서는 정치적 해결책이 환상에 불과함을 알고 있었다.
그 대신 그리거는 자신이 살아가는 세계가 "가짜"라는 것을
깨닫는 좌절된 해방감만을 얻게 된다.

모시페그는 유치원 때 시계 읽는 법을 배우던 시간에 자기
자신을 포함해 자신이 아는 모든 사람이 결국은 죽게 될
것임을 깨달았을 때 이 비밀을 발견했다고 한다. 몇 안 되는
논픽션에서 모시페그는 이렇게 쓴다. "다섯 살 때부터 내겐
삶이 전부 한 편의 소극, 의미 없는 잡담에 기반한 현실을
다루는 부조리극, 혹은 의미로 가득 찬 트라우마와 피로의
파괴적인 경험 같았다. 그로 인해 나는 스스로를 지나치게
심각하게 받아들였고, 종종 내가 완전히 미친 건 아닌지
궁금해하곤 했다." 이러한 강력한 확신은 《다른 세계에 대한
향수》에 수록된 단편소설의 토대를 형성했고, 그 소설은
크게 주목받았다. 그 작품은 특정한 사람을 죽이면 자신이
태어나면서 떨어져나오게 된 비밀의 세계로 돌아갈 수 있다고
믿는 소녀에 관한 이야기다. 소녀는 말한다. "그게 뭔지는
모르지만, 당신들처럼 어리석은 사람들로 가득한 이곳, 여기
지구는 확실히 아니에요."

그 모든 기술적 완성도에도 불구하고 모시페그의
소설에는 작가가 유년기 이후 한 번도 갱신하지 않은, 실존적
불편감으로 덧칠된, 어딘가 깊이 유치한 구석이 남아 있다.
물론 어린 모시페그가 그렇게 느끼는 데는 그럴 만한 이유가
있었다. 그녀의 어머니는 당시 유고슬라비아에서 출생했고,

아버지는 1979년 이란 혁명 당시 자산을 몰수당한 부유한
이란계 유대인 집안에 속해 있었다. 부부는 테헤란을 떠나
매사추세츠주 보스턴 외곽의 부유한 교외 지역인 뉴턴에
정착했다. 모시페그는 중하층 계급으로 자랐고, 부모님이
동네에서 몰고 다니던 "고물차"를 부끄러워했던 시절을
기억한다. 차가 너무 녹슬어 "발 아래 난 구멍을 통해 땅이
지나가는 것을 볼 수 있을 지경이었다".

계급은 모시페그의 소설에서 자주 등장하는 주제이지만—
녹슨 자동차에 관한 자세한 이야기가 최근에 발표한
단편소설에도 다시 등장했다—그녀는 계급 비판에는 관심이
없고, 그 대신 학창시절의 가위로 종잇장처럼 얄팍한 "보통
사람들"의 그림을 오려낸다. 그녀가 반대하는 대상은 모든
소득 계층의 거짓말쟁이들이지 상품 형태가 아니다. 그녀는
의식을 고양시키기보다는 *확장*하고자 한다. "그저 사람들이
깨어나길 바랄 뿐"이라고 그녀는 말했다. 《내 휴식과 이완의
해》의 충격적인 종결부에서 다시 깨어난 화자는, 남들 시선에
맞추는 데 집착하는 기업 비서이자 참을 수 없이 정상적인
자신의 절친처럼 보이는 이가 9월 11일에 세계무역센터
건물에서 뛰어내리는 모습이 찍힌 영상을 본다. 이는
정치적 폭력에 대한 날카로운 논평이 아니라 화자의 계몽된
정적주의^{quietism}를 나타내는 은유이다. 화자는 감탄한다. "저기
그녀가 있다. 미지의 영역으로 몸을 던지는 한 인간이. 그녀는
완전히 깨어 있다."

《랩보나》의 결말에서는 또 다른 건물이 무너져내린다. 마을
교회는 이방의 영주에 의해 돌더미로 와해되며, 누구도 더는
기도하지 않는다. 모시페그는 종교 공동체가 규율이 너무

많아 자신은 거기에 결코 소속감을 느낄 수 없었지만, 여전히 신을 "우주의 지성"으로 여기며 믿는다고 말했다. 그리거도 마찬가지다. "그들은 대지가 곧 하느님이며, 태양과 달과 비, 그 모든 게 신이라는 것을 몰랐던 걸까?" 그는 스스로에게 묻는다. "밀의 씨앗 속 생명, 소의 배설물, 그 거름이 곧 신이었다." 그리거는 랩보나에 "신성한 무언가"가 남아 있기는 한 건지 알고자 필사적으로 이나에게 간다. "그 교회는 잊어버려"라고 이나는 말한다. 그러고는 그리거의 손을 잡고 마음을 열라고 명한다.

이제 그리거의 팔 전체가 맥동하고 있었다. 심장도 가슴속에서 강하게 뛰었다. 이나는 그의 다른 손도 잡았다. 그는 저항할 수 없었다. 그녀는 힘으로 그를 제압했고, 신의 힘이 마치 피부에 번지는 발진처럼 그의 몸속으로 들어갔다. 그는 심장이 벅차올랐다가 멈추는 것을 느꼈다. 심장이 다시 뛰기를 기다렸다. 그는 이나의 눈을 바라보았다.

"신을 가슴 속에 받아들이지 않으면 죽게 될 거야"라고 이나는 말했다. "그게 사람들을 죽이지. 시간이나 질병이 아니라. 이제, 가슴을 활짝 열어."

《내 휴식과 이완의 해》의 결말에 등장하는 미술품을 만지는 장면과 마찬가지로, 이나의 기적은 소설 《랩보나》 자체를 상징하는 분명한 알레고리다. 마치 펜을 쥔 것처럼 느껴지는, 손이라는 모티프까지 포함해서 말이다. 모시페그는 자신의 글쓰기 과정을 "목소리를 받아적는" 황홀한 경험이라고 묘사하며 "순수하고 진실하게 되어, 신으로부터 내게 오는 것이 무엇이든 그대로 써내고자" 하는 욕망을 표현한 바

있다.《랩보나》의 제문에 적은 "기도할 때 나는 어리석게
느껴진다"는 구절은 신에게 버림받은 느낌을 담은 데미
로바토의 노래에서 따온 것이다. 하지만 그 구절은 독자들에게
가닿아 신성함을 전달하는 것이 자신의 "운명"이라고
상상하는 모시페그 자신을 떠올리게 하기도 한다. "글을 쓸 때
내 정신은 완전히 멍청해져요"라고 그녀는 초기 한 인터뷰에서
말했다. "저는 그저 목소리가 말하는 걸 받아적을 뿐이에요."
다시 말해, 신이 기도를 듣지 않는 데는 이유가 있다. 신은 지금
모시페그 같은 사람들에게 기도하느라 바쁘기 때문이다.

　그럴싸한 생각이다. 쓰고 싶은 것을 마음대로 쓸 수 있는
신성한 권한을 허락해주는 신학적 속성이 있는 신을 믿는다는
것은 분명 편리한 일이다. 하지만 모든 천상의 권위가 그녀의
뒷배가 되어준다고 해도 모시페그는 약자나 눈먼 자들과 빵을
나누느니 텅 빈 예배당에서 의로움을 설교하기를 택할 것이다.
이것이 바로 사람들을 깨우기 위해 글을 쓸 때의 문제다.
저자가 상정하는 이상적인 독자는 필연적으로 잠들어 있다.
그런 독자가 존재한다 하더라도 그들을 위해 책을 쓸 이유는
없다. 소설이 엘리트를 위한 것이어서가 아니라, 모든 소설은
독자가 그 소설을 무한히 초월할 수 있다는 것을 첫 번째
전제로 삼아야 하기 때문이다. 신에 대한 두려움이 아니라
독자에 대한 두려움이야말로 문학의 시작이다. 모시페그는 이
사실을 마음속 깊이 잘 알고 있다. "내가 읽은 게 마음에 들지
않으면 책을 방 건너편으로 던져버릴 수도 있고, 벽난로에서
태워버릴 수도 있고, 책장을 찢어 코를 푸는 데 쓸 수도 있다."
《그녀 손 안의 죽음》의 과부가 말한다. 그럼에도 이 소설가는
독자들이 근본적으로 자기보다 아래에 있다고 전제하고 글을

쓴다. 독자들이 자신과는 달리 한 번도 세상이 허튼소리일
수 있다고 생각해본 적이 없다는 듯이. 마치 우주가 그들을
인도할 목자로 임명한 이들에 의해 그들이 지식을 향해
이끌리고, 속임수에 넘어가고, 회유되어야 한다는 듯이.
　안타까운 일이다. 모시페그의 더러움은 분명 좋은
더러움이다. 하지만 《랩보나》의 작가는 우상파괴자가
아니라 수녀다. 거만한 천재라는 세심하게 다듬은 페르소나
뒤에, 그녀의 소설에 담긴 역겨운 쾌락과 그녀의 밋밋한
정치적 이단성 너머에, 결코 부족하지 않은 그녀의 재능
바로 위에, 작고 단단한 거룩함이 한 덩어리 자리 잡고 있다.
언젠가는 그녀가 진정 위대한 미국 소설가가 될지도 모른다.
덜 중요해지는 법을 배우기만 한다면 말이다. 그때까지
모시페그는 자기 자신이라는 가장 고귀한 신을 섬기는 종으로
남아 있을 것이다.

2022

— *가짜 신성*

울부짖는 나라

우선 〈옐로스톤〉은 좋은 드라마가 아니다. 하지만 그건
말굽에 낀 조약돌만큼도 걸림돌이 되지 않는다. 2018년
당시만 해도 인지도가 별로 없었던 파라마운트 네트워크에서
첫 방영을 시작한 이 네오웨스턴 드라마는 이제 케이블과
지상파를 통틀어 가장 많이 시청되는 드라마로 성장했다. 공동
창작자인 테일러 셰리던이 쓰고, 제작하고, 때로는 연출까지
하는 이 작품에는 케빈 코스트너가 5대째 내려오는 몬태나의
목장주로 등장해 사방에서 들어오는 위협, 즉 토지 개발업자,
원주민 활동가, 폭주족, 미국 어류 및 야생동물 관리국,
청부살해업자, 캘리포니아에서 온 사람들에 맞서 싸운다.
닐슨의 집계에 따르면 시즌 4는 평균 1130만 시청자를
끌어모았는데, 이는 〈서스데이 나이트 풋볼〉보다는 못하지만
〈먼데이 나이트 풋볼〉 시청자 수를 웃도는 수치로, 마치 두
개의 미식축구공 사이에 생가죽이 낀 듯했다. 그리고 11월
시즌 5의 첫 방송은 무려 1700만 명이 시청했다. 그러나
비평가들은 대부분 이 드라마를 외면했다. "구식 서부극과
신식 서부극과 연속극을 믹서기에 넣고 한 데 갈아버린
것"이라며 셰리던은 2021년에 《뉴욕 타임스》와의 인터뷰에서

말했다. "저는 이 드라마가 스토리텔링을 연구한다는 일부
사람들을 분노하게 하고 당황하게 한다고 생각합니다."

실제로 그렇다. 코스트너는 부유한 목축왕 존 더튼 3세로,
위엄보다는 거친 느낌이 강한 덤덤한 연기를 보여준다. 그를
비롯해 독기 어린 딸 베스부터 경계심 많은 원주민 며느리
모니카까지, 그의 가족들은 인간 본성에 관한 음울한 격언을
주고받으며 대화를 대신한다. 한편, 광활한 옐로스톤 목장은
"로드아일랜드주만 한 크기"이지만, 프로비던스시만 한
플롯홀*들로 뒤덮여 있다. 첫 번째 에피소드에서 더튼가의
장남인 리는 근처 인디언
보호구역에서 벌어진 무장 충돌로
사망했고, 다시는 언급되지 않는다.

> * 이야기 안에서 논리적으로 모순되거나 설정상 충돌하는 부분.

셰리던은 전통적인 서사 전개보다는 폭력적인 장면 나열을
선호해서 사람들이 총에 맞고, 목매달리고, 들이받히고,
짓밟히고, 산 채로 태워지고, 어떤 잊지 못할 장면에서는
공중에서 날아온 방울뱀에 물려 죽기도 한다. 더튼가 사람들은
너무나 사람을 많이 죽여서 와이오밍의 협곡에 시신을 처리할
장소를 지정해놓기도 했다. 그러나 이런 요소도 〈옐로스톤〉의
빙하처럼 느린 서사적 추진력을 구제해주지는 못한다. 폭력이
끊임없이 일어나지만 별다른 결과를 낳지 않아서 오히려 아무
일도 일어나지 않는다는 인상을 강하게 준다. 더튼가의 한
자손이 '뉴욕 매거진'의 호기심 많은 젊은 여성 기자를 목졸라
죽인 후 억지스럽게도 카약 사고로 위장해도 해당 매거진은
전혀 사건을 추적하지 않는 식이다.

미디어는 미 중부 지역에서의 인기와 낮은 비평적 평가를
세상 물정 모르는 해안가 엘리트들을 비난하는 근거로 삼으며

<옐로스톤>을 사회학적 소품처럼 들고 휘두르는 경향이
있다. (최근《뉴욕 타임스》는 정치적으로 다양한 팬 집단을
모아 사람들이 이 드라마를 그토록 좋아하는 이유를 밝혀보려
했으나 결국 자기풍자가 되고 말았다.) 사실 <옐로스톤>이 인기
있는 이유는 뻔하다. 흡사 <오자크>를 고지대로 올려놓은
것처럼 제작에 신경을 많이 쓴 데다 A급 출연진을 갖춘 시골
배경의 범죄 드라마이기 때문이다. 파라마운트 플러스는
이미 더튼가의 윗대를 다루는 두 편의 프리퀄인 <1883>과
<1923>을 공개했으며 추가로 스핀오프를 몇 개 더 내놓을
예정이다. (때마침 코스트너와 셰리던 사이의 자존심 싸움에
관한 소문이 돈 후, 파라마운트는 현재 시즌이 끝나면 <옐로스톤>
본편은 마무리될 것이라고 밝혔다.)

셰리던은 시즌 4에 등장한 텍사스의 역사적인 대규모 목장
'포 식스 랜치'를 매수하는 데 자금을 대기 위해 파라마운트
플러스와의 억대 계약에 합의했다고 전해진다. 약간 데이비드
사이먼이 마약을 팔기 위해 <더 와이어>를 만들었다는
말처럼 들린다. <옐로스톤>의 경우, 자기거래로 보일 위험을
피하려는 그 어떤 노력도 없다. 셰리던은 근육질 카우보이
트래비스로 카메오 출연을 해 '종일 카우보이 짓만 해댐'
같은 문구가 적힌 티셔츠를 입고 승마 기술이나 뽐낸다.
극중 트래비스의 트럭에는 실제로 셰리던이 소유한 또
다른 목장인 '보스크 랜치'의 로고가 찍혀 있다. 이 목장은
이 드라마의 촬영장소로도 사용되는데, 드라마 책임자인
셰리던은 파라마운트에 장소 사용료로 주당 5만 달러를, 극중
늘어가는 말들에 대해서도 마리당 2000달러를 청구한다.
기이한 한 장면에서는 평소 독설을 퍼붓곤 하는 베스(켈리

라일리가 연기했다)가 포 식스 랜치에 전화를 걸어, 이 목장의
실제 웹사이트에서 구매 가능한 스테이크 목록을 정독하며
공손하게 묻는다. "여기가 소고기 주문하는 번호 맞나요?"

　주먹다짐, 멜로드라마적 요소, 그리고 뻔뻔한 자기홍보를
포함해 이 모든 것은 단지 셰리던이 야심을 조금만 덜
가졌더라면 B급 창작물에서처럼 그저 재밌는 장면일 수도
있었다. 셰리던은 여느 작가주의 TV 창작자와 마찬가지로
문학적 야망을 가지고 있었고, 철학을 담고자 하는 열망도
가지고 있었다. 그의 관점은 아이러니하게도 〈옐로스톤〉이
우익 포퓰리즘의 승리를 대변하는지 아닌지에 관한 "논쟁"에
가려지곤 했다. 그러나 이 드라마가 백인 남성의 분노에
집중하고 있다는 점은 다른 고급 콘텐츠와 별반 다르지 않다.
다시 말해 〈옐로스톤〉이 분노한 남자들에 관한 이야기라
한다면, 그건 고품격 드라마로 인정받는 〈매드 멘〉도

마찬가지였다. 셰리던이 보여주는 특유의 백인적 위기감은
바닥없는 피해의식을 지닌 트럼프주의와는 다르다. (2017년
그는 한 인터뷰에서 "저 자식을 당장 탄핵할 수 없나요?"라고
말했다.) 그렇다고 〈옐로스톤〉이 터커 칼슨 같은 부류에 의해
보편화된 백인 민족주의의
"대체이론"*을 지지하는 것도
아니다. 원칙적으로 셰리던은
도덕적으로 생각하는 사람이어서,
만약 그에게 정치적 이념이 있다면
그것은 좌익에 가깝다. 《애틀랜틱》과의 인터뷰에서 셰리던은
〈옐로스톤〉에 등장하는 '브로큰 록'이라는 가상의 인디언
보호구역—그 원주민들은 빼앗긴 땅을 되찾고자 격렬하게

*　프랑스 작가 르노
카뮈(Jean Renaud Gabriel Camus)가
2012년 처음 주장한 음모론으로,
백인 유럽인 인구가 비백인
이민자(주로 무슬림)로 대체되고
있다고 주장한다.

싸운다—을 언급하며 이런 말을 했다. "이 드라마는 아메리카 원주민이 밀려나는 이야기를 담고 있습니다. 그런데도 우익 드라마라고요?"

우리는 그를 믿어야 할 것이다. 사실 〈옐로스톤〉의 도덕적 비전은 원주민 인종학살과 오늘날 더튼가의 삶의 방식에 대한 침해 사이의 극단적인 등가성에 기반하고 있다. 셰리던은 정착민 식민주의에 대한 비판 속에 백인들의 분노의 자리를 효과적으로 마련했다. 드라마에 등장하는 백인 인물들이 자리를 빼앗길까 봐 겁난다면 그건 그들이 애초에 밀어냈던 이들, 즉 원주민들과 자신을 동일시하기 때문이다. 정착민들이 정착의 언어를 탈취한 것이다. 이제 〈옐로스톤〉에서 땅을 빼앗기는 것은 카우보이고, 살해당하고 강간당하는 것도 카우보이다. 이로써 카우보이는 과거 인디언들처럼 존재론적 진정성의 자세를 부여받게 된다. 카우보이는 인간의 법 바깥에 서서 그 법이 제국, 토지 탈취, 기업의 탐욕 등 수많은 것들의 위장임을 알아차린다. 셰리던은 카우보이 역시도 식민화될 수 있다고 말하는 듯하다. 그 누구도 아무 권리도 갖지 못하는 드라마 속 약육강식의 세계에서 마지막 인디언은 결국 카우보이다.

하지만 셰리던도 완전한 카우보이는 아니다. 심장전문의 아버지 밑에서 자란 그는 주말이면 텍사스주 와코 외곽에 있는 어머니의 목장에서 시간을 보냈다. 이혼 후 어머니는 목장을 담보로 과도한 빚을 졌고, 결국 목장을 잃고 말았다. (셰리던은 몇 년 간 어머니와 말하지 않았다.) FX의 〈썬즈 오브 아나키〉^{Sons of Anarchy}에서 보안관 역할만 반복하면서 잘 풀리지 않는 배우 생활을 이어가던 셰리던은 사십대가 되어서야 첫 각본

〈시카리오〉(Sicario)를 팔았다. 그 작품은 멕시코 국경을 배경으로 한 스릴러로, 비평적 찬사를 받았다. 그 뒤 그는 어머니의 목장을 압류에서 구하기 위해 은행털이를 시작한 텍사스 형제들의 이야기를 담은 〈로스트 인 더스트〉(Hell or High Water)의 영화 시나리오로 오스카상 후보에 올랐다. 모두 분위기를 서서히 쌓아가다가 갑자기 잔혹하고 흉측한 폭력이 불쑥 끼어드는 종류의 액션 영화들이다. 이 영화들은 코맥 매카시(Cormac McCarthy)의 소설을 각색한 코엔 형제의 2007년작 〈노인을 위한 나라는 없다〉(No Country for Old Men)의 황량한 실존주의에 많은 영향을 받았다. 영화에서 셰리던이 지닌 최악의 충동은 〈시카리오〉의 감독 드니 빌뇌브(Denis Villeneuve) 같은 협업자에 의해 억제되는데, 빌뇌브의 차가운 미니멀리즘이 각본의 설교적인 경향과 균형을 이루는 식이다. 그러나 최근 한 기사에 따르면 셰리던은 〈옐로스톤〉에서 "광적"인 수준의 창작 권한을 요구했다. 특히 그는 작가 회의를 거부했고, 그 결과 드라마의 모든 인물들이 똑같이 무뚝뚝하고 고압적인 말투를 사용하게 되었다.

셰리던은 자신을 일종의 카우보이-시인쯤으로 여기는 듯하다. 젊은 시절 그는 와이오밍주의 목장에서 일하던 그레텔 에를리히(Gretel Ehrlich)가 1986년 발간한 에세이집 《열린 공간의 위로》(The Solace of Open Spaces)를 읽었다. 그 책은 셰리던에게 강한 인상을 남겼고, 그는 존 더튼이 기억을 더듬어 그 책 구절을 인용하게 한다. "진정한 위안은 어떤 위안도 찾지 않는 것이다. 그러므로 위안은 어디에나 있다." 하지만 셰리던 자신의 격언은 그에 미치지 못한다. "아니, 위안은 발견되어야만 해"라고 존은 앞뒤가 맞지 않게 덧붙인다. 〈옐로스톤〉은 카우보이 서정시를 쓰려는 시도로 가득한데, 소탈한 것("사람은 버드나무 아니면 참나무로

태어난다")부터 감상적인 것("비밀은 심장에 생긴 굳은살
같은 것"), 완전히 우둔한 것("착한 남자란 없다. 모든 남자는
나쁘다")까지 다양하다. 여기에는 카우보이의 삶은 특유의
도덕적 앎을 낳는다는 생각이 깔려 있다. 더튼가 사람들은
진실과 그들이 던지는 밧줄만큼의 거리를 두고 살기 때문에
뻔한 말들 속에 산다. 셰리던은 종종 시적 폭력으로 운율만을
가지고 지혜를 역설계하려고 한다는 인상을 준다. "인생에는
두 갈래 길이 있다. 하나는 이기거나 배우는 것, 다른 하나는
골로 갈 때까지 계속해서 지는 것"이라고 목장 관리인이
중얼거린다. 그리고 그건 분명히 세 갈래 길이다.

시청자들이 〈옐로스톤〉의 도덕적 상상력을 더 잘
이해하려면 존의 외동딸 베스를 주목해야 할 것이다.
드라마에서 개척지의 역할을 대신해 목숨을 위협하는 긴장을
담당하는 인물은 무자비한 기업 사냥꾼인 베스다. "당신은
트레일러촌이고, 나는 토네이도지." 그녀는 커피숍에서
한 금융업자에게 쏘아붙인다. 베스는 드라마 팬들이 가장
좋아하는 인물이며, 신랄함을 자처하는 그녀의 독설들이
공식 티셔츠와 와인잔 같은 것을 장식하곤 한다. ("네가
엉덩이암으로 죽길 바란다"라고 베스는 누군가에게 말한다.)
최근 《애틀랜틱》은 베스를 두고 "명망 있는 TV드라마의
세계에서는 너무나 희귀한 여성 안티히어로"라고 했다.
비평가들은 베스가 누구 못지않게 침을 뱉고, 술을 마시고,
싸움을 할 수 있다고 언급하곤 하지만, TV 비평의 역사를
생각할 때 이쯤 되면 "남자처럼" 쓰일 수 있는 존재는
여성뿐이라는 사실은 명백해진다. (남성 인물은 그냥 *씌면*
된다.) 더욱 흥미로운 건, 베스가 '듀드 랜치'의 '듀드'처럼

쓰인다는 사실이다. 흡사 구찌 매장 매니저에게 전화를 걸어
냉장고만 한 상자를 채우게 하는 식으로 물건을 주문하는
도시인처럼 말이다. 베스를 연기하는 켈리 라일리는 영국
출신이라서 미국식 억양, 특히 '랜치'나 '몬태나'의 짧은 /a/
발음을 제대로 하지 못한다. 그 점을 보완하기 위해 그녀는
대사를 전부 에로틱한 속삭임 혹은 히스테리컬한 비명으로
처리한다. 이는 단연코 TV에서 볼 수 있는 최악의 연기 중
하나라 할 만하다.

〈옐로스톤〉은 베스를 존경할 만한 도덕적 무법자로
설정한다. "저렇게 자유롭다는 건 어떤 기분일지" 하고 그녀의
아버지는 감탄한다. 십대 시절 비자발적으로 자궁적출술을
받았던 베스는 고통을 통해 해방되어, 도덕이라는 길들여지지
않은 개척지를 난폭하게 달린다. (셰리던에게 여성의
트라우마는 거의 언제나 망가진 모성과 관련된다.) "나는 옳고
그름에 관한 니체의 생각에 동의해. 나는 온 영혼을 다해
사랑해야 하고, 내가 사랑하는 것을 죽이려 하는 모든 것을
파괴해야 한다고 믿어." 베스가 남자친구에게 말한다. 끔찍한
대화라는 사실은 차치하고서라도, 이것은 기본적으로 니체를
오해한 처사다. 니체에게 *선*과 *악*은 자신의 가치를 구성할
힘이 없어 타인의 가치를 비난함으로써 자신을 정의하는
사람들이 만든 꼬리표였다. 니체가 《도덕의 계보학》에서
말하길, "모든 고귀한 도덕은 스스로에 대한 득의양양한
긍정에서 나오는 반면, 노예의 도덕은 처음부터 '외부의'
것, '다른' 것, '자신이 아닌' 것에 '아니오'라고 말한다."
이런 관점에서 볼 때, "복수심과 증오로 가라앉아 어둡게
이글거리는 감정"으로 정체성이 구성된 베스는 니체가

— 울부짖는 나라

말한 노예에 완벽히 들어맞는다. 그녀에게는 가치가 없고
원한만 있을 뿐이다. 그녀는 자기 남자친구에게 추파를 던진
여자를 맥주병으로 공격하고, 자신이 여전히 '대디'라 부르는
아버지와 잠자리를 같이한 여자를 감옥에 보낸다.

이것은 자유가 아니라 강박적인 피해의식이다. 베스는
〈옐로스톤〉에서 고삐 풀린 무의식을 담당하며, 가문이 품고
있는 가장 어두운 불만을 표출한다. 그녀의 가족들은 그녀가
공개적으로 과시하는 나르시시즘을 땅과 유산의 언어로
포장한다. "바로 지금도, 저들은 우리 가문이 한 세기 넘게
피 흘리며 지켜온 땅을 강간하고 있다." 존은 으르렁대지만,
시즌 5까지도 적들은 목장을 거의 건드리지 않는다. 더튼가
사람들은 실제로는 아니더라도 정신적으로는 패배자들의
왕조다. 그들 가문의 역사는 환각과도 같은 박해 서사로 짜인
거대한 태피스트리다. "폭력이 언제나 이 가문을 유령처럼
떠돌고 있었다"라고 1883년 가족들과 함께 텍사스에서
몬태나로 이주해온 개척자 소녀이자 존의 조상인 엘사가
읊조린다. 그 말은 틀리지 않았다. 초기의 더튼가 사람들은
도적들과 적대적인 라코타족, 그리고 토네이도와 맞서
싸웠다. 하지만 그 프리퀄에서 그들이 무고한 이들이었다고
볼 수는 없는데—제임스 더튼이 남부연합 장교였다는 사실을
셰리던은 슬쩍 집어넣었지만 제대로 다루지는 않는다—설사
무고했다 하더라도 오늘날 가문의 자손들은 땅만큼이나
자신들의 상실을 탐욕스레 쌓아 올린다. 목축이 아니라 바로
이것이 그 땅의 진짜 목적이다. 더튼가 사람들이 피 흘릴
명분을 제공하는 것 말이다.

이것은 베스의 원형이라 할 수 있는 엘사에게도 적용된다.

<1883>에서는 말 그대로 엘사의 매장으로 옐로스톤 목장이
탄생한다. 그 드라마를 쓸 때 셰리던은 텍사스에서 몬태나까지
소를 몰고 가는 두 명의 은퇴한 보안관을 다룬 래리 ^{Larry McMurtry}
맥머트리의 퓰리처상 수상작 소설 《고독한 비둘기》^{Lonesome Dove}에 크게
의존했다. 두 이야기 모두 인디언의 잔혹한 매복 공격으로
화살에 맞은 주인공이 상처의 감염 때문에 죽는 것으로
끝난다. 《고독한 비둘기》에서 죽은 남자의 동료는 막 새로
세운 몬태나 목장을 포기하고 죽은 친구를 묻어주러 텍사스로
떠난다. <1883>에서는 제임스 더튼이 의식을 잃어가는 엘사를
데리고 몬태나로 필사적으로 말을 몰며 그녀가 어디에서
숨을 거두든 그곳을 자신의 정착지로 삼겠노라 다짐한다.
이 차이는 의미심장하다. 《고독한 비둘기》에서 보안관의
죽음은 어찌 보면 아무것도 남기지 못한 셈이다. 그의 충직한
동료는 북쪽으로 돌아오겠다는 기약 없이 처음 출발했던
곳으로 돌아가기 때문이다. 하지만 엘사의 무덤은 그 땅을
축성하는 역할을 하며 정착 행위를 정당화하고, 후대의 더튼가
사람들에게 가문의 영속적인 순교를 상징하는 기념비를
안겨준다. 아마도 이러한 변화는 불가피했을 것이다. 고민하던
맥머트리는 자기 소설이 낭만적으로 받아들여지는 분위기에
대해 이렇게 말했다. "폭력과 불신, 배신으로 가득한 가난한
자의 《신곡》 대신 《바람과 함께 사라지다》의 서부극 버전을
썼나 보다." 그보다 덜 고민했던 셰리던은 막판에 《고독한
비둘기》의 모호함을 노골적인 식민지적 감상주의로 떠넘긴다.
　식민화는 더튼가 사람들에게도 닥쳐올 것이다. 셰리던은
<옐로스톤>이 "서부의 젠트리피케이션"에 관한 드라마라고
말한 바 있는데, 그 말은 기업 투기 세력과 부유한 휴양객들이

목장주의 목가적 삶에 가하는 위협을 가리킨다. 다만 말발굽을 제외하면 목가적 삶은 이상하게도 정의되지 않은 채로 남아 있다. 더튼가 사람들은 토지를 소유한 지주 계층으로, 그들은 권력과 맺는 조악하고 봉건적인 관계로 정의되며 가축 위원회로 살짝 포장한 사병 조직까지 부린다. 그들의 적은 억척스러운 상업 계층으로, 영혼 없는 기생충처럼 그려진다. ("7대째 경영되고 있는 목장이 과연 60억 달러를 경제에 기여했습니까?" 스키리조트 개발업자의 냉혈한 대변인이 묻는다.) 존 더튼 3세는 부자라고 불리기를 거부하며 자신의 땅을 재산이라 여기지도 않는다. 그에게 소유권은 법적 허구다. 그는 *지배하고* 싶어 한다. 바로 이 때문에 옐로스톤 목장이 총, 울타리, 군용 폭발물 등으로 보호되어야 하는 것이다. 바로 이 때문에 존은 경관 사진을 찍으려는 중국인 관광객 버스를 향해 장전된 총을 들이민다. 그는 외친다. "여기는 미국이다. 우리는 여기서 땅을 공유하지 않는다."

셰리던은 그 대사에 담긴 아이러니를 들려주려고 한다. 그것은 멸종 직전의 종의 내는 울음소리와 다를 바 없는 식민지에서의 함성이다. 돈 없는 배우였던 셰리던은 모종의 의례에 참여하도록 초대받아 사우스다코타주의 파인리지 인디언 보호구역으로 갔다. 그는 젊은 오글라라족 여성의 죽음을 계기로 세 번째 영화 〈윈드 리버〉를 썼고, 상원
Wind River
인디언 문제 위원회에 실종되고 살해된 원주민 여성들에 관한 서면 증언을 제출하기도 했다. 〈옐로스톤〉은 대체로 아메리카 원주민을 깊이 있게 재현했다는 점에서 심지어 그 잘난 해안 지역의 엘리트들에게까지 칭찬받는다. 브로큰록 연합 부족의 구성원들은 백인 정착민들만큼이나 윤리적으로

흠결 있는 이들로 그려진다. 부족장 토머스 레인워터(역할에
비해 과분한 길 버밍엄^{Gil Birmingham}이 연기했다)는 더러운 카지노 거래를
통해 옐로스톤을 존에게서 빼앗으려 계략을 세운다. "그들은
진정으로 땅을 사랑하고 땅을 그대로 보존하고자 한다"라고
버밍엄은 《타임스》와의 인터뷰에서 말했다. 존의 원주민
며느리 모니카(켈시 애스빌^{Kelsey Asbille}이 연기했다)는 더 직접적으로
말한다. "150년 전, 이 땅의 주인이었던 우리는 아이들을
빼앗겼고, 남자들은 죽임당했으며, 가족들이 소처럼
내몰렸어요. 그리고 이제 단 하나 바뀐 게 있다면, 존이
인디언이 됐다는 거죠." 네오나치 민병대가 목장을 습격한 뒤
그녀는 존에게 말한다.

이것이 〈옐로스톤〉이 던지는 승부수다. 카우보이들의
삶의 방식을 옹호하는 근거를 그 카우보이들이 약탈했던
원주민들과의 동일시에서 찾는 것이다. 셰리던이 처음 해낸
생각은 아니고, 아마도 서부개척의 역사만큼이나 오래되었을
테다. 카우보이에게 인디언은 적이기만 한 게 아니라 자기
자신의 임박한 몰락에 대한 강력한 은유였던 것이다. "만약
앞으로 20년 더 버틴다면, 우리가 인디언이 될 것"이라고
《고독한 비둘기》에서 불운한 보안관이 탄식한다. "엉뚱한
편에서 싸우느라 우리가 좋은 시절을 다 보낸 것 같다."
이러한 공감은 수정주의 서부극을 정의하는 특징으로, 해당
장르에 도덕적으로 더 모호한 접근으로 여겨진다. 이를 분명히
보여주는 사례는 오스카상을 수상한 코스트너의 1990년 감독
데뷔작 〈늑대와 함께 춤을^{Dances with Wolves}〉이다. 그 영화는 라코타 부족에
동화한 백인 북군 중위가 그 부족 안에서 함께 자랐지만
결국 백인 여성과 결혼하는 이야기다. 서부극은 자신이

333

— 울부짖는 나라

적법하지 않다는 자각을 항시 품고 있었다. 셰리던이 가장
좋아하는 영화 중 하나이기도 한 존 포드의 1948년작 〈아파치
요새〉에서는 한 거만한 기병대 장교가 가난한 아파치족을
외교적으로 존중하기를 거부한 뒤, 그들에게 자살적인 돌격을
감행하다가 사망한다. 달라진 것은 서서히 펼쳐지는 깃발처럼
이 자각이 얼마나 분명하게 전달되느냐일 뿐이다. 〈늑대와
함께 춤을〉에서 코스트너가 연기하는 인물은 정착민의
죄책감을 떨쳐내며 이렇게 한다. "나는 존 던바가 누구였는지
전혀 몰랐다. 내 수족 이름이 반복해서 불리는 걸 들으며 나는
내가 진정 누군지 처음으로 알게 되었다."

　수정주의이든 아니든 서부극은 언제나 자기 발견의
드라마였고, 거기서 인디언은 역사비극의 형식으로
카우보이에게 그 자신의 모습을 굴절시켜 되비춰주는 역할을
한다. 셰리던은 기본적으로 자기식의 〈늑대와 함께 춤을〉을
〈1883〉에 써넣는다. 〈1883〉에서 자유로운 영혼을 가진
엘사는 지나가던 코만치족 전사와 사랑에 빠지고, 그는 엘사의
말타기 솜씨와 눈에 띄는 금발을 보고 그녀에게 '노란 머리의
번개'라는 이름을 지어준다. 이후 라코타족에게 습격당할
때 엘사가 적들을 향해 자신의 코만치족 이름을 외치자
그들은 그 이름을 알아듣고 무기를 내려놓는다. 물론 그녀가
목숨을 건지기에는 너무 늦긴 했다. 이것을 원주민 패배의
낭만이라 부르자. 셰리던은 작품 전반에서 불운한 인디언과
동일시하는 백인이 불러일으키는 파토스를 적극 활용하고자
한다. 만약 엘사가 구슬 달린 코만치식 조끼와 술 달린 각반을
착용하고 있었더라면 라코타족은 그녀를 자신들의 동족으로
보았을 거라고 우리는 짐작할 수 있다. 이 장면은 〈로스트 인

더스트)를 상기시키는데, 그 영화 각본에 셰리던이 붙였던
원래 제목은 코만치족의 영향권을 뜻하는 스페인어인
Comancheria
'코만체리아'였다. "우리는 코만치족과 같아, 동생아! 평원의
제왕들 말야!" 하고 은행강도가 도망치며 외친다. (며칠 후
그는 머리에 총을 맞고 죽는다.)

실제 원주민 인물들은 백인들이 원주민의 고통에 대한
채굴권을 소유하고 있는 듯한 도덕적 세계에서 잘 살아가지
못한다. 특히 셰리던은 원주민 여성들을 역사적 트라우마의
스펀지처럼 다루며 그들의 트라우마를 백인 남성의 이마
위에 짜내는 식으로 드라마를 쓰는 경향이 있다. 모니카는
뇌손상을 입고, 가택 침입과 강간 미수와 경찰의 알몸 수색을
당하고, 진통 중에 터무니없는 자동차 사고를 당하고 갓 태어난
아들을 잃고 만다. 모니카는 몹시 지루하고 일차원적인
잔소리꾼으로, 드라마에서 그녀는 박물관 도슨트처럼 필요할
때마다 등장해서 시청자들에게 누가 먼저 이 땅을 점유했는지
상기시켜준다. (설상가상으로 동부 체로키 인디언 연맹은
켈시 애스빌이 자기가 체로키 혈통을 물려받았다고 주장한 데
대해 반박했다.) 프리퀄 시리즈인 〈1923〉에서는 원주민의
고통을 더 미묘하고, 더 충격적인 방식으로 보여준다. 부족장
레인워터의 조상인 테오나는 수녀들이 운영하는 기숙학교에
강제로 보내져 수녀들에게 폭행과 강간을 당한다. 결국
테오나는 성경책이 든 자루로 수녀원장의 얼굴을 박살내는 등
수녀 두 명을 살해하기에 이른다. "내가 곧 이 땅이다. 당신을
죽이는 건 바로 이 땅임을 알아라." 테오나는 자신의 억압자의
목을 조르며 크로족의 언어로 속삭인다. 인디언 기숙학교의
잔혹성이 근래에는 잘 기록되고 있는데, 그 고문 포르노

— 울부짖는 나라

어딘가에서는 반식민주의적 폭력의 반가운 면이 존재한다. (그 수녀가 죽는 걸 지켜보는 건 엄청난 만족감을 준다.) 하지만 셰리던은 인종학살의 정치성보다는 거기서 도출할 수 있는 도덕 개념에 더 관심이 있다. 만약 이러한 학살, 추방, 문화 말살이 당신의 현실이라면, 당신은 살아남기 위해 *무엇이든* 해야 한다는 것이다.

즉, 이론적으로 〈옐로스톤〉에서 원주민의 저항에 대한 관점이 적어도 백인의 불만에 대한 관점과 동등한 위상을 가진다는 의미다. 하지만 실제로는 드라마가 진행될수록 레인워터의 계략은 배경으로 흐릿해지고, 그는 모니카의 백인 남편에게 일종의 영적 조언을 하는 존재로 강등된다. 중요한 것은 원주민 억압의 개념이다. 예컨대 원주민 여성들에게 자행된 강제 불임의 역사를 기이하게 모방하는 장면에서 우리는 베스의 자궁적출술이 인디언 보건국에서 자행되었다는 사실을 알게 된다. "우리는 모두 억압받은 자들의 후손이다"라고 모니카는 강단에서 선언했는데, 이 말은 분명히 그녀의 백인 학생들 역시 중세 유럽의 억압받은 농민들의 후손이라는 뜻이다. 폭력은 모든 사회 계층을 평준화한다. 몬태나의 도덕적 풍경에는 단 하나의 산봉우리도 없다. 역사적으로 말해서, 백인 정착민이 이 폭력의 행위자였다는 사실이 그들의 주장을 무효화하지는 않는다. "누구도 권리를 갖고 있지 않아. 권리는 쟁취하는 거야." 존은 개발업자에게 말한다. 여기서 셰리던의 언어는 코맥 매카시의 《피의 자오선》에 나오는 괴물 같은 인디언 사냥꾼을 상기시키는데, 다만 전형적으로 그가 영향받은 것들을 희석한 형태다. 《피의 자오선》의 그 괴물은 서로 대립하는 당사자들은 "역사적

절대성에 직접 청원해야” 한다고 주장한다. 다시 말해 서로를
죽이려 해야 한다는 것이다.

정확히 핵심은 이 폭력이 도덕적으로 정당화될 수 없다는
사실이다. 더튼가 사람들은 자기들 방식의 원주민 주권을
주장하면서 법적 보호나 구제를 받을 기회를 모두 포기한다.
그들에게 남은 것은 자기 자신뿐이다. 그들의 소중한 자유는
오직 피로만 갚을 수 있는 약탈적 대출로 드러나고, 그들이
바랄 수 있는 최선은 이 압도적인 실존적 부채를 자녀에게
넘기는 것이다. 정착민에게 진정한 서부의 비극은 원주민
집단학살이 아니라 식민주의적 이념의 찢겨 나간 약속이다.
에를리히가 《열린 공간의 위로》에서 썼듯, “훼손은 개척지라는
개념과 동의어이다. 우리가 그것에 손을 대는 순간 그것이
대변한다고 생각했던 자유는 재빨리 사라진다.” 셰리던은
그 아이러니를 비장미로 착각한다. “순수가 땅속의 광물인
이곳에서 우리의 더러운 손길은 재앙이다”라고 〈1883〉에서
엘사는 마치 벌써부터 은행, 유정(油井), 드립 커피 따위의 도래를
애도하는 사람처럼 말한다. 그래도 더튼가가 몬태나 땅
곳곳에 더러운 손을 대는 것을 막지는 못했다. 다른 이의 손이
더럽히기보다는 자기들의 손이 더럽히는 편이 낫다는 식이다.
정착을 주도했던 카우보이는 이제 그 책임을 전부 남의 탓으로
돌린다. 이로써 그는 역사의 마조히스트가 되고, 서부를 잃게
된 방식은 영원히 망각된다. 말하자면 서부는 획득함으로써
잃어진 것이다.

이상하게도 〈옐로스톤〉은 정착민 식민주의라는 개념이
소진되었다는 증거일지 모른다. 원주민 연구 학자들은 그
용어에 대해 복잡한 감정을 갖고 있다. 네드 블랙호크(Ned Blackhawk)가

— 울부짖는 나라

《아메리카의 재발견》에서 주장한 것처럼 정착민 식민주의라는 용어는 성스러운 회복력이나 정당한 응징 외에는 원주민의 힘을 표현할 여지를 거의 남기지 않기 때문이다. 일례로 역사학자들은 최근 코만치족이 18세기에 자체적으로 제국주의 세력을 형성했는지 아닌지에 관해 논쟁했다. 적어도 우리는 순전히 원주민 배우들에게 일거리를 주었다는 이유로 〈옐로스톤〉이 아메리카 원주민 재현의 승리라고 주장하는 어리석은 미디어 서사를 떨쳐내야 한다. 나바호 자치국을 배경으로 한 탐정 이야기인 AMC의 〈다크 윈드 Dark Winds〉나 FX의 십대를 위한 코미디인 〈보호구역의 개들 Reservation Dogs〉 같은 탁월한 원주민 주도 드라마들과 비교할 때면 더욱 그렇다. 〈보호구역의 개들〉의 귀여운 비행청소년들은 역사를 신의 문진 같은 무게로 받아들이기보다는 파열되고 두서없는 혼란으로 경험하며, 그것은 슬픔만큼이나 유머를 낳기도 한다. 감자튀김을 먹는 영혼의 전사, 토미 페티의 노래 "프리 폴링 Free Fallin'"처럼 들리는 축복기도처럼 말이다. 이 아이들은 역사적 절대성에는 아무런 관심이 없다. 그런 것은 없다고 삶이 그들에게 가르쳐주었다.

더튼가에 관한 이야기로 돌아오자면, 정착민에게는 언제나 어딘가 불안정한 면이 있다. 그리고 그것은 식민지에 내재되어 있는 사실이지 결코 외부적 위협이 아니다. 애초에 카우보이가 자신을 이해하는 데 왜 인디언이 필요했는지 우리는 질문한다. 가장 간단한 대답은 그가 타인의 고통이 지닌 숭고함을 탐냈다는 것이다. 〈옐로스톤〉에서 가장 견디기 힘든 것은 마치 여러 세대에 걸친 토지 강탈 시도가 목장주들을 정화해 역사적 자동기계로 만든 것처럼, 이 드라마가 물려받은 필연성의 끝없는 판토마임이다. 더튼가 사람들은 선택을 할 수 있지만

그저 그러지 않을 뿐이다. 존 더튼 3세가 진정으로 숭배하고
베스 더튼이 구현해내는 자유는 결정을 할 수 있는 자유, 즉
윤리적 자유가 아니라 자신의 결정은 이미 내려져 있다는 듯이
구는 자유에 가깝다. 더튼가 사람들보다 더 고귀한 야만인은
없으며, 그들의 신은 그들에게 심리적 불편감조차 짐 지우지
않았다. 그들은 거대한 무^無이자 총을 든 관념이다.

이것이 〈옐로스톤〉이 지닌 말발굽* 모양의 아이러니다.

이론상으로 보면 우파의
챔피언이어야 하는 더튼가
사람들은 사실상 억압받는 민중에
관한 좌파들의 이론에 등장할 법한
감상적이고, 태생적으로

> * 극좌파와 극우파가 정치적 스펙트럼에서 반대편에 있는 것이 아니라 서로 유사하거나 밀접하게 연결되어 있다고 주장하는 말발굽 이론(horseshoe theory)을 염두에 둔 표현이다.

비극적이며, 역사의 짐을 짊어진 인물들을 닮았다. 정치적
폭력의 실존적 위기를 과장하는 것은 실제로 위험하다. 그
이유는 삶이 위협받지 않아서가 아니라(우리는 어쨌든
집단학살을 이야기하고 있다) 실존이라는 개념 자체가
억압받는 이들이 살아가는 삶을 추상화하기 때문이다.
셰리던이 구체적인 역사적 잘못들을 일반적인 정리^{定理}로 소화할
수 있는 것은 오직 실존의 사막에서뿐이다. 〈옐로스톤〉에
등장하는 백인들이 위협받는 이유는 그들이 백인이어서가
아니라 인간이어서다. 식민지 개척자가 마침내
피식민지인에게 인간성을 부여한 뒤 이제 자신의 인간성을
이용해 공통의 경험을 주장한다는 것은 쓸쓸한 아이러니다.
〈옐로스톤〉이 좌파에게 주는 교훈이 있다면 그것은
중부지역의 다수가 이른바 워크 합의^{woke consensus}를 거부한다거나, 정치적
양극화가 우리의 민주주의를 망치고 있다거나, 백인의 분노의

뿌리를 더 잘 이해해야 한다거나 하는 게 아니다. 우리의
관념을 도둑맞지 않기 위해 더 애써야 한다는 것이다. 지금
당장은 어느 소도둑이라도 그걸 훔칠 수가 있다.

2023

후기 〈옐로스톤〉의 세계 전체가 대체로 테일러 셰리던의 목장
취미에 보조금을 주기 위해 존재하는 듯 보이기 때문에, 비평가인
내 입장에서는 모든 에피소드를 봐야 할 뿐 아니라(개인적으로 꽤나
고역이었다) 그 남자의 정직한 상품들도 시식해봐야 한다는 생각이
들었다. 립아이, 안심, 그리고 '스트립로인'(분명 뉴욕스트립을 더
흥미롭게 표현하는 이름일 듯하다) 채끝살이 'EAT BEEF 소고기 드세요'라고
적힌 암소 스티커와 함께 포식스라는 브랜드명이 찍힌 보냉 가방에
담긴 채 우리 집 현관에 도착했다. (아쉽게도 포식스 그릿 앤드
글로리 랜치 워터의 하드셀처는 배송 불가였다.) 여러 이유로 이 리뷰
속 리뷰는 결국 최종 교정쇄에 실리지 못했다. 이제서야 자유롭게
밝히건대, 스테이크는 맛이 좋았다. 그리고 그 보냉 가방도 잘
사용하고 있다.

병가

리가 어렸을 때부터 그와 어머니는 글로 소통하는 편이
가장 잘 맞았다. 이 방식은 그가 플로리다에서 자랄 때 집안
곳곳에 손으로 쓴 쪽지를 서로 남기는 식으로 시작됐으며,
이제는 타이완의 부모님 집을 방문할 때마저 방에서 부모님께
이메일을 보내곤 한다. 삼십대인 리가 "말이 아닌 글을
통해서만 '더 깊은 수준'의 소통이 가능하다"고 여기는 데는
그만한 이유가 있다. 우선 그가 부모님과 함께 발효 채소를
먹거나 인공으로 깎아 만든 계단을 따라 산을 오르거나 할
때, 리의 중국어가 서툰 탓에 그들은 짧고 단순한 표현만을
사용하며 "조악하고 문법에도 안 맞는, 중국어와 영어가
뒤섞인 말"로 대화하게 된다. 또 다른 이유로는 부모님이 서로
자주 티격태격하며 종종 리를 중재자나 부수적인 피해자, 혹은
둘 다로 끌어들이곤 했기 때문이다.

애써 다정해지려 할 때면 리의 부모님은 반려견 푸들
두두를 이용하곤 했다. 직접적 소통을 견디기엔 너무 연약한
감정을 반려견에게 투사하는 것이었다. 리의 어머니가 두두의
발바닥을 잡고 흔들며 출장을 떠나는 남편에게 인사할 때
리는 "두두를 매개로 한 부모님의 능청스러운 다정함"에

감동받는다. 사실 부모님은 마치 그 이름이 사랑하는 이를
칭하는 포괄적 명칭인 것처럼 무심결에 아들을 "두"라고 칭할
때가 종종 있다. 타이완을 세 번째로 찾았을 때는 리도 똑같이
부모님을 그 이름으로 부르기 시작한다. 로마자 병음으로
'du'는 여러 가지 단어의 기호가 될 수 있다. 동음이의어가
유난히 많은 중국어의 특성상 올라가는 어조로 발음하면
"읽기"를 뜻할 수도, "마약"을 뜻할 수도, "혼자"를 뜻할 수도
있다.

공교롭게도 이것들은 타오 린^{Tao Lin}의 최신 자전 소설《사회를
떠나다》^{Leave Society}에서 리의 세 가지 주요 활동이다. 타오 린은 지난
10여 년간 자신의 삶을 무심하고 건조한 산문의 형태로
소설화해왔다. 마약에 찌든 관계를 그린 그의 출세작
《타이페이》^{Taipei}는 2만 5000페이지 분량의 회고록 초고를 줄인
것이라고 했다. 린의 오토픽션들은 그를 대안문학계^{Alt Lit}의 총아로
만들어주었고, 삐딱한 진정성 덕분에 그는 (이제는 너무나 흔한
수사지만) "자기 세대의 목소리"를 대변한다는 칭호를 얻었다.
그의 세대란 무한히 매개된 감상성을 지닌 밀레니얼 세대를
말하는 것이었다.

《사회를 떠나다》에서 타오 린은 자전적 프로젝트의 범위를
더욱 좁혀 자신과 극소수의 타인만을 남기기에 이르렀다.
만성 요통 때문에 리는 이동과 (우리가 읽고 있는)소설 작업에
제한을 받는다. 고통을 줄이기 위해 그는 LSD와 대마에
의존하는데, 두 가지 모두 맨해튼에 있는 그의 아파트에서는
자유롭게 복용할 수 있지만 타이완에는 몰래 가져가야만 한다.
재활병원의 의사는 그에게 희귀한 척추 염증질환인 강직성
척추염 진단을 내린다. 하지만 서양의학을 불신하는 리는

스테로이드 처방을 거부하고 관절염으로 고립된 상태에서
인터넷으로 검색한 전체론적 접근법을 선호한다. 그는
자연건강법, 전통의학, 화산 광물, 식물성 캡슐 등에 관해
탐독한다. 그는 끊임없이 새로운 독소 요인을 찾아내고 새로운
염증 매개체를 진단해낸다. 그는 글리포세이트, 살충제,
크레스트 치약을 두려워한다.

만약 이것이 심기증이라면, 그럴 만한 이유는 있다.
서양의학은 예컨대 어린 시절 리가 자주 겪었던 폐허탈 같은
급성 외상을 다루는 데는 능하지만, 만성 통증에 관해서라면
신통치 않다. 하지만 리는 생각에 대해서도 심기증을 앓고
있다. 다시 말해, 그는 종종 자신이 무언가 중요한 생각을
가지고 있다고 생각한다. 밤에 그는 침대에서 전 세계적
만성질환, CIA의 정신 지배 프로그램, 도예, 꿈의 본질, 도(道)에
관해 생각한다. 그는 삶이 소설이며 죽음은 그 소설책 마지막
장을 덮고 내려놓는 것이라고 상상한다. 그는 상상력 자체를
피톤치드와 음이온이 가득한 숲으로 여기는데, 이 자연적 치유
물질인 "공기 비타민"에 관해서는 폭포 옆 표지판을 통해 알게
되었다.

《사회를 떠나다》에서 리는 리앤 아이슬러(Riane Eisler)의 미심쩍은
1980년대 고전 《성배와 칼》(The Chalice and the Blade)에서 그대로 가져온 개념인
순진한 원죄 이전 이상주의(prelapsarianism)를 받아들인다. 어린 시절 아버지가
나치에 끌려가는 모습을 목격했던 아이슬러는 평화롭게
대지모 신을 섬기던 신석기 시대 평등주의자들의 "동반자적
사회"가 기원전 5000년경 구리 제련의 발명 이후 "지배자
모델의 사회조직"으로 대체되었다고 보았다. 이 새로운
모델은 지구상에 전쟁과 가부장제를 가져왔고, 마침내는 소설

내내 리가 자기 몸에서 쫓아내려 애쓰는 공기 및 음식 매개 오염원을 초래했다. 리는 아이슬러의 생각을 머릿속에서 곱씹으며 겸손과 감사 같은 동반자적 자질을 실천하는 법을 조금씩 스스로 훈련하기 시작한다.

때때로 리가 마음챙김을 통해 우주를 탄생시키려 할 때면 순간적으로 시적 환희가 폭발한다. 워싱턴스퀘어 공원 주변에서 공기 중의 반짝이는 입자들을 발견하기(혹은 발견했다고 착각하기) 시작한 그는 그 "반투명하고, 진동하는, 그물처럼 엮인 육각형들"을 "마이크로반딧불이"라고 부르기로 한다. 그러나 책의 대부분은 작가가 어머니의 뉴트로지나 핸드크림 뒷면의 성분 목록을 훑어보기라도 하듯 건조한 방식으로 진행된다. 거의 모든 장의 첫 문장이 마치 의료 기록처럼 적어도 한 개 이상, 종종 여러 개의 숫자를 포함하고 있다. "35일차에 LSD 30알이 도착했다." 이런 종류의 산문은 우아할 수는 있지만 흡사 다이어트 일지처럼 느껴질 수 있다.

이 책에서 그의 감정둔마를 이해하는 가장 흥미로운 방식은 그것을 리가 부모와 맺는 언어적 관계의 기묘한 간접적 효과로 간주하는 것이다. 그들의 대화는 절제되어 있고 반복적이며, 그들의 짧은 베케트식 발화들은 종종 의도를 빗나간다.

"네가 어렸을 때 뚱뚱한 삼촌네 집에서 세면기에서 떨어졌었어." 리의 엄마가 말했다.

"누가요?" 리가 말했다.

"네가." 엄마가 말했다.

"어디서요?" 리가 말했다.

"뚱뚱한 삼촌네 집에서 화장실 세면기에서."

"어디서 떨어졌다고?" 리의 아빠가 말했다.

"세면기." 리의 엄마가 말했다.

"언제요?" 리가 말했다.

"너 애기 때." 리의 엄마가 말했다.

이런 글에는 번역된 듯한 느낌이 있다. 마치 타오 린이 중국어 단어를 하나하나 직역하고 있는 느낌이다. 음성 녹음을 자주 활용하는 리를 생각해보면, 정확히 그런 방식이었을 가능성이 높다. "리에게 아이가 생긴다면 타이완에 오지 않겠지." 리가 자기 아파트에서 여자를 만나기 시작하자 리의 아버지는 말한다. "올 거야"라고 리의 어머니는 대답한다. 주격 대명사를 종종 생략하는 중국어에서는 이러한 단답이 자연스럽지만 영어에서는 어색하게 들린다. 이 언어의 틈새에서 어슬렁거리는 리와 그의 부모는 독자들에게 몇 가지 차용번역어와 외래어의 목록을 남긴다. 타오 린은 일찍이 중국어에서는 보통 "나쁘다" 대신에 "좋지 않다"라고 말한다고 언급했으며, 이 표현은 소설 내내 다정한 어색함으로 반복된다. 어느 순간에 리는 어머니에게 "좋지 않다는 느낌은 아니에요"라고 말하는데, 이 말에는 언어, 감정, 모자 관계가 전부 매개되어 있다.

몇 년 전 논픽션 《여행: 환각제, 소외, 변화》로 호평을 받은 타오 린과 마찬가지로 리는 수년간 남용해온 암페타민과 벤조디아제핀계 약물에서 회복 중이다. 하지만 그보다 더 중요한 것은 그가 "자기 자신으로부터 회복"하고자 한다는 점이다. 이것은 리 자신만큼이나 진지하고 온화하면서도 감동적인 개념이다. 리는 "사회를 떠난다"는, 그러는 동시에 유행 중인 이 오토픽션 장르의 실존적 자기중심성에서도 벗어난다는 목표를 향해 조심스레 나아간다. "그는 더 이상 10여 년간 실존적 오토픽션을 쓰면서 그랬던 것처럼 혼란스러운 소외를 구현하고 언어화하는 데 특화되고 싶지 않았다"라고 린은 쓴다.

그럼에도 이 소설은 오토픽션이 맞다. 리는 부모님에게 자신이 그들과의 대화를 녹음하고 있다는 사실을 상기시켜준다. 그는 부모님의 말다툼이 자신의 소설 속에서 어떻게 작용할지 곰곰이 생각해보며, 그 책이 자신에게 "참신함을 만들어내고" 극적인 내용을 생산하도록 부추기고 있는 건 아닌지 걱정한다. 마침내 리는 자신이 자서전의 "자기촉매적 속성"을 너무나 좋아해 포기할 수 없다고 마음을 굳히며, 삶은 소설보다 "더 크고, 더 생생하고, 더 복잡하다"고 생각한다. 그러나 한편으로는 그것이 바로 소설이 지닌 가치다. 삶 전체를 소설 안에 담을 수 있어서가 아니라, 책 한 권 크기로 줄인 삶은 필연적으로 구체적 형식을 얻기 때문이다. 이러한 양상 부여 행위―사물을 다름 아닌 특정한 방식으로 보이게 만드는―는 저술의 근본적인 기능이다. 인상파 화가들이 그런 식으로 그리기 전까지는 런던이 안개 자욱한 도시가 아니었다고 썼던 오스카 와일드를 떠올려보라.

이런 면에서 볼 때, 모든 소설은 오토픽션이다. 모든 소설은 저자가 자기 자신을 옮겨 적으려는 시도라 할 수 있다. 모든 픽션이 의도했든 아니든 자전적이라는 뜻만은 아니다. 모든 소설은 저자의 가려진 주관성을 굴절시킨다는 뜻이기도 하다. 산에 오르는 동안 리와 부모님은 도가의 고전 《장자》에 나오는 유명한 이야기를 되새긴다. 철학자인 장자는 강에서 물고기를 발견하고는 벗에게 물고기가 즐거워 보인다고 말한다. "자네가 물고기도 아닌데, 어떻게 저 물고기가 즐거운지 아는가?" 하고 벗이 묻자, 장자가 대답한다. "자네는 내가 아닌데, 어찌 내가 물고기가 아니란 걸 아는가?" 물고기가 즐겁다고 말했을 때 장자가 하고 있던 것은 무엇일까? 말하자면 소설을 쓰고 있었던 것이다.

　요지는, 어떤 글을 '오토픽션'이 되게 하는 것은 무엇보다 그 엄숙한 이름이 암시하는 자의식이 아니라 (적어도 타오 린의 경우에는) 자기를 은폐하는 대담함이다. 다른 종류의 소설에서는 작가가 플롯과 인물, 문체 뒤에 숨는 반면, 오토픽션에서는 자기 자신의 삶 뒤에 숨는다. 이 또한 형식이다. 린이 말했듯 자전적 소설에서 그가 집중하는 것은 "효과를 만들어내는 것이지, 현실을 기록하는 것이 아니다." 하지만 그가 만들어낸 효과는 일종의 결벽증적 '플롯 없음'이다. 의도됐든 아니든("리의 아버지는 녹음 기록상에서 식별할 수 없는 소리로 웅얼거렸다") 그 효과는 삶에 대한 정확성을 띠며, 삶 그 자체와 마찬가지로 대개 지루하다는 양가적 미덕을 가지고 있다. 원한다면 우리는 지루함을 완전히 중립적인 미학적 범주로 상정할 수 있다. 그렇다 하더라도 대부분의 사람들이 그런 이유로 소설을 읽지는 않는다.

　리가 맨해튼에 있는 같은 건물에 사는 케이라는 여성에게 호감을 갖게 되면서 비로소 소설은 플롯 비슷한 것에 다가선다. 세련된 소규모 출판사의 편집자이자 거의 이혼 직전인 케이는 타오 린의 사색적 태도와 진지한 순진함을 공유하고 있다. 리와 케이는 뉴욕 거리를 걸으며 이혼과 임상적 우울증에 대해, 그리고 리가 동반자적 사회의 전형으로

여기는 신석기시대의 대규모 정착지인 차탈회위크 유적에
대해 이야기한다. 나무 등치가 갈라져 Y자 형태가 되자 케이는
그것을 자신의 성을 따서 요시다 효과라고 부르기로 한다.
산문은 변함 없이 차분하다. "리는 다가가 그녀를 안았고,
그들은 키스했다. 그는 그녀에게 키스가 어땠는지 물었다.
'좋았어.' 케이는 말한다." 하지만 《사회를 떠나다》에서
처음으로 고전적 의미의 극적 긴장감이 얼마간 생겨난다.
케이의 아파트에서 잠자리를 하고 난 뒤 그들은 바흐의
골드베르크 변주곡을 듣는다. 리는 그들의 데이트를 하나의
주제에 관한 변주들로 생각하기 시작하고, 하와이로 계획된
휴가철 여행이 그 정점을 찍는다.

이 같은 서사로의 전환은 흥미롭다. 2014년 시인 E. R.
케네디가 타오 린의 정서적 학대와 미성년자 의제강간 혐의를
제기했다는 사실을 밝혀둘 필요가 있다. 그들이 관계를 맺을
당시 린은 22세, 케네디는 16세였고, 린은 자신의 소규모
출판사에서 케네디의 시를 출판해준 바 있다. 두 사람이
성관계를 한 펜실베이니아주에서 법적으로 동의 가능한
연령은 16세부터다. 그들의 관계는 린의 2010년 소설
《리처드 예이츠》의 소재가 되었고 소설에는 실제 그들이
주고받은 이메일 내용이 포함되었는데, 케네디에 따르면 린은
그녀에게 동의를 구하지 않았다. 린은 페이스북에서 강간
혐의를 부인했고, 케네디와 함께 책의 내용을 검토했다고
주장하면서도 두 사람 사이에 "문제가 있긴 했다"고 인정했다.
최소한 린의 행실은 중국어식 표현으로 "좋지 않았던" 것
같다고만 말해두자.

타오 린이 무기력으로 특징지어지는 자신의 소설에 서사적

에너지를 주입하는 데 자전적인 섹스 파트너를 사용하는
게 《사회를 떠나다》가 처음은 아니다. 《타이페이》에서도
린은 전처인 메건 보일—그녀의 시집 역시 린의 출판사에서
발간되었다—과의 결혼 생활을 각색한 바 있다. 케이는
아마도 그레이울프 출판사의 편집인이자 《그랜타》의 전직
편집장이었던 유카 이가라시를 모델로 한 것으로 추정된다.
이가라시는 《그랜타》 재직 당시 《타이페이》를 주제로 린을
인터뷰한 적이 있다. 《사회를 떠나다》에서 리 자신의 확장이
아닌, 피아가 뚜렷하게 식별되는 유일한 인물이 케이라는
사실은 결코 우연이 아니다. (이름도 언급되지 않는 리의 부모와
비교해보라.) 그러나 감정이 커지는 동안에도 리는 자신이 책을
위해 케이를 도구화하고 있는지도 모른다는 사실을 인식하고
있다. 리는 "케이와의 이야기를 진전시킬 수는 있다"라고
모호하게 노트에 적으며 "관계가 자신의 회복−소설−삶을
방해하거나 산란하게 하는 게 아니라, 도움이 되고, 깊이를
더하고, 복잡성을 더할 수 있음"을 깨닫는다.

　다행히 그 판단은 옳았다. 케이와의 관계는 그의 소설에
단순한 결말이 아니라 해피엔딩을 가져다준다. 그들은
하와이로 이주하기로 하는데, 그게 뉴요커인 두 사람에게는
"사회를 떠나는" 셈이 된다. 좋지 않은 소식은 이러한
결말이 책 전반에 걸쳐 "동반자성"에 대한 리의 신념을
지탱해온, 원주민과 여성을 둘러싼 낭만적 관념들을 깔끔하게
연결한다는 것이다. 리는 자신이 읽는 책의 작가들과
마찬가지로 원주민들을 평화와 선사시대적 평등주의의 살아
있는 기념비로 상상한다. 타이완 남동부의 부눈족 마을을
방문했을 때 그는 거기 머물며 원주민들과 함께 "자연 기반의

활동들"을 하는 공상에 빠진다. 그는 "원주민 조상들의 가장
소중한 음식"인 동물 내장을 구매하고, 대다수 사람들의
얼굴보다 "덜 퇴화한" 케이의 얼굴을 비롯해 "원주민들의
넓적한 얼굴이 가장 아름답다"고 느낀다.

이 원주민에 대한 환상은 리의 또 다른 환상, 즉 여신 숭배
집착과도 맞물려 있다. 그는 차탈회위크 유적 발굴에서 발견된
"풍부한 여신의 상징"에 관한 글을 흥분해서 읽는다. "출산과
^{鳥葬}
조장을 묘사한 그림들, 여체 조각상, 동물 형상의 유방과
잉태한 여신의 부조들." 그는 도가 철학을 "만물의 창조적,
모성적 근원"으로 받아들이는 중국 문화가 "서양만큼 깊은
지배의 심연으로 떨어지"지는 않았다고 결론짓는다. 여기에
(린의 것이 아니라면) 리의 놀라울 만큼의 순진함이 존재한다.
책에서 이런 부분들은 마치 《다빈치 코드》를 읽는 듯하다. 리는
여성을 "자연의 궁극적 은유"로 숭배하는 법을 배우는 데 소설
전체를 할애한다. 그러니 리가 자기 여자친구를 플롯 장치로
쓰고 있는 게 아닐지 걱정하는 것도 무리는 아니다.

당연히 케이는 리의 어머니가 아니다. 말 그대로 리의
어머니는 리의 어머니다. 어머니와 리의 관계는 조화롭다고
보기 어렵다. 그와 어머니는 다투고 화해하고, 사소하고 상처
주는 방식으로 서로를 사랑하려 애쓴다. 가족을 가져본 사람은
알다시피, 가족이란 그 자체로 만성 통증이어서 강직성 척수염
못지않게 기운을 빼놓는다. 모성에 관해서는 이 진실이 두
배로 적용된다. 타오 린 역시 그 점을 잘 알고 있음이 분명하다.
바로 그 때문에 리의 감상적인 "동반자" 이론—고대의
성애화된 모계사회로 거슬러 올라가 유토피아를 찾는—은
우스꽝스러워지는 것이다. 어머니를 유아기의 이상화된

대상이 아닌 온전한 인간으로 여기는 것보다 사회를 떠나는 게 더 쉽다. 그 관계에서 평화로운 평등주의의 우주적 메아리를 느끼고자 하는 사람이 있다면, 긴 말 않겠다. 어머니께 전화나 드려라.

2021

대상이 아닌 온전한 인간으로 여기는 것보다 사회를 떠나는 게 더 쉽다. 그 관계에서 평화로운 평등주의의 우주적 메아리를 느끼고자 하는 사람이 있다면, 긴 말 않겠다. 어머니께 전화나 드려라.

— 병가

혼합 은유

몇 년 걸리지 않았다. 경제적 재앙으로 미국 사회 일부가 무너졌다. 국가가 회복하는 동안, 세력을 키워가던 우파가 이 위기를 중국 탓으로 돌렸다. 그 후 몇 년 동안 미국은 PACT라고 불리는 '미국 전통문화 보존법'이라는 광범한 법률 아래 권위주의 국가로 재건되었다. 그 법에 따라 정부는 출판물을 금지하고, 시민 개개인을 사찰하고, 정치적 반체제 인사들을 사라지게 하도록 허용한다. 전부 비미국적 가치관의 확산을 방지한다는 명목 아래 벌어지는 일이다. 그리고 그 '비미국적 가치관'의 범주는 다달이 확대되고 있다. "중국에 동정적으로 보이는 것. 반중 정서가 불충분해 보이는 것. 미국적인 것에 조금이라도 의심을 품는 것. 중국에 어떤 식으로든 연관되는 것. 몇 세대 전의 일이라도 상관없이 적용된다."

이것은 물론 소설이지만 일본계 미국인 강제수용과 매카시즘의 부상, 팬데믹 이후 아시아계 사람들을 겨냥한 잇따른 인종차별적 공격들을 분명하게 상기시킨다. 이 글에서 다루는 책은 버드 가드너라는 이름의 열두 살 소년의 이야기를 다룬 설레스트 잉의 세 번째 소설 《우리의 잃어버린

Celeste Ng   Our Missing Hearts

심장》이다. 소설에서 중국계 미국인 시인인 버드의 어머니는
3년 전에 버드와 그의 백인 아버지를 두고 떠났다. 이 어린
혼혈인 주인공은 광둥어를 할 줄 모르며, 우리가 아는 한 중국
음식을 먹지도 않고 아시아계 사람들과 교류하지도 않는다.
그러나 외모—"광대뼈의 기울기, 눈 모양"—만으로도 버드는
"중국인처럼 보이는 누구나"가 직면하는, 집단을 하나로
묶어버리는 존재론적 위협에 처하기에 충분하다. 이처럼
극도로 반아시아적인 소설 속 미국은 잉이 정치적 야망을
더욱더 드러내고 있음을 보여준다. 이전 작품들이 아시아계
미국인 개개인의 경험에 초점을 맞췄다면, 이제는 아시아계
미국 자체에 관해 쓰려는 것이다.

　문제는 그러한 것은 존재하지 않을지도 모른다는 점이다.
1968년 버클리대학교 학생 운동가들이 고안한 용어인
'아시아계 미국인'이라는 우산 아래 하나로 묶인 서로 다른
이민자들이 공통의 정치적 기반, 심지어 공통의 정체성을
충분히 공유하는지는 여전히 의문으로 남아 있다. "아무도,
특히 아시아계 미국인조차도, 아시아계 미국인이라는 것이
실재한다고는 믿지 않는다." 언론인 제이 캐스피언 강은
2021년 출간한 논쟁적인 저서 《가장 외로운 미국인들》에서
이렇게 주장한다. 강에게 아시아계 미국인 정체성은 "완전한
백인성이라는 전리품"을 취하려 혈안이 된 아시아계 전문직
종사자들이 흑인들이 겪는 구조적 폭력에 비하면 말 그대로
창백해지는, 상대적으로 약하고 체계적이지 못한 억압 뒤에
숨어서 만들어낸 환상이다. "여전히 미국에는 흑인과 백인, 두
가지 인종만 존재한다. 그 밖의 다른 이들은 모두 둘 중 하나로
흡수되어가는 인구집단의 일부일 뿐이다."

— 혼합 은유

　여기서 흥미로운 점은 강의 주장 자체라기보다는—강은 이
주제에 관해 가장 설득력 있는 작가라기보다는 가장 요란한
소리를 내는 작가다—오늘날 활동하는 가장 유명한 아시아계
미국인 작가라 할 법한 강과 잉 둘 다 자기 생각을 혼혈
아동에게 떠맡기고 있다는 점이다.《가장 외로운 미국인들》의
도입부에서 강은 한국계 혼혈로 갓 태어난 자신의 아이가 가진
"짙은 머리숱과 아몬드 모양의 눈매"를 양가적 감정을 가지고
바라보며 아이가 언젠가는 문화적 동화와 부의 축적으로
백인성을 물려받게 될지 궁금해한다. 실제로 중국계 혼혈인
아들을 두긴 했지만 잉은 허구적 혼혈 아동에 관한 이야기를
쓰고 있으며, 두 번째 소설《작은 불씨는 어디에나》에서 그녀가
관찰한 대로 어쨌거나 아이들은 언제나 허구적일 수밖에 없다.
"부모에게 아이는 그냥 사람이 아니다. 아이는 일종의 나니아
같은 하나의 장소, 즉 자신이 살아가는 현재와 기억하는 과거와
갈망하는 미래가 모두 동시에 존재하는 광활하고 영원한
장소다." 실제로《가장 외로운 미국인들》은 충분히 저자가
자신의 혼혈 딸이 백인성을 획득할 수 있음을 증명하려는
시도로 읽힐 수 있다. 마찬가지로《우리의 잃어버린 심장》은
잉의 혼혈 아들이 분명히 아시아계로 규정되는 조건을
신중하게 설정하려는 시도로 읽히지 않을 수 없다.
　어떻게 아시아계 혼혈 아동이 아시아계 미국인이란
존재하지 않는다는 살아 있는 증거가 되는 동시에
전형적인 아시아계 미국인—이를테면 '사과파이만큼
아시아계 미국인스러운'—이 될 수 있을까? 이것은 잉이
옳은지 강이 옳은지의 문제가 아니다. 백인과의 인종
혼합이라는 의미심장한 사실은 오늘날 아시아계 미국인의

의식에서 진주를 만들어내는 모래알이라고 할 수 있다.
인구통계학적으로도 이것은 사실이다. 대략 300만 명의
미국인이 동아시아 내지 동남아시아계 다인종인으로
정체화한다. 그 수는 빠르게 증가하고 있으며, 미국 태생의
아시아계 기혼자 중 거의 절반이 타인종 사람과 결혼했다.
이것은 역사적 감정의 차원에서도 (어쩌면 훨씬 더) 진실이다.
아시아계 혼혈인은 느리게 진행되는 동화의 압박을
역동적이고 감정적인 신체적 존재로 바꿔놓기 때문이다.
인종적으로 가장 안정적인 아시아계 미국인조차도 다른
혼혈인과 비교해 더 백인에 가까운 자신의 모습을 발견하곤
한다. 그것은 아름답고도 끔찍하며, 이름붙이기 어렵거나
부적절하게 느껴지는 욕망이 섞여든 존재이며, 피부, 살,
뼈는 말할 것도 없고 문화, 관습, 언어까지 포함되는 동화 그
자체였다. "그녀가 세계를 자유롭게 오갈 수 있다면, 너라고 안
될 이유는 뭐지?" 2020년에 출간한 찰스 유의 소설《내면의
차이나타운》의 주인공은 자신의 이민자 아버지와 함께 있는
자신의 혼혈 딸을 보고 놀라며 스스로에게 질문한다. "운이
좋다면, 이 아이가 네게 가르쳐줄지도 몰라."

　하지만 그건 아이에게 너무 많은 걸 요구하는 처사다.
스스로 책을 쓸 수 있는 걸로 밝혀진 실제 아시아계
혼혈인들은 정작 타인에게 아무런 위안을 내어주지 못하는
마당에, 온전한 아시아계 작가들이 그들에게서 인종적
불안감에 대한 안도를 구하는 것은 이상한 일이다. "나는
항상 내 우유부단함을 혼합된 민족성 탓으로 돌렸다. 반으로
나뉜 나는 여기도 저기도 속하지 못했고, 세계에 내재된
상대성에 대한 나의 이해는 내 유전자에 새겨져 있다."

'아시아계 혼혈인 소설'이라 부를 법한 장르의 초기 사례인
루스 오제키의 1999년 데뷔작 소설 《고기의 해》에서 제인
타카기-리틀이 말한다. 최근 몇 년 사이, 자신들과 마찬가지로
백인 혈통과 동아시아 혹은 동남아시아 혈통을 함께 지닌
인물들에 관해 글을 쓰는 몇몇 소설가들에 의해 생명을 얻어
이 소규모 장르가 조용히 피어났다. (따라서 나는 그 특정한
인종적 배경을 지닌 이들을 지칭하는 데 '아시아계 혼혈인'이라는
불완전한 약칭을 사용할 것이다.) 이 소설들은 대체로 정치적
야망도 지성적 야망도 없는, 특별할 것 없는 중산층 사람들에
관해 이야기한다. 그 인물들을 이어주는 것은 흐릿한 인종적
비소속감의 경험뿐 아니라 그 경험이 자기 자신에게조차
실제로 얼마나 중요한지 모르는 지속적인 불확실성이기도
하다. 그럼에도 아시아계 혼혈인 소설은 잉의 설교나 강의
고함보다는 오늘날 아시아계 미국에 관해 가르쳐주는 것이
훨씬 더 많다. 역설적이게도 그것에 관해 말하려 들지 않기
때문이다. 아시아계 미국은 이 작가들에게 관념이 아니라
감각, 가벼운 만성 향수병이다. 아시아계 혼혈인 소설을
읽는다는 것은 아시아계 미국이 일종의 가슴앓이 이외의
무언가가 될 수 있는지를 스스로에게 묻는 일일 것이다.

그 과정에서 우리는 아시아계 혼혈인들을 더 이상 소설처럼
읽어야 할 대상으로 여기지 않는 법을 배우게 될 수도 있다. 이
경향을 가장 잘 보여주는 예가 잉의 2014년 데뷔작
《내가 네게 결코 말하지 않은 것들》이다. 이 소설에서 인종 간
결혼을 한 부부의 아끼던 딸 리디아가 인근 호수에서 익사한
채 발견된다. 리디아의 사인은 자살로 판명되고, 독자들은
그녀가 자신의 삶에 관한 상충하는 비전들 때문에 무너졌다고

믿도록 유도된다. 그녀의 중국계 아버지는 딸이 동화되기를
바랐고, 백인 어머니는 그녀가 스스로를 차별화하기를 바랐다.
하지만 진실을 말하자면 리디아에게는 자살할 생각이 없었다.
수영을 배운 적이 없는 리디아가 근거 없는 낙관주의에
사로잡혀 호수를 헤엄쳐 건너려 했던 것이다. 그녀의 실수는
묘하게도 개념적이다. 부모에게 비유적으로 맞서기 위해
문자 그대로 가라앉거나 헤엄치거나의 상황에서 살아남는
걸 증명할 필요는 없었다. 마치 리디아가 가족의 압박보다는
추상화의 위기에 빠진 것처럼 보이며, 본질적으로 *문학적인* 이
혼란—서사적 비유와 물질적 현실 사이의—이 그녀를 호수
아래 가라앉게 만든다. 부모의 기대의 무게가 아니라 자신의
물 찬 폐의 무게 때문에 아래로 끌려 내려간 리디아는 살아
있을 때와 마찬가지로 죽을 때도 은유로서 죽는다.

　　은유로 존재하는 건 어떤 느낌일까? 물론 미국 문학에는
과도한 상징성을 떠안은 비극적인 흑백 혼혈 인물들의 기나긴
역사가 존재한다. 이를테면 넬라 라슨의 1929년작 《패싱》은
백인 상류사회로 편입되고자 하는 혼혈 여성의 불운한 시도를
그린 소설로 유명하다. 아시아계 혼혈 인물의 등장은 비교적
최근 현상으로, 그 나름의 고유한 문학적 뿌리를 가지고 있다.
아시아계 미국 소설의 고전인 에이미 탄의 1989년작 《조이
럭 클럽》은 혼혈인 주인공을 주요 인물로 다룬다. "대부분의
사람들은 내가 중국계 혼혈이라는 사실을 몰랐다"며 레나
세인트 클레어는 자신이 어머니를 닮은 점은 짙은 머리색,
올리브색 피부, "잭오랜턴 호박등을 단도로 재빨리 두 번
그어 만든 듯한" 눈매뿐이라고 말한다. 어린 시절 중국어를
사용하는 어머니를 위해 통역을 해주어야 했던 레나는 자주

— 혼합 은유

거짓말을 지어내곤 했다. 여러 해 뒤 레나는 부유한 백인 상사와의 기쁨 없는 결혼생활을 무기력하게 이어가고 있고, 남편은 그녀에게 생활비를 나눠 부담하자고 주장한다. "너무 지쳤어. 더하고, 빼고, 딱딱 맞아떨어지게 만드는 게……." 레나가 남편에게 하는 말은 자기 자신에 대해 말하는 것만 같다. 레나를 깊이 걱정하는 어머니는 그녀를 유령에 비유한다.

어떤 의미에서는 레나의 혼혈성이 동화된 중국계 미국인 딸의 보다 일반적인 곤경을 분명하게 보여준다고 여기는 탄에게 레나는 그저 주제의 변주에 불과할지 모른다. (오늘날 레나가 혼혈이라는 사실을 기억하는 이가 별로 없다면 그것은 레나라는 인물이 1993년 웨인 왕의 영화 각색작에서는 완전한 중국계로 나왔기 때문일 것이다.) "그 애는 피부색과 머리칼만이 중국인이야. 내면은, 전부 미국산이지." 소설 속 다른 어머니는 자신의 완전한 중국계 딸에 대해 이렇게 말한다. 《조이 럭 클럽》의 구세대들은 종종 자손들이 겉모습만 중국인이라는 사실을 걱정하며, 아마도 혼혈일 손주들이—소설에서 네 딸 중 셋이 각기 다른 시점에 백인 남자들과 결혼하거나 약혼한다—제 어머니처럼 그저 미국인이 되고 말까 봐 두려운 마음에 중국에서 겪은 갖은 고난에 관한 신파적인 이야기들을 전수해주려 한다.

레나는 아시아계 혼혈인 소설의 주인공들에게 분명한 선례가 되었다. 그 주인공들도 레나처럼 소심하고 목적의식이 옅은 데다 좌절감을 갖고 있다. 마치 인종적 불확정성이라는 첨예한 경험이 더 일상적인 영역으로 퍼진 듯 그들의 커리어는 정체되어 있고, 파트너에 대한 감정도 양가적이다. 이것은

19세기 소설로 거슬러올라가는 "비극적 물라토" 유형과는
분명히 다르다. 19세기 소설에서는 밝은 피부색을 가졌으나
일말의 흑인의 피가 남아 있어 백인성의 완전한 특권을
거부당한 인물이 자기혐오나 우울증 혹은 자살로 내몰리곤
한다. 반면 아시아계 혼혈인 주인공은 설사 백인으로 패싱되지
않는다 하더라도 대체로 그러한 특권을 *실제로* 즐기기 때문에
비극적 혼합이 아니라 아이러니한 혼합이라 하겠다. 하지만 이
특권이 조건부일 수 있다는 사실은 아시아계 혼혈인의 마음에
흐릿하고 불안정한 감정으로 남아, 수줍음부터 회피 성향에
이르기까지 다양한 형태로 드러난다. 올해 출간된 클레어 Claire Stanford
스탠퍼드의 《해피 포 유 Happy for You》에서는 이블린이라는 삼십대 일본계
혼혈 여성이 끝내지 못한 철학 박사학위 논문을 충동적으로
포기하고 거물 테크 기업에 합류해 행복을 추적하는 앱 개발을
돕는다. 한편으로 그녀는 남자친구가 청혼할지도 모른다는
생각에 조용히 불안감을 느낀다. "기뻐해야 한다는 건 알고
있었어." 이블린은 인정한다. "그렇지만 결혼을 생각하면 명치
아래 깊은 곳에 텅 빈 구멍만 느껴졌고, 그 공허함은 나만의
것인 듯했어."

이 공허함—정확히는 인종적·문화적 공허함이 보다
일반적인 경험의 영역으로 전치된 것—은 아시아계 혼혈인
소설의 첫 번째 특징이다. 무언가가 빠져 있지만, 그게
무엇인지는 분명치 않다. 몇몇 인물들은 마치 유전자의
주사위를 다시 굴리면 불만족의 근원을 엿볼 수 있으리라는
듯, 아이를 통해 그 구멍을 메우려 노력한다. 하지만 말처럼
쉽지는 않다. 남자친구의 아이를 임신한 이블린은 4분의 1만큼
일본계 혈통을 지닌 태아에게서 태반이 갑자기 분리되며

생명이 위태로워지자 응급 제왕절개 수술을 필요로 하게
된다. "어떻게든, 내 몸은 내가 아기에 대해 확신이 없다는
걸 알고 있었다. 내 몸은 독자적으로 행동했다"라고 그녀는
생각한다. 만약 아시아계 혼혈 주인공들이 이 소설들에서
아이를 기르느라 애를 먹는다면, 그것은 여러 면에서 아시아계
혼혈인들이 여전히 아이를 닮아 있기 때문이다. 유년기라는
결정적 시기에 자신의 인종적 정체성에 관한 명확한 서사를
물려받지 못한 그들은 영원한 미숙함의 상태에 갇혀 있는
것이다. 카일 루시아 우의《내가 무언가를 얻게 해줘》에서
방황하는 대학 졸업생 윌라는 부유한 백인 가족의 보모로
일하며, 압박에 못 이겨 고용주의 아홉 살짜리 딸의 중국어
개인과외에까지 참석하게 된다. 조숙한 그 아이는 수업에서
윌라가 영어로 질문을 했다고 그녀를 꾸짖는다. 이는 자신은
중국어를 할 줄 모른다고 급우들에게 자랑스레 알리곤
했던 윌라의 유치원 시절과는 완벽히 반대되는 장면이다.
부끄러워하는 윌라는 중국어 강사에게 설명한다. "제가 아버지
밑에서 자라지 못해서요."

'부모에게 버려짐'은 이 소설들의 일관된 주제다. 오제키의
네 번째 소설《우주를 듣는 소년》은 중심인물의 일본계-
한국계 혼혈인 아버지가 배달 트럭에 치여 허무하게 죽는
장면으로 시작한다.《내가 무언가를 얻게 해줘》에서 윌라의
중국계 아버지는 죽은 것은 아니고 다만 부재할 뿐이며, 백인
아내를 떠나 다른 백인 여성과 결혼했고 그 결과 윌라에게는
중국계 혼혈인 이복자매들이 생기게 된다. 특기할 만한 작품은
로완 히사요 뷰캐넌의《당신처럼 무해한》으로, 신경질적인
혼혈인 미술상 제이와 그가 어린아이일 때 그를 떠난 일본계

어머니에 관한 이야기다. 고등학교 시절 제이는 실신 발작을 겪곤 했고 성인이 되어서도 매일 좌약을 넣어야 하는 허약한 털 없는 고양이를 치료보조 동물 삼아 의지했다. 그는 4분의 1은 중국계, 4분의 1은 일본계인 갓 태어난 딸과의 관계에서 어려움을 겪으며, 공원에서 부티 나는 여대생에게 아기를 맡기고 떠나는 공상에 잠긴다. "일본을 낳은 여신이 다른 아이를 먼저 낳았다는 전설 알아?" 그는 젠체하며 아내에게 말한다. "그 아기는 뼈가 없었대. 히루코. 거머리 아이라는 뜻이야." 제이는 자신의 "거머리 같은" 신생아에 대해 말하고 있지만, 사실 자기 자신에 대해 말하는 것이기도 하다. 인종적 혼합으로 인해 내적 구조가 결핍된 존재가 만들어졌으며, 그 존재의 유일한 목적은 그저 먹어 연명하는 것뿐인 듯하다.

이것은 아시아계 혼혈인 소설의 두 번째 특징으로 이어진다. 아시아계 혼혈인이 인종적 박탈의 경험을 다른 대상으로 전치하지 않고 직접적으로 드러낼수록 그 감정은 무언가 근본적인 허기 같은 모습을 띠게 된다. 이러한 소설에 나오는 많은 인물들은 아시아 음식에 대해 강렬한 감정을 가지고 있다. 이를테면 윌라는 아버지와 함께 소 혀를 먹던 기억을 소중히 간직하고 있으며, 제이는 크랩랑군 만두에 대한 자기풍자적 애정을 품고 있다. 지금까지 이와 관련한 가장 흥미롭고 꾸준한 사례는 올해 출간된 클레어 코다(Claire Kohda)의 데뷔 소설 《여자, 먹다(Woman, Eating)》로, 런던의 미술관에서 인턴으로 일하는 젊은 혼혈인이자 뱀파이어이기도 한 리디아의 이야기를 그린다. 리디아는 돌아가신 아버지의 문화권에서 먹는 음식인 오니기리, 소바, 일본식 핫도그를 너무나도 맛보고 싶어 하지만 인간의 음식은 그녀에게 유독하다. 어머니가

— 혼합 은유

조달해주는 돼지 피만 먹는다는 규칙을 엄수하며 자란
그녀는 인간의 피도 마셔본 적이 없다. 역시 뱀파이어이며
말레이시아계와 백인 혈통이 섞인 그녀의 어머니는
뱀파이어의 갈증이 괴물스럽게 연장된 식민주의적 탐욕에
불과하다고 믿는다. 이제 처음으로 혼자 살게 된 리디아는
서서히 굶주리기 시작한다. 지역 도축업자에게 신선한 돼지
피를 얻지 못하게 되자 그녀는 당분간 인터넷으로 분말 형태의
돼지 피를 구매하다가 이윽고 강가에서 발견한 오리 사체에서
피를 빼내기에 이른다. 소설의 끝에 이르러 결국 백인
큐레이터의 피를 마시며 황홀해하는 리디아는 그 큐레이터의
피에서 그가 여태까지 먹은 모든 음식의 맛이 난다는 사실을
발견하게 된다. 거기서 리디아는 일본 음식뿐 아니라 판단
같은 말레이시아의 별미도 포함해서 "낯설지만, 동시에 깊이
익숙한, 내가 갈망하는지조차 몰랐던 무언가"를 느낀다.
　여기에는 두 가지 아이러니가 있다. 첫 번째로는
식민주의적 행위와 불편하게도 닮은 가공할 폭력을
통해서만 리디아가 아시아 음식을 맛볼 수 있다는 것이다.
리디아는 유럽계 혈통이기도 해서, 문화유산 회복과 문화적
도둑질을 가려내기가 쉽지 않다. 따라서 돼지 피를 구할 수
없다는 작위적인 서사 장치는 그녀의 행동을 정당화까지는
아니더라도 이해는 할 수 있게 해준다(무엇보다 그녀는 몹시
굶주려 있다). 두 번째 아이러니는 말레이시아를 비롯해
아시아의 여러 나라에서 응고된 돼지 피는 순대처럼 다른
재료를 채워 넣지 않고도 그 자체로 하나의 음식이라는
사실이다. 어쩌면 리디아의 실존적 문제들 중 일부는 그저
제대로 된 아시아 식료품점에 가면 간단히 해결될 일일지

모른다. 하지만 이것이 바로 아시아계 혼혈인들에게 음식이 그토록 중요한 이유다. 음식은 문화에 대한 욕망을 몸 안에 위치시키며, 그녀가 말하자면 자기 자신을 전유하고 있다는 잠재적 비난으로부터 벗어나게 해준다. 이를 2021년 출간된 미셸 자우너의 회고록 《H마트에서 울다》와 비교해보자. 제목의 H마트는 미국에 있는 인기 있는 한국 식료품 체인점 이름에서 따왔다. 거기서 저자인 한국계 혼혈 음악가는 어머니의 죽음을 떠올리며 김치를 담글 때의 발효 과정에 대해 생각한다. "우리가 공유하는 문화는 내 장기들 속에서, 내 유전자 속에서 살아 숨 쉬고 있었고, 나는 그걸 붙들고, 내 안에서 죽지 않도록 길러내야 했다."

이 문장은 시적이긴 하지만 그다지 설득력이 있지는 않다. 아시아계 혼혈인들이라면 누구나 몸속에 지니고 있는 갈망은 단 하나이며, 그것은 문화적 기억에 대한 허기가 아니다. "혼혈인의 얼굴을 바라보고도 즉각적으로 성교를 떠올리지 않을 방법은 없다"라고 오제키는 짧은 논픽션 《얼굴》에서 말한다. 이 반응이 요즘에는 오제키가 성장하던 1960년대보다는 더 무의식적이 되었을 수는 있다. 당연히 모든 아이들이 성적 결합의 증거다. 혼혈인들이 암시하는 바는 인종이 다른 사람들이 서로에게 끌릴 수 있지만, 더욱 당황스럽게도 사람들은 인종이라는 관념 자체에 끌릴 수도 있다는 것이다.

혼혈인의 놀라운 특이성 한 가지는 그 자신이 애초에 분명한 인종적 범주에 속하지 않으므로 자신이 경험하는 거의 모든 성적 끌림도 으레 인종 간 끌림이 된다는 점이다. 따라서 인종적 차이는 아시아계 혼혈인의 낭만적 선택에서 불가피한

요소다. 피터 호 데이비스의 《포춘》에 등장하는 재기 넘치는
작가는 "나의 아버지는 그렇지 못했지만, 혹은 아버지는
그렇지 못했기 때문에, 자신은 타자성에 대한 서양의 페티시에
면역이 있다"고 말한다. 실제로 이 말이 뜻하는 바는 "그가
중국계 여자들에게 끌려본 적이 없다"는 것이며, 그는 백인
아내를 자신에게 "곧 일어날 예정인 서양"이라고 부른다. 이
딜레마—강제적 족외혼이라 부르자—는 뷰캐넌의 《당신처럼
무해한》에서 거의 풍자적 수준으로 다뤄진다. 소설에서 제이는
자신과 아주 많이 닮은 중국계 혼혈 여성과 결혼함으로써
문제를 빠져나가는 듯 보인다. 한 친구는 그들이 "〈레이디와
트램프〉에 나오는 샴 고양이"를 상기시킨다고 말한다. 하지만
이는 딜레마로부터의 도피가 아니라, 가장 정밀하게 조정된
같은 인종을 향한 욕망조차도 바로 그 이유로 결국 인종
자체에 대한 욕망이라는 사실을 확인시켜준다.

　마지막으로 아시아계 혼혈인 소설의 특징이 하나 더 있다면,
아무리 많이 닮았다고 해도 부모, 문화, 인종, 혹은 인종
정치와의 유대가 보장되지는 않는다는 점이다. 예컨대 모든
아시아계 혼혈인이 《우리들의 잃어버린 심장》의 버드처럼
어머니를 닮은 얼굴에 둘러싸여 차이나타운 거리를 걸으며
"이상하게도 집에 온 듯 편안하다"라는 느낌을 받지는 않는다.
샤오롱바오를 먹자는 이복 여동생 샬럿의 제안에 인터넷으로
초조하게 식당을 검색하는 《내가 무언가를 얻게 해줘》의
윌라와 비교해보라. "때때로 차이나타운에 가면 깃털로
스치는 듯한 슬픔에 소스라치듯, 우울한 남색 같은 기분에
사로잡힌다." 윌라는 중국어로 신문을 팔던 남자가 자신이
그 앞을 지나가자 갑자기 조용해진 순간을 떠올리며 말한다.

중국인 아버지 아래서 자란 샬럿과 함께 간 식당에서 윌라는 둘의 차이를 곱씹는다. "부러운 건 아니었다. 그저 샬럿이 내 처지가 어땠는지 알았으면 하고 바랄 뿐이었다. 그 애가 이해했으면 하는 것은 이런 것이었다. '네가 가지고 있는 집 같은 느낌이란 거 있지? 나는 그게 없어.'"

그러나 마찬가지로 혼혈인 이복 여동생과 윌라의 차이가 바로 논의의 핵심이다. 모든 친족관계의 가장 밑바닥에서 우리는 문화적·유전적 기반이 아니라 의식적인 선택을 통해 계속해서 뛰어넘어야 하는, 작지만 무한한 심연을 발견하게 된다. 그렇다고 해서 아시아계 혼혈인이 인종적 귀향을 하지 못하는 원인이 고향에 가기를 꺼리는 마음 때문은 아니다. 아시아계 혼혈인 소설들이 누누이 보여주듯 오히려 그 반대다. 하지만 그러한 소설들이 우리에게 인정하도록 강요하는 것은 소속되고자 하는 욕망이 *없다면* 인종적 소속감도 없으며, 위험을 감수하면서도 신체적 외양, 개인사, 물질적 환경의 차이를 넘어 가닿고자 하는 욕망은 인종이라는 것에서 필수적이고 결정적이기까지 한 요소라는 사실이다. 이 점은 혼혈인들에게뿐 아니라 모든 이에게 마찬가지다.

《가장 외로운 미국인들》 초반에 강은 소설 제목이 "백인 중산층에 녹아들고자 하든, 겉보기에는 정교하지만 결국은 파생적일 뿐인 인종적 '정체성'을 만들어내려 하든 동화되려는 시도에서 오는 외로움"을 뜻한다고 밝혔다. 실제로 강은 소위 아시아계 미국인들 사이에 존재하는 백인이 되고자 하는 욕망이 보편적으로 존재한다고 너무도 굳게 믿고 있어서, 타피오카 펄을 좋아하는 취향이나 민족 연구 과정 지원 등 그 모든 반례들을 그저 황인 분장에 지나지 않는다고 일축한다.

— 혼합 은유

365

버클리에 있는 아시아 푸드코트에서 식사를 하던 강은 근처에
있던 아시아계 학부생들이 함께 모여 앉은 이유를 이해하지
못한다. "저들의 배타성은 진부하고 불필요하게 느껴진다"고
강은 불평한다. "영어로 말하고, 차림새도 별 다를 것 없고,
다른 모든 버클리 학생들과 마찬가지로 그저 학업에 관해
투덜댈 거라면 저들이 말하는 문화라는 건 대체 무엇일까?"

요즘 우리는 유색인들이 백인이 되고 싶어 하는 이유에
대해 정교한 설명을 곧잘 내놓곤 한다. 하지만 그 가정은 지적
엄밀성이나 용기에서 나오는 게 아니라 자신의 분석적 편의를
위한 것일 때가 많다. 백인 우월주의를 가스 누출—보이지
않고, 어디에나 존재하며, 확산되어 모든 빈 공간을 채우는—
처럼 여기기를 멈추고, 기름 유출—널리 퍼지며 대단히
파괴적이지만, 조악하고 맞서 싸워볼 만하며 결정적으로는
더 거대하고 복잡한 대양에 쉽게 제압당하는—처럼 여기기
시작하면 세계는 훨씬 더 이해하기 어려운 것이 된다. 백인
혈통이 섞인 자신의 딸이 어느 날 아시아인이 되고 싶어
할지도 모른다는 생각이 강에게 들지 않는다는 것은 《가장
외로운 미국인들》이 지닌 슬픈 아이러니다. 어떤 소수의
사람들은 출생의 우연 덕분에 미국에서는 인종이라는 이상한
곡면을 따라 아주 조금씩 이동할 수밖에 없는 희한한 위치에
놓여 있게 될 것이다. 이 움직임은 인종적 *정체성*이 언제나
미국 정치인들이 즐겨 말하는 "피부색"이라는 인종적 *배치*에
정비례한다는 유클리드적 가정에 저항한다. 다시 말해 이는
인종이라는 개념 자체에 작게나마 어떤 자유가 내재해 있을지
모른다는 뜻이다.

분명히 말해, 그러한 자유가 존재한다고 해도 그것은 대체로

—

주관적이며 그 자체로는 인종차별의 객관적 현실을 바꾸거나
해방적 투쟁과 직접적 관련을 맺지도 않을 것이다. 무엇보다
그러한 자유는 인종 사기*를 정당화해주지도 않는다. 그러나
이 자유는 백인 우월주의가
비백인들의 삶의 경험을 재단하는
개념적 척도로서 유일한 것도,
최선의 것도 아니라는 사실을
우리에게 상기시켜준다. 아시아계 혼혈인 소설이 보여주듯 그
사람들이 누구인지 우리가 미리 알 수는 없기 때문이다.
미국에서 인종적 폭력을 통해 인종이 만들어지고 유지된다는
것은 의심의 여지 없이 사실이다. 하지만 일단 인종과 함께
살아가기 시작하면 인종이 더는 폭력으로만 환원될 수 없다는
것 역시 모순은 아니다. 그 이유는 충격적일 만큼 단순하다.
사람들은 때로는 임시적일지언정 새로운 경험 세계를
점차적으로 함께 짜맞추면서, 인종을 등에 붙은 과녁(혹은 손에
쥔 총)이 아닌 다른 무언가로 느끼며 매일 인종과 함께
살아가고 있기 때문이다. 인종적 정체성은 인종주의를
통해서만 얻을 수 있다는 데 잉과 강은 의견을 같이한다. 다만
그들은, 옛 농담을 인용하자면, 그 가격을 흥정하고 있는
것이다. 이러한 가정은 아시아계 미국이라는 얇고 추상적인
개념을 낳을 뿐이며, 그 개념은 실제 인간들에게 너무나
냉담해서 고통 속에 빠져 있을 때에만 그들을 인식한다.
이것이 '아시아계 미국이란 것은 존재하는가?'라는 질문이
틀린 이유다. 그것은 정치적 문제로 가장한 피도 눈물도 없는
논리 게임이다.
　　더 나은 질문은 이런 것이다. 우리는 아시아계 미국인이

* 사회적·경제적 이익을
얻고자 자신의 실제 인종적
배경과 다르거나 무관한 인종적
정체성을 주장하는 것. (race fraud)

— 혼합 은유

되고 싶은가? 의지주의적으로 혹은 요정을 믿느냐는 식으로 질문하려는 게 아니라, 현실적으로 솔직한 질문을 하려는 것이다. 미국에서 살아가는 아시아계 혈통을 지닌 사람들이 아시아계 미국인이 되고 싶어 하는가? 이 질문은 예컨대 학교에서 괴롭힘당하거나 낯선 이에게 공격당한 적이 없는데 왜 혼혈인들이 아시아계로서 인정받아야 하는가가 아니다. 다만 어째서 우리는 아시아계가 되는 다른 방식을 상상할 수 없는가이다. 그리고 아시아계 혼혈인들의 경험에서 도출할 수 있는 한 가지 결론이 있다면, '사람들은 인종을 원한다'는 것이다. 사람들은 인종이 자신들에게 무언가를 얻게 해주고, 들은 적 없는 모든 이야기를 들려주기를 원한다. 그들은 인종을 통해 우정을, 섹스를, 심지어 사랑을 얻고 싶어 한다. 때로는 그저 무언가가 되고 싶거나, 자신이 되고자 할 무언가를 갖고 싶어 한다. 만약 오늘밤 우리가 충분히 그것을 선택한다면 내일아침 갑자기 '아시아계 미국'이 등장할 거라는 뜻은 아니다. 수많은 혼혈인을 포함해 미국 전역의 많은 사람들이 이미 그것을 선택하고 있으며, 지금으로서는 그 이유를 질문하는 것으로 충분하다는 뜻이다. 결국은 사람들이 함께 앉는 데는 이유가 있기 때문이다. 우리는 혼자이고 싶지 않다.

2022

있을 법한 사람들

제이디 스미스의 첫 책 《하얀 이빨》은 영국식 코믹 소설에
배스솔트*를 넣은 듯했다. 2000년에 출간되자마자 널리
찬사를 받은 이 소설은 작가 자신이
자란 북런던의 다양한 인간
군상들이 모인 윌스던 그린에서

살고 있는 두 괴짜 가족인 익발 가족과 존스 가족을 느슨한
중심으로 삼아 이야기를 펼쳐나간다. 좌충우돌하는 그
인물들은 치아를 잃고, 쌍둥이와 섹스를 하고, 지진이 난
와중에 아이를 낳고, 세계 종말을 예언한다. 그곳엔
이라크인들이 운영하는 아일랜드식 펍도 있고, 유전자 변형
쥐도 있으며, 케빈이라는 명칭의 이슬람 근본주의 집단도
있다. ("우리에게 약어 문제가 있다는 것을 알고 있습니다."
히판이 불꽃 모양 아래에 정교하게 수놓아진 약어를 가리키며
엄숙하게 말한다.) 그 와중에도 우리는 활기와 진정성으로
무장한 작가의 존재감을 느낄 수 있다. 스미스의 자전적
디테일들—나이(스물넷), 인종(자메이카계 어머니와 백인
아버지), 외모(좋음)—이 대중에게 매혹의 대상이 되었는데도
평자들은 그녀가 "첫 소설은 자전적 이야기의 얇은 조각들에

> * 환각성이 강한 합성 마약의 일종으로, 입욕제와 비슷하게 생겼다고 해서 붙은 이름이다.

자기연민에 흠뻑 적셔 내놓아야 한다는 철칙"을 깼다며 칭찬한다. 《뉴욕 타임스》는 이렇게 질문했다. "영국적인 것이란 크림 티와 여왕인가, 아니면 커리와 제이디 스미스인가?"

스미스를 비판하는 평자들도 있었다. 악명 높은 한 서평에서 제임스 우드는 《하얀 이빨》을 "히스테리컬한 리얼리즘"이라 칭하며, 스미스의 인물들이 디킨스를 상기시키는 "빛나는 외양"을 가지고 있지만 "별로 살아 있지 않다"고 평했다. 리얼리즘 소설의 열렬한 옹호자인 우드에게 이는 곧 《하얀 이빨》이 "도덕적 진지함"을 결여하고 있다는 뜻이다. 이에 스미스는 '히스테리컬한 리얼리즘'은 "내 소설과 같은 작품에서 찾아볼 수 있는 과장되고 정신없는 산문을 고통스러울 만큼 정확하게 일컫는 용어"라고 인정했다. 일찍이 2002년에 스미스는 자신을 조지 엘리엇, 헨리 제임스, E. M. 포스터를 포함하는 전통 내에 위치시키며 "소설의 도덕성"에 관해 이야기하기 시작했다. 스미스에게 이 전통은 그럴듯한 타인—포스터가 말한 "있을 법한 사람들"—의 영역을 확장함으로써 소설이 독자의 도덕적 공감 능력을 넓혀줄 수 있다는 믿음 안에서 서로 연결되었다. "제대로 집중해서 읽는다면 우리는 다양하고 혼란스럽고 불확실하고 우리 같지 않은 사람들에게 관심을 기울이게 될 것이(며 그건 좋은 일이)다"라고 스미스는 2003년 그녀의 점잖은 세 번째 소설 《온 뷰티》에 영감을 준 포스터의 《하워즈 엔드》에 관한 강연에서 말했다. 같은 해, 스미스는 출판 후 처음으로 《하얀 이빨》을 다시 읽어보려 했지만 "열 문장 정도 읽자마자 구역질이 밀려왔다"고 고백했다.

안타까운 일이다. 소설가에게는 자신의 첫 소설을 싫어할
신성한 권리가 있지만,《하얀 이빨》은 스미스가 쓴 것들
중 단연코 최고다. 그런 소설을 스물넷에 썼다니 얼마나
불운인가! 스미스는《하얀 이빨》의 가장 큰 강점인 대담한
비현실성이 사실은 치명적인 결함이었다고 결론 내린 듯하다.
반복해서 다른 시도를 감행하는 척하기는 하지만 오늘날
그녀는 확고하게 리얼리즘 진영에 속해 있다. 2008년 발표한
논쟁적인 에세이 〈소설의 두 갈래 길〉(Two Paths for the Novel)에서 그녀는 발자크와
플로베르의 "서정적 리얼리즘"를 20세기 아방가르드와
대비시켰는데, 이제 와 보면 그것은 제이디 스미스를 위한
두 갈래 길로 읽힌다. 두 번째 길로 접어들 때마다 그녀는
곧 스스로를 달래며 첫 번째 길로 다시 돌아오곤 했다.《온
뷰티》는 사상 소설이었고, 네 번째 소설 《NW》는 조이스풍의
모더니즘을 건드려본 것이었다. 그러나 각각의 새로운 형식은
모두《하얀 이빨》이 성공해내지 못했던 도덕적으로 진지한
소설을 쓰려는 새로운 시도였다. 전통을 위한 급진성, 그것이
바로 스미스다.《미들마치》에 관한 2008년 에세이에서
스미스는 고양된 도덕적 감수성 덕분에 엘리엇이 "소설
형식을 한계까지 밀어붙일 수 있었다"고 주장했다. 하지만
바로 이런 이유로 "오늘날의 조지 엘리엇"은 자기만의 형식을
만들어내야 할 것이며, 확실히 그녀는 "19세기 영국 소설"을
쓰고 있지는 않을 것이다.

　　이제 스미스는 바로 그 일을 해냈다. 첫 역사 소설인
《사기꾼》(The Fraud)은 한때 디킨스의 라이벌이었던 윌리엄 해리슨(William Harrison Ainsworth)
에인즈워스라는 소설가의 인척인 일라이자 투셰(Eliza Touchet)라는
실존인물의 시선을 통해 1870년대의 유명한 사건인 티치본

재판을 다룬다. "타인에 관해 무엇을 알 수 있는지" 밝혀내고자 갈망하는 섬세한 영혼의 소유자인 일라이자는 과거 노예였던 자메이카 출신의 수수께끼 같은 앤드루 보글이라는 핵심 증인에게 사로잡히고, 그 매혹은 결국 그녀 자신의 소설로 이어진다. 소설에 관한 소설인 《사기꾼》은 거부하기 힘든 작품이다. 《사기꾼》은 《미들마치》와 마찬가지로 여덟 권으로 나뉘며, 심지어 일라이자는 재판 참석자들 가운데 엘리엇(사적으로 메리 앤 에번스 루이스라는 이름을 사용했다)을 목격하기도 한다. "존경하는 루이스 부인도 작업할 때 이런 감정을 느꼈을까?" 글쓰기를 준비하는 우리의 신참 여성 소설가는 궁금해한다. 그 어느 때보다도 스미스 역시 스스로 같은 질문을 던지고 있다. 그녀가 말한 소설의 두 갈래 길은 완벽한 원을 이루었다. 데이터 수집과 정체성 정치의 시대에 진정성 넘치는 19세기 소설보다 더 아방가르드한 것이 또 있을까? 사회적 의식을 가졌던 엘리엇은 평범한 사람들을 공감적으로 그림으로써 소설이 독자들에게 "도덕적 감정의 원료"를 제공할 수 있다고 믿었다. 《사기꾼》에서 스미스는 이러한 생각에 관한 지금껏 가장 열정적인 변론을 제시한다. 다만 그게 설득력을 가지는지는 다른 문제다.

수년간 소설가와 함께 지낸 투셰 부인은 소설가라는 족속들을 수상쩍게 여긴다. 스미스는 일라이자를 좌절한 지식인—스미스의 모든 책에 이런 인물이 적어도 한 명은 나온다—으로 상상했다. 하지만 섬세하고 자유주의적인 성향을 가진 이 가정부는 여전히 윌리엄 에인즈워스에 대한 애정을 가지고 있어서 그의 따분한 역사 소설에 대한 암울한 평가를 차마 입 밖에 내지 못한다. 일라이자는 친구인

찰스에 대해서는 훨씬 더 암울한 견해를 가지고 있는데,
그녀는 찰스의 어두운 매력에서 현실세계를 대하는 모든
소설가들의 "뱀파이어 같은" 태도를 엿본다. 아마도 스미스는
《사기꾼》에 디킨스의 죽음을 써 넣은 것을 즐겼던 듯하다. 그
소설은 너무도 쉽게 히스테리컬 리얼리즘의 해묵은 오점을
씻어내려는 마지막 시도로 읽힌다. 우드는 스미스가 인물을
"정보"로 대체했다고 주장했다. 그래서 우리는 여기서 술 취한
윌리엄 새커리가 일라이자에게 윌리엄이 "너무 자주 정보를
흥미로 착각한다"고 말해주는 장면을 보게 된다. 우드는
스미스가 디킨스식의 캐리커쳐를 사용한다고 비난하지만,
일라이자는 디킨스가 자신이 만나는 사람들을 "크룩섕크의
잉크병에도 못 미칠 만화"로 만든다고 비난하며 씁쓸해한다.
이러한 비판의 상처가 20년 동안 정말로 남아 있었는지
궁금하다. 적어도 일라이자 역시《하얀 이빨》을 싫어했을 거란
추측은 해볼 수 있다. 그녀는 이렇게 생각한다. "주여, 저를
소설 쓰기로부터 보호해주소서. 저 비극적 방종, 저 무용한
허영, 저 맹목성으로부터 저를 보호해주소서!"

　그러나 누구도 진정으로 스미스가 소설에 대한 믿음을
잃었다고 생각하지는 않는다. 일라이자는 마음을 고쳐먹을
수밖에 없었고, 그 계기는 티치본 사건의 형태로 찾아온다.
이 재판에서는 자신이 실종된 준남작 작위 계승자인 로저
티치본 경이라고 하는 호주인 정육업자의 의심스러운
주장을 심리했다. 처음부터 일라이자는 이 "로저 경"을
명백한 사기꾼이자 "중심이 잡혀 있지 않아 어느 방향으로든
흔들릴 수 있는 남자"로 간주했다. 그러나 로저 경의 삼촌의
하인이었던 보글은 좀 다르다. 일라이자는 보글의 얼굴에서

— 있을 법한 사람들

"숨겨지거나 가려진 어떤 것도" 발견하지 못했지만, 바로 그렇기 때문에 그는 완전히 "불가해하며" 명확한 동기가 드러나지 않은 암호 같은 이로 여겨진다. 이해 불가하게도, 보글은 티치본 가문에서 받던 연금을 잃게 되는 위험을 무릅쓰면서까지 청구인이 진짜 로저 경이라고 증언한다. 이 일은 일라이자에게 도덕적 위기를 촉발했고, 그녀의 익숙한 통찰력은 마침내 맞수를 만났다. 거짓말을 하는 게 분명한데도 진실의 빛을 지닌 남자를 발견한 것이다. 런던 거리를 걸으며 이국적인 얼굴들—중국인 선원, 아프리카인 의사, 페스를 쓴 대표단—을 마주칠 때 일라이자는 보글의 존재가 던진 질문을 곱씹는다. "우리는 타인에 대해 무엇을 알 수 있는가?"

궁금증이 극에 달한 일라이자는 기자로 위장해 보글에게 "모든 것"을 이야기해달라고 한다. 하지만 그의 역사— 자메이카에서의 노예 생활 및 그 후 영국에서의 하인 생활—를 들어도 그가 로저 경을 지지할 만한 동기는 별로 발견되지 않는다. 단지 그가 "모호하고 부정한" 방법으로 자유를 얻어낸 신중하고 영리한 남자임이 드러날 뿐이다. 이를 알게 된 일라이자는 궁극적 현실로 향하는 문의 빗장이 한순간 풀렸음을 감지한다. "마침내 그녀는 문을 열었다! 하지만 놀랍게도 그 문은 안으로 열렸다. 그녀는 자신이 찾아 헤매던 바로 그 안에 서 있었던 것이다." 비밀은, 비밀이란 없다는 것이다. 앤드루 보글은 그저 한 인간이며, 일라이자가 속으로 외쳤듯이 "인간은 바닥없는 존재다!" 보글의 말을 믿지 않더라도, 모름지기 좋은 소설의 인물이 그러하듯, 그가 충분히 믿을 만한 존재라는 것은 알 수 있다. 깊이를 헤아릴 수 없을 만큼 완전히 살아 있다는 점에서 보글은 포스터가 말한

'있을 법한 사람들'이다. 일라이자에게 이 점은 항상 윌리엄의
따분한 역사소설이 지닌 실패 요인이었다. 거기에는 결코
"그녀 자신의 이야기라든가, 보글의 이야기 같은 것이 없었다.
고군분투하고, 고통받으며, 자신과 타인을 속이며 살아가는
인간의 이야기가 없었다."

　사실 일라이자가 아끼는 소설이 하나 있긴 했다. 그녀가
《미들마치》2권을 읽고 있을 때 윌리엄 에인즈워스는 비웃듯
말한다. "그저 많은 사람들이 마을에서 자기네 삶을 살아가는
이야기군. 요즘 숙녀분들의 소설은 전부 이런 식인가요?
사람들 얘기?" 심장이 튀어오른다. *바로 그거다!* 2권에는
스미스가 《미들마치》 전체에서 "가장 유명한 구절"이라고
했던 부분이 등장한다. "만약 우리가 평범한 인간들의 모든
삶을 예리하게 들여다보고 느껴본다면, 그것은 마치 풀이
자라나는 소리와 다람쥐의 심장박동을 듣는 것과 같을 것이며,
우리는 침묵의 반대편에 놓인 그 포효를 듣고 죽어버릴
것이다." 일라이자가 보글에게 마음을 열 때 그 포효는
그녀의 귀를 찢기 시작할 것이다. 도대체 일라이자는 자신이
누구라고 생각하는 걸까? 대서양 횡단 노예무역으로 부를
이룬 가문의 남자와 결혼한 일라이자 투세는 노예였던 남자가
신중하게 자유인으로 등극하는 이야기를 실어나를 "적절한"
그릇은 확실히 아니다. 보글의 과격한 아들은 일라이자의
개혁론자적 태도를 불신하며, 서로 독립된 두 파트로 제시된
앤드루 보글의 인생 이야기는 종종 19세기 초 영국의 노예제
폐지론자들에게 구술된 카리브해 연안의 노예 서사와 닮아
있다. 일라이자의 소설이 엘리엇이 혐오했던 우스꽝스러운
여성 소설들처럼 "노동의 산물이라기보다는 분주한

— 있을 법한 사람들

한가로움의 산물"이라는 것도 충분히 말이 된다.

그러므로 어쩌면《사기꾼》은 소설에 대한 옹호만큼 소설에
대한 불안 역시 표현하고 있는지도 모른다. "우리는 서로를
오해한다"라고 일라이자는 인정하며, 얼마나 "모든 것이
음모를 꾸며" 타인을 지속적으로 인식하지 못하게 만드는지
생각한다. 하지만 스미스에게는 소설이 불가피하게 지니는
허위성이야말로 소설에 도덕적 긴급성을 부여해주는 것이다.
2019년 발표한 문화 전유에 관한 도발적인 에세이에서
스미스는 "근본적으로 우리와 인종적, 성적, 유전적, 민족적,
정치적, 개인적으로 '비슷한' 사람들에 관해서만 글을 쓸
수 있고, 또 그런 사람들에 관해서만 글을 써야 한다"는
"대중적인" 생각에 반대했다. 소설가는 실제로 타인의 삶을
안다고 전제하는데, 그 목적은 인간으로서 우리의 숨겨진
공통성을 조명하기 위해서이며, 따라서 그러한 전제가
없다면 "우리에게 사회적 삶이란 있을 수 없다"는 것이다.
일라이자의 맹점—그렇다고 그녀가 실격되는 건 아니다—은
도덕적으로 진지해지는 작업이 지닌 느리고 불확실한 면을
입증한다.《미들마치》의 도로시아와 마찬가지로 일라이자는
"가장 완전한 진실, 가장 덜 편파적인 선"을 향해 불완전하게
나아가고 있다. 일라이자는 자신이 누구라고 생각하는가? 그저
한 사람일 것이다.

이제 스미스는 자신의 소설 옹호, 즉 "옹호 불가능한
예술"에 대한 옹호가 본질적으로 모순이라고 누구보다
먼저 인정할 것이다. 스미스는 첫 번째 에세이집《마음을
바꾸기》의 서문에서 "이념적 비일관성이란 내게 실로 신앙과
같다"라고 썼다. 스미스는 '부정적 능력'을 미덕으로 삼아왔다.

그것은 존 키츠가 셰익스피어의 글쓰기 방식에 대해 사용한
표현으로, 글이 매우 공감적이어서 스미스의 말에 의하면 "그
어떤 확고한 견해나 신념도" 갖지 않는 듯 보였다는 의미다.
2008년 대선 이후에 한 강연에서 스미스는 버락 오바마가
부정적 능력을 가지고 있다고 했다. 오바마 역시 혼혈이기
때문에 스미스 자신과 마찬가지로 "한 대상을 양쪽에서 볼 줄
아는" 능력을 축복처럼 타고났다는 것이다. 여기에는 엄청난
순진함이 있었다. 비평가 나마라 스미스가 지적했듯, 그
주장에는 그 '양쪽'이 "동등한 지형에서 겨루고 있지 않을 수
있다"는 인식이 결여되어 있었다. 의심의 여지 없이, 2008년의
여운 속에서 자신들이 말했던 바를 지금까지 고수하는 이들은
많지 않을 것이다. 그러나 여기서의 낙관주의는 오바마
시대의 유물이라기보다는 공적 지식인으로서 스미스가
보여온 매우 *일관된* 특징의 초기 사례일 뿐이다. 그녀에게는
거의 무의식적으로 모든 정치적 문제를 "인간적" 문제로
재구성하려는 경향이 있다.

　　이 인본주의적 충동은 상습적인 오판을 낳았다. 스미스는
모든 예술은 그 자체로서 "고려될" 자격이 있다고 주장하며
에멧 틸을 그린 백인 예술가의 논쟁적 작품에 반대하는 이들을
"나치"에 비유한 것으로 악명 높다. 사실, 스미스는 둘 이상의
것을 함께 묶어 생각하는 데 곤란을 겪는다. 어떤 상황에서든
가장 공감받지 못하는 쪽에 공감하는 습관 때문에 그녀는
자주 정치적 중도로 향하곤 한다. 공정하게 말하자면, 트럼프
시대가 그녀를 흑인 급진주의에 좀 더 수용적이게 만들긴
했지만, 스미스는 여전히 이념적인 해석보다 심리적 해석을
더 선호할 것이다. 따라서 우리는 브렉시트 이후 "공인된

트라우마가 주는 도덕적 고양감"을 결여한 백인 노동자 계급 유권자도 생각해보라는 요구를 받으며, 또 찰스턴 교회 총기난사 사건을 증오범죄라 부르지 말자는 요청을 받는다. "살인에 관해서라면, 증오범죄 아닌 것이 있느냐"는 게 그 이유다. 동시에 스미스는 자신이 "지금처럼 글을 쓸 자격이 없다"고 자주 고백하며 자신의 에세이를 "일개 소설가의 쓸데 없는 생각"이라고 폄하한다. 그건 위선에 가깝다. 그 글들은 제이디 스미스의 생각들이다. 하지만 스미스는 매사에 약간 우스꽝스러운 편이 이따금씩 잘못하는 것보다 낫다고 어느 순간 결심한 듯하다.

요즘 스미스의 가장 열렬한 소망은 소설이 정체성이라는 긴 송곳니로부터 자유로운 공간이 되는 것이다. 그녀는 "모든 사람이 되는 것은 어떤 느낌인지 알고자" 하는 자신의 욕망을 추적하며 윌즈던 그린의 "커다랗고 다채로운 노동자 계급의 바다"를 거슬러 올라간다. 하지만 그녀에게 부정적 능력은 그것을 낳은 의식의 구체적 내용을 조용히 지워버린다. 혼혈이어야만 위대한 소설을 쓸 수 있는 것은 아니다. 모든 위대한 소설가들은 *사실상* 혼혈이라 할 만큼 너른 공감 능력을 가지고 있기 때문이다. 스미스는 소설이 행하는 "공감적 상상력의 도약"을 데이비드 포스터 월리스의 경우에도 발휘할 수 있다고 기꺼이 인정한다. 일리노이 출신의 백인 남성인 월리스는 "이성애자 백인 남성들"이 그 누구보다 더 소외되었을지 모른다고 말했던 사람이다. 스미스는 자신의 글쓰기 수업 학생들 사이에 어렴풋이 끓어오르던 절대주의적 신념을 경계해왔다. 그러한 신념에 따르면, 소설의 인물들은 특정 정체성 집단 고유의 행동을 얼마나 "옳게" 재현하는지에 따라 판단되어야 한다. 예컨대 동성애자 인물은 "실제"
동성애자만이 할 법한 행동을 해야 한다는 것이다. "이미 우리
마음속에 고정된 형태의 캐리커처가 있지 않고서야 어떻게
그러한 것들이 절대적이라고 주장할 수 있는가?"

　　좋은 지적이다. 하지만 익명의 학부생을 쫓아내야 할 뿐인
주장은 누구도 신뢰할 수 없다. 2018년에 발표한 스미스의
단편소설 〈지금 그 어느 때보다 더〉는 교수들이 다음에
누구를 퇴출시킬지 결정하려 서로에게 거대한 화살을
겨누는 이야기로, 이는 미국 대학에 교수로 임용되는 것만큼
자유주의적 사상에 반동을 불러일으키는 것은 없다는
충분한 증거다. 스미스는 영화 〈타르〉에 대한 자기풍자적
평론에서 이렇게 썼다. "*나는 '초서는 여성혐오적이다'라든가
'버지니아 울프는 인종주의자이다'라는 말에 격하게
반응하는 사람이다. 그 말들이 부분적으로 진실이라는
사실을 몰라서가 아니라, '흥미로운가'가 내가 속한 세대의
유일한 판단 기준이기 때문이다.*" 이것은 의도적인 오해다.
당연히 울프의 인종주의는 스미스가 애매하게 아이러니를
담아 "젊은이들"이라고 부르는 이들에게는 흥미로운 게
맞다. 문제는 그것이 *스미스*에게는 흥미롭지 않다는 점이다.
젊은 사람들이 소설의 정치적 관점에 동의하지 않는다는
이유로 그 소설 평점을 낮게 매길 때, 비평 *자체*가 새롭게
만들어질 가능성을 생각하는 것보다는 그들이 그저 전통적인
미학적 탐구를 완전히 저버렸다고 단언하는 편이 더 쉽다.
그래서 스미스는 미학보다 정치학을 선호하는 새로운 세대를
반긴다. 잔디밭에서 누군가를 쫓아내는 최선의 방법은 그들을
자신들의 잔디밭으로 인도해주는 것이다.

— 있을 법한 사람들

379

이것이 바로 문학적 님비주의다. '정치든 뭐든 좋지만, 저쪽에서.' 스미스는 부의 불평등이나 교도소 폐지론 같은 다루기 힘든 (그러나 존경할 만한!) 물질적 투쟁이 미약한 성과밖에 거두지 못한 상황에서 언어가 정치적 공격의 "편리한 전장"이 되었다고 인정한다. 그럼에도 스미스는 역사적으로 억압받은 이들에게서 자연스레 생겨나는 "분리주의의 이념"을 소설이 제공할 수는 없다고 주장한다. 소설의 사명은 "언제나, 모든 사람들과 함께"하는 것이다. 하지만 이것 역시 정치적 입장이다. 언젠가 포스터가 스스로에 대해 말했듯 스미스도 "온갖 미덕을 가진 광신자보다는 차라리 갖은 결함을 가진 휴머니스트"가 되겠다는 것이다. 그녀는 자유주의 철학자 존 롤스가 고안한 사고실험인 '무지의 장막'을 높이 평가한다. 그것은 한 무리의 합리적인 개인들이 그 안에서의 자신들의 위치를 알지 못한 채 사회를 구성해야 하는 실험이다. 스미스에게는 소설이야말로 우리가 붙들고 있는 정체성 너머를 생각하게 하는 바로 그러한 실험이다. 많은 졸작들이 이념으로 흥미를 대체한 것은 사실이다. 또 스미스가 소설을 자잘한 자유주의자들을 찍어내는 조그만 자유주의 기계로 상상하는 것 역시 사실이다. 그녀는 작년 토니 모리슨에 관한 에세이에서 이렇게 썼다. "우리는 인류 전체가 비인간화 프로젝트를 거부하기를 희망한다. 우리는 만인에게서 고유함을 알아보는 문학을—그리고 그러한 사회 또한!—희망한다." 그럴싸한 말이다! 하지만 전부 이 없는 잇몸일 뿐이다.

　　제이디 스미스가 옳다고 가정해보자. 소설은 어떻게 우리의 공감능력을 자극할까? 한 가지 좋은 방법은 헨리 제임스가 썼듯 "예민하게 인식하고 윤리적으로 응답할 줄

아는" 사람들을 제시하는 것이다. 그는 독자들은 "어리석고 거칠고 눈먼 자들에게 일어나는 일에는 상대적으로 별로 신경쓰지 않는다"고 설명한다. 일견 말이 된다. 왜냐면 우리는 가련한 요릭이 아니라 가련한 요릭에게 *연민을 품는* 햄릿을 보고 감동받기 때문이다. 그러나 제임스식의 섬세한 영혼은 이제 클리셰가 되었다. 수많은 데뷔 소설들은 수상하리만치 소설가를 닮은 인물들의 내면에 우리를 고립시키곤 한다. 어쩌면 우리는 눈먼 자들 가운데서 더 나은 해답을 발견하게 되지도 모른다. 《미들마치》의 신경질적인 학자 커소번 씨를 생각해보자. 엘리엇은 커소번의 영혼이 언제나 스스로에 대한 의심에 짓눌려 진정한 열정을 경험하지 못한다며, 그를 위한 "자리"를 마련해달라고 설득한다. "그 영혼은 자신이 태어난 늪지에서 계속 퍼덕거렸다. 날개를 생각하면서도 결코 날아오르지는 않는 채로." 한 세기 넘도록 독자들은 이 이미지에 감동받아왔다. 하지만 우리는 이 답답한 신학자가 그렇게 아름답고 섬세한 은유를 고안해낼 수는 없다는 사실을 알고 있다. 그 은유는 엘리엇이 말하는 것이며, 그 덕에 커소번은 있을 법한 사람이 된다. 이런 면에서 볼 때, 엘리엇은 햄릿과 다를 바 없다. 그녀가 자신의 인물들을 공감적으로 그릴수록 우리는 그녀의 공감능력에 더 감동받게 된다.

그러면 작가는 어떻게 개입하지 않고 물러나 있을 수 있을까? 전통적인 해결책은 자유간접화법이라는 제인 오스틴만큼이나 오래된 기법으로, 소설의 화자가 등장인물의 목소리로 말하는 것이다. 다아시에게서 온 그 결정적인 편지를 읽는 엘리자베스 베넷을 보자.

그와 관련된 모든 것이 이제는 얼마나 다르게 보이게 되었는가!

이 문장을 직접 인용으로 다시 써보자면 다음과 같다.

"그와 관련된 모든 것이 이제는 얼마나 다르게 보이는가!" 하고
엘리자베스는 생각했다.

효과가 떨어진다! 오스틴은 위에서 내려다보는 전지적 작가
시점을 잠시 내려놓고 인물 안으로 들어가 리지의 충격을
내면에서부터 서술한다. 이 기법은 이제 넘치도록 흔하게
사용되기에 현대 소설 어디에서나 찾아볼 수 있으며, 스미스
역시 이 기법을 능숙하게 활용한다.《사기꾼》에서 스미스는
보글에 대한 일라이자의 불안을 자신의 것으로 채택하며 "그가
그녀를 뱀파이어라고 생각한 걸까?"라고 쓴다. "그녀는 단지
타인에 관해 알 수 있는 것들을 알고 싶어 했을 뿐이다!"
　일라이자가 불안해하는 것은 당연하다. 자유간접화법이
인물에게 우아하게 양보해주는 것인지 아니면 거칠게 그를
침범하는 것인지 분간하기 어렵기 때문이다. 다음은 보글이
《사기꾼》에서 영국 숲을 지나가며 사색하는 장면이다.

보글은 거세지는 바람에 흔들리며 지나가는 황금빛과 적갈색의 숲을
감탄하며 바라보았다. 어떤 민족을, 그들이 쓰는 말과 그들이 생각하고
살아가는 방식을 이해하기에 한 번의 생은 충분하지 않았다.

두 번째 문장은 전형적인 자유간접화법으로, 보글의 의식
속의 내용을 서술 시점으로 옮겨온 것이다. 그러나 "황금빛과

적갈색으로 물든 숲"이라는 생각은 과연 누구의 것일까?
어쩌면 정말로 일라이자가 섬세하게 받아적은 보글의
생각일지도 모른다. '저는 숲을 보며 감탄했어요. 황금빛에
적갈색이었던 걸로 기억해요.' 아니면 우리가 일라이자가
보글에 관해 쓴 《사기꾼》이라는 동명의 소설을 읽고
있으며, 거기서 황금빛과 적갈색으로 물든 숲은 일라이자의
묘사일지도 모른다. 커소본 씨의 퍼덕거리는 영혼과 다르지
않은 공감적 윤색 말이다. 그것도 아니라면, 갈색을 표현하는
소설가다운 단어를 살짝 써보려 했던 제이디 스미스의
흔적일지도 모른다.

　만약 내가 세심하게 인식하고 윤리적으로 반응하는
스미스의 이상적 독자라면, 나는 여기서 단 하나의 생동하는
의식이 아니라 한 줌의 단어들 속에 꽉 들어찬 의식을 무려
셋 정도는 발견하게 될 것이다. 그중 누구를 가엾게 여겨야
하나? 더구나 그들은 동등한 기반을 갖고 있지 않다. 보글은
일라이자의 손에 달려 있고, 보글과 일라이자는 둘 다 어쩔
수 없이 스미스의 손에 달려 있다. 스미스의 경력에서
아이러니한 점은 그녀가 결코 자신이 옹호하는 지나치게
인간적이고 공감 가는 그런 부류의 인물들을 구축하는 데
실로 뛰어났다고 말하기 어렵다는 사실이다. (그나마 그에
가장 근접했던 경우는 《온 뷰티》에서 무너져가는 결혼생활을
감동적으로 그린 것이었다.) 사실 보글은 홍보된 것보다 훨씬
덜 흥미로운 인물이며, 기술적으로는 유능했지만 활기가
결여되어 있었던 《NW》로 거슬러올라가며 점점 더 정도가
강해지는 지루한 인물의 계보에서 가장 최근 사례일 뿐이다.
그들의 의도된 평범함은 우리가 스미스의 진정한 강점을

— 있을 법한 사람들

갈망하게 만든다. 그녀의 강점은 인물이 아니라 목소리에 있다. 우리가 스미스를 읽는 이유는 그녀가 언제나 자기 자신의 목소리를 내는 드물고 귀한 재능을 가지고 있기 때문이다. 엘리엇의 초기 숭배자가 엘리엇에 대해 말했듯 "우리는 한 영혼의 현존을 마주하고 있다." 물론 거슬리는 1인칭 서술로 쓰인 《스윙타임Swing Time》을 읽어본 이라면 스미스가 자기 자신에 관해 쓰는 것을 결코 원하지 않았다는 사실을 알 것이다. "나는 어른도 아이도 되어보았고, 남자도 여자도, 흑인도 갈색인도 백인도, 동성애자도 이성애자도 되어보았으며, 희극적이기도 비극적이기도 했고, 자유주의자도 보수주의자도 되어보았으며, 종교적이기도 무신론자이기도 했고, 당연히 산 자도 죽은 자도 되어보았다"라고 스미스는 2019년에 썼다. 하지만 우리를 감동시키는 것은 반대로 그 모든 사람들이 언제나 *스미스 자신*이었다는 사실이다.

만약 내가 《사기꾼》에서 정말로 윤리적 타자를 만날 수 있다면 그것은 바로 스미스 자신이다. 그녀의 지성은 파문을 일으키며, 그녀의 목소리 다른 것과 결코 혼동되지 않는다. 일라이자와 보글을 비롯한 나머지는 또 다른 타자, 다시 말해 스미스가 너무나도 정교하게 자신의 의식과 그들의 의식을 엮어놓았기 때문에 필연적으로 나의 윤리적 능력을 넘어서는 낯선 이들이다. 나는 결코 그들을 단독으로 마주할 수 없을 것이다. 스미스는 소설이 "끊임없는 그릇됨의 위험"—예컨대 인종적 캐리커처—을 감수한다고 하며 일라이자가 보글을 "허수아비" 취급하고 있을지 모른다고도 인정한다. 그래서 일라이자는 그에게 영혼을 채워 넣어주려 작정한 것이다. 스미스에게 이것은 위대한 윤리적 드라마다. *우리가 이번에는*

어떻게 서로를 오해할 것인가? 이 드라마의 무한한 되풀이가
독자들에게 인간성에 관한 섬세한 감성을 길러줄 수 있다는
점에서, 어쩌면 그녀가 옳을지 모른다. 그러나 휴머니스트의
실수는 윤리를 아주 많이 모아놓으면 정치가 된다고 추정하는
것이다. 윤리가 타자에게도 영혼이 있음을 인식할 것을
요청한다면, 정치는 영혼을 도덕적 관심의 전제조건으로
삼기를 거부하도록 요청한다. 이런 면에서 소설은 언제나
정치적 의식을 연습하는 과정이었다. 소설은 내가 알지 못하고
결코 만날 일 없을 사람들, 내 삶과 관련해서라면 *존재하지
않는 것과 마찬가지이나* 그들의 운명이 내 운명과 모호하게
얽혀 있는 그런 사람들을 신경 쓸 것을 요청한다. 그들을 괜히
3인칭이라고 부르는 것이 아니다.

　《하얀 이빨》의 작가는 이 점을 알고 있었다. 지리적으로,
이념적으로, 또 개인적인 감정 때문에 오랫동안 서로 거리를
두고 있던 익발가의 쌍둥이는 "중립적 장소"에서 만나 화해를
시도한다. 하지만 곧 그들은 "그런 발상을 비웃으며" 기억을
상기하고, 스승들의 말을 인용하고, 반란을 일으켰던 조상들의
고릿적 이야기를 다시 들먹인다. 소설은 결코 중립적 장소가
아니다. 타자와 조우하려는 모든 시도는 유리창에 코를 바짝
붙이고 있는 히스테리컬한 군중에 의해 방해받는다.《하얀
이빨》에서 스미스가 창조한 인물들은 포스터가 평면적인
인물들을 가리켜 말했던 대로 "규격화된 크기의 빛나는
원반"이었다는 것은 사실이며, 그 인물들의 내면과 외면은
하나의 빛나는 뫼비우스의 띠를 형성한다. 그리고 스미스가
자신과 같지 않은 사람들에 대해서는 지나치게 태평하게
묘사했던 것도 사실이다. (아들들 이름이 전부 압둘인 아랍계

— 있을 법한 사람들

가족이 있었다.) 하지만 스미스의 인물들은 인간성이 결여된 것이 아니다. 그녀가 그 인간성을 사용할 필요가 없었던 것이다. 그녀의 시선은 집합체, 다시 말해 자신의 젊은 시절에 활기찼던 윌즈던 그린이라는 공동체에 맞춰져 있었다. 스미스는 자기만의 방식으로 《미들마치》와는 다른 '영국의 현실' 소설을 써냈다. 그녀는 이카로스적인 낙관주의를 가지고 사회 전체를 향해 직접 뛰어들었고, 추락하면서도 날아오르는 듯 보였다. 따라서 스미스는 자신에게는 '뜻밖인'(unlikely) 사람들에게 많은 걸 요구하지 않았다. 그들은 제 역할에 충실하게 자신의 대사를 말하고 사라졌다가 수표를 손에 쥐고 다시 군중 속으로 섞여든다. 그들에게도 누군가의 소설 속 가구가 되기보다는 더 나은 할 일이 있다는 것을 우리는 알 수 있었다.

그러니 마음껏 공감하시라! 아무도 말리지 않을 테니. 하지만 소설도 그 안의 사람들도 우리가 그들에게 연민을 느끼지 않는다고 해서 무너질 정도로 나약하지는 않다. 오히려 그 인물들을 실제처럼 느끼기 *때문에* 우리는 작가가 그들을 다루는 방식에 대해 정치적으로 문제 삼을 수 있는 것이다. 어쩌면 이것이 바로 젊은 세대가 말하고자 했던 것일지 모른다. 그들은 자신들의 섬세한 영혼을 두려워한 게 아니라, 상상 속 인물들을 정의롭게 대우하는 방법을 알고 싶어 했던 것이다. 스미스는 이들에게 어떻게 답했을까? 그녀는 '네가 아는 바를 써라'라는 격언을 싫어하는데, 그 말이 이제는 소설가들을 분필로 선명하게 그린 개인적 정체성이라는 원 안에 가두기 때문이다. 그러므로 그녀를 위해서 좀 더 도덕적으로 진지한 곳을 바라보도록 하자. 20세기 중반의 문학비평가 F. R. 리비스(F. R. Leavis)는 자신의 진지한 저서 《위대한(The Great Tradition)

전통》에서 제인 오스틴의 천재성은 "삶이 그녀에게 개인적인 것으로 강요한 특정한 문제들"을 탈개인화한 뒤 조심스레 그것을 자신에게서 끄집어내 세상으로 되돌려보낸 데 있다고 썼다. 리비스가 높이 평가한 것은 오스틴이 자신의 영역에만 머물렀다는 점이 아니라, 자신의 문제가 어디로 이어지는지 질문하는 분별력이 있었다는 점이다. 굉장히 멋진 생각이다. 이 관점에 따르면, 어떤 소설가에게든 운이나 기질적 이유로 자연스럽게 삶의 주제로 선택할 만한 몇 가지 역사적인 문제들이 존재한다. 소설가의 천재성은 그 문제가 무엇인지를 아는 데 달려 있다.

2023

— 있을 법한 사람들

당신이 결정해야지

Octavia E. Butler

옥타비아 E. 버틀러의 중편소설 〈블러드차일드〉에서 지구를
떠난 한 무리의 인류는 먼 행성에서 피난처를 찾지만, 그
대가는 혹독하다. 지성을 가졌으며 지네 같은 모습을 한 외계
토착민인 틀릭은 인간이 간섭받지 않고 일하고, 결혼하고,
자녀를 양육할 수 있는 '보호구역'을 설정한다. 그 대신
일부 인간들은 틀릭 여자들의 알을 이식받는데, 그 유충은
살아 있는 육신에서 영양분을 공급받아야 한다. 1984년
《아시모프의 사이언스픽션》에 처음 발표된 〈블러드차일드〉로
버틀러는 SF의 3관왕인 네뷸러상, 휴고상, 중편부문
로커스상을 수상했다. 징그러운 유충 분만 장면을 목도한
뒤 그 모든 합의에 의문을 품게 된 젊은 인간의 시선으로
서술되는 이 이야기는, 불편한 도덕적 전제의 파급력을
무서울 만큼 차분하게 풀어내는 버틀러가 소설가로서 경지에
다다랐음을 잘 보여준다. 작가는 자신의 이 작품이 독특한
종류의 사랑 이야기이자 "집세를 내는 이야기"라고 보았다.
인류가 외계 행성에서 살아남기 위해 마땅히 치러야 할 대가에
대해 진지하게 다룬 이야기라는 것이다. 1996년에 버틀러는
이 작품의 후기에서 다음과 같이 썼다. "우주판 대영제국도

아니고, 〈스타 트렉〉도 아니었다. 조만간 인류는 그들의,
음…… 숙주들과 어떤 식으로든 타협해야 했을 것이다.”

하지만 많은 독자들이 다른 종류의 우화로 읽어냈다. “나는
〈블러드차일드〉를 노예 이야기로 보는 이들이 많다는 사실에
놀라곤 한다”고 버틀러는 썼다. “이것은 노예 이야기가
아니다.” 버틀러는 이후 해당 주제에 관해 소논문을 쓴
대학생에게 이 이야기를 해준 것을 떠올린다. 그 학생은
“그래도 작가가 항상 모든 것을 아는 건 아니죠!”라고
대답했다. 어떤 면에서는 둘 다 옳다. 인간 화자인 간과
그가 태어나면서부터 스스로를 제공하기로 약속되어 있던
틀릭 정치가인 트가토이의 불편한 관계를 어떻게 생각해야
하는지의 문제는 〈블러드차일드〉의 핵심 주제일 뿐 아니라
소설 속 등장인물들이 벌이는 열띤 논쟁의 주제이기도
하다. 냉소적인 형에게 자발적인 숙주 동물이라고 비난받은
간은 알의 착상 관행을 옹호하면서도 틀릭 세계에서 인류가
차지하는 위치에 관해 이렇게 말한다. “우리는 필수품이자
지위의 상징이면서도 자주적인 민족이었어.” 그러나 결국 간은
불법 소지하고 있던 총을 자신의 목에 겨눈 채 트가토이를
응시하며 자신을 그녀의 소유물 이상으로 봐달라고 요구한다.
“당신에게 우리는 무엇이죠?” 간은 두려움에 떨며 속삭인다.
트가토이는 부드럽게 대답한다. “너는 다른 누구보다도 나를
잘 알아. 네가 결정해야지.”

버틀러는 자신이 내린 결정에 대해 1996년 한 인터뷰에서
다음과 같이 차분하게 말한다. “내가 노예제에 관해 글을 쓰는
경우는 노예제에 관해 쓰고 있다고 실제로 말할 때뿐이다.”
그런데 그녀가 그렇게 실제로 말하는 경우는 꽤나 잦은 것

389

같다. 실제로 버틀러의 초기작부터 노예제가 드러나 있었다.
1976년의 첫 소설 《패턴마스터》^{Patternmaster}는 수천년에 걸쳐 번식하며
마침내 인류 일부를 노예로 삼고 나머지는 추방해버린
텔레파시 능력을 가진 패터니스트라는 지배종족의 이야기를
다룬 야심찬 대작의 첫 번째 소설이다. 세 권의 소설이 발표된
후인 1979년에 버틀러는 현대의 미국 흑인 여성이 알 수
없는 이유로 남북전쟁 이전의 남부로 시간여행을 떠나게
되며 노예소유주인 백인 조상의 목숨을 반복적으로 구하게
되는 이야기인 《킨》^{Kindred}으로 대중적 성공을 거머쥔다. 뒤이어
1980년에는 패터니스트 시리즈의 네 번째 소설인 《와일드
시드》^{Wild Seed}를 발표하는데, 대서양의 노예무역 시대를 배경으로
하는 그 소설에서는 아프리카 출신의 두 불멸자 사이의 대립을
다룬다.

이런 면에서 볼 때 버틀러의 오랜 팬들이 〈블러드차일드〉를
또 하나의 노예 이야기로 받아들이는 것도 큰 무리는 아니다.
그러나 그러한 독자들의 반응에 대한 또 다른 설명이 있었다.
"너무나 많은 비평가들이 이 소설을 노예제에 관한 이야기로
읽었는데, 그건 아마도 내가 흑인이기 때문일 것"이라고
버틀러는 지적했다. 수십 년 동안 버틀러는 미국에서 SF를
쓰는 거의 유일한 흑인 여성 작가로 존엄과 좌절이 함께
따르는 위치에 있었으며, 작품을 노예제로 읽는 이런 식의
해석이 경력 내내 그녀를 따라다녔다. 그러나 흑인들은
역사적 상처에 집착하는 것이 최선이라는 인종차별적
관념만이 문제가 아니었다. 버틀러가 맞닥뜨린 것 중에는 흑인
미국문학이—젊은 프레드릭 더글러스를 그가 1855년 적은
대로 "영혼을 박살내고 죽음을 초래하는 노예제의 성격"에

처음으로 눈뜨게 한—노예 영가라는 하나의 후렴구를 길고
정교하게 재현한다는 끈질긴 생각도 있었는데, 이것은 꼭
백인들만의 생각도 아니었다. 다시 말해, 버틀러의 독자들
사이에서 노예제로 읽는 해석이 지배적이었다면 그것은
아무리 좋은 의미일지라도 어쩌면 모든 흑인 예술의 근본적인
욕망은 해방되고자 하는 것이라는 단순하고 유혹적인
가정에서 비롯되었기 때문일지 모른다.

버틀러의 사례에만 한정해보더라도, 이러한 가정 때문에
SF 작가로서 그녀가 가진 가장 훌륭한 자질 중 하나를 놓치게
된다. 그녀는 종종 필요하거나 더 원하는 것을 얻기 위한
대가로 자신의 자유 혹은 자유로워질 기회를 *포기*하기로
선택하는 매우 합리적인 사람들에 관해 가차 없이 쓴다.
분명히 그들은 전형적으로 폭력, 속박, 죽음의 위협 아래에서
이러한 선택을 하며, 대개는 선택을 강요당하는 데 대해
분개한다. 하지만 그들은 단순히 생존을 위해서—홉스식의
자유주의의 관점에서 보면 쉽게 이해 가능한 교환—가
아니라, 자신들이 처한 특정한 상황에서 결국 자유가 예컨대
희망이나 쾌락보다 가치가 덜하다는 판단 아래 타협을 한다.
주인공이 노예소유주인 자신의 조상에게 모호한 태도를
취하는—주인공은 그를 죽이기 직전 그의 연인이 되는 것을
잠시 고려한다—《킨》 역시 그러한 타협이 실제 역사적으로
존재했던 미국의 노예제 *안에서도* 가능했을지 모른다는 생각을
실험해본다. 논쟁의 여지가 있지만, 버틀러의 진짜 관심사는
노예제 자체가 아니라 자유가 더는 인류의 북극성이 아닐 때
열릴 여러가지 가능성이었다고 할 수 있다.
　버틀러가 노예제를 주제로 택하는 데 회의적이었던 이유를

파악하기란 어렵지 않다. 식민주의, 노예제, 제국 등은
아이작 아시모프 이후 SF의 단골 소재가 되어왔다. 버틀러가
좋아했던 소설 중 하나인 프랭크 허버트의 고전적인 1965년작
《듄》에서 식민화된 종족인 프레멘은 애초에 "자유민"이라
불리는 유배된 형벌 노동자 집단으로 구상된 바 있다. 동시에
버틀러가 활동하던 시대에 SF 장르는 비백인 등장인물에게는
거의 빗장을 닫아걸고 있었다. 창작활동 초기에 버틀러는
"필요한 인종 관련 발언은 언제든 외계인을 통해 할 수
있으므로" SF에 흑인 등장인물들이 불필요하다고 뻔뻔하게
주장하는 한 편집자와 함께 좌담회에 참여한 적이 있다.
(이 경험은 버틀러가 1980년 "SF의 잃어버린 인종들"이라는
에세이를 쓰는 데 기여했다.) 현재도 SF는 백인 관점의 노예
서사 장르로서 선호되고 있다. 노예제에 관해 쓰고자 하는 흑인
SF 작가는 등장인물 절반만 푸른색으로 만들어놓으면 대서양
노예 무역, 대영제국, 홀로코스트, 핵폭탄 투하 같은 역사적
참상을 얼마든지 무대에 다시 올릴 수 있는 윤리적 백지수표가
장르의 매력인 이 SF 장르에서 기껏해야 이미 수없이 반복된
것을 또 반복하는 군더더기만 양산할 뿐이다.

그러나 버틀러도 그녀의 소설이 노예제에 관한
이야기이기를 적극적으로 *원하는* 다음 세대의 독자들에
대해서는 예상하지 못한 듯하다. 작가로서의 버틀러를 2006년
그녀의 사후 등장한 맹목적 칭송으로부터 분리하기는 점점 더
어려워진다. 버틀러가 예언자, 공적 지식인, 아프로퓨처리즘의
선구자로 여겨지는 학계와 운동가들 사이에서는 특히
더 그러하다. 작가 자신은 평생 동안 유토피아적 사고를
기피해온 정치적 염세주의자였음에도 때때로 버틀러의 작품은

유토피아적이라 불리며, 학자들은 버틀러가 성별의 이형성(二形性)과
생물학적 재생산에 끈질기게 집중해온 것을 간과한 채 그녀의
소설이 "퀴어하다"고 찬사를 보낸다. (《블러드차일드》에
독특하게 등장하는 남성의 임신이라는 설정은 자라는 동안 숱한
동성애혐오적 모욕을 당해온 버틀러가 남근적 여성이 또 다른
여성을 임신시키는 상황을 피할 수 있게 해주기도 했다.) 심지어
2015년에《옥타비아의 자손들: 사회정의 운동에서 탄생한
공상과학 소설들》이라는 선집의 편집자들은 흑인 SF 작가로서
버틀러의 유산을 "사슬에 묶인 채 자식의 자식의 자식들이
마침내 자유로워질 날을 꿈꿔오던 우리 조상들"까지 거슬러
올라가며 직선적으로 연결짓기도 했다. 새로운 노예 서사인
《킨》이 좋은 소설이긴 하나 위대한 소설은 아니며 작가 자신은
이 소설을 SF 작품이라고 여긴 적도 없음에도, 버틀러의 소설
중 가장 널리 읽히고 수업에서 다뤄지는 책이라는 사실에는
그다지 의문의 여지가 없다.

2000년에 찰리 로즈(Charlie Rose)와의 인터뷰에서 자신은 인종에 관해
"우리가 여기 있어요" 이상의 것을 말하는 데 별로 관심이
없다고 말한 버틀러는 모든 종류의 비평 이론을 의식적으로
피하고자 했다. "그저 내 생각일 뿐이지만, 어떤 경우에는
비평가와 작가가 서로 비위를 맞춰주는 것처럼 보인다. 그건
별로 스토리텔링에 좋지 않다"라고 그녀는 지적했다. 버틀러는
자기 자신을 무엇보다도 작가로 여겼다. 버틀러의 전기를 쓴
작가 제리 캐너번(Gerry Canavan)은 글쓰기가 "버틀러에게 신성한 일이자
끊임없는 일상적 헌신"이었다고 말한다. 버틀러의 소설들은
문학비평이 보장하는 특권을 거의 누리지 못했는데, 비평이
버틀러의 신격화에 흠집을 낼지도 모른다는 이유에서였다.

— 당신이 결정해야지

그녀의 산문은 종종 간결하다고 불리지만 때로는 밋밋하다고
여겨지기도 한다. 대부분 버틀러 자신의 이상화된 버전인
그녀의 여주인공들(키가 크고 중성적이며 추진력이 강한)은
내면의 삶을 포기하는 대가로 종에 관한 자의식이 분명한
위치를 점하는 경향이 있다. "마치 세계가 형광등이 켜진
탈출 게임용 방인 것처럼 그들은 자신들이 처한 긴급상황에
관련되지 않은 것에는 좀처럼 관심이 없다"라고 줄리언^{Julian Lucas}
루카스는 지난해 《뉴요커》에서 지적했다. 버틀러가 기억될
가치가 없다거나 비평적 평가를 받을 만한 작가가 아니라는
말이 아니다. 오히려, 많은 작가들이 그러하듯 버틀러는
대체로 훌륭했고, 때로는 나빴고, 어떨 때는 명석했으며, 거의
항상 만족을 모르던 작가라 하겠다.

버틀러는 자신의 1978년작 《생존자》^{Survivor}를 자신의 공식 저작
목록에서 제외하며 영구적으로 재출간을 하지 못하게 막았다.
(온라인으로 중고책을 구하려면 한 권에 수백 달러쯤 할 것이다.)
《생존자》는 상투적인 설정을 꽤나 괜찮게 구현해낸 소설로,
데뷔작 《패턴마스터》보다 결코 못하지 않다. 《패턴마스터》의
사실상 프리퀄에 해당하는 《생존자》는 유사기독교적 종교
난민으로서 지구상의 텔레파시 능력자들인 패터니스트를 피해
다른 행성에 인류를 재건하고자 하는, "선교사들"이라 불리는
인간 식민지 개척자 집단의 운명을 그린다. 그들이 가나안이라
이름 붙인 머나먼 행성에서 선교사들은 털 색깔에 따라 사회적
역할이 결정되는 발광하는 외계 종족인 가르콘과 더불어
조심스러운 평화를 누린다. 여주인공인 선교사 알라나가 경쟁
부족인 테콘 무리에게 납치당했을 때 그녀는 가르콘이 중독성
강한 약물로 자신의 동료 인간들을 조용히 노예로 삼았다는

사실을 알게 되고, 그녀는 자신과 성적 관계를 (처음에는 원치
않았음에도) 맺기 시작한 테콘의 족장을 설득해 인류의 해방을
돕게 한다.

　버틀러는 어린 시절 커크 선장을 동경했음에도 불구하고
《생존자》를 "〈스타 트렉〉류의 소설"이라고 폄하하는데, 소설이
과학적 부조리함과 행성 간 탐험을 지나치게 단순화했다는
것이다. 소설 속 외계생명체들이 우연히 인간의 것과 호환되는
재생산 기관을 가졌고 알라나가 결국 테콘의 딸을 출산하게
된다는 안이한 설정에 버틀러는 깊은 당혹감을 느꼈다.
버틀러가 이후 발표한 '완전변이 3부작(Xenogenesis)'에서는 핵전쟁 이후
인류가 외계 유전자 거래상 종족과의 재생산을 강요당하는데,
《생존자》의 종간 성교 장면에 대한 길고 세심한 속죄처럼 읽힐
수도 있다. 그러나 하드 SF를 잘 쓰지 않던 버틀러에게 이보다
더 심각했던 것은 자신이 유년기에 읽었던 수많은 이야기들의
특징인 구식 식민지적 조우, 즉 식민지 개척자들이 토착민을
정복하지 않으면 자신들이 지배당할 수도 있는 구조를
나이브하게 반복하고 말았다는 사실이다. 인류의 탈출 계획을
알게 되었을 때 가르콘의 수장은 자신 있게 익숙한 거래를
제안한다. 가르콘의 관습과 규범에 굴복하는 대신 남쪽으로
가서 생육하고 번성하라는 것이다. "너희 선교사들은 이것이나
저것을 하느니 죽겠다는 말을 참 쉽게 하지"라고 수장은 할
테면 해보라는 식으로 말한다. "굴복하는 것이 수치가 아님을
너희도 알게 될 것이다." 그러나 식민지 개척자들은 어떻게든
탈출에 성공해 척박하지만 마침 아무도 없는 (하필) 북부
지역에 정착한다.

　버틀러가 《생존자》의 가장 큰 문제로 여겼던 것은 인류가

— 당신이 결정해야지

결국 자유로워진다는 것이었다. 그녀는 다시는 그런 실수를
되풀이하지 않겠노라 다짐했다. 원래 그녀는《생존자》를
서로 다른 행성을 배경으로 한 선교사 이야기들 중 첫 번째
이야기로 계획했고, 간의 조상들이 탈주했음을 희미하게
암시하는 〈블러드차일드〉 역시 그 시리즈의 하나로 쓸 수도
있었음을 자신의 일기에서 스스로 인정하기도 했다. 그러나
출판된 버전에서 〈블러드차일드〉는《생존자》에서와는 아주
다른 협상의 장면을 보여준다. 간이 장전된 총을 자기 턱
아래 받치고 트가토이에게 요구한 것은 자신의 자유를 (자기
방식으로) 포기하게 해달라는 것이다. "아무도 우리에게
의견을 묻지 않아요"라고 간은 트가토이에게 말하지만,
트가토이가 자신 대신 누이를 데려가겠다고 하자 막아선다.
"나에게 해요"라고 간은 말하고, 트가토이가 자신을 침실로
이끌어 자신에게 산란관을 찔러넣게 한다. "찔림은 고통스럽지
않았고, 수월했다. 너무나 쉽게 들어왔다. 트가토이는
천천히 파도치듯 움직이면서 근육에 힘을 넣어 내 몸속으로
알을 밀어넣었다." 트가토이는 머뭇거리며 간에게 누이를
보호하려고 나선 것인지 묻는다. "그리고 당신을 계속
내 것으로 두려고요." 간은 트가토이에게 이마를 비비며
대답한다. 문제는 이것이 사랑의 행위로 불릴 수 있느냐가
아니라 어떤 종류의 사랑이 만들어지는가다. 트가토이의
벨벳처럼 매끈한 몸에 맨 살을 밀착시키며 간은 부자유의
위험을 받아들인다. 그 대가로 그는 신의와 삶의 목적을 얻고,
지극히 타협된 형태의 사랑을 얻는다. 너무나 밀착해 있고
육식성인, 그럼에도 좋은 삶의 토대를 굳힐 수도 있는 사랑을.
　오늘날 〈블러드차일드〉를 읽는다는 것은 자유를 그다지

혹은 전혀 최고의 가치로 삼지 않았던 흑인 작가와 마주하는 것이다. 이것이 역설적으로 보일 수 있다는 것은 버틀러 자신에 대해서보다, 소수자성을 가진 예술가들이 불충분하게 대표되어온 것을 보상하기 위해 그들의 예술을 부풀리다 보니 오히려 대표되지 못한 경험 자체를 동어반복적으로 반영하게 되는 우리 시대의 경향에 대해 더 많은 것을 말해준다. 대상의 가치를 과장함으로써 관습적 분류에 반응하는 것이다. 의심의 여지 없이 버틀러의 소설은 그녀 자신이 개인적으로 경험한 인종차별과 여성 혐오의 영향을 받았다. 그러나 우리는 버틀러가 소설가이자 흑인 여성으로서의 삶을 살아냈다는 자명한 사실에 대해 그것이 사회적인 성취인데도 *문학적* 성취인 것처럼 단언해서는 안 된다. 오늘날 버틀러의 작품이 읽을 가치가 있다면 그 이유는 당대의 몇 안 되는 흑인 SF 작가로서 그녀가 가지는 위상 때문이 아니라 이 압도적인 직업적 고립에도 불구하고 그녀가 최근 비평가 이스마일 무하마드가 언급한 "미국의 흑인 작가들이 항상 맞닥뜨려온 쉽게 읽혀야 한다는 압박"에 결코 굴복하지 않았다는 사실 때문일 것이다. 버틀러에게 글쓰기보다 더 어렵거나 더 중요한 일은 없었다. 추종자들의 주장처럼 우리가 그녀에게 빚이 있다면, 그녀의 소설을 더 힘들게 읽음으로써 빚을 갚아야 할 것이다.

우리는 문학이 실제로 무엇을 *한다*고 여기는 걸까? 1980년대에 버틀러의 강연에서는 항상 흑인들에게 SF가 갖는 가치에 대한 흑인의 질문이 등장했고, 버틀러는 결코 만족스러운 답을 찾지 못했다. 그녀는 1989년에 《에센스》에 기고한 글에서 다음과 같이 썼다. "나는 그 질문이 못마땅했다.

— *당신이 결정해야지*

여전히 사람들은 내게 질문한다. 흑인들에게 SF가 어떤 쓸모가
있냐고.” 버틀러의 대답은 간결하고 예상할 만한 것이었다.
상상력, 창의성, 현상 유지를 벗어나 생각하기. 그리고 버틀러
역시 그 대답이 만족스럽지 않다는 것을 알고 있는 듯했다.
“이 모든 게 흑인들에게 무슨 소용이 있을까?” 같은 글의
끝에 그녀는 이렇게 질문한다. 마치 버틀러가 외계생명체가
되어 다리로 허리를 짚고 깜박임 없는 노란 눈알로 독자를
내려다보며 말하는 듯하다. “당신이 결정해야지.”

2022

에필로그

결국 비평가는 언제나 사회 비평가라는 말을 하려고 먼 길을 돌아온 것 같다. 이것은 문학사를 공부하는 학생뿐 아니라 신문을 조금이라도 훑어보는 사람이라면 누구나 할 수 있는 말이다. 여기서 이 말을 다시 한번 하는 이유는, 혹여 이 책을 건너뛰며 훑어보는 독자들이 있을까 봐(그런 식으로 읽을 수 있다니 부럽다), 그리고 특히 비평을 업으로 삼는 우리에게는 이 말이 너무나 자명해서 그것이 실제로 뜻하는 바를 잘 잊어버리기 때문이다. 비평가의 일이 '사회를 개선하는 것'이라는 뜻은 아니다. 그런 표현은 반동적인 견해들이 몸을 숨기는 일종의 참호로 기능하는 공허한 말일 뿐이다. '사회 개선'이라는 것이 대중에게 '비판적 사고'가 사회를 정화해준다는 상투적인 말을 끝없이 주입하는 것을 의미한다면, 오히려 비평가는 사회를 개선해서는 안 된다. 자유주의적 비평가가 정치적 원칙을 갖고자 하는 의지만이 유일하게 가치 있는 정치적 원칙이라고 우리를 설득하려 할 때 그는 결국 우리에게 더 많이 생각하고 덜 행동하라고 말하고 있는 것이다.

만약 비평가가 하는 일이 고작 생각거리를 제공하는

것이라면 나는 이렇게 말하고 싶다. 생각 따위 굶어죽게 두라.
내 기준에서 볼 때 유일하게 가치 있는 비평은 사회 전반을
개선한다고 주장하는 종류가 아니라, 고 존 버거가 쓴 바 있듯,
지금 우리가 살고 있는 *바로 이 사회*를 파괴하는 데 도움이 되는
그런 비평이다. 분명히 말하건대, 나는 그 일을 과대평가하고
싶지 않다. 기업이 소유한 인쇄 잡지의 전속 작가가 가지는
정치적 힘에 대해 나는 어떠한 환상도 갖고 있지 않다. 그게
아무것도 아니라고 치부할 정도로 어리석지는 않지만, 그리
대단하다고도 생각지 않는다. 하지만 나는 최선의 경우 비평은
작은 자유의 몸짓이 될 수 있다고 믿는다. 내가 말하는 자유는
자유주의자들이 이해하는 바 '사상의 자유', 즉 온갖 사상을
모두 향유하면서도 그중 어느 것에도 헌신하지 않을 자유가
아니다. 그것은 진정한 자유가 아니라 그저 허가증일 뿐이며,
항상 어떤 권위자의 승인에 의존한다. 모든 사람의 곡식을
무심하게 똑같은 밀가루로 빻아낸다는, 콜리지가 떠올린
풍차로서의 비평은 그의 의도보다 더 나은 은유였다. 누군가
그 풍차의 소유자가 있기 때문이다. 좋은 비평가가 우리에게
예술작품을 감상하는 방식으로, 즉 안전한 거리를 두고 정치적
신념을 형성하라고 촉구한다면 그는 스스로 우리의 산초 판사,
즉 충실한 시종을 자처하는 것이다. 사실 그가 두려워하는 건
우리가 풍차로 돌진하다가 그것이 실은 거인이었음을 알게
되는 것이다.

　그래서 우리는 권위에 매달린다. 권위는 우리의 자유를
보장해주면서도 우리에게 그 자유를 행사하는 부담을
지우지는 않는다. 자유를 오래된 갑옷처럼 멋지지만 아무
쓸모없는 것으로 만들어버린다. 결국 돈 키호테의 위대한

망상은 무엇이었을까? 세르반테스는 우리에게 이렇게 말한다. *그는 자신이 읽은 모든 것을 실행에 옮기려 했다.* 우리는 라만차의 그 사내가 형편없는 비평가라는 사실을 알고 있다. 그는 허접한 소설에서 의미를 도출해내려고 애쓰며 밤을 지새우곤 했다. 그러나 어떤 면에서는 그가 절대적으로 옳았다. 그는 자신이 읽은 것들이 자신이 이미 살아가고 있는 세계와는 *다른 세계*에 존재한다고 믿기를 거부했다. 이것이 광인의 행동으로 비치는 것은 오늘날 우리의 지적 자유 개념이 얼마나 빈곤한지를 보여줄 뿐이다. 우리는 독서가 정신을 해방시키기를 바라지, 독자를 해방시키기를 바라는 게 아니다. 나로 말하자면, 그 늙은 이달고 편이다. 변장한 거인을 향해 전속력으로 돌진할 때 그는 독서만으로는 충분치 않다는 가정에 따라 행동하고 있었고, 그 가정은 옳았다. 이것이야말로 권위 없이 해나가는 유일한 방법인 듯하다. 나가서 *행동하는 것* 말이다.

감사의 말

두 명의 경이로운 여성이 없었다면 이 책은 존재하지 못했을
것이다. 이 책의 편집자이자 《n+1》의 편집자로도 인연이
있었던 데이나 토르토리치는 헤겔에 관한 논문 한 편 외에는
아무것도 없었던 불만 많은 대학원생에게 기회를 주었다.
지성적 삶이란 도달 가능한 것임을 내게 가르쳐준 이는 어설픈
교수들이 아니라 바로 그녀였다. 《뉴욕 매거진》에서 내 글의
담당 편집자였던 가젤 에마미는 무한한 세심함과 담담한
기쁨으로 이 책의 거의 절반가량에 대해 길을 인도해주었다.
앞으로도 평생 그녀를 위해 글을 쓰고 싶을 정도다.
　이 책에 실린 글에 관여하며 더 낫게 만들어준 모든
편집자들에게 감사 인사를 전한다. 에리얼 엔젤, 아리
브로스토프, 매들린 렁 콜먼, 마크 크로토프, 마이클 밀러,
케이틀린 필립스, 니킬 사발, 샤란 셰티, 데이비드 벨라스코가
그들이다. 《뉴욕 매거진》의 편집장 데이비드 해스켈은 그
위치에 있는 이들이라면 누구도 쉽게 허락하지 않았을 일을
내가 할 수 있게 해주었다. 그리고 우리 산업이 맞닥뜨린
대격변의 시대에 우리 모두를 위해 공정한 급여와 나은 노동
환경을 위해 계속해서 싸워주는 《뉴욕 매거진》 노동조합

사람들에게도 고맙다. 브리티나 청, 잭 덴턴, 소피 허위츠를
비롯해《뉴욕 매거진》에서 내 글의 팩트 체크를 담당해준
이들에게도 감사를 전한다. 그들은 뼈를 위한 칼슘 같은
존재였다. 이 책에 새로 실린 글들의 팩트 체크를 해준 이는
어마어마한 줄리엣 클레버였는데, 우리는 그녀가 〈여자를
좋아한다는 것에 관하어〉의 작업을 마친 후 에이스 호텔
지하에서 처음 만났다. 여전히 발견되는 오류가 있다면 모두
내 책임이다.

파라 스트라우스 앤드 지루 출판사 분들은 오랫동안 인내심
있게 이 책을 기다려주었다. 에릭 친스키는 처음의 생각을
믿어주었고, 그다음 생각도 믿어주었다. 타라 샤르마와
일라이자 루덜비지는 모든 이메일에 답장해주었다. 같은
노스캐롤라이나 출신이지만 뉴욕 시간으로 움직이는 내
에이전트 크리스 패리스램의 부지런함에도 감사하다. 강연
초청에 대해서는 카일 다쿠얀, 메르베 엠레, 소푸스 헬레,
소피 헤런, 리카르도 알베르토 말도나도, 그리고 저명한
버나드 슈워츠에게 감사 인사를 전한다. 나와 대화해주고,
격려해주고, 참고 자료를 제공해주고, 그리고 수년간 이따금씩
번역 도움을 준 분들인 아리엘 엔젤, 레이철 베더드, 아리
브로스토프, TJ 캘훈, 매들린 링 콜먼, 대니얼 드레이크,
앤드리아 개드베리, 엘리슨 휴즈, 브랜디 젠슨, 알렉스 정,
세라 매케리, 마이클 마커, 마이클 매케인, 락슈미 파드마나반,
이선 필브릭, 토리 피터스, 네드 라이즐리, 코리 로빈, 재스민
샌더스, 샬럿 셰인, 라일라 샤피로, 크리스토퍼 셰이, 토라
심슨, 토니 툴라티무티, 해런 워커에게도 감사의 마음을
전한다. 무엇보다 제게 20분 동안 칸트를 설명할 기회를 준

모든 분에게 특별한 감사 인사를 드린다.

나를 받아들여주고 꽉 붙들어준 페이즐리 커러에게, 품위 있게 나를 떠나보내준 샐리 웨더스에게, 내 정신적 아내인 세라 치하야에게, 내 비밀들을 들어주고 응원해주는 세라 액스와 레베카 크로퍼드에게, 눈에 넣어도 아프지 않은 재닛 권에게, 마침내 이해해주신 부모님께, 그리고 나를 지옥까지 따라오고 내가 자신들을 다시 이끌어내주리라 믿어주는 아로스, 브라크, 이니드, 님, 노라, 노웨어, 와이마르에게 깊은 감사의 마음을 전한다.

마지막으로, 나의 보물, 나의 반석, 나의 아라키스, 나의 듄인 제니 쉬가 없다면 나는 아무것도 아니다. 그리고 책을 써보지 않겠느냐는 연락을 받았을 때 이미 이 책을 쓰기로 계약되어 있었음에 하느님께 감사드린다.

옮긴이의 말

Andrea Long Chu

이 책은 안드레아 롱 추가 2018년부터 2023년까지 《뉴욕 매거진》과 《n+1》 등 여러 매체에 기고하며 쌓아온 파격적이고 논쟁적인 궤적을 집대성한 결과물을 엮은 《Authority: Essays》의 한국어판이다. 2019년 출간한 첫 단행본 《피메일스》로 람다문학상 트랜스젠더 논픽션 부문 최종후보에 오르고, 2023년 비평 부문 퓰리처상 수상이라는 기념비적인 성취를 거머쥔 후 내놓은 이 에세이집은 비평의 '권위'라는 개념이 더는 자명하지 않은 시대에 문학, 대중문화, 정치를 가로지르며 비평의 작동 방식을 탐구하는 도발적인 선집이다.

책에는 한야 야나기하라와 매기 넬슨, 제이디 스미스 등 동시대 작가들에 대한 예리한 문학비평부터 비평의 역사와 비평가의 책무에 관한 메타비평, 드라마·게임·만화·뮤지컬 등에 대한 거침없는 문화비평, 그리고 자신의 젠더 정체성과 트랜지션 과정, 정신의학적 치료 경험을 가감 없이 드러내는 자기이론적 글쓰기까지 다채로운 텍스트가 실려 있다. 저자는 젠더 정체성을 둘러싼 정치와 대중문화, 그리고 자아를 구성하는 의료적·심리적 권력 구조를 특유의 지적이면서도 신랄한 문체로 해부하며, '비평'이라는 행위가 한 개인이

세계와 불화하고 화해하는 치열한 생존 방식임을 입증해
보인다.

　표제작이라 할 수 있는 4부의 〈권위〉는 저자가 이 책을
위해 새롭게 집필한 원고이자 책에서 가장 긴 글이다. 이
글에서 추는 오늘날 비평가에게 요구되는 권위의 개념과 그
역사적 기원을 날카롭게 분석한다. 18세기 유럽의 새뮤얼
존슨에서부터 기나긴 비평사를 따라가며 번역해나가던 중
문득 한 사건이 겹쳐 읽혔다. 2018년, 스타 학자로 평가받던
해체주의 철학자이자 퀴어 페미니스트 지성인 아비탈
로넬이 성추문에 휩싸였다. 교수로 재직 중이던 뉴욕대에서
대학원생에게 지속적으로 성폭력을 행사했다는 혐의였다.
그러나 사건 자체보다 더 큰 충격으로 다가온 건 주디스
버틀러, 가야트리 스피박, 슬라보예 지젝 등 기라성 같은
인문학계의 석학 수십 명이 로넬을 옹호하고 나섰다는
사실이다. '권위'라는 개념을 둘러싼 지성사에서는 이
석학들을 어떻게 이해해야 할까?

　이 책의 저자 안드레아 롱 추는 이미 그에 대한 판단을 내린
바 있다. 당시 추 역시 뉴욕대의 비교문학과 박사과정생으로서
로넬의 수업 조교로도 일한 바 있었다. 추는 한 매체에
〈나는 아비탈 로넬과 함께 일했다. 나는 그녀를 고발한 이의
말을 믿는다.〉라는 글을 기고했고, 그 글은 영미권 학계와
페미니즘 진영에 중요한 논의를 촉발했다. 추는 로넬을
옹호한 석학들을 비판하며, 학문적 권위가 피해자의 목소리를
억누르는 도구가 되고 저명한 학자들, 특히 페미니스트들이
연대해 성폭력 가해자를 보호하는 구조를 문제 삼았다. 그리고
얼마 지나지 않아 추는 전통적인 영문학자로 학계에 남는 길을

버리고 직업적 비평가의 길을 걷기로 결심한다.

추는 이 에세이집에 해당 글을 싣지 않았고, 이 책의 2부에 실린 〈나쁜 TV〉에서 할리우드의 미투 운동을 관전하는 '길티 플레저'를 다루면서도 학계의 성추문에 관해서는 암시조차 하지 않는다. 아마 과거의 상처나 내부 고발자라는 타이틀에 기대어 권위를 구하지 않으려는 그녀의 의식적 선택이었을 것이다. 추에게 비평이란 '내가 얼마나 올바른지'를 증명하는 도덕적 연극이 아니라 '위험을 감수하는 이성적 판단'이기 때문이다. 이 책에 로넬과 관련한 언급이 부재한다는 사실이야말로 '대학원생 추'에서 '비평가 추'로 거듭난 그의 정체성을 가장 선명하게 드러내는 지점일지 모른다.

어쩌면 저자가 책에 싣지 않은 글을 굳이 언급하며 지면을 낭비하고 있는지도 모르겠다. 하지만 추가 "학계로부터 회복 중인 자"로 스스로를 정의하는 데에는 아무래도 2018년의 일들이 어떤 방식으로든 영향을 미쳤으리라는 생각에 짧지 않은 사족을 보태게 되었다.

안드레아 롱 추는 "엄격한 부정성"으로 점철된 혹평을 쓰기로 유명하다. 이 책을 번역하는 동안에도 저자의 신랄한 논조에 간담이 서늘해질 때가 많았으나, 이는 오히려 저자의 비평관을 여실히 보여준다. 추에게 이러한 혹평은 기대와 희망이 무너질 때 생기는 실망을 기록하는 방식이다. 2부의 〈여자를 좋아한다는 것에 관하여〉에서 "실망의 다른 이름은 결국 사랑"이라고 했듯이 말이다. 추에게 비평이란 실망이라는 개인의 경험과 감정을 타인에게 설득력 있게 전달하는 행위다. 그렇기에 추의 글은 아무리 날카로울지언정 결코 '냉소적'이지 않다.

"고차원적 비평 행위란 (우리가 그런 것에 관심이 있다면) 자신의 미묘한 관점을 타인의 거친 견해에 대비시키는 것이 아니라, 가장 불쾌하고 거슬리고 존중하기 어려워 보이는 견해에서도 바위에서 물을 길어올리듯 미묘함을 이끌어내는 것이다."

—〈나쁜 년!〉 중에서

학문적 엄밀함과 대중적 위트, 그리고 폐부를 후벼 파는 듯한 솔직함을 겸비한 안드레아 롱 추의 글쓰기는 오늘날 비평이 도달할 수 있는 가장 동시대적이고도 지적인 최전선이다. 독자들이 이 다채로운 에세이들을 통해 비평의 본질적 동력인 실망의 정서를 따라가며 '죄책감 없는 쾌락(guiltless pleasure)'을 만끽해보기를 바란다.

마지막으로, 흥미진진한 작업을 제안해주고 불완전한 번역 원고의 흠과 빈틈을 솜씨 있게 메꿔준 김혜윤 편집자에게 지면을 빌려 깊은 감사 인사를 전한다. 그럼에도 존재할 번역상의 오류는 당연히 역자의 것이지만, 독자께서 발견하신 오류는 도서출판 동녘 편집부로(editor@dongnyok.com) 제보해주시기 바란다.

독자 북펀드로 함께해주신 분들

martha · Medusa J · mossyeye · 강모호 · 고기자 · 금맘 ·

김근성 · 김대현 · 김망고 · 김민식 · 김상애 · 김상철 · 김새순 ·

김소연 · 김아야 · 김원 · 김지민 · 김진아 · 나비 · 나영정 ·

누구나노조지회김보성 · 다음 · 독서공동체 들불 · 돼국이 ·

닭 · 문서현 · 미팍 · 박동수 · 박민상 · 박소연토리 · 박소영 ·

박정윤 · 박참새 · 박형원 · 박혜조 · 박혜진 · 박효경 ·

백소망 · 서강선 · 서성진 · 서수정 · 서은주 · 선아 · 손은혜 ·

손지상 · 손형선 · 송정아 · 순분 · 신새벽 · 양지혜 · 양차애 ·

어머어머 · 엉클조 · 오렌지 · 올가의 다락방 · 우혜지 · 유연주 ·

유지석 · 유키 테레미니 · 윤상빈 · 윤애리 · 이나영faacia ·

이미향 · 이민경 · 이산형 · 이선희 · 이수빈 · 이우리 · 이은미 ·

이자영 · 이정은 · 이지원 · 이한빛 · 임이지 · 전유진 · 전자영 ·

전재욱 · 전청림 · 정구원 · 정민지 · 정성윤 · 정여원 · 정윤영 ·

정형중 · 조안제계 · 조운후 · 조하린 · 좋은책보면짖는편집자 ·

주윤탁 · 주현 · 주현진 · 지운 · 천희란 · 최가경 · 최규미 · 최병윤 ·

최서현 · 최성용 · 최은별 · 최이슬기 · 태현 · 파이 · 한문희 ·

한지원 · 현재호 · 황정민 · 회색인간 홍준영